해커스 토익 기출 보카

200% 활용법

어플 보카게임 무료쿠폰

N796 J904 C157

이용 방법

❶ 구글 플레이스토어 / 애플 앱스토어에서 '해커스 토익 기출 보카' 설치
❷ 어플 화면 상단 좌측의 메뉴 아이콘 클릭 후, [교재 인증 쿠폰 입력하기]에서 인증코드 입력란에 상단에 표기된 인증번호 입력
❸ 인증 완료 후 어플 내 토익 기출 보카 DAY별 보카게임 콘텐츠 이용 가능

◀유의사항▶ iOS 기기는 쿠폰 인증 없이 보카게임 이용 가능합니다.
위 쿠폰은 보카게임 이용권에 대한 쿠폰이며, 단어학습 이용권은 별도의 유료 서비스입니다.

무료 학습자료 이용 안내

❶ **토익 단어시험지 자동생성기**
교재에 수록된 단어를 시험지 형태로 자동으로 생성할 수 있습니다.

❷ **해커스토익 보카마블**
교재에 수록된 단어를 게임을 통해 재미있게 외울 수 있습니다.

❸ 보카 TEST 단어암기 프로그램
❹ 토익 실전문제 10회분 및 MP3
❺ 핵심빈출단어/토익완성단어 Daily Quiz
❻ Daily Checkup 해석 및 MP3
❼ 토익 필수 이디엄 표현 MP3

▼보카마블 바로가기

이용 방법 해커스토익(Hackers.co.kr) 접속 ▶ 상단 메뉴 [교재/무료 MP3 → 해커스 토익 책 소개 → 해커스 토익 기출 보카] 클릭하여 이용하기

단어와 예문 암기 MP3 무료 다운로드 안내

▼교재 MP3 바로듣기

이용 방법 해커스인강(HackersIngang.com) 접속 후 로그인 ▶ 상단 메뉴 [MP3/자료 → 문제풀이 MP3] 클릭하여 이용하기

토익의 모든 것, 해커스토익
Hackers.co.kr

 시험 당일!

토익 시험일 실검 **1**위 해커스토익!
14만 토익커가 **해커스토익**으로 몰리는 이유는?

①

시험 종료 직후 공개!
토익 정답
실시간 확인 서비스

· 정답/응시자 평균점수 즉시 공개
· 빅데이터 기반 가채점+성적 분석
· 개인별 취약 유형 약점보완문제 무료

②

실시간 시험 후기 확인!
해커스토익
자유게시판

· 토익시험 난이도 & 논란문제 종결
· 생생한 시험후기 공유
· 고득점 비법/무료 자료 공유

③

오늘 시험에서는요!
스타강사의
해커스토익 총평강의

· 스타강사의 파트별 총평강의
· 토익시험 정답 & 난이도 분석
· 취약 파트별 전략 공개

④

토익에 대한 모든 정보가
모여있는 곳!
토익 전문 커뮤니티
해커스토익

· 토익 고득점 수기, 비법자료 및 스타강사 비법강의 100% 무료!
· 전국 토익 고사장 스피커/시설/평점 공개
· 물토익 VS 불토익 시험당일 난이도 투표부터 나에게 맞는 공부법 추천까지!

[실검 1위] N사 실시간 급상승 검색어 20대 1위(2018.10.14. 13:00 기준)
[14만] 해커스토익(Hackers.co.kr) 일일 방문자 수(2021.02.07, PC+모바일/중복 방문자 포함)

시험당일, 토익 정답을 바로 확인하고 싶다면   **해커스토익** ▼   검색   해커스토익
바로가기▶   토익정답 확인하고
혜택 뭉땅 받기▶

5천 개가 넘는
해커스토익 무료 자료!

대한민국에서 공짜로 토익 공부하고 싶으면

해커스영어 Hackers.co.kr ▾ | 검색

RC 정수진 / **RC 이상길**

토익 강의

베스트셀러 1위 토익 강의 150강 무료 서비스,
누적 시청 1,900만 돌파!

토익 실전 문제

토익 RC/LC 풀기, 모의토익 등
실전토익 대비 문제 제공!

LC 한승태 / **RC 김동영**

최신 특강

2,400만뷰 스타강사의
압도적 적중예상특강 매달 업데이트!

고득점 달성 비법

토익 고득점 달성팁, 파트별 비법,
점수대별 공부법 무료 확인

전원 무료
*미션 달성 시

가장 빠른 정답까지!

615만이 선택한 해커스 토익 정답!
시험 직후 가장 빠른 정답 확인

[5천여 개] 해커스토익(Hackers.co.kr) 제공 총 무료 콘텐츠 수(~2017.08.30)
[베스트셀러 1위] 교보문고 종합 베스트셀러 토익/토플 분야 토익 RC 기준 1위(2005~2023년 연간 베스트셀러)
[1,900만] 해커스토익 리딩 무료강의 및 해커스토익 스타트 리딩 무료강의 누적 조회수(중복 포함, 2008.01.01~2018.03.09 기준)
[2,400만] 해커스토익 최신경향 토익적중예상특강 누적 조회수(2013-2021, 중복 포함)
[615만] 해커스영어 해커스토익 정답 실시간 확인서비스 PC/MO 방문자 수 총합/누적, 중복 포함(2016.05.01~2023.02.22)

더 많은
토익 무료자료 보기 ▶

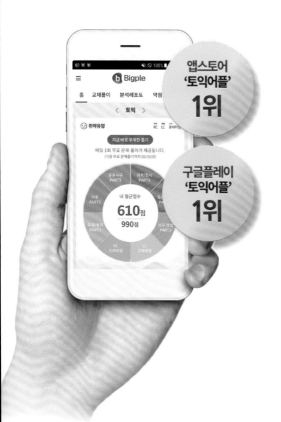

해커스
토익
기출 보카

해커스 어학연구소

주제별 연상암기로 토익 영단어 30일 완성!

해커스
토익
기출 보카

개정 5판 21쇄 발행 2024년 12월 2일

개정 5판 1쇄 발행 2019년 1월 2일

지은이	David Cho ㅣ 언어학 박사, 前 UCLA 교수
펴낸곳	(주)해커스 어학연구소
펴낸이	해커스 어학연구소 출판팀

주소	서울특별시 서초구 강남대로61길 23 (주)해커스 어학연구소
고객센터	02-537-5000
교재 관련 문의	publishing@hackers.com
동영상강의	HackersIngang.com

ISBN	978-89-6542-278-5 (13740)
Serial Number	05-21-01

영어 전문 포털, 해커스토익
Hackers.co.kr
해커스영어

- 단어암기 프로그램 및 단어시험지 자동 생성기
- 실전에 대비하는 **토익 실전 문제 10회분**
- Daily Checkup 해석 및 토익 단어 Daily Quiz
- 매월 **토익 적중예상특강**, 매일 실전 RC/LC 문제 등 다양한 무료 학습 콘텐츠

토익인강 1위, 해커스인강
HackersIngang.com
해커스인강

- 언제 어디서든 들으면서 암기하는 **본 교재 MP3 무료 다운로드**
- Daily Checkup MP3 및 토익 실전 문제 MP3
- 해커스 스타강사의 **본 교재 인강**

[대한민국 1위 영어사이트] 2016 고객만족브랜드 대상 대한민국 만족도 1위 영어사이트 부문 수상(한국마케팅포럼 주관)
[토익인강 1위] 2016 헤럴드미디어 상반기 대학생 선호브랜드 대상 '대학생이 선정한 토익인강' 부문

토익은 역시 해커스입니다.

해커스 토익책의 목적은 한마디로 '토익을 통한 올바른 영어 공부'입니다.

토익 공부의 근간은 토익 어휘입니다. <해커스 토익 기출 보카>는 토익 공부의 기본이 되는 토익 어휘를 어떻게 하면 조금이라도 더 재미있고, 쉽게 암기할 수 있을지를 고민하여 만든 책입니다.

토익 완벽 대비가 가능한 <해커스 토익 기출 보카>

<해커스 토익 기출 보카>는 출제 빈도가 높은 7600여 개의 최신 토익 단어들을 주제별로 묶어 오래 기억에 남을 수 있도록 구성한 30일 완성 학습서입니다. 수록된 어휘는 물론, 예문과 토익 실전 문제에도 최신 토익 경향을 완벽하게 반영하였으며, 토익에 자주 나올 만한 관용 표현을 모은 '토익 필수 이디엄 표현 120'을 통해 토익에 효과적으로 대비할 수 있게 하였습니다.

토익 초보부터 고수까지 모두 학습할 수 있는 <해커스 토익 기출 보카>

<해커스 토익 기출 보카>는 토익 초보부터 고득점을 목표로 하는 학습자들까지 모두 학습할 수 있도록 '토익 기초 단어', '800점 완성 단어', '900점 완성 단어'를 구성하였습니다. 자신이 목표한 점수를 달성할 때 꼭 필요한 토익 어휘를 집중학습하여 더욱 빠른 목표 달성이 가능합니다.

쉽고 재미있게 어휘를 암기할 수 있도록 구성된 <해커스 토익 기출 보카>

<해커스 토익 기출 보카>는 어휘를 쉽고 재미있게 암기할 수 있는 다양한 구성을 제공합니다. 연상을 통해 더 오래 기억할 수 있도록 어휘를 주제별로 묶고 각 주제마다 재미있는 스토리 카툰을 구성하였으며, 어휘를 재미있게 암기할 수 있도록 단어를 집중적으로 암기하는 버전부터 신나는 음악과 함께 암기하는 버전까지 다양한 버전의 MP3를 해커스인강 사이트(HackersIngang.com)에서 접해보실 수 있습니다.

다양한 학습자료와 학습자들 간의 교류, 해커스토익

마지막으로 <해커스 토익 기출 보카>와 함께 토익 학습을 더욱 재미있고 효과적으로 만들어 줄 해커스 토익 사이트(Hackers.co.kr)는 이미 최고의 영어 학습 사이트로 자리매김하여, '사귐과 연대를 통한 함께함의 커뮤니티'를 꿈꾸는 해커스 철학을 십분 나타내고 있습니다.

공부가 단순히 나 혼자 사는 연습이 아니라, 서로의 도움을 통해 더 나은 사회, 그리고 건전한 경쟁과 협력이 공존하는 참사회를 꿈꾸는 것이 바로 해커스의 정신입니다. 해커스의 열정과 정신이 그대로 담긴 해커스 토익책이 단순히 토익 점수 획득이라는 단기 목표에만 그치지 않고, 한 사람 한 사람의 마음 깊이 건전한 철학을 심어 주어 더욱더 살기 좋은 사회를 함께 실현하는 데 이바지하였으면 합니다.

David Cho

목차

* 토익 실전 문제 4~13 (Hackers.co.kr에서 제공)

책의 특징

1 **토익 최신 기출 단어 30일 정복**

최근 토익 시험에 출제되었던 기출 단어를 다수 포함한 토익 필수 어휘를 30일 동안 학습할 수 있도록 구성하였습니다. 혼자 공부하거나 스터디를 하는 경우에도 목표를 세우고 추천 학습법(p.22~25)에 따라 꾸준히 학습해 나가면 30일 후에는 부쩍 향상된 어휘 실력을 확인할 수 있을 것입니다.

2 **방대한 토익 최신 기출 단어 및 예문 수록**

7600여 개의 토익 핵심 빈출 단어 및 표현과 함께 최신 기출 경향을 반영한 예문을 완벽하게 수록하였습니다. Part 5, 6, 7에서 출제 빈도가 매우 높은 핵심 단어뿐만 아니라 Listening의 주요 단어까지 완벽하게 수록하였으며, 출제 경향을 그대로 반영하여 엄선된 예문을 수록하여 실전 감각까지 자연스럽게 향상시킬 수 있습니다.

3 **토익 출제포인트 수록**

토익 핵심 단어들의 최신 출제 경향을 한눈에 파악할 수 있도록 출제포인트를 '토익 이렇게 나온다' 섹션에 새롭게 정리하였습니다. 특히, 토익 단어 암기에 필수라 할 수 있는 빈출 어구와 혼동하기 쉬운 단어, 관련된 문법 포인트, 그리고 Part 7의 동의어 문제 등 단어와 관련된 모든 출제 패턴이 수록되어 어휘 문제뿐만 아니라 문법 문제에도 효과적으로 대비할 수 있습니다.

4 **출제율 높은 순으로 단기 학습 가능**

Part 5, 6, 7에 출제된 단어 중 출제 빈도가 높은 핵심 단어들을 '핵심빈출단어'에 수록하여, 우선 순위가 높은 단어를 먼저 암기할 수 있도록 하였습니다. 또한 '핵심빈출단어'에 수록된 단어들의 출제 빈도를 별표로 표시하여, 출제 빈도가 높은 단어부터 학습할 수 있습니다.

5 **목표 점수별 필수 단어로 맞춤 학습 가능**

목표 점수를 달성하기 위해 반드시 알아 두어야 할 단어를 점수대별로 '토익 기초 단어', '800점 완성 단어', '900점 완성 단어'로 구분하여 '토익완성단어'에 수록하였습니다. 자신의 목표 점수에 맞는 토익 단어를 집중적으로 학습할 수 있습니다.

6 **주제별 구성으로 연상 학습 가능**

최신 토익 기출 단어들을 토익의 빈출 주제 30개로 나누어 재미있는 스토리 카툰과 함께 수록하였습니다. 이러한 주제별 구성에 따른 연상 학습으로 단어를 자연스럽게 암기할 수 있을 뿐만 아니라 해당 단어의 문장 내 쓰임까지 동시에 파악할 수 있어 어휘 실력을 극대화할 수 있습니다.

책의 특징

7 **토익에 빈틈없이 대비하는 <토익 필수 이디엄 표현 120> 제공**

토익 Part 3, 4, 7에는 의미를 제대로 알지 못하면 자칫 다른 의미로 오해하기 쉬운 이디엄 표현(관용 표현)이 출제되므로 이를 확실하게 정리해야 합니다. '토익 필수 이디엄 표현 120'에 제공되는 120개의 풍부한 이디엄 표현을 익혀 토익에 완벽하게 대비할 수 있습니다.

8 **토익 실전 문제 13회분 제공**

토익 단어 학습은 단어를 외우는 것뿐만 아니라, 외운 단어를 실제 문제에 적용하여 풀어 보는 연습이 반드시 필요합니다. 최신 토익 유형과 동일한 Part 5, 6, 7 어휘 문제를 연습 할 수 있도록 토익 실전 문제 3회분을 교재에 수록하였으며, 추가 10회분을 해커스토익 사이트(www.Hackers.co.kr)에서 무료 제공하므로 실전에 철저히 대비할 수 있습니다.

9 **무료 <단어암기 프로그램> 제공**
(www.Hackers.co.kr)

실시간 토론과 정보 공유의 장인 해커스토익 사이트(www.Hackers.co.kr)에서는 '토익 기출 보카 TEST' 프로그램을 통해 Day별로 단어 테스트를 해볼 수 있습니다. 또한, PDF 로 제공되는 '핵심빈출단어 Daily Quiz', '토익완성단어 Daily Quiz'를 이용하여 외운 단 어를 확인해 볼 수 있습니다.

(10) 스터디 학습에 유용한 <단어시험지 자동 생성기> 제공
(www.Hackers.co.kr)

출제 범위와 문제 유형을 선택하면 원하는 방식에 맞게 단어 시험지가 생성됩니다. 그룹 스터디를 하거나 혼자 공부할 때에도 간편하게 단어 시험지를 만들어 외운 단어를 테스트할 수 있습니다.

(11) 쉽고 빠르게 외우는 <단어암기 어플> 제공

모바일 어플로 게임을 하며 단어를 쉽고 재미있게 암기할 수 있도록 하였습니다. 이동 중에나 자투리 시간에 게임으로 교재에서 외운 단어를 빠르게 확인하고, '나만의 단어장'으로 잘 외워지지 않는 단어까지 확실하게 암기할 수 있습니다.

(12) 다양한 맞춤형 MP3와 본 교재 동영상강의 제공
(www.HackersIngang.com)

귀로 들으면서 단어를 반복해서 암기할 수 있도록 다양한 버전의 MP3를 해커스인강 (www.HackersIngang.com)에서 유·무료로 다운로드할 수 있게 하였습니다. 또한, 교재 학습 시 해커스 토익 기출 보카 동영상강의를 이용하시면 선생님의 상세한 어원 해설과 다양한 관련 표현을 통해 좀 더 깊이 있고 체계적인 토익 단어 학습을 할 수 있습니다.

책의 구성

핵심빈출단어

① 주제별 출제 경향 및 스토리 카툰

DAY 01

토익 보카 30일 완성

백수탈출

채용

주제를 알면 토익이 보인다!
채용 주제에서는 주로 채용 공고, 입사 지원 문의 또는 면접 결과 통지 이메일 등이 출제
되고 있어요. 채용 주제에서 자주 출제되는 단어를 함께 알아볼까요?

---

② 핵심빈출단어
③ 출제율 **④ 출제 파트** **⑤ 단어 뜻**
⑥ 예문과 예문 해석

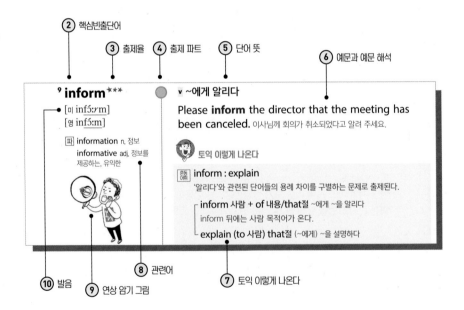

⁹ **inform*****

[미 infɔ́ːrm]
[영 infɔ́ːm]

[파] information n. 정보
informative adj. 정보를
제공하는, 유익한

v ~에게 알리다

Please **inform** the director that the meeting has been canceled. 이사님께 회의가 취소되었다고 알려 주세요.

토익 이렇게 나온다

inform : explain
'알리다'와 관련된 단어들의 용례 차이를 구별하는 문제로 출제된다.

─ **inform 사람 + of 내용/that절** ~에게 ~을 알리다
  inform 뒤에는 사람 목적어가 온다.
─ **explain (to 사람) that절** (~에게) ~을 설명하다

⑩ 발음
⑨ 연상 암기 그림
⑧ 관련어
⑦ 토익 이렇게 나온다

---

v 동사 ｜ **n** 명사 ｜ **adj** 형용사 ｜ **adv** 부사 ｜ **prep** 전치사 ｜ **phr** 어구 ｜ 파 파생어 ｜ 동 동의어 ｜ 반 반의어

Hackers TOEIC Vocabulary

1 주제별 출제 경향 및 스토리 카툰

1일치 단어를 학습하기 전에 각 주제의 출제 경향을 확인하고 그날 배울 단어들을 이용한 재미 있는 스토리를 카툰 형식으로 볼 수 있습니다. 또한, QR 코드를 통해 단어와 예문을 들으며 학 습할 수 있습니다.

2 핵심빈출단어

Part 5, 6, 7에 자주 출제되는 핵심 단어들을 주제별로 구성하였습니다. 각 Day의 첫 페이지에 수록된 스토리에 포함된 단어부터 시작해 출제 빈도가 높은 순으로 배치하여, 연상 학습 및 중 요한 단어를 먼저 외울 수 있도록 학습의 효과를 극대화하였습니다.

3 출제율

각 핵심빈출단어의 출제 빈도가 별표로 표시되어 있습니다.

4 출제 파트

핵심빈출단어 옆에 있는 원의 색깔로 출제 파트를 구별할 수 있습니다. 녹색 원은 Part 5 와 6, 흰색 원은 Part 7에 주로 출제되는 단어임을 표시합니다.

5 단어 뜻

핵심빈출단어의 뜻을 토익에서 가장 자주 사용되는 뜻 위주로 품사와 함께 정리하였습니다.

6 예문과 예문 해석

토익에 나올 법한 엄선된 예문과 정확한 해석이 실려 있습니다.

7 토익 이렇게 나온다

핵심빈출단어가 토익 시험에 어떻게 출제되는지를 보여주는 섹션입니다. 시험에 자주 출제되 는 빈출 어구, 혼동 어휘, 핵심 문법 포인트, Part 7의 동의어 문제 포인트가 들어 있으니 꼭 암 기해 두어야 합니다!

8 관련어

핵심빈출단어 하단에 파생어, 동의어, 반의어가 정리되어 있으므로 한 단어를 외우면서 동시에 여러 단어를 추가로 학습할 수 있습니다.

9 연상 암기 그림

핵심빈출단어가 연상되는 그림을 수록하여 단어의 뜻이 쉽게 기억될 수 있도록 하였습니다.

10 발음

영국식과 미국식 발음이 다른 경우 두 가지 발음을 모두 수록하여 토익 리스닝에 대비할 수 있 게 히였고, 발음이 차이가 나는 부분을 밑줄로 표시하여 쉽게 식별할 수 있도록 하였습니다.

책의 구성

토익완성단어

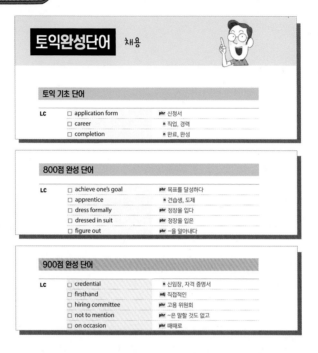

토익완성단어 채용

토익 기초 단어

LC		
☐ application form	phr	신청서
☐ career	n	직업, 경력
☐ completion	n	완료, 완성

800점 완성 단어

LC		
☐ achieve one's goal	phr	목표를 달성하다
☐ apprentice	n	견습생, 도제
☐ dress formally	phr	정장을 입다
☐ dressed in suit	phr	정장을 입은
☐ figure out	phr	~을 알아내다

900점 완성 단어

LC		
☐ credential	n	신임장, 자격 증명서
☐ firsthand	adj	직접적인
☐ hiring committee	phr	고용 위원회
☐ not to mention	phr	~은 말할 것도 없고
☐ on occasion	phr	때때로

1 | 토익 기초 단어
토익 시험 전 반드시 알아야 할 기초 단어들을 LC, RC로 구분하여 수록하였으며, 모르는 어휘를 체크박스에 표시하고 여러 번 반복해서 암기할 수 있도록 하였습니다.

2 | 800점 완성 단어
800점 목표 학습자들을 위한 800점 완성 단어를 LC, Part 5&6, Part 7으로 구분하여 수록하였으며, 모르는 어휘를 체크박스에 표시하고 여러 번 반복해서 암기할 수 있도록 하였습니다.

3 | 900점 완성 단어
900점 목표 학습자들을 위한 900점 완성 단어를 LC, Part 5&6, Part 7으로 구분하여 수록하였으며, 모르는 어휘를 체크박스에 표시하고 여러 번 반복해서 암기할 수 있도록 하였습니다.

Hackers TOEIC Vocabulary

추가 학습 구성

1 Daily Checkup

매일 그날 학습한 핵심빈출단어를 테스트할 수 있도록 Daily Checkup이 실전 문제풀이 팁과 함께 수록되어 있습니다.

* Daily Checkup 해석과 음성파일을 해커스인강(www.Hackers Ingang.com)에서 무료로 다운로드하실 수 있습니다.

2 토익 실전 문제

10일마다 토익 실전 문제를 통해 복습도 하고, 실전 적응력을 기를 수 있습니다. 토익 실전 문제의 정답 및 해석은 교재 뒤에 수록된 <정답 및 해석·해설>에서 제공됩니다.

* 토익 실전 문제 음성파일을 해커스인강(www.Hackers Ingang.com)에서 무료로 다운로드하실 수 있습니다.

3 토익 필수 이디엄 표현 120

토익 Part 3, 4, 7의 새로운 지문에 등장하는 이디엄 표현을 학습하며 토익에 완벽하게 대비할 수 있습니다.

* 토익 필수 이디엄 표현 120 음성파일을 해커스인강(www. HackersIngang.com)에서 무료로 다운로드하실 수 있습니다.

4 인덱스

핵심빈출단어와 토익완성단어가 책의 어느 페이지에 있는지 쉽게 찾아볼 수 있습니다.

* 핵심빈출단어는 초록색으로 표시하여 한 눈에 구분할 수 있도록 하였습니다.

책의 구성 | 13

암기가 쉬워지는 특별한 학습 자료

해커스 토익 기출 보카 MP3

토익 단어를 들으면서 암기할 수 있는 다양한 버전의 MP3를 해커스인강(www.HackersIngang.com)에서 다운로드할 수 있습니다.

핵심빈출단어

각 Day의 핵심빈출단어 MP3입니다. 미국, 영국, 호주식 발음과 우리말 뜻은 기본, 학습 방법과 취향에 따라 예문 학습 또는 챈트 버전 MP3를 선택하여 단어를 들으며 암기할 수 있습니다.

1 — [무료] 단어와 예문 암기 MP3   — 영어 단어(미 → 영/호) → 우리말 뜻 → 예문(미 → 영/호)

2 — [유료] 단어 집중 암기 MP3   — 영어 단어(미 → 영/호 → 호/영) → 우리말 뜻
       영국 호주 단어 집중 암기 MP3   — 영어 단어(영/호 → 호/영) → 우리말 뜻

3 — [유료] 신나는 단어 집중 암기(챈트) MP3 — 영어 단어(미 → 영/호) → 우리말 뜻

토익완성단어

각 Day의 토익완성단어 MP3이며 목표 점수대별로 구성되어 있습니다. 단어의 미국, 영국, 호주식 발음과 우리말 뜻을 들으며 단어를 암기하면 더욱 빠르게 목표 점수를 달성할 수 있을 것입니다.

4 — [유료] 토익완성단어_기초 단어 MP3   — 영어 단어(미 → 영/호) → 우리말 뜻

5 — [유료] 토익완성단어_800점 완성 MP3   — 영어 단어(미 → 영/호) → 우리말 뜻

6 — [유료] 토익완성단어_900점 완성 MP3   — 영어 단어(미 → 영/호) → 우리말 뜻

기타

핵심빈출단어 뒤에 수록된 Daily Checkup과 교재 및 사이트에서 제공되는 토익 실전 문제 13회분의 MP3입니다. 문제를 풀어본 후에 정답이 포함된 문장을 음성으로 들으며 반복해서 암기할 수 있습니다. 추가로, 교재 뒤에 수록된 토익 필수 이디엄 표현 120의 MP3도 제공합니다. 표현의 미국, 영국, 호주식 발음과 우리말 뜻을 들으며 암기할 수 있습니다.

7 — [무료] Daily Checkup MP3   — 문제(미 → 영/호)

8 — [무료] 토익 실전 문제 (1~3) MP3   — Part 5 문제(미 → 영/호) → Part 6, 7 지문(미)

9 — [무료] 토익 실전 문제 (4~13) MP3   — Part 5 문제(미 → 영/호) → Part 6, 7 지문(미)

10 — [무료] 토익 필수 이디엄 표현 120 MP3   — 영어 표현(미 → 영/호) → 우리말 뜻

들으면서 따라 읽고, Quiz를 풀면서 외운 것을 확인하다 보면 단어를 오래 기억할 수 있어요!

Hackers TOEIC Vocabulary

무료 학습자료

외운 단어를 확인하고 싶을 때, 간단한 Quiz부터 실전 형태의 문제까지 다양한 학습자료를 해커스 토익 사이트(www.Hackers.co.kr)에서 무료로 다운로드할 수 있습니다.

Daily Quiz

각 Day의 핵심빈출단어와 토익완성단어의 Quiz입니다. 주어진 단어에 맞는 뜻을 골라 외운 단어를 확인할 수 있습니다.

Daily Checkup 해석

교재 각 Day의 핵심빈출단어 뒤에 수록된 Daily Checkup 해석 자료입니다. Daily Checkup을 푼 후 해석 자료를 통해 문장을 정확하게 이해하며 복습할 수 있습니다.

단어암기 프로그램

Day와 교재 구성을 선택하면 맞춤형 단어암기 TEST가 시작됩니다. 매일매일 교재에 수록된 단어를 학습한 후 암기한 어휘를 빠르고 편리하게 점검할 수 있습니다.

단어시험지 자동 생성기

출제 범위와 문제 유형을 선택하면 맞춤형 단어 시험지가 자동으로 생성됩니다. 그룹 스터디를 하거나 혼자 공부할 때에도 클릭만 하면 손쉽게 단어 시험지가 생성되어 외운 단어를 확인할 수 있습니다.

토익 실전 문제 (4~13)

토익 Part 5, 6, 7 어휘 문제 형태로 된 실전 문제 10회분으로, 각각 3일치 단어에 대한 문제입니다. 3일에 한 번씩 토익 실전 문제를 통해 외운 단어를 확인하면서 동시에 토익 실전 감각을 향상시킬 수 있습니다.

해커스 토익 기출 보카 단어암기 어플

Main 화면

[보카 게임 시작하기]
교재 학습 후, 원하는 Day와 원하는 어휘 분류를 선택하여 게임하실 수 있습니다.

[나만의 단어장]
게임 후 외우지 못한 단어들만 모아 다시 암기하고, 게임 및 듣기 학습을 통하여 단어를 오래도록 기억할 수 있습니다.

게임하기

① Day 선택
게임하고 싶은 Day를 선택합니다. Day 순서에 관계없이 5개 Day까지 선택 가능합니다.

② 게임할 어휘 선택
핵심빈출단어, 점수대별 토익완성단어 중에서 게임할 어휘 분류를 선택합니다. 핵심빈출단어만, 완성단어만, 또는 중복 선택 가능합니다.

③ 게임 선택
짝맞추기: 단어를 보고 알맞은 뜻을 맞추는 게임
보카 버블: 단어 뜻을 보고 빈칸에 철자를 채워 단어를 완성하는 게임

나만의 단어장

게임 후 외우지 못한 단어들을 단어장에 모아 뜻을 확인하고 추가 게임 및 듣기 학습을 할 수 있는 기능입니다.

단어장에 포함된 단어들로만 다시 게임을 하거나 음성을 들으며 학습하여 외울 때까지 단어를 반복 학습할 수 있도록 하였습니다.

어플 다운로드 및 인증하기

1) [해커스 토익 기출 보카]를 검색하여 무료 단어암기 어플을 다운로드합니다.

2) [보카 게임 시작하기]에서 인증 안내 메시지가 나오면 교재 첫 장에 동봉된 인증 쿠폰의 인증번호를 입력합니다.

    * 인증하지 않고 이용할 경우 어플 사용에 제한이 있으니, 반드시 인증 후 이용하시기 바랍니다.

3) 인증이 완료되면 컨텐츠를 다운로드한 후 어플을 이용합니다.

    * LTE/3G 사용 시 데이터가 발생할 수 있으므로 Wi-Fi 환경에서 다운로드하시는 것을 권장합니다.

토익 어휘 출제 경향과 학습법

토익에 대비한 어휘 학습

토익에서 어휘는 매우 큰 비중을 차지합니다. 리스닝과 리딩의 모든 파트에 나오는 다양한 대화와 지문을 정확하고 빠르게 듣고 읽기 위해서는 비즈니스 및 일상 생활 범주 중심으로 기본 수준 이상의 어휘 실력을 갖추고 있어야 합니다. 그뿐만 아니라 Part 5에서 약 10문항, Part 6에서 약 5문항, Part 7에서 약 2문항 정도 출제되는 어휘 문제를 정확하게 풀기 위해서는 단어의 쓰임새를 중심으로 한 전략적인 어휘 학습이 필요합니다. 따라서 토익에 자주 나오는 어휘를 중심으로 많은 수의 단어와 그 뜻을 외우는 동시에, 예문을 통해 단어의 쓰임새를 익히며 토익 어휘 학습을 해야 합니다.

어휘 문제 출제 경향

Part 5

어휘 문제 문항 수: Part 5 전체 30문항 중 약 10문항

출제 경향: 예전에는 주로 정답 단어의 뜻만 알고 있으면 문제를 풀 수 있었으나, 최근 들어 비슷한 뜻의 어휘가 오답 보기에 섞여 나와 단어의 정확한 뜻과 쓰임, 심지어 문법적인 사항까지도 알고 있는지를 묻는 문제가 출제됩니다.

학습 방법: 단어가 어떤 상황에서 주로 어떤 단어들과 어울려 쓰이는지를 교재에 수록된 예문을 통해 확실하게 익히고, 빈출 어구, 혼동 어휘까지 꼼꼼히 학습합니다.

예제

> Experts place the ------- of the painting at about $2 million, but believe it will sell for much more than that when it is offered at the auction.
> (A) aspect   (B) degree   (C) value   (D) privilege

해설 4개의 보기 중 문맥상 가장 적절한 것은 '가치'이므로 정답은 (C) value입니다. (A) aspect는 '관점, 국면', (B) degree는 '학위', (D) privilege는 '특권, 특전'이라는 의미입니다.

Part 6

어휘 문제 문항 수: Part 6 전체 16문항 중 약 5문항

출제 경향: 빈칸이 있는 문장 주변, 또는 전체 문맥을 파악해야만 풀 수 있는 문제들이 점점 더 많이 출제되고 있습니다.

학습 방법: 단어가 어떤 상황에서 주로 어떤 단어들과 어울려 쓰이는지를 교재에 수록된 예문을 통해 확실하게 익히고, 빈출 어구, 혼동 어휘까지 꼼꼼히 학습합니다.

예제

> The engineers in our department are ------- in several areas. In addition to having master's degrees, they are knowledgeable in the process and manufacturing techniques used at the factory. Furthermore, they all have experience in designing a variety of mechanical systems.

(A) vulnerable   (B) restricted   (C) interested   (D) proficient

해설 빈칸 문장만 보았을 때는 모든 보기가 정답의 후보이므로 주변 문맥을 더 확인해야 합니다. 기술자들의 능력을 설명하고 있으므로 정답은 (D) proficient(능숙한, 능한)입니다. (A) vulnerable은 '취약한', (B) restricted는 '제한된, 제약을 받는', (C) interested는 '관심 있는'이라는 의미입니다.

Part 7

동의어 문제 문항 수: Part 7 전체 54문항 중 약 2문항

출제 경향: 전치사, 동사구 등 다양한 어휘 형태의 동의어를 묻는 문제가 많이 출제됩니다.

학습 방법: 단어가 문장내에서 어떠한 의미로 쓰였는지를 교재에 수록된 예문을 통해 확실하게 익히고, 동의어까지 꼼꼼히 학습합니다.

예제

> Following Thomas Burgerlin's retirement as vice president of sales, several people were promoted, leaving an opening for someone at the middle-management level.

The word "opening" in paragraph 1, line 2, is closest in meaning to
(A) introduction   (B) vacancy   (C) expanse   (D) launch

해설 opening이 '공석'이라는 의미로 쓰였으므로 정답은 (B) vacancy(공석, 결원)입니다.

내 수준에 맞는 학습 방법

● 목표 점수가 있는 경우 뒷장(p.22~25)에서 자신의 목표 점수에 맞는 학습 방법을 확인하세요.
● 목표 점수가 없다면 아래의 Self-Test를 통해 자신의 현재 수준을 파악하고, 자신의 수준에 맞는 학습 방법을 확인하세요.

Self-Test

1. 다음 단어들이 처음 보는 단어이다

accessible	expand	means	outstanding	postpone

A. 모두 모르는 단어이다
B. 한두 개 정도 아는 단어이다
C. 세네 개 정도 아는 단어이다
D. 모두 아는 단어들이다

2. 영어로 된 문장을 듣거나, 읽고 이해하기 어렵다

A. 쉬운 문장도 이해가 잘 안 된다
B. 간단한 문장은 어느 정도 이해할 수 있지만, 문장이 조금만 길어지면 이해하기 힘들다
C. 대부분 문장의 의미는 이해하나, 복잡한 문장 구조는 파악하기 어렵다
D. 비교적 길고 복잡한 문장도 쉽게 이해하는 편이다

3. 아래 단어들의 품사 구분이 가능하다

competition	competitive	competent	compete	competitively

A. '품사'라는 말을 처음 들어 본다
B. 한 개 정도 구분 가능하다
C. 세네 개 정도 가능하다
D. 모두 구분 가능하다

4. 토익의 각 Part별 문제 유형을 알고 있다

A. 전혀 알지 못한다
B. 리스닝과 리딩을 나눠서 시험 본다는 것만 알고 있다
C. 각 Part별로 문제가 어떤 식으로 출제되는지 알고 있다
D. Part별 문제 유형뿐만 아니라 이에 따른 각 Part별 공부 방법도 알고 있다

5. 다음 단어들의 관계를 알 수 있다

> allow : prevent

A. 두 단어의 뜻을 전혀 모르겠다
B. 한 단어의 뜻만 알고 있다
C. 두 단어의 뜻은 어렴풋이 알겠지만 무슨 관계가 있는지 모르겠다
D. 관계를 확실히 알겠다

6. 이미 얻은 공인 영어시험 점수에 만족한다

A. 절망적이다
B. 장기간 노력이 필요할 것 같다
C. 조금만 노력하면 될 것 같다
D. 대체로 만족한다

7. 다음 단어들의 쓰임을 구분할 수 있다

> notify : announce : reveal

A. 뜻도 확실히 모르겠다
B. 단어의 뜻은 알지만 쓰임은 전혀 모르겠다
C. 두 단어의 쓰임 정도만 구별 가능하다
D. 세 단어의 쓰임을 명확하게 구별할 수 있다

8. 영어 시험을 볼 때, 단어를 몰라서 못 푸는 문제가 많다

A. 한 페이지에 아는 단어가 별로 없다
B. 읽어도 무슨 말인지 잘 모르겠다
C. 감으로 문제를 풀 때가 많고, 정확한 의미 파악이 어렵다
D. 한 페이지에 모르는 단어가 별로 없으며, 대부분 정확하게 이해하고 문제를 푼다

※ 이미 답한 각 문항을 A = 0점, B = 1점, C = 2점, D = 3점으로 채점하여 합산합니다.

총점 : _____ 점/24점

☞ 페이지 넘겨 결과 및 학습 방법 보기

내 수준에 맞는 학습 방법

600-700점 목표 추천 학습 (Self-Test 0점~11점)

토익 단어의 기초를 탄탄하게 다져 600-700점대의 점수를 달성하고자 하는 사람들을 위한
[해커스 토익 기출 보카] 30일 기초 완성 2회독 추천 학습

회독	학습 방법	추천 학습 자료
1회독 (1일~15일)	**핵심빈출단어** (단어) · 하루에 Day 두 개씩 핵심빈출단어의 단어를 암기합니다.	단어 집중 암기 MP3 Daily Checkup MP3 핵심빈출단어 Daily Quiz
2회독 (16~30일)	**핵심빈출단어** (단어, 예문, 토익 이렇게 나온다) · 하루에 Day 두 개씩 핵심빈출단어의 단어를 복습하고, 예문을 보며 단어의 실제 쓰임을 학습합니다. '토익 이렇게 나온다'를 보며 단어의 최신 출제 경향을 확인합니다. · 토익 실전 문제로 Part 5, 6, 7 어휘 문제를 연습합니다.	단어와 예문 암기 MP3 영국 호주 단어 집중 암기 MP3 신나는 단어 집중 암기(챈트) MP3 토익 실전 문제
	토익완성단어 (토익 기초 단어) · 하루에 Day 두 개씩 토익 기초 단어를 암기합니다.	토익완성단어_기초 단어 MP3 토익 기초 단어 Daily Quiz

* 매 회독이 끝날 때마다 <토익 필수 이디엄 표현 120>(p.515)을 학습합니다.
* 이동 중에나 자투리 시간에 <해커스 토익 기출 보카 단어암기 어플>과 <신나는 단어 집중 암기(챈트) MP3>를 활용하여 복습합니다.
* 유/무료 MP3는 해커스인강(www.HackersIngang.com)에서 다운로드하실 수 있습니다.
* 핵심빈출단어와 토익완성단어의 Daily Quiz, 토익 실전 문제는 해커스토익 사이트(www.Hackers.co.kr)에서 무료로 다운로드하실 수 있습니다.

800점 목표 추천 학습 (Self-Test 12점~17점)

중급 수준으로 단어 실력을 업그레이드하여 800점대의 점수를 달성하고자 하는 사람들을 위한
[해커스 토익 기출 보카] 30일 실력 업그레이드 3회독 추천 학습

회독	학습 방법	추천 학습 자료
1회독 (1일~10일)	**핵심빈출단어** (단어) · 하루에 Day 세 개씩 핵심빈출단어의 단어를 암기합니다.	단어 집중 암기 MP3 Daily Checkup MP3 핵심빈출단어 Daily Quiz
2회독 (11일~20일)	**핵심빈출단어** (단어, 예문) · 하루에 Day 세 개씩 핵심빈출단어의 단어를 복습하고, 예문을 보며 단어의 실제 쓰임을 학습합니다. **토익완성단어** (토익 기초 단어) · 하루에 Day 세 개씩 토익 기초 단어 중 모르는 어휘를 체크하여 암기합니다.	단어와 예문 암기 MP3 영국 호주 단어 집중 암기 MP3 신나는 단어 집중 암기(챈트) MP3 토익완성단어_기초 단어 MP3 토익 기초 단어 Daily Quiz
3회독 (21일~30일)	**핵심빈출단어** (단어, 예문, 토익 이렇게 나온다) · 하루에 Day 세 개씩 핵심빈출단어의 단어와 예문을 복습하고, '토익 이렇게 나온다'를 보며 단어의 최신 출제 경향을 확인합니다. · 토익 실전 문제로 Part 5, 6, 7 어휘 문제를 연습합니다. **토익완성단어** (800점 완성 단어) · 하루에 Day 세 개씩 800점 완성 단어를 암기합니다.	신나는 단어 집중 암기(챈트) MP3 단어와 예문 암기 MP3 토익 실전 문제 토익완성단어_800점 완성 MP3 800점 완성 단어 Daily Quiz

* 매 회독이 끝날 때마다 <토익 필수 이디엄 표현 120>(p.515)을 학습합니다.
* 이동 중에나 자투리 시간에 <해커스 토익 기출 보카 단어암기 어플>과 <신나는 단어 집중 암기(챈트) MP3>를 활용하여 복습합니다.
* 유/무료 MP3는 해커스인강(www.HackersIngang.com)에서 다운로드하실 수 있습니다.
* 핵심빈출단어와 토익완성단어의 Daily Quiz, 토익 실전 문제는 해커스토익 사이트(www.Hackers.co.kr)에서 무료로 다운로드하실 수 있습니다.

내 수준에 맞는 학습 방법

900점 목표 추천 학습 (Self-Test 18점~24점)

고난이도 단어까지 완벽하게 정복하여 900점대의 점수를 달성하고자 하는 사람들을 위한
[해커스 토익 기출 보카] 30일 완벽 정복 3회독 추천 학습

회독	학습 방법	추천 학습 자료
1회독 (1일~10일)	**핵심빈출단어** (단어, 예문) · 하루에 Day 세 개씩 핵심빈출단어의 단어를 암기하고, 예문을 보며 단어의 실제 쓰임을 학습합니다.	단어와 예문 암기 MP3 Daily Checkup MP3 핵심빈출단어 Quiz
	토익완성단어 (토익 기초 단어) · 하루에 Day 세 개씩 토익 기초 단어 중 모르는 어휘를 체크하여 암기합니다.	토익완성단어_기초 단어 MP3 토익 기초 단어 Daily Quiz
2회독 (11일~20일)	**핵심빈출단어** (단어, 예문, 토익 이렇게 나온다) · 하루에 Day 세 개씩 핵심빈출단어의 단어와 예문을 복습 하고, '토익 이렇게 나온다'를 보며 단어의 최신 출제 경향 을 확인합니다.	단어와 예문 암기 MP3 영국 호주 단어 집중 암기 MP3 신나는 단어 집중 암기(챈트) MP3
	토익완성단어 (800점 완성 단어) · 하루에 Day 세 개씩 800점 완성 단어 중 모르는 어휘를 체크하여 암기합니다.	토익완성단어_800점 완성 MP3 800점 완성 단어 Daily Quiz
3회독 (21일~30일)	**핵심빈출단어** (단어, 예문, 토익 이렇게 나온다, 관련어) · 하루에 Day 세 개씩 핵심빈출단어의 단어, 예문, '토익 이 렇게 나온다'를 복습하고, 관련어를 암기합니다. · 토익 실전 문제로 Part 5, 6, 7 어휘 문제를 연습합니다.	신나는 단어 집중 암기(챈트) MP3 단어와 예문 암기 MP3 토익 실전 문제
	토익완성단어 (900점 완성 단어) · 하루에 Day 세 개씩 900점 완성 단어를 암기합니다.	토익완성단어_900점 완성 MP3 900점 완성 단어 Daily Quiz

- 매 회독이 끝날 때마다 <토익 필수 이디엄 표현 120>(p.515)을 학습합니다.
- 이동 중에나 자투리 시간에 <해커스 토익 기출 보카 단어암기 어플>과 <신나는 단어 집중 암기(챈트) MP3>를 활용하여 복습합니다.
- 유/무료 MP3는 해커스인강(www.HackersIngang.com)에서 다운로드하실 수 있습니다.
- 핵심빈출단어와 토익완성단어의 Daily Quiz, 토익 실전 문제는 해커스토익 사이트(www.Hackers.co.kr)에서 무료로 다운로드하실 수 있습니다.

해커스 토익 기출 보카 마스터 학습

Self-Test, 목표 점수에 관계없이 30일 동안 하루에 Day 한 개씩 [해커스 토익 기출 보카] 교재를 마스터하고 싶은 사람들을 위한 추천 학습

회독	학습 방법	추천 학습 자료
1회독 (1일~30일)	**핵심빈출단어** · 하루에 Day 한 개씩 단어와 관련어를 암기하고, 예문을 보며 단어의 실제 쓰임을 학습합니다. '토익 이렇게 나온다'를 보며 단어의 최신 출제 경향을 확인합니다. · 토익 실전 문제로 Part 5, 6, 7 어휘 문제를 연습합니다.	단어와 예문 암기 MP3 신나는 단어 집중 암기(챈트) MP3 Daily Checkup MP3 핵심빈출단어 Daily Quiz 토익 실전 문제
	토익완성단어 · 하루에 Day 한 개씩 토익 기초 단어, 800점 완성 단어, 900점 완성 단어에서 모르는 단어를 체크하여 암기합니다.	토익완성단어_기초 단어 MP3 토익완성단어_800점 완성 MP3 토익완성단어_900점 완성 MP3 토익 기초 단어 Daily Quiz 800점 완성 단어 Daily Quiz 900점 완성 단어 Daily Quiz

* 매 회독이 끝날 때마다 <토익 필수 이디엄 표현 120>(p.515)을 학습합니다.
* 이동 중에나 자투리 시간에 <해커스 토익 기출 보카 단어암기 어플>과 <신나는 단어 집중 암기(챈트) MP3>를 활용하여 복습합니다.
* 유/무료 MP3는 해커스인강(www.HackersIngang.com)에서 다운로드하실 수 있습니다.
* 핵심빈출단어와 토익완성단어의 Daily Quiz, 토익 실전 문제는 해커스토익 사이트(www.Hackers.co.kr)에서 무료로 다운로드하실 수 있습니다.

DAY 01 | 토익 보카 30일 완성 백수탈출

채용

주제를 알면 토익이 보인다!

채용 주제에서는 주로 채용 공고, 입사 지원 문의 또는 면접 결과 통지 이메일 등이 출제되고 있어요. 채용 주제에서 자주 출제되는 단어를 함께 알아볼까요?

▲ 무료 MP3 바로 듣기

취업 성공의 비결은 자신감!

이게 벌써 몇 번째 résumé야...

오?! A사에 opening이 있네. 당장 apply해야지.

다음 applicant 들어오세요.

난 job requirements를 모두 meet하니까 분명 붙을 수 있을 거야! 내가 가장 qualified한 candidate일걸!

긴장

마지막으로 하고 싶은 말 있나요? confidence를 가지고 말씀해 보세요.

A company

B사에 꼭 입사하고 싶습니다!

B사...u

¹ résumé**

[미 rézumèi]
[영 rézjuːmei]

n 이력서

Fax your **résumé** and cover letter to the above number. 위 번호로 이력서와 자기소개서를 팩스로 보내주세요.

² opening**

[미 óupəniŋ]
[영 óupəniŋ]

[동] vacancy 공석, 결원

n 공석, 결원; 개장, 개시

There are several job **openings** at the restaurant right now. 현재 그 식당에는 일자리가 몇 개 있다.

JX Finances officially announced the **opening** of its first international branch.
JX Finances사는 첫 번째 해외 지점 개장을 공식적으로 발표했다.

 토익 이렇게 나온다

[문법] **an opening** 공석 (가산 명사)

opening은 '공석', '결원'의 의미일 때 가산 명사로 취급되므로 반드시 부정 관사 an을 쓰거나 복수인 openings로 사용해야 한다.

[동의어] 결원이 생긴 일자리를 의미할 때 opening은 vacancy로 바꾸어 쓸 수 있다.

³ applicant***

[ǽplikənt]

[파] apply v. 지원하다, 적용하다
application n. 신청, 지원서, 적용
appliance n. 전기 제품

n 지원자, 신청자

Applicants are required to submit a résumé.
지원자들은 이력서를 제출해야 한다.

 토익 이렇게 나온다

[빈출] **complete/submit/receive + an application**
지원서를 작성하다 / 제출하다 / 받다

application은 complete, submit, receive 등 작성, 제출과 관련된 동사와 주로 같이 사용된다.

[혼동어] ┌ **applicant** 지원자
└ **application** 신청, 지원서, 적용

사람 명사인 applicant와 추상 명사인 application을 구별해야 한다. 어근은 같지만 의미가 전혀 다른 appliance(전기 제품)와도 혼동하지 않도록 유의하자.

⁴ requirement***

[미 rikwáiərmənt]
[영 rikwáiəmənt]

[파] require v. 요구하다
[동] prerequisite 필요조건

n 필요조건, 요건

A driver's license is a **requirement** of this job.
운전 면허증은 이 직업의 필요조건이다.

★★★ = 출제율 최상 ★★ = 출제율 상 ★ = 출제율 중
● = Part 5·6 정답 단어 ○ = Part 7 빈출 단어

핵심빈출단어

DAY 01

02 03 04 05 06 07 08 09 10

Hackers TOEIC Vocabulary

토익 이렇게 나온다

 a requirement + of/for ~의 필요조건
requirement는 전치사 of나 for와 어울려 자주 쓰인다.

5 meet***
[miːt]
图 satisfy, fulfill (요구·조건을)
만족시키다

v (필요·요구 등을) 만족시키다
Applicants must **meet** all the requirements for the job. 지원자들은 그 직책의 모든 필요조건을 만족시켜야 한다.

 토익 이렇게 나온다

meet one's needs ~의 욕구를 만족시키다
meet requirements 필요조건을 만족시키다
meet customer demand 소비자의 요구를 만족시키다
meet expectations 기대를 충족시키다

meet는 흔히 알고 있는 '만나다'라는 의미 이외에 '만족시키다'라는 뜻으로 토익에 자주 출제된다.

6 qualified***
[미] kwάləfàid]
[영] kwɔ́lifaid]
표 qualify v. ~에게 자격을 주
다, 적임으로 하다
qualification n. 자격
qualifier n. 예선 통과자, 예
선전
图 certified 보증된, 증명된

adj 자격 있는, 적격의
People with master's degrees are **qualified** for the research position. 석사 학위를 갖춘 사람들은 연구직에 자격이 있다.

 토익 이렇게 나온다

be qualified for ~에 자격이 있다
qualifications for ~에 대한 자격
qualified와 명사 qualification은 전치사 for와 어울려 자주 쓰인다.

7 candidate***
[미] kǽndidèit]
[영] kǽndidət]
图 applicant 지원자

n 후보자, 지원자
Five **candidates** will be selected for final interviews.
5명의 후보자가 최종 면접을 위해 선발될 것이다.

8 confidence**
[미] kάnfədəns]
[영] kɔ́nfidəns]
표 confident adj. 확신하는,
자신만만한

n 확신, 자신; 신임
We have **confidence** that she can handle the position.
우리는 그녀가 그 직책을 수행할 수 있다고 확신한다.

The recommendations showed **confidence** in his abilities. 그 추천서들은 그의 능력에 대한 신임을 보여 주었다.

토익 이렇게 나온다

1. **show/express + confidence in** ~에 대한 신임을 보이다

confidence는 show, express 등 감정의 표현과 관련된 동사 및 전치사 in과 짝을 이루어 출제된다.

2. ┌ **confidence in** ~에 대한 확신, 신임
   └ **in confidence** 비밀로

confidence와 함께 쓰이는 전치사 in을 묻는 문제가 출제된다. 전치사 in 의 위치에 따라 의미가 완전히 달라지므로 유의하면서 외워야 한다.

⁹ highly ★★★
[háili]

adv 매우, 대단히

Mr. Monroe's experience makes him **highly** qualified for the job.
Mr. Monroe의 경험이 그를 그 직업에 매우 자격이 있게 한다.

 토익 이렇게 나온다

highly + competent/recommended/qualified/competitive/profitable

매우 경쟁력 있는/권장되는/자격이 있는/경쟁이 심한/수익성 있는

highly는 very나 most와 같은 강조 부사로써 주로 형용사나 과거분사를 수식하는 형태로 시험에 나온다.

¹⁰ professional ★★★
[prəféʃənl]

파 profession n. 직업
professionally adv. 전문적으로, 직업적으로

adj 전문적인, 직업의

Jeff is known as a **professional** photographer.
Jeff는 전문 사진가로 알려져 있다.

n 전문가

Merseyside Hospital is looking for a certified health **professional**.
Merseyside 병원은 자격증이 있는 의료 전문가를 찾고 있습니다.

¹¹ interview ★★★
[미 íntərvjùː]
[영 íntəvjuː]

n 면접

The **interviews** are being held in meeting room three. 면접은 3번 회의실에서 이루어지고 있다.

v 면접을 보다

The manager **interviewed** almost 100 applicants.
그 부장은 거의 100명의 지원자의 면접을 보았다.

★★★ = 출제율 최상   ★★ = 출제율 상   ★ = 출제율 중
◉ = Part 5·6 정답 단어   ○ = Part 7 빈출 단어

12 hire***

[미 haiər]
[영 haiə]

v 고용하다

The company expects to **hire** several new employees next month.

회사는 다음 달에 신입사원 몇 명을 고용할 계획이다.

13 training***

[tréiniŋ]

n 교육, 훈련

This company offers on-the-job **training** for new staff.

이 회사는 신입 사원들을 위한 현장 교육을 제공한다.

14 reference***

[réfərəns]

펢 refer v. 참조하다

n 추천서; 참고

Philip asked his previous employer to write a **reference** letter for him.

Philip은 그의 이전 상사에게 추천서를 써 달라고 부탁했다.

The database contains **reference** material on all aspects of labor law.

그 데이터베이스는 노동법 전반에 대한 참고 자료를 포함하고 있다.

15 position***

[pəzíʃən]

n 일자리, 직책

The advertised **position** provides health care and other benefits.

광고된 일자리는 의료 서비스와 다른 혜택들을 제공한다.

v 두다

The secretary **positioned** the chairs around the table before the meeting began.

비서는 회의가 시작되기 전에 탁자 주변에 의자를 두었다.

 토익 이렇게 나온다

빈출어구 **accept a position** 일자리를 수락하다
apply for a position 일자리에 지원하다

position은 지원, 수락과 관련된 동사와 함께 사용된다.

16 achievement***

[ətʃíːvmənt]

n 성취, 달성

List all of your **achievements** from previous jobs on your résumé.

이전 직장에서 이룬 모든 성취 사항들을 이력서에 기록하시오.

토익 이렇게 나온다

[동의어] achievement 성취, 달성
achiever 크게 성공한 사람

추상 명사인 achievement와 사람 명사인 achiever를 구별하는 문제로 주로 출제된다.

17 impressed★★★
[imprést]

adj 인상 깊게 생각하는, 감명을 받은

The CEO was **impressed** by his assistant's organizing skills.

그 최고 경영자는 비서의 정리 능력을 인상 깊게 생각했다.

 토익 이렇게 나온다

[동의어] impressed 인상 깊게 생각하는
impressive 인상적인

형태가 비슷한 두 단어를 혼동하지 말아야 한다. impressed는 사람의 감정을 설명할 때 사용하고, impressive는 감정을 일으키는 대상을 설명할 때 사용한다.

18 excellent★★★
[éksələnt]

adj 훌륭한, 탁월한

Because of her **excellent** managerial skills, Erin was hired for the job.

그녀의 훌륭한 관리 능력 때문에, Erin은 그 일자리에 채용되었다.

19 eligible★★
[élidʒəbl]

[파] eligibility n. 적임, 적격
[반] ineligible 자격이 없는

adj 자격이 있는, 적격의

The part-time workers are also **eligible** for paid holidays.

시간제 근로자들도 유급 휴가를 받을 자격이 있다.

 토익 이렇게 나온다

[빈출어] be eligible for + membership/compensation/position
회원이 될/보상을 받을/직위에 오를 자격이 있다
be eligible to do ~할 자격이 있다

eligible은 주로 전치사 for나 to 부정사와 함께 사용된다. 전치사 for 다음에는 membership, compensation, position 등과 같은 혜택이나 직위를 의미하는 명사가 온다.

혼동 어휘 eligible : allowed
'허용되는'을 의미하는 단어들의 용례 차이를 구별해 두자.

┌ eligible ~할 자격이 있는
│ 사람이 특정 요건을 만족하여 자격을 갖출 때 쓰인다.
└ allowed 허용된, 허가받은
특정 행위가 허용될 때 쓰인다.
Business dinners are included as **allowed** expenses.
사업상 갖는 저녁 식사는 허용된 경비에 포함된다.

---

20 identify★★

[미 aidéntəfài]
[영 aidéntifai]

파 identification n. 신원 확인, 신분증

v 알아보다, 확인하다

Staff members wear uniforms so that they are easy for customers to **identify**.
직원들은 손님들이 쉽게 알아볼 수 있도록 제복을 입는다.

---

21 associate★★

[미 əsóusièit]
[영 əsóusieit]
n. 동료, adj. 부(副)
[미 əsóusiət, 영 əsóusiət]

파 association n. 제휴, 연합

v 관련시키다

Two of the applicants were **associated** with a competitor. 지원자 중 두 명은 경쟁사와 관련되어 있었다.

 토익 이렇게 나온다

빈출 어구 be associated with ~와 관련되다
in association with ~와 제휴하여

수동형인 be associated와 명사 association이 시험에 많이 나오며 주로 전치사 with와 함께 사용된다.

---

22 condition★★

[kəndíʃən]

n 조건

The **conditions** of employment are listed in the job opening notice. 고용 조건들은 채용 공고문에 열거되어 있다.

---

23 employment★★

[implɔ́imənt]

파 employ v. 고용하다
(= hire ↔ lay off, dismiss, fire)
employee n. 직원
employer n. 고용인
반 unemployment 실업

n 고용

The company announced **employment** opportunities in personnel department.
회사는 인사 부서에 고용 기회가 있음을 발표했다.

24 lack ★★
[læk]

v ~이 없다

Carl **lacked** the ability to get along well with his coworkers. Carl은 동료들과 잘 지내는 능력이 없었다.

n 부족

Due to a **lack** of funds, the project has been temporarily halted.
자금 부족 때문에, 그 프로젝트는 일시적으로 중단되었다.

25 managerial ★★
[미 mǽnidʒíəriəl]
[영 mǽnədʒíəriəl]

㈜ manage v. 경영하다, 관리하다
㊌ supervisory 관리의, 감독하는

adj 관리의

Mike is seeking a **managerial** position in the accounting field.
Mike는 회계 분야에서 관리직 자리를 찾고 있다.

 토익 이렇게 나온다

㊌ **managerial + staff/experience** 관리 직원, 경영진 / 관리직 경력
managerial은 직원이나 경험을 나타내는 명사와 주로 같이 출제된다.

26 diligent ★★
[미 dílədʒənt]
[영 dílidʒənt]

㈜ diligence n. 근면, 성실
diligently adv. 부지런히, 열심히

adj 성실한

Carmen is one of the most **diligent** workers in the company.
Carmen은 회사에서 가장 성실한 직원들 중 한 명이다.

27 familiar ★★
[미 fəmíliər]
[영 fəmíliə]

㈜ familiarize v. 익숙하게 하다
㊀ unfamiliar 익숙하지 않은, 잘 모르는

adj 익숙한, 친숙한

Staff must review the handbook to become **familiar** with it. 직원들은 익숙해지도록 안내서를 복습해야 한다.

 토익 이렇게 나온다

㊌ **be familiar with** ~에 익숙하다
familiar는 전치사 with와 짝을 이루어 자주 출제된다.

28 proficiency ★★
[prəfíʃənsi]

㈜ proficient adj. 숙달한, 능숙한

n 숙달, 능숙

Overseas workers need proof of **proficiency** in a second language.
해외 근로자들은 외국어 숙달에 관한 증거 자료가 필요하다.

★★★ = 출제율 최상 ★★ = 출제율 상 ★ = 출제율 중
● = Part 5·6 정답 단어 ○ = Part 7 빈출 단어

²⁹ prospective^{★★}
[prəspéktiv]

[파] prospect n. 전망, 예상

adj 장래의, 미래의

Prospective employees were asked to come in for a second interview. 장래의 직원들은 2차 면접을 보러 오라고 요청받았다.

³⁰ appeal^{★★}
[əpíːl]

[동] attract 마음을 끌다

v 관심을 끌다, 매력적이다

The 10 percent pay increase **appealed** to the staff.
10퍼센트 임금 인상은 직원들의 관심을 끌었다.

 토익 이렇게 나온다

[용법] appeal to + 명사 ~의 흥미를 끌다, ~에게 호소하다
appeal이 자동사여서 전치사 to와 함께 쓰인다.

[동의어] 누군가의 흥미나 관심을 끌다라는 의미일 때 appeal to는 attract로 바꾸어 쓸 수 있다.

³¹ specialize^{★★}
[spéʃəlàiz]

v ~을 전공하다, 전문적으로 다루다

Most of the programmers **specialized** in software design in college.
대부분의 프로그래머는 대학에서 소프트웨어 디자인을 전공했다.

³² apprehensive^{★★}
[æprihénsiv]

[동] concerned 걱정하는

adj 걱정하는, 염려하는

Many people feel **apprehensive** before an important job interview. 많은 사람들은 중요한 면접 전에 걱정한다.

³³ consultant^{★★}
[kənsʌ́ltənt]

[파] consult v. ~와 상담하다

n 고문, 컨설턴트

Emma currently works in London as an interior design **consultant**.
Emma는 현재 런던에서 인테리어 디자인 고문으로 일하고 있다.

 토익 이렇게 나온다

[반출어] consult + 전문가 ~와 상담하다
consult with + 대등한 상대 ~와 상의하다, 의논하다
consult + 서적/자료 ~을 찾아보다, ~을 참고하다

consult는 doctor 등 전문가와 상담할 때는 전치사 없이 사용하지만, friend 와 같이 대등한 상대와 상의할 때는 전치사 with를 동반한다. '서적, 자료를 찾아본다'라고 쓰일 때는 전치사가 없어야 한다는 것도 꼭 기억해 두자.

반의
어휘 ┌ consultant 고문
     └ consultation (전문가와의) 상담

사람 명사인 consultant와 추상 명사인 consultation을 구별하는 문제로 주로 출제된다.

34 entitle*
[intáitl]

○ v 자격을 주다

Executives are **entitled** to additional benefits.
임원들에게는 추가 혜택에 대한 자격이 주어진다.

 토익 이렇게 나온다

빈출
어구 be entitled to + 명사 ~에 대한 자격이 주어지다
be entitled to do ~할 자격이 주어지다

entitle은 전치사 to나 to 부정사와 함께 사용되며 주로 수동태형으로 출제된다.

35 degree*
[digríː]

○ n 학위

A bachelor's **degree** in engineering is a requirement for this position.
공학 학사 학위는 이 직책의 필요조건이다.

36 payroll*
[미 péiròul]
[영 péirəul]

○ n 임금 대장, 급료 명부

Fifteen new employees were added to the **payroll** last month.
15명의 신입 사원이 지난달 임금 대장에 추가되었다.

 토익 이렇게 나온다

빈출
어구 on the payroll 고용되어

'임금 대장에 이름이 올라 있다'라는 의미에서 유래된 표현이다.

Sullivan Printing currently has 22 staff members on the payroll. Sullivan Printing사에는 현재 22명의 직원들이 고용되어 있다.

37 recruit*
[rikrúːt]
n. 신입 사원

파 recruitment n. 신규 모집
recruiter n. 신입 회원
(사원)을 모집하는 사람

○ v (신입 사원 등을) 모집하다

The firm **recruits** promising graduates on a yearly basis.
그 회사는 장래가 촉망되는 졸업자들을 매년 모집한다.

38 certification *

[미 sə̀:rtəfikéiʃən]
[영 sə̀:tifikéiʃən]

파 certify v. 증명하다
certified adj. 증명된, 공인된
certificate n. 증명서

n 증명서, 증명

Obtaining accounting **certification** takes approximately a year. 회계 자격증을 취득하는 데는 대략 1년이 걸린다.

 토익 이렇게 나온다

빈출어구 **professional certification** 전문 자격증
a birth certificate 출생 증명서

뜻이 같은 certification과 certificate의 차이를 구별해 두자. certification 은 주로 전문 능력에 대한 자격을 증명하는 경우에만 쓰이지만, certificate (증명서)은 자격 증명뿐 아니라 birth certificate과 같은 일반적인 증명서에 도 사용된다.

39 occupation *

[미 ὰkjupéiʃən]
[영 ɔ̀kjupéiʃən]

파 occupy v. (장소·직책 등을) 차지하다
occupational adj. 직업상의
occupant n. 임차인, 점유자
동 job, vocation 직업

n 직업

Journalism is an interesting and challenging **occupation.** 보도직은 흥미로우면서도 도전적인 직업이다.

 토익 이렇게 나온다

혼동어휘 ┌ **occupation** 직업
└ **occupant** (주택의) 임차인, (토지의) 점유자

추상 명사인 occupation과 사람 명사인 occupant의 뜻을 구별하는 문제로 출제된다.

40 wage *

[weidʒ]

n 임금, 급료

Workers with formal education may earn higher **wages** than those without.
정식 교육을 받은 근로자들은 그렇지 않은 사람들보다 더 높은 임금을 받을 수 있다.

 토익 이렇게 나온다

혼동어휘 **wage : salary : compensation**
'급료'를 뜻하는 단어들의 용례를 비교해 두자.

┌ **wage** 임금
│ 블루칼라 직업의 봉급에 주로 쓰이며 시간급이나 월급의 뉘앙스가 강하다.
├ **salary** 봉급
│ 화이트칼라 직업의 봉급에 주로 쓰이며 연봉의 뉘앙스가 강하다.
└ **compensation** 보상, 보수
salary나 wage는 주로 업무 자체에 대한 보수를 의미하지만, compensation 은 그 이외의 보상에도 사용할 수 있다. (ex. injury compensation 상해 보상)

DAY 01 Daily Checkup

토익에 출제되는 단어의 뜻을 오른쪽 보기에서 찾아 연결하세요.

01 applicant

02 impressed

03 training

04 meet

05 familiar

ⓐ 교육, 훈련

ⓑ 익숙한, 친숙한

ⓒ 알아보다, 확인하다

ⓓ 만족시키다

ⓔ 지원자, 신청자

ⓕ 인상 깊게 생각하는, 감명을 받은

토익에 출제되는 문장의 문맥에 맞는 단어를 고르세요.

 토익 이렇게 나온다
명사 skill은 excellent, useful과 같은
형용사와 함께 자주 쓰여요.

06 Mark's ___ language skills helped him to get the job.

07 The ___ with a business major wants to work as a manager.

08 The store will ___ five people to work at the recently opened branch.

09 New employees ___ practical experience, so extra training is required.

ⓐ candidate　　ⓑ excellent　　ⓒ managerial　　ⓓ lack　　ⓔ hire

10 During the ___, Jennifer was asked some difficult questions.

11 Only those who are proficient in programming are ___ to apply.

12 A ___ attitude is required to complete long-term projects successfully.

13 Veronica's greatest ___ was winning a profitable contract with Bethel.

ⓐ qualified　　ⓑ diligent　　ⓒ prospective　　ⓓ interview　　ⓔ achievement

Answer　1. ⓔ　2. ⓕ　3. ⓐ　4. ⓓ　5. ⓑ　6. ⓑ　7. ⓐ　8. ⓔ　9. ⓓ　10. ⓓ　11. ⓐ　12. ⓑ　13. ⓔ

➥ Daily Checkup 해석과 추가 Daily Quiz, 보카 테스트가 www.Hackers.co.kr에서 제공됩니다.

토익완성단어 채용

토익 기초 단어

LC	□ application form	phr	신청서
	□ career	n	직업, 경력
	□ completion	n	완료, 완성
	□ fair	adj	공정한, 타당한
	□ graduation	n	졸업
	□ in fact	phr	사실은
	□ job fair	phr	취업 박람회
	□ job offer	phr	일자리 제안
	□ list	n	목록, 명단; v 목록에 기입하다
	□ newcomer	n	새로 온 사람, 신입사원
	□ part-time	adj	파트타임의, 시간제의
	□ previous job	phr	이전 직업
	□ secretary	n	비서
	□ send in	phr	~을 제출하다
	□ tidy	adj	단정한, 깔끔한
	□ trainee	n	훈련받는 사람
RC	□ apply for	phr	~에 지원하다
	□ aptitude	n	재능, 소질
	□ be admitted to	phr	~에 입장이 허용되다
	□ be advised to do	phr	~할 것을 권유받다
	□ criteria	n	기준 (criterion의 복수형)
	□ decade	n	10년
	□ employ	v	고용하다
	□ insufficient	adj	불충분한
	□ minimum	n	최소한도; adj 최소한의
	□ party	n	단체, 당사자, 연회
	□ plentiful	adj	풍부한
	□ profession	n	직업

800점 완성 단어

LC			
	☐ achieve one's goal	phr	목표를 달성하다
	☐ apprentice	n	견습생, 도제
	☐ dress formally	phr	정장을 입다
	☐ dressed in suit	phr	정장을 입은
	☐ figure out	phr	~을 알아내다
	☐ full time work	phr	정규직
	☐ job opportunity	phr	취업 기회
	☐ job search	phr	구직
	☐ job seeker	phr	구직자
	☐ lay out	phr	펼치다, 늘어놓다
	☐ letter of recommendation	phr	추천서
	☐ pay raise	phr	임금 인상
	☐ practical experience	phr	실무 경험
	☐ proof of employment	phr	재직 증명서
	☐ reapply	v	재신청하다
	☐ recommendation letter	phr	추천서
	☐ reference letter	phr	추천서
	☐ send off to	phr	~로 보내다
	☐ set up an interview	phr	면접 약속을 잡다
	☐ take an examination	phr	시험을 치르다
	☐ training center	phr	훈련소
	☐ waiting room	phr	대기실
	☐ well-educated	adj	잘 교육된, 교양 있는
	☐ workstation	n	작업대, (사무실의) 자리
	☐ zealous	adj	열심인, 열광적인
Part 5, 6	☐ cover letter	phr	자기소개서
	☐ devoted	adj	헌신적인
	☐ energetic	adj	활동적인
	☐ enthusiastic	adj	열렬한
	☐ excel	v	(남을) 능가하다, ~보다 낫다
	☐ exclude	v	제외하다, 배제하다
	☐ fluently	adv	유창하게
	☐ get through	phr	(시험 등에) 합격하다, 통과하다

☐ match	**v**	~에 어울리다, 조화되다
☐ necessity	**n**	필요
☐ qualification	**n**	자격, 자격증
☐ relevant	**adj**	관련된
☐ sign up for	**phr**	~에 등록하다, 신청하다
☐ talented	**adj**	유능한, 재능이 있는
☐ visiting	**n**	방문; **adj** 객원의, 방문하는
☐ workforce	**n**	노동 인구, 직원 수

Part 7

☐ address the audience	**phr**	청중에게 연설하다
☐ be influenced by appearance	**phr**	겉모습에 영향을 받다
☐ bilingual	**adj**	2개 국어를 구사하는
☐ curriculum vitae	**phr**	이력서
☐ diploma	**n**	졸업 증서
☐ endurance	**n**	인내력
☐ fluency	**n**	유창함
☐ fluent in	**phr**	~에 능숙한
☐ go with	**phr**	(계획·제의 등을) 받아들이다
☐ human resources	**phr**	인적 자원, 인사 관리
☐ improperly	**adv**	부적절하게
☐ in a positive manner	**phr**	긍정적으로
☐ in the field of	**phr**	~의 분야에서
☐ inexperience	**n**	무경험, 미숙
☐ lack confidence	**phr**	자신감이 결여되다
☐ make A a regular habit	**phr**	A하는 습관을 들이다
☐ make a commitment to	**phr**	~에 헌신하다, 전념하다
☐ make a point of -ing	**phr**	반드시 -하다
☐ manpower	**n**	인력
☐ master's degree	**phr**	석사 학위
☐ novice	**n**	풋내기, 무경험자
☐ paycheck	**n**	급료, 급료 지불 수표
☐ self-motivation	**n**	자기 동기부여
☐ send a notification	**phr**	통지서를 보내다
☐ vacancy	**n**	공석, 결원
☐ wanted	**adj**	~을 구하는, ~을 모집하는
☐ work history	**phr**	이력, 경력

900점 완성 단어

LC	□ credential	n 신임장, 자격 증명서
	□ firsthand	adj 직접적인
	□ hiring committee	phr 고용 위원회
	□ not to mention	phr ~은 말할 것도 없고
	□ on occasion	phr 때때로
	□ overqualified	adj 필요 이상으로 교육을 받은
	□ screening	n 심사, 선발
Part 5, 6	□ lag	v 뒤처지다, 뒤떨어지다
	□ on the waiting list	phr 대기자 명단에
	□ oriented	adj ~을 지향하는
	□ pertaining to	phr ~에 관계된
	□ questionably	adv 의심스럽게
	□ regularity	n 정기적임
	□ replenish	v 다시 채우다, 보충하다
	□ simplicity	n 간단함
	□ stellar	adj 뛰어난, 별의
	□ versatile	adj 다재다능한
Part 7	□ adept	adj 능숙한
	□ against all odds	phr 모든 역경을 딛고
	□ command	n (언어) 구사력, 명령, 지배력
	□ commensurate	adj 비례한, 액수가 상응하는
	□ computer literate	phr 컴퓨터 사용 기술을 가진
	□ eagerness	n 열의
	□ familiarize oneself with	phr ~에 정통하다, 익숙하다
	□ increment	n 증가, 인상
	□ interpersonal skills	phr 대인 관계 능력
	□ mindful	adj 유념하는
	□ preeminent	adj 우수한, 탁월한
	□ preliminary	adj 예비의
	□ prerequisite	n 필수 조건; adj 필수적인
	□ probationer	n 수습 직원, 견습생
	□ sternly	adv 엄격하게, 단호하게

▶ 토익완성단어의 Daily Quiz를 www.Hackers.co.kr에서 다운로드 받아 풀어보세요.

해커스
토익
기출VOCA <해커스 토익 기출 보카> 어플로 DAY 01 단어를 재미있게 외워보세요.

DAY 02

토익 보카 30일 완성

드레스코드
규칙 · 법률

주제를 알면 토익이 보인다!

규칙·법률 주제에서는 주로 규칙·법률 안내문, 규칙·법률 변경 공지 등이 출제되고 있어요. 규칙·법률 주제에서 자주 출제되는 단어를 함께 알아볼까요?

▲무료 MP3 바로 듣기

드레스코드 지키는 사회

attire가 이게 뭐야? dress code 안 따를 거야? 앞날이 concern이다 정말. 회사 policy에 comply 좀 해.

회사 regulation에 exception을 둘 수 없나? 너무 규칙에 adhere하네.

다음 날

부장님 말 안 들으면 severely 혼날까? 오늘은 좀 refrain해야지.

좋은 아침입니다~

¹ attire ★★

[미 ətáiər]
[영 ətáiə]

n 복장, 옷차림새

Professional business **attire** is required of all staff giving presentations. 발표를 하는 모든 직원들은 정장을 입어야 한다.

² code ★

[미 koud]
[영 kəud]

n 규범, 관례; 암호

Employees are expected to follow the dress **code**.
직원들은 복장 규범에 따르도록 요구된다.

³ concern ★★★

[미 kənsə́:rn]
[영 kənsə́:n]

파 concerning prep. ~에 관하여
concerned adj. 염려하는, 관련된

동 matter 문제, 일
worry 걱정시키다
involve ~에 영향을 미치다, 관련시키다

n 우려, 걱정; 문제, 일

The board voiced **concerns** about safety at the meeting. 이사회는 회의에서 안전에 대한 우려를 표명했다.

Members violating rules have become a **concern** for club management.
규칙을 어기는 회원들이 클럽 경영진에게 문제가 되었다.

v ~을 걱정스럽게 하다; 영향을 미치다, 관련되다

Citizens are **concerned** about the new trade protocol. 시민들은 새로운 무역 협약에 대해 걱정스러워 한다.

The recent work hour change will not **concern** the design department.
최근의 근무 시간 변경은 디자인 부서에는 영향을 미치지 않을 것이다.

 토익 이렇게 나온다

빈출 어 concern + about/over ~에 대한 우려, 걱정
questions concerning ~에 관한 질문

concern과 함께 쓰이는 전치사 about, over를 묶어서 알아 두자. question과 어울리는 전치사 concerning(~에 관한)을 묻는 문제도 출제된다. concerning은 about, regarding과 같은 의미이다.

동의어 concern은 명사로 사용되어 문제, 일 등을 의미할 때는 matter로, 동사로서 걱정하게 하다라는 의미로 사용될 때는 worry로, 상황이나 행동이 누구에게 영향을 미치다라는 의미로 쓰일 때는 involve로 바꾸어 쓸 수 있다.

⁴ policy ★

[미 páləsi]
[영 pɔ́ləsi]

n 규정; 보험 증권

The employee benefit **policy** will be expanded next year. 직원 복지 규정은 내년에 확대될 것이다.

Companies must distribute health insurance **policies** to all workers. 기업들은 모든 직원들에게 건강 보험 증권을 배부해야 한다.

★★★ = 출제율 최상   ★★ = 출제율 상   ★ = 출제율 중
● = Part 5·6 정답 단어   ○ = Part 7 빈출 단어

5 comply**

[kəmplái]

파 compliance n. 준수

---

v 준수하다, 따르다

Employees must **comply** with the regulations governing computer use.
직원들은 컴퓨터 사용 관리 규정을 준수해야 한다.

 토익 이렇게 나온다

동의어 comply : observe : obey : fulfill
'따르다'라는 의미를 가진 단어들의 용례 차이를 구별해 두자.

┌ **comply with** (규칙·요구 등을) 준수하다, 따르다
comply는 자동사이므로 전치사 with와 같이 써야 한다.

├ **observe** (규칙 등을) 준수하다, ~을 관찰하다
타동사이므로 전치사 없이 바로 목적어가 온다.
All operators of machinery must **observe** the safety guidelines. 모든 기계 조작자들은 안전 지침을 준수해야 한다.

├ **obey** (지시에) 따르다, (사람에게) 복종하다
타동사이며 사람에게 복종한다는 뉘앙스가 강하다.
Staff must **obey** the director's specific requests.
직원들은 이사의 구체적인 요구 사항에 따라야 한다.

└ **fulfill** (조건을) 충족시키다
타동사이며 주어진 조건을 충족시킨다는 뉘앙스가 강하다.
Staff are urged to **fulfill** their job requirements in a timely manner. 직원들은 적시에 각자의 직무 요건을 충족시킬 것이 권장된다.

---

6 regulation*

[règjuléiʃən]

파 regulate v. 규제하다, 통제하다 (= control)

---

n 규정

Regulations regarding lunch breaks were established. 점심시간에 관한 규정이 세워졌다.

 토익 이렇게 나온다

빈출 어구 **safety regulations** 안전 규정
customs regulations 관세 규정

'규정'은 보통 여러 조항의 규칙들이 모여서 이루어지기 때문에 복수형 regulations로 사용한다.

---

7 exception*

[iksépʃən]

파 exceptional adj. 예외적인, 매우 뛰어난
exceptionally adv. 예외적으로, 대단히
except prep. ~을 제외하고

---

n 예외

Management decided not to make any **exceptions** to the rules.
경영진은 규칙에 어떤 예외도 두지 않기로 결정했다.

토익 이렇게 나온다

빈출어 with the exception of ~을 제외하고
with very few exceptions 거의 예외 없이

전치사 with를 묻는 문제로 주로 출제된다.

8 adhere*

[미 ədhíər]
[영 ədhíə]

파 adherence n. 고수, 충실

v 지키다, 고수하다

All staff should do their best to **adhere** to the company's policies.

모든 직원들은 회사 규정을 지키기 위해 최선을 다해야 한다.

 토익 이렇게 나온다

빈출어 adhere to + policies/rules/standards
정책/규칙/기준을 지키다

adhere는 '지키다'라는 의미의 자동사로 다음에 전치사 to를 써야 한다.

9 severely*

[미 səvíərli]
[영 sivíəli]

파 severe adj. 가혹한, 엄격한
동 sternly 엄격하게
반 leniently 관대하게

adv 엄격하게, 심하게

Those who share company data with outside parties will be **severely** punished.

회사 자료를 외부인과 공유하는 사람은 엄격히 처벌될 것이다.

10 refrain*

[rifréin]

v 자제하다, 삼가다

Guards should **refrain** from making personal calls during a shift.

경비 요원들은 근무 시간 동안 개인적인 전화를 하는 것을 자제해야 한다.

 토익 이렇게 나온다

문법 refrain from ~을 자제하다

refrain은 자동사이므로 전치사 from이 있어야 한다.

11 permission***

[미 pərmíʃən]
[영 pəmíʃən]

파 permit v. 허락하다

n 허락, 허가

The CEO gave managers **permission** to hold a weekend workshop.

최고 경영자는 관리자들에게 주말 워크숍을 열도록 허락했다.

★★★ = 출제율 최상 ★★ = 출제율 상 ★ = 출제율 중
● = Part 5·6 정답 단어 ○ = Part 7 빈출 단어

12 access***

[ǽkses]

파 accessible adj. 출입할 수 있는, 이용할 수 있는
accessibility n. 접근 (가능성)

n 이용 권한, 접근; 통로

Only authorized personnel may gain **access** to client files. 오직 허가된 직원만 고객 파일 이용 권한을 얻을 수 있다.

There is direct **access** to the subway near our new office. 새 사무실 근처에 지하철로 곧장 이어지는 통로가 있다.

v ~에 접근하다, 도달하다

Click on the link to **access** the detailed job description. 상세한 직무 내용을 보시려면 링크를 클릭하세요.

 토익 이렇게 나온다

빈출어구 **have access to** ~에 접근 권한을 가지고 있다
access the documents 문서를 열람하다

명사 access는 전치사 to와 어구를 이루어 자주 출제된다. 하지만 동사 access는 타동사이므로 뒤에 전치사 to가 올 수 없다는 것을 꼭 기억해 두자.

동의어 **access : approach**
'접근'을 의미하는 단어들의 용례 차이를 구별하는 문제로 출제된다.

┌ **access** 이용 권한, 접근
│ 불가산 명사이므로 부정관사가 필요 없다.
└ **approach** (학문 등에의) 접근법
　가산 명사이므로 부정관사 a(n)를 써 주어야 한다.
　A new **approach** to web design has been introduced.
　웹 디자인에 대한 새로운 접근법이 소개되었다.

13 thoroughly***

[미 θɔ́:rouli]
[영 θʌ́rəli]

파 thorough adj. 철저한, 완전한

adv 철저하게; 완전히, 대단히

Please read the user manual **thoroughly** before installing this software.
이 소프트웨어를 설치하기 전에 사용자 설명서를 철저히 읽어 보시기 바랍니다.

The staff was **thoroughly** impressed with the new health insurance policy.
직원들은 새로운 건강 보험 제도에 완전히 감동했다.

14 revise***

[riváiz]

파 revision n. 수정, 변경

v (의견·계획을) 수정하다, 변경하다

The office's policies regarding vacations have been **revised**.
휴가와 관련된 사무실 규정이 수정되었다.

¹⁵ approach***

[미 əpróutʃ]
[영 əpráutʃ]

n 접근법, 처리 방법

The manager has a strict **approach** to enforcing office regulations. 그 관리자는 사무실 규정을 시행하는 엄격한 접근법을 갖고 있다.

v 다가오다, 가까워지다

Police **approached** carefully to arrest the suspect.
경찰은 용의자를 체포하기 위해 조심스럽게 다가왔다.

¹⁶ approval***

[əprúːvəl]

파 approve v. ~을 승인하다
(↔ reject, turn down)

동 permission 허가, 인가

n 승인, 인가

Please obtain the supervisor's **approval** before purchasing supplies. 비품을 구매하기 전에 관리자의 승인을 받으세요.

 토익 이렇게 나온다

[빈출어] **obtain approval (for)** (~에 대한) 승인을 받다

approval은 동사 obtain과 주로 사용되며, 전치사 for 뒤에 승인 목적을 쓴다.

¹⁷ form***

[미 fɔːrm]
[영 fɔːm]

v. ~을 만들다, 형성하다

파 formal adj. 공식적인, 형식적인
formation n. 형성

n 종류, 유형, 양식

Visitors are required to present a **form** of identification to security guards.
방문객들은 신분증 한 가지를 경비원에게 제시해야 한다.

 토익 이렇게 나온다

[빈출어] **a form of identification** 신분증 한 가지

미국에는 우리나라의 주민등록증 같은 국가 발행 신분증이 없고, 대신 운전 면허증 등 여러 form(양식)의 identification(신분증)이 사용된다. 따라서 신분증을 말할 때는 a form of identification(신분증 한 가지)이라고 말한다.

¹⁸ immediately***

[imíːdiətli]

파 immediate adj. 즉시의

adv 즉시, 곧

Effective **immediately**, taxes will be automatically deducted from each paycheck.
즉시 발효되는 것으로, 세금이 매 급여에서 자동 공제될 것입니다.

 토익 이렇게 나온다

[빈출어] **immediately after** ~ 직후
immediately upon arrival 도착 즉시

immediately는 after나 upon arrival과 같은 시간 표현과 어울려 자주 사용된다.

---

¹⁹ inspection ***
[inspékʃən]

[파] inspect v. 점검하다, 검사하다

n 점검, 검사

The facility **inspection** should be conducted at least once a month.

시설 점검은 적어도 한 달에 한 번 진행되어야 한다.

²⁰ arrangement ***
[əréindʒmənt]

[파] arrange v. 마련하다, 주선하다

n 준비, 마련, 주선

The manager made **arrangements** for purchase of new machinery.

그 관리자는 새 장비 구입을 준비했다.

 토익 이렇게 나온다

[빈출어구] make arrangements to do ~할 준비하다
make arrangements for ~의 준비를 하다

arrangement는 동사 make와 함께 쓰여 '준비하다'라는 의미로 자주 사용되는데, 이때 복수형인 arrangements를 쓴다는 것을 유의해 두자.

²¹ procedure ***
[미 prəsí:dʒər]
[영 prəsí:dʒə]

[파] proceed v. 나아가다, 진행하다
procedural adj. 절차상의

n 절차

The **procedure** for patent applications is outlined on the APTO Web site.

특허 신청 절차는 APTO 웹사이트에 요약되어 있다.

²² negative ***
[négətiv]

adj 부정적인, 비관적인

The new vacation policy received **negative** feedback from the employees.

새로운 휴가 정책은 직원들로부터 부정적인 의견을 받았다.

²³ mandate ***
[mǽndeit]

v 명령하다, 지시하다

The board of directors has **mandated** an increase for research funding.

이사회는 연구 자금 지원을 늘리라고 명령했다.

n 권한, 지시, 명령

Congress gave the committee a **mandate** to make budget cuts.

의회는 위원회에 예산을 삭감하는 권한을 주었다.

24 effect ***
[ifékt]

[파] effective adj. 효과적인
effectively adv. 효과적으로

n (법률 등의) 효력, 효과, 영향

The incentive policy will be in **effect** starting next
week. 상여금 규정은 다음 주부터 효력이 있을 것이다.

v 결과로서 ~을 가져오다

He **effected** a sudden change in the company's
expansion plan. 그는 회사의 확장 계획에 갑작스러운 변화를 가져왔다.

 토익 이렇게 나온다

[빈출어] in effect (법률 등이) 효력 있는, 실시된
come into effect 실시되다, 발효되다
take effect (법의) 효력이 나타나다, 시행되다
have an effect on ~에 영향을 미치다
secondary effect 부수적 효과

effect는 관용 표현으로 많이 출제되므로 출제 표현을 잘 기억해 두어야 한다.

[문법] effect(n. 효과, 영향)와 effective(adj. 효과적인)의 품사 구별하기.

[동의어] 법이나 규정이 실행되어 실제로 현실에 적용됨을 의미하는 관용 표현 put
into effect는 apply로 바꾸어 쓸 수 있다.

25 drastically **
[dræstikəli]

[파] drastic adj. 과감한, 극단적인

adv 심하게, 과감하게, 철저하게

Fines for breaking rules have been **drastically**
increased. 규칙 위반에 대한 벌금이 심하게 인상되었다.

26 according to **

phr ~에 따라

All transactions must be handled **according to** the
guidelines. 모든 거래는 지침에 따라 처리되어야 한다.

27 enable **
[inéibl]

v (무엇을) 가능하게 하다

Jenny's promotion **enabled** her to participate in the
board meeting.
Jenny의 승진은 그녀가 이사회 회의에 참석하는 것을 가능하게 했다.

28 standard **
[미 stǽndərd]
[영 stǽndəd]

[파] standardize v. 표준화하다

n 기준, 표준

The company must make changes to the current
safety **standards**.
그 회사는 현행 안전 기준을 변경해야 한다.

29 constant **

[미] kánstənt]
[영] kɔ́nstənt]

파 constantly adv. 끊임없이

adj 지속적인, 끊임없이 계속하는

The store received **constant** inquiries about its new return policy.

그 상점은 새로운 반품 규정에 대해 지속적인 문의를 받았다.

30 act **

[ækt]

n 법령, 결의서; 행위, 행동

The new **act** makes it easier to file personal income tax forms online.

새로운 법령은 온라인으로 개인 소득세 신고서를 제출하는 것을 더 쉽게 만든다.

The **act** of merging with another company is complicated and takes a lot of time.

또 다른 회사와 합병하는 행위는 복잡하고 많은 시간이 걸린다.

v 결정하다, 판결을 내리다; 행동하다

A lawyer always **acts** on behalf of his clients.

변호사는 항상 그 자신의 고객을 위하여 결정을 내린다.

31 compensation **

[미] kàmpənséiʃən]
[영] kɔ̀mpenséiʃən]

파 compensate v. 보상하다,
보상금을 주다

n 보상금, 보상

Employees will receive **compensation** based on their performance and evaluation.

직원들은 그들의 실적과 평가를 바탕으로 보상금을 받을 것이다.

 토익 이렇게 나온다

compensation for ~에 대한 보상

compensation과 함께 쓰이는 전치사 for를 묶어서 외워 두자.

32 ban **

[bæn]

n 금지

The government placed a **ban** on carrying a large volume of liquid on board a plane.

정부는 기내에 많은 양의 액체를 반입하는 것을 금지했다.

v 금지하다

The company **banned** the use of the Internet for personal purposes.

회사는 개인적인 목적을 위한 인터넷 사용을 금지했다.

33 obligation^{★★}

[미 àbləgéiʃən]
[영 ɔ̀bligéiʃən]

n 의무, 책임

All researchers have an **obligation** to publish at least one paper every year.

모든 연구원들은 매년 적어도 한 편의 논문을 게재할 의무가 있다.

34 authorize[★]

[ɔ́ːθəràiz]

파 authorized adj. 공인된
authorization n. 허가
authority n. 권한, 당국

v ~을 인가하다, 권한을 부여하다

Allocations of funds must be **authorized** by management.

자금 할당은 경영진에 의해 인가되어야 한다.

 토익 이렇게 나온다

빈출
어구 an **authorized** service center 공인된 서비스 센터
unauthorized reproduction 불법 복제

unauthorized(허가받지 않은)도 자주 출제되므로 함께 암기해 두자.

35 prohibit[★]

[prəhíbit]

파 prohibition n. 금지
동 forbid 금지하다

v 금지하다

The museum **prohibits** visitors from taking pictures.

그 박물관은 방문객들의 사진 촬영을 금지한다.

 토익 이렇게 나온다

혼동
어휘 **prohibit** A from -ing A가 -하는 것을 금지하다
forbid A + from -ing/to do A가 -하는 것을 금지하다

'금지하다'라는 의미의 prohibit과 forbid은 뜻은 같지만 활용 패턴이 다르다. prohibit은 목적어 다음에 from -ing 형태가 오는 반면, forbid는 from -ing 형태도 올 수 있고 to 부정사 구문도 올 수 있다는 것에 유의하자.

36 abolish[★]

[미 əbáliʃ]
[영 əbɔ́liʃ]

파 abolition n. 폐지

v (제도 · 법률 등을) 폐지하다

Congress decided to **abolish** taxes on imported fruit.

의회는 수입 과일에 대한 세금을 폐지하기로 결정했다.

37 enforce[★]

[미 infɔ́ːrs]
[영 infɔ́ːs]

파 enforcement n. 시행, 집행

v (법률을) 시행하다, 집행하다

All departments must **enforce** the no smoking policy.

모든 부서가 금연 규정을 시행해야 한다.

★★★ = 출제율 최상   ★★ = 출제율 상   ★ = 출제율 중
● = Part 5·6 정답 단어   ○ = Part 7 빈출 단어

토익 이렇게 나온다

🔵 enforce regulations 규정을 시행하다

enforce는 법령, 규칙 등을 의미하는 명사와 어울려 출제된다.

38 habit*
[hǽbit]

[파] habitual adj. 습관적인

 n 습관, 버릇

Setting goals should be a regular **habit**.

목표 설정은 규칙적인 습관이 되어야 한다.

🔵 토익 이렇게 나온다

🔵 habit : convention

'습성'을 뜻하는 단어들의 용례 차이를 구별하는 문제로 출제된다.

┌ habit 습관, 버릇

  개개인이 갖고 있는 버릇을 의미한다.

└ convention 관례, 관습

  공동체, 사회의 일반적인 관습을 의미한다.

  Wearing a tie is a traditional corporate **convention**.

  넥타이 착용은 전통적인 기업 관례다.

39 legislation*
[lèdʒisléiʃən]

[파] legislate v. 법률을 제정하다
legislator n. 입법자

n 법률, 법규

The committee unanimously voted for the new export limitation **legislation**.

위원회는 새로운 수출 제한 법률에 만장일치로 찬성표를 던졌다.

40 restrict*
[ristríkt]

[파] restriction n. 제한
restrictive adj. 제한하는
[동] limit 한정하다, 제한하다

v 한정하다, 제한하다

Access is **restricted** to authorized personnel.

출입은 허가된 직원에게로 한정됩니다. (관계자 외 출입금지)

 토익 이렇게 나온다

🔵 restrict A to B A를 B로 한정하다
lift/raise a restriction 제한을 풀다

동사 restrict는 이용 권한 등을 일정 범위의 대상으로 한정할 때 사용하는 표현이다. 명사 restriction은 lift, raise 등 '풀다, 해제하다'라는 의미의 동사와 어울려 자주 출제된다.

🔵 수량이나 범위 등에 제한을 두다라는 문맥에서 restrict는 limit으로 바꾸어 쓸 수 있다.

DAY 02 Daily Checkup

토익에 출제되는 단어의 뜻을 오른쪽 보기에서 찾아 연결하세요.

01 access

02 approval

03 immediately

04 negative

05 approach

ⓐ 부정적인

ⓑ 즉시

ⓒ 접근법

ⓓ 금지

ⓔ 승인

ⓕ 이용 권한

토익에 출제되는 문장의 문맥에 맞는 단어를 고르세요.

> 토익 이렇게 나온다
> 동사 conduct는 inspection, survey 와 같은 명사와 함께 자주 쓰여요.

06 The accountant was ___ to use the company credit card.

07 A(n) ___ of office equipment will be conducted on Monday.

08 The new computer sign-in system will go into ___ tomorrow.

09 The proper ___ for reporting tardiness is described in the handbook.

| ⓐ inspection | ⓑ effect | ⓒ authorized | ⓓ procedure | ⓔ concern |

10 The ___ for the meeting will be carried out by the personnel department.

11 The head of the department has a(n) ___ to evaluate employees regularly.

12 Secretarial staff ___ reviewed the new work schedule before finalizing it.

13 The assistant will ___ the policy to reflect the result of the board meeting.

| ⓐ obligation | ⓑ drastically | ⓒ revise | ⓓ thoroughly | ⓔ arrangements |

Answer 1.ⓕ 2.ⓔ 3.ⓑ 4.ⓐ 5.ⓒ 6.ⓒ 7.ⓐ 8.ⓑ 9.ⓓ 10.ⓔ 11.ⓐ 12.ⓓ 13.ⓒ

⇒ Daily Checkup 해석과 추가 Daily Quiz, 보카 테스트가 www.Hackers.co.kr에서 제공됩니다.

토익완성단어 규칙 · 법률

토익 기초 단어

LC	□ bend over	**phr**	몸을 앞으로 숙이다
	□ by oneself	**phr**	혼자 힘으로
	□ date	**n**	날짜
	□ get used to	**phr**	~에 익숙해지다
	□ if it's okay with you	**phr**	당신만 괜찮다면
	□ in case of	**phr**	~의 경우에는
	□ in rows	**phr**	줄지어, 여러 줄로
	□ item	**n**	항목
	□ legal	**adj**	법률의, 합법적인
	□ let go	**phr**	놓아주다
	□ ruler	**n**	자
	□ stop	**v**	멈추다
RC	□ busy	**adj**	바쁜
	□ curriculum	**n**	교과 과정
	□ dress	**n**	의복; **v** 옷을 차려입다
	□ enough	**adj**	충분한; **n** 필요한 만큼의 수·양
	□ finish	**v**	끝내다, 완료하다
	□ have a problem (in) -ing	**phr**	−하는 데 문제가 있다
	□ large	**adj**	큰, 넓은
	□ law firm	**phr**	법률 회사
	□ loudly	**adv**	시끄럽게
	□ plus	**prep**	~을 더한, ~을 더하여
	□ protect	**v**	보호하다
	□ seldom	**adv**	드물게, 좀처럼 ~않는
	□ theft	**n**	절도
	□ try	**v**	시도하다, 노력하다
	□ witness	**n**	목격자, 증인
	□ write	**v**	글씨를 쓰다, 저술하다

800점 완성 단어

LC			
	☐ against the law	**phr**	법에 위배되는
	☐ by all means	**phr**	반드시, 무슨 일이 있어도, 물론이지
	☐ by mistake	**phr**	실수로
	☐ come to an end	**phr**	끝나다
	☐ company regulations	**phr**	회사 규정
	☐ give directions	**phr**	일을 지시하다, 방향을 알려주다
	☐ hold up	**phr**	견디다, 떠받치다
	☐ if I'm not mistaken	**phr**	제 기억이 옳다면
	☐ in progress	**phr**	진행 중인
	☐ keep in mind	**phr**	명심하다
	☐ legal counsel	**phr**	법률 상담
	☐ self-defense	**n**	자기방어, 정당방위
	☐ suspect	**n**	용의자; **v** 의심하다
	☐ take one's advice	**phr**	~의 충고를 따르다
	☐ to one's advantage	**phr**	~에게 유리하게
	☐ under control	**phr**	관리하에 있는
	☐ under the supervision of	**phr**	~의 감독하에
Part 5, 6	☐ abuse	**n**	남용; **v** 남용하다
	☐ alert	**v**	경고하다; **adj** 주의하는
	☐ assessment	**n**	평가
	☐ at all times	**phr**	항상, 언제나
	☐ authorization	**n**	권한 부여, 위임
	☐ concerning	**prep**	~에 관하여
	☐ consideration	**n**	고려, 숙고
	☐ defensive	**adj**	방어적인
	☐ depiction	**n**	묘사, 서술
	☐ disobedient	**adj**	반항하는, 거역하는
	☐ endure	**v**	견디다, 참다
	☐ exemplary	**adj**	모범적인, 대표적인
	☐ ignore	**v**	무시하다
	☐ illegal	**adj**	불법의
	☐ in accordance with	**phr**	~에 따라서, ~과 일치하여
	☐ indecisive	**adj**	결말이 안 난, 우유부단한

☐ justly	**adv** 정당하게, 당연히	
☐ obey	**v** 복종하다	
☐ observance	**n** 준수	
☐ on-site	**adj** 현장의, 현지의; **adv** 현장에서, 현지에서	
☐ penalty	**n** 벌금	
☐ pointed	**adj** (말·표현 등이) 예리한, 날카로운, 적절한	
☐ precious	**adj** 귀중한	
☐ principle	**n** 원리, 원칙	
☐ punishment	**n** 형벌, 처벌	
☐ regulate	**v** 규제하다, 조절하다	
☐ restricted area	**phr** 제한 구역	
☐ restriction	**n** 제한, 한정	
☐ safety inspection	**phr** 안전 점검	
☐ suppress	**v** 억누르다, 금지하다	
☐ tensely	**adv** 긴장하여, 딱딱하게	
☐ unauthorized	**adj** 인가받지 않은	
☐ with respect to	**phr** ~에 관해서	

Part 7

☐ accuse	**v** 비난하다, 고소하다
☐ assess	**v** 평가하다
☐ attorney	**n** 변호사
☐ be absent from	**phr** ~에 결석하다
☐ be allowed to do	**phr** ~하도록 허락받다
☐ by way of	**phr** ~의 방법으로, ~에 의해서
☐ distrust	**v** 의심하다; **n** 불신
☐ from this day onward	**phr** 오늘부터
☐ have permission to do	**phr** ~할 허가를 받다
☐ in a strict way (= strictly)	**phr** 엄격하게
☐ make clear	**phr** 분명히 하다
☐ ministry	**n** (정부의) 부서
☐ newly established	**phr** 신설된
☐ put into effect	**phr** ~을 시행하다
☐ registration confirmation	**phr** 등록 확인
☐ stand over	**phr** 옆에서 지켜보다
☐ warn	**v** 경고하다
☐ without respect to	**phr** ~을 고려하지 않고, ~을 무시하고

900점 완성 단어

LC			
	□ commonplace	n	평범한 일, 흔한 일; adj 평범한, 흔한
	□ protective smock	phr	보호 작업복
	□ testimony	n	증언
Part 5, 6	□ accordance	n	일치, 조화
	□ crucial	adj	중요한
	□ deviation	n	일탈, 탈선
	□ effortlessly	adv	힘들지 않게
	□ in observance of	phr	~을 기념하여
	□ inadvertently	adv	무심코, 우연히
	□ judicial	adj	사법의, 재판의
	□ justification	n	정당한 이유
	□ keenly	adv	날카롭게, 예민하게
	□ lawsuit	n	소송, 고소
	□ mundane	adj	일상적인, 재미없는
	□ off-limits	adj	출입 금지의
	□ ordinance	n	법령, 명령
	□ pulled	adj	철회된, 철수한
	□ reprimand	v	비난하다, 질책하다
	□ resolution	n	결의(안), 결정, 해상도
	□ stiff	adj	뻣뻣한, 경직된
	□ substantiate	v	입증하다
	□ trespass	v	(남의 토지에) 침입하다
	□ violate	v	위반하다
Part 7	□ at the discretion of	phr	~의 재량으로
	□ bound	adj	의무가 있는, 꼭 ~하게 되어 있는
	□ circumscribe	v	~을 제한하다
	□ enactment	n	입법, 법령
	□ impeccable	adj	결점 없는
	□ infringement	n	침해
	□ legitimate	adj	합법적인, 적법한
	□ petition	n	진정서, 탄원서
	□ when it comes to	phr	~에 관해서는

➔ 투익완성단어의 Daily Quiz를 www.Hackers.co.kr에서 다운로드 받아 풀어보세요.

해커스 토익 기출VOCA 〈해커스 토익 기출 보카〉 어플로 DAY 02 단어를 재미있게 외워보세요.

DAY 03

토익 보카 30일 완성

사무의 달인
일반사무 (1)

주제를 알면 토익이 보인다!

일반사무 주제에서는 주로 보고서 작성 요청이나 제출 기한 변경 요청, 회의 준비 등이
출제되고 있어요. 일반사무 주제에서 자주 출제되는 단어를 함께 알아볼까요?

▲무료 MP3 바로 듣기

능력 있는 자가 중요한 사무를 맡는다

¹ accustomed *

[əkʌ́stəmd]

adj 익숙한

All our employees are **accustomed** to using the new design software.

모든 직원들은 새로운 디자인 소프트웨어를 사용하는 데 익숙하다.

토익 이렇게 나온다

빈출 be accustomed to -ing ~하는 데 익숙하다

accustomed는 전치사 to와 짝을 이루어 사용되며, to 다음에는 동사원형이 아니라 동명사가 온다는 것에 주의하자.

² corporation *

[미 kɔ̀ːrpəréiʃən]
[영 kɔ̀ːpəréiʃən]

파 corporate adj. 법인의, 회사의

n 주식회사, 법인

Delroy Lee heads a multinational telecommunications **corporation** based in Virginia.

Delroy Lee는 버지니아 주에 본사가 있는 다국적 통신회사를 이끈다.

토익 이렇게 나온다

문법 corporation(n. 법인)과 corporate(adj. 법인의)의 품사 구별하기.

명사인 corporation 자리에 형용사 corporate를 쓰지 않도록 주의해야 한다.

³ demanding **

[미 dimǽndiŋ]
[영 dimάːndiŋ]

파 demand v. 요구하다

adj 요구가 많은, 힘든

Although Ms. Jenkins is a **demanding** supervisor, she has a reputation for being fair.

비록 Ms. Jenkins는 요구가 많은 감독관이지만, 공정하다는 평판을 갖고 있다.

⁴ colleague ***

[미 kάliːg]
[영 kɔ́liːg]

동 associate, coworker, peer 동료

n (직업상의) 동료

Regular social activities can improve cooperation among **colleagues**.

정기적인 사교 활동은 동료들 간의 협력을 증진할 수 있다.

⁵ division ***

[divíʒən]

파 divide v. 나누다

n 부서

The technician will transfer to the automobile **division** after training.

그 기술자는 훈련 후에 자동차 부서로 이동하게 될 것이다.

토익 이렇게 나온다

division : category : compartment
'구분'을 의미하는 단어들의 용례 차이를 구별하는 문제로 출제된다.

- division 부서
  회사나 관청의 부서

- category 부문
  비슷한 종류끼리 모여 만들어진 부문
  The manual is divided into several categories.
  그 매뉴얼은 여러 부문으로 나누어져 있다.

- compartment 구획, 칸막이
  열차 내의 칸막이를 한 객실이나 물건 보관용 칸
  Passengers are advised to keep their belongings in the overhead compartment.
  승객들은 그들의 소지품을 머리 위의 짐칸에 보관하도록 권고된다.

6 request***
[rikwést]

통 commission (미술·음악 작품 등을) 의뢰하다, 주문하다

n 요청

Factory tours are available upon request.
공장 견학은 요청 시에 가능합니다.

v 요청하다

Mike requested a copy of the contract from the sales director.
Mike는 영업부장에게 계약서 사본을 요청했다.

 토익 이렇게 나온다

upon request 요청 시에
request for ~에 대한 요청
request that + 주어 + 동사원형 ~가 ~해 줄 것을 요청하다
be requested to do ~하도록 요청받다, ~하시기 바랍니다

명사 request는 전치사 for와 함께 자주 사용되지만, 동사 request는 타동사이므로 전치사 없이 바로 목적어가 온다. 동사 request 다음에 that절이 오는 경우 that절에 동사원형을 사용해야 한다는 것도 꼭 기억해 두자.

7 efficiently***
[ifíʃəntli]

파 efficient adj. 효율적인
efficiency n. 효율

adv 효율적으로

The software helps employees work more efficiently.
그 소프트웨어는 직원들이 보다 효율적으로 일할 수 있게 도와준다.

8 manage *

[mǽnidʒ]

파 management n. 경영, 경영진
manageable adj. 관리할 수 있는
동 handle 처리하다, 다루다
succeed 성공하다

v ~을 경영하다; 가까스로 하다

The boss decided Colleen could **manage** the new store. 상사는 Colleen이 새 상점을 경영할 수 있다고 판단했다.

They **managed** to do the assigned work in time.
그들은 배정된 업무를 제시간에 가까스로 해냈다.

 토익 이렇게 나온다

빈출어구 **manage to do** 가까스로 ~하다, 그럭저럭 ~해내다
under the new management 새로운 경영진 하에

manage는 to 부정사와 어울려 '가까스로 ~하다'라는 숙어로 사용된다. 명사형인 management는 '경영'이라는 의미로 많이 알고 있지만 집합적 의미의 '경영진'을 뜻하기도 한다.

용법 **manage**(v. 경영하다)와 **manageable**(adj. 관리할 수 있는)의 품사 구별하기.

9 submit ***

[səbmít]

파 submission n. 제출, 제출물
동 turn in, hand in 제출하다

v 제출하다

Applicants should **submit** a résumé to the personnel manager. 지원자들은 인사 담당자에게 이력서를 제출해야 한다.

 토익 이렇게 나온다

빈출어구 1. **submit A to B** A를 B에게 제출하다
submit과 전치사 to가 모두 시험에 나온다.

2. **submit a résumé/receipt/recommendation/proposal**
이력서/영수증/추천서/제안서를 제출하다
submit은 résumé, receipt, recommendation, proposal 등 서류나 양식을 의미하는 명사와 어울려 자주 출제된다.

10 directly ***

[미 diréktli]
[영 dairéktli]

파 direct v. 지도하다 adj. 직접적인
direction n. 방향

adv 곧바로

All regional branches report **directly** to the head office in Washington.
모든 지부들은 워싱턴에 있는 본사에 곧바로 보고한다.

 토익 이렇게 나온다

빈출어구 **report/contact/call + directly** 곧바로 보고하다/연락하다/전화하다
directly는 report, contact 등 '보고하다' 및 '연락하다'라는 의미의 동사와 어울려 자주 출제된다.

11 remind***
[rimáind]

[파] reminder n. 상기시켜 주는 것, 메모

v ~에게 상기시키다, 일깨우다

Ms. Williams **reminded** Mr. Johnson of his lunch meeting.

Ms. Williams는 Mr. Johnson에게 그의 점심 회의를 상기시켰다.

 토익 이렇게 나온다

[빈출어구] **remind** 사람 + of 내용/that절 ~에게 ~을 상기시키다
remind 사람 to do ~에게 ~하라고 일러주다
be reminded to do ~할 것을 잊지 않도록 주의 받다

remind는 전치사 of나 that절, to 부정사 등과 함께 주로 사용된다. 수동태형 표현도 시험에 자주 등장하므로 빠짐없이 익혀 두자.

12 instruct***
[instrʌ́kt]

[파] instruction n. 지시
instructor n. 강사

v 지시하다, 가르치다

The manager **instructed** the staff to read the conference materials beforehand.

팀장은 직원들에게 회의 자료를 미리 읽으라고 지시했다.

13 deadline***
[dédlàin]

n 마감일, 마감 시간

The team worked together closely and finished the project ahead of the **deadline**.

그 팀은 긴밀하게 협력해서 마감일 전에 프로젝트를 끝냈다.

14 sample***
[미 sǽmpl]
[영 sáːmpl]

n 견본, 샘플, 표본

We need to prepare **samples** of our products for the fair.

박람회를 위해 우리 제품의 견본을 준비할 필요가 있다.

v 시식하다, (견본으로 질을) 시험하다

The customer **sampled** some cake at the opening of the bakery.

그 고객은 제과점 개점식에서 케이크를 조금 시식했다.

15 notify***
[미 nóutəfài]
[영 nə́utifai]

[파] notification n. 통지
[동] inform 알리다, 통지하다

v ~에게 통지하다, 알리다

All staff applying for leave must **notify** their supervisors in writing.

휴가를 신청하는 모든 직원들은 상관에게 서면으로 통지해야 한다.

토익 이렇게 나온다

notify : announce : reveal
'알리다'라는 뜻을 가진 단어들의 용례 차이를 구별하는 문제로 출제된다.

notify 사람 + of 내용/that절 ~에게 ~에 대해 통지하다
notify 뒤에는 사람 목적어가 온다.
The manager **notified** some factory workers of the changed schedules.
관리자는 몇몇 공장 근로자들에게 변경된 일정에 대해 통지했다.

announce (to 사람) that절 (~에게) ~을 발표하다
announce 뒤에는 발표하는 내용이 오며 듣는 사람 앞에는 꼭 to를 써야 한다.
The director **announced** to shareholders that he would retire. 이사는 주주들에게 자신이 은퇴할 것임을 발표했다.

reveal 내용 (to 사람) (~에게) ~을 누설하다, 폭로하다
reveal 뒤에는 잘 알려져 있지 않던 비밀 등의 내용이 오며 듣는 사람 앞에는 꼭 to를 써야 한다.
Ms. Stone **revealed** her plans to the other managers.
Ms. Stone은 다른 관리자들에게 그녀의 계획을 누설했다.

¹⁶ perform ★★★
[미 pərfɔ́:rm]
[영 pəfɔ́:m]

동 conduct 하다, 행동하다,
실행하다
complete 완수하다

v (일 · 과제 · 의무 등을) 행하다, 실행하다

All work on the assembly line stopped while equipment repairs were being **performed**.
장비 수리가 실행되는 동안 조립 라인의 모든 작업이 중단되었다.

¹⁷ monitor ★★★
[미 mánətər]
[영 mɔ́nitə]

n. 화면, 모니터

v 감독하다, 감시하다, 검토하다

The new director will **monitor** progress on the project. 신임 이사는 그 프로젝트의 진행을 감독할 것이다.

¹⁸ deserve ★★★
[미 dizə́:rv]
[영 dizə́:v]

파 deserved adj. (상·벌·보상
등이) 응당한

v ~할 만하다, ~할 가치가 있다

The person with the highest performance evaluation **deserves** the Employee of the Year Award.
가장 높은 업무 수행 평가를 받은 사람이 올해의 직원상을 받을 만하다.

토익 이렇게 나온다

well-deserved advancement 응당한 승진
deserve의 형용사인 deserved(응당한)도 자주 출제된다.

¹⁹ assignment***
[əsáinmənt]

n 일, 임무, 과제

Walter took the **assignment** in India because he was promised a promotion there.

Walter는 그곳에서의 승진을 약속받았기 때문에 인도에서의 일을 맡았다.

²⁰ entire***
[미 intáiər]
[영 intáiə]

파 entirety n. 전체, 전부

adj 전체의

The **entire** team gathers every Monday morning to discuss plans for the week.

팀 전체는 그 주의 계획을 논의하기 위해 매주 월요일 아침에 모인다.

²¹ release**
[rilíːs]

v 발표하다, 공개하다

The company **released** its annual report.

그 회사는 자사의 연간 보고서를 발표했다.

n 출시, 발매

The new clothing line will be ready for **release** by early next year.

새 의류 품목은 내년 초까지 출시할 준비가 될 것이다.

 토익 이렇게 나온다

빈출 어휘 **press release** 보도 자료
release date 발표일, (신제품 등의) 출시일, 개봉일

release는 복합 명사 형태로 자주 사용되므로 출제 표현을 외워 두자.

²² extension**
[iksténʃən]

파 extend v. 연장하다, 늘리다
extensive adj. 광범한

n 연장, 연기; (전화의) 내선

The manager granted an **extension** of the deadline.

그 관리자는 마감일 연기를 허락했다.

To reach Mr. Jackson, call our main office and press **extension** number 727.

Mr. Jackson에게 연락하시려면, 본사로 전화하셔서 내선번호 727을 누르십시오.

²³ electronically**
[미 ilektránikəli]
[영 ilèktrónikəli]

파 electronic adj. 컴퓨터 통신망의

adv 컴퓨터 통신망으로, 컴퓨터로

It saves time and resources to send invoices **electronically**.

송장을 컴퓨터 통신망으로 전송하는 것은 시간과 자원을 절약해 준다.

24 attendance**

[əténdəns]

[파] attend v. ~에 출석하다, 참석하다
attendant n. 수행원, 안내원

n 출근, 출석

Attendance records are taken into consideration when determining eligibility for promotion.

출근 기록은 승진 자격을 결정할 때 고려된다.

 토익 이렇게 나온다

[빈출어] attendance records 출근 기록
a certificate of attendance 수료증

attendance는 records와 복합 명사를 이룬다. 이때 복수형인 records를 쓴다는 것을 유의해 두자.

25 absolutely**

[æbsəlúːtli]

[파] absolute adj. 완전한, 절대적인

adv 절대적으로, 완전히

It is **absolutely** necessary that everyone on the board is in agreement with the plan.

이사회의 모든 사람들이 그 계획에 동의하는 것이 절대적으로 필요하다.

26 delegate**

v. [déligèit]
n. [déligət]

[파] delegation n. (집합적) 대표단, (권한의) 위임

v (권한 등을) 위임하다

Managers must be skilled in **delegating** responsibilities to subordinates.

관리자들은 부하 직원에게 업무를 위임하는 데 있어 노련해야 한다.

n 대표

A **delegate** sent to the trade fair returned with a profitable business deal.

무역 박람회에 파견된 대표는 수익성 있는 거래를 하고 돌아왔다.

토익 이렇게 나온다

[혼동어] ┌ delegate 한 명의 대표
└ delegation (집합적) 대표단

대표 한 명을 의미하는 delegate와 대표단을 의미하는 delegation을 혼동하지 않도록 한다.

27 attentively**

[əténtivli]

adv 주의 깊게, 조심스럽게

Stockholders listened **attentively** as executives explained the company strategy.

주주들은 임원들이 회사 전략을 설명할 때 주의 깊게 경청했다.

28 supervision ★★

[미 sùːpərvíʒən]
[영 sùːpəvíʒən]

파 supervise v. 감독하다
supervisor n. 감독관

n 감독

Close **supervision** ensures high quality.
철저한 감독은 높은 품질을 보장한다.

 토익 이렇게 나온다

혼동어휘 ┌ supervision 감독
└ supervisor 감독관

추상 명사 supervision과 사람 명사 supervisor를 구별해야 한다.

29 workshop ★★

[미 wə́ːrkʃàp]
[영 wə́ːkʃɑp]

n 워크숍, 연수

Mr. Kim was asked to speak at the **workshop** on
Friday. Mr. Kim은 금요일 워크숍에서 강연해 달라는 요청을 받았다.

30 draw ★★

[drɔː]

동 attract (주의·흥미 등을)
끌다, (어디로) 끌어들이다

v 끌다, 끌어당기다

The company's annual conference usually **draws**
800 employees from around the world.
그 회사의 연례 총회는 보통 전 세계로부터 800명의 직원들을 끌어들인다.

 토익 이렇게 나온다

빈출어구 draw + praise/inspiration + from 사람
~로부터 칭찬을/격려를 이끌어내다

draw는 praise, inspiration 등 칭찬, 격려를 의미하는 명사와 사용된다.

동의어 사람들을 어디로 오게 하거나 집중하게 하다라는 의미일 때 draw는 attract
로 바꾸어 쓸 수 있다.

31 revision ★★

[rivíʒən]

파 revise v. 개정하다
revised adj. 개정된

n 수정, 개정

The team manager will make **revisions** to the
proposal. 팀장이 계획안을 수정할 것이다.

 토익 이렇게 나온다

빈출어구 make a revision 수정하다
revised edition 개정판
revised policy 개정된 정책

과거분사형인 revised는 edition, policy 등의 명사와 함께 자주 쓰인다.

32 reluctantly^{★★}
[rilʌ́ktəntli]

adv 마지못해, 꺼려하여

Ms. Danvers **reluctantly** agreed to cut the advertising budget. Ms. Danvers는 광고 예산을 삭감하는 데 마지못해 동의했다.

33 acquaint^{★★}
[əkwéint]

[파] acquaintance n. 지인

v ~에게 숙지시키다, 잘 알게 하다

The training program **acquaints** new employees with company procedures.
그 교육 프로그램은 신입 사원들에게 회사 절차를 숙지시킨다.

 토익 이렇게 나온다

acquaint A with B A에게 B를 숙지시키다 (= familiarize A with B)
acquaint와 어울려 쓰이는 전치사 with를 묻는 문제로 출제된다.

34 convey^{★★}
[kənvéi]

[파] conveyor n. 운반인, 전달자

v (용건을) 전달하다

The secretary urgently **conveyed** the message to the director. 그 비서는 메시지를 이사에게 급히 전달했다.

 토익 이렇게 나온다

convey A to B A를 B에게 전달하다
convey와 함께 쓰이는 전치사 to를 묶어서 기억해 두자.

35 check^{★★}
[tʃek]
n. 검사

[동] inspect, examine 검사하다

v 검사하다, 조사하다; 확인하다

Please **check** your computer regularly for disk errors.
디스크 오류 여부를 확인하기 위해 컴퓨터를 정기적으로 검사하십시오.

Click this link to **check** for the latest updates.
최신 업데이트를 확인하려면 이 링크를 클릭하세요.

 토익 이렇게 나온다

check A for B B의 유무를 확인하기 위해 A를 검사하다
check for A A를 확인하다
check는 check A for B 형태로 시험에 자주 나오며, 이때 check 뒤에는 검사를 받는 대상이, for 뒤에는 검사를 하는 목적이 온다.

36 headquarters^{★★}
[미 hédkwɔ̀:rtərz]
[영 hèdkwɔ́:təz]

n 본부

The company **headquarters** is located in London.
회사 본부는 런던에 위치해 있다.

37 file ★★

[fail]

n. 서류

v (서류를) 정리하다, 철하다; (서류·신청·고소 등을) 정식으로 제기하다, 제출하다

Old accounting documents are **filed** in the storage room. 오래된 회계 서류는 창고에 정리되어 있다.

The department **filed** an insurance claim for the water damage in the conference room. 그 부서는 회의실의 수해에 대한 보험을 청구했다.

 토익 이렇게 나온다

[빈출어구] **file a claim** (보험금 등을) 청구하다

동사 file은 claim 등 요구를 의미하는 명사와 어울려 출제된다.

---

38 oversee ★★

[미 òuvərsíː]
[영 ə̀uvəsíː]

[동] supervise 감독하다

v 감독하다

Natalie will **oversee** the office relocation process. Natalie가 사무실 이전 과정을 감독할 것이다.

---

39 involved ★

[미 inválvd]
[영 invɔ́lvd]

[파] involve v. 관계시키다
involvement n. 관련, 연루

adj 관여하는, 관계된, 연루된

Dr. Mair was deeply **involved** in the decision-making process. Dr. Mair가 의사 결정 과정에 깊이 관여했다.

 토익 이렇게 나온다

[빈출어구] **be involved in** ~에 관여하다

involved와 어울리는 전치사 in을 묻는 문제로 출제된다.

---

40 concentrate ★

[미 kánsəntrèit]
[영 kɔ́nsəntreit]

[파] concentration n. 집중
concentrated adj. (정신·노력 등이) 집중된

v 집중하다, 집중시키다

The sales team **concentrated** on developing new strategies. 영업팀은 새로운 전략을 개발하는 데 집중했다.

 토익 이렇게 나온다

[빈출어구] **concentrate on** ~에 집중하다
concentrate A on B A를 B에 집중시키다

자동사일 때는 concentrate on, 타동사일 때는 concentrate A on B 형태로 많이 사용된다. 전치사 on을 묻는 문제로 주로 출제된다.

DAY 03 Daily Checkup

토익에 출제되는 단어의 뜻을 오른쪽 보기에서 찾아 연결하세요.

01 acquaint

02 draw

03 extension

04 deadline

05 submit

ⓐ ~에게 숙지시키다, 잘 알게 하다

ⓑ 제출하다

ⓒ 끌다, 끌어당기다

ⓓ 마감일

ⓔ 출시, 발매

ⓕ 연장; 내선

토익에 출제되는 문장의 문맥에 맞는 단어를 고르세요.

> 토익 이렇게 나온다
> 동사 listen은 attentively, carefully
> 와 같은 부사와 함께 자주 쓰여요.

06 Randy's ___ schedule made him work all last week.

07 The interns listened ___ to the trainer's instructions.

08 Mr. Rose ___ a survey on the employees' working conditions.

09 The employees ___ to take a break for their efforts on the project.

> ⓐ attentively   ⓑ performed   ⓒ deserve   ⓓ demanding   ⓔ oversee

10 A supervisor must be on hand to ___ the power station at all times.

11 Customer service staff attended a(n) ___ about handling complaints.

12 The ___ office facility is being renovated for the first time in 40 years.

13 Cheryl ___ agreed to work overtime because she had plans with friends.

> ⓐ entire   ⓑ workshop   ⓒ reluctantly   ⓓ monitor   ⓔ convey

Answer 1.ⓐ 2.ⓒ 3.ⓕ 4.ⓓ 5.ⓑ 6.ⓓ 7.ⓐ 8.ⓑ 9.ⓒ 10.ⓓ 11.ⓑ 12.ⓐ 13.ⓒ

→ Daily Checkup 해석과 추가 Daily Quiz, 보카 테스트가 www.Hackers.co.kr에서 제공됩니다.

토익완성단어 일반사무 (1)

토익 기초 단어

LC	☐ a sheet of	**phr**	~ 한 장
	☐ business card	**phr**	명함
	☐ cartridge	**n**	(프린터 등의) 잉크 카트리지
	☐ daily	**adj** 매일의; **adv**	날마다, 매일
	☐ edit	**v**	편집하다, 수정하다
	☐ hand	**n** 손; **v**	건네주다
	☐ in order to do	**phr**	~하기 위해서
	☐ laptop	**n**	휴대용 컴퓨터
	☐ name tag	**phr**	명찰, 명패
	☐ on vacation	**phr**	휴가 중인
	☐ paper jam	**phr**	(복사기에서의) 종이 걸림
	☐ paperwork	**n**	문서 작업
	☐ partition	**n**	칸막이, 분할
	☐ rush hour	**phr**	(출퇴근 시의) 교통 혼잡 시간
	☐ section	**n**	부분, 구역
	☐ sheet	**n**	시트, 종이
	☐ tabletop	**n**	테이블 윗면
	☐ telephone call	**phr**	전화 통화
	☐ trash bin	**phr**	쓰레기통
	☐ upstairs	**adj** 위층의; **adv**	위층으로, 위층에
RC	☐ as if	**phr**	마치 ~인 듯이
	☐ as well as	**phr**	~에 더하여, 게다가
	☐ be aware of	**phr**	~을 알고 있다
	☐ be known as	**phr**	~으로 알려져 있다
	☐ be likely to	**phr**	~할 가능성이 있다
	☐ detail	**n**	세부 사항
	☐ offering	**n**	제공된 것
	☐ on one's own	**phr**	혼자서, 혼자 힘으로

LC	☐ adjust the mirror	phr	거울을 똑바로 맞추다
	☐ advance reservation	phr	사전 예약
	☐ arrange an appointment	phr	약속을 잡다
	☐ bulletin board	phr	게시판
	☐ call back	phr	회신 전화하다
	☐ confused	adj	혼란스러운, 당황한
	☐ errand	n	심부름
	☐ extend an invitation	phr	초대하다
	☐ get a permit	phr	허가를 받다
	☐ hand in	phr	제출하다
	☐ have a day off	phr	하루 쉬다
	☐ have a long day	phr	힘든 하루를 보내다
	☐ head up	phr	이끌다, 책임지다
	☐ in a hurry	phr	서둘러, 급히
	☐ in alphabetical order	phr	알파벳 순으로
	☐ in luck	phr	운이 좋은
	☐ leave A up to B	phr	A를 B에게 맡기다
	☐ leave A with B	phr	A를 B에게 맡기다
	☐ listing	n	목록
	☐ make a call	phr	전화를 걸다
	☐ make a correction	phr	정정하다, 수정하다
	☐ make a final change	phr	최종 수정을 하다
	☐ make a note of	phr	~을 적어 두다
	☐ make an impression	phr	인상을 주다, 감동시키다
	☐ move ahead with	phr	~을 순조롭게 진행시키다
	☐ on a business trip	phr	출장 중인
	☐ on a weekly basis	phr	주 단위로
	☐ on business	phr	업무차
	☐ on duty	phr	근무 중인
	☐ pick up the phone	phr	전화를 받다
	☐ scrub	v	문질러 씻다
	☐ seal	n	인장, 봉함; v 밀봉하다
	☐ speak into the microphone	phr	마이크에 대고 말하다

☐ speak on the phone	phr	통화하다
☐ stand in a line	phr	줄을 서 있다
☐ take a message	phr	메시지를 남겨 주다
☐ take apart	phr	분해하다, 해체하다
☐ utility provider	phr	공공 설비 공급자

Part 5, 6

☐ acquired	adj	획득한
☐ adapt	v	적응하다
☐ administer	v	관리하다
☐ clerical	adj	사무원의, 서기의
☐ conclusive	adj	결정적인, 단호한
☐ delete	v	삭제하다
☐ editorial	adj	편집자의, 사설의
☐ endless	adj	끝이 없는, 영원히 계속하는
☐ furthermore	adv	더욱이, 게다가
☐ in one's absence	phr	~의 부재 시에
☐ on purpose	phr	고의로, 일부러
☐ overseas	adj	해외의; adv 해외로
☐ perceive	v	지각하다, 인지하다
☐ reminder	n	생각나게 하는 것
☐ roughly	adv	대략, 거의
☐ strive	v	분투하다
☐ translate	v	번역하다, 통역하다

Part 7

☐ boardroom	n	회의실
☐ in person	phr	몸소, 직접
☐ including	prep	~을 포함하여
☐ on time	phr	정각에
☐ panic	n	당황, 공황
☐ past due	phr	연체된, 미납된
☐ put forward	phr	앞당기다
☐ regard A as B	phr	A를 B로 여기다
☐ return one's call	phr	~에게 답신 전화를 하다
☐ secretarial	adj	비서의
☐ take charge of	phr	~을 담당하다
☐ take on responsibility	phr	책임을 지다
☐ throw one's effort into	phr	~에 온 힘을 쏟다

900점 완성 단어

LC			
	☐ arrange items on the shelf	phr	선반에 상품을 배열하다
	☐ call in sick	phr	전화로 병결을 알리다
	☐ cover one's shift	phr	~ 대신 근무하다
	☐ day-to-day operation	phr	일상 업무
	☐ in line with	phr	~과 일치하여, ~에 따라
	☐ officiate	v	식을 진행하다
	☐ on hold	phr	보류 중인, 통화 대기 중인
	☐ set down to work	phr	일에 착수하다
	☐ stay awake	phr	깨어 있다
	☐ strew	v	흩뿌리다
	☐ take the place of	phr	~을 대신하다
	☐ take turns	phr	교대로 하다
Part 5, 6	☐ behind schedule	phr	일정이 늦은
	☐ condense	v	(표현을) 간추리다, 요약하다
	☐ follow up on	phr	~에 대해 후속 조치하다
	☐ in writing	phr	서면으로
	☐ popularize	v	대중화하다
	☐ productively	adv	생산적으로
	☐ sincerity	n	성실, 정직
	☐ utilization	n	이용, 활용
Part 7	☐ administrative	adj	관리의, 행정상의
	☐ be affiliated with	phr	~과 제휴하고 있다
	☐ conglomerate	n	거대 복합 기업
	☐ default	n	태만, 불이행
	☐ impending	adj	임박한, 절박한
	☐ proponent	n	지지자, 옹호자
	☐ proprietor	n	(상점·토지 등의) 소유자
	☐ site inspection	phr	현지 시찰
	☐ subordinate	n	부하 직원, 하급자
	☐ subsidiary	n	자회사
	☐ take initiative	phr	솔선해서 하다, 주도권을 잡다
	☐ telecommute	v	재택근무하다

➤ 토익완성단어의 Daily Quiz를 www.Hackers.co.kr에서 다운로드 받아 풀어보세요.

해커스 토익 기출VOCA <해커스 토익 기출 보카> 어플로 DAY 03 단어를 재미있게 외워보세요.

DAY 04

토익 보카 30일 완성

업무 노하우
일반사무 (2)

주제를 알면 토익이 보인다!

일반사무 주제에서는 팀 내 업무 일정 논의, 새로운 프로젝트에 대한 업무 배정 등이 출제되고 있어요. 일반사무 주제에서 자주 출제되는 단어를 함께 알아볼까요?

▲ 무료 MP3 바로 듣기

알아서 척척! 사무실의 귀염둥이!

¹ lax *

[læks]

[동] negligent 태만한

adj (행동 등이) 느슨한, 규율에 못 미치는

As of late, the staff has been rather **lax** in turning in reports.

최근에 직원들은 보고서를 제출하는 데 다소 느슨했다.

² procrastinate *

[prəkrǽstinèit]

[파] procrastination n. 지연

[반] hurry, hasten 서두르다

v 미루다, 꾸물거리다

Mr. Jones **procrastinated** with his fund request and missed the deadline.

Mr. Jones는 자금 신청을 미루다가 마감일을 지키지 못했다.

³ combined *

[kəmbáind]

[파] combine v. 결합하다, 결합시키다

combination n. 결합

[동] joint 합동의, 공동의

adj 결합된, 합동의

Retail Specialists employs professionals with a **combined** experience of 30 years in sales.

Retail Specialists사는 영업 분야에서 종합 30년의 경력을 가진 전문가들을 고용한다.

 토익 이렇게 나온다

[빈출어] **combined experience** 종합 경력

combined efforts 결합된 노력

combined는 주로 experience, efforts 등 여럿이 합쳤을 때 효과가 증가되는 명사와 어울려 출제된다.

⁴ accomplish *

[미 əkámpliʃ]

[영 əkʌ́mpliʃ]

[파] accomplishment n. 성취

accomplished adj. 기량이 뛰어난

[동] achieve, fulfill 성취하다

v 성취하다

Careful planning is essential for **accomplishing** goals.

세심한 계획은 목표를 성취하는 데 필수적이다.

 토익 이렇게 나온다

[빈출어] **accomplished author** 유명한 작가

accomplished는 author와 같이 직업군을 의미하는 명사와 어울려 출제된다.

⁵ voluntarily *

[미 váləntèrəli]

[영 vɔ́ləntrəli]

[파] voluntary adj. 자발적인

volunteer n. 지원자

[반] grudgingly 마지못해, 억지로

adv 자발적으로

He **voluntarily** took on the challenging assignment in order to gain experience.

그는 경험을 쌓기 위해 힘든 업무를 자발적으로 맡았다.

★★★ = 출제율 최상   ★★ = 출제율 상   ★ = 출제율 중

● = Part 5·6 정답 단어   ○ = Part 7 빈출 단어

6 undertake*

[미 ʌ̀ndərtéik]
[영 ʌ̀ndətéik]

v (일을) 떠맡다

She had to **undertake** the task on short notice.
그녀는 갑자기 업무를 떠맡아야만 했다.

7 assume***

[미 əsúːm]
[영 əsjúːm]

파 assumption n. 가정
동 presume 가정하다
take on, undertake
(일·책임 등을) 떠맡다

v (증거는 없으나) 사실이라고 생각하다; (책임·역할을) 맡다

The management **assumes** employees are satisfied.
경영진은 직원들이 만족하고 있다고 생각한다.

The marketing department will **assume** responsibility
for the project. 마케팅 부서가 그 프로젝트에 대한 책임을 맡을 것이다.

 토익 이렇게 나온다

동의어 assume은 어떤 일이 사실이라고 가정하다라는 문맥에서는 presume
으로, 어떤 일을 맡다라는 문맥에서는 take on 또는 undertake로 바꾸어
쓸 수 있다.

8 occasionally***

[əkéiʒənəli]

파 occasion n. 때, 경우
occasional adj. 가끔의

adv 가끔, 때때로

Staff should **occasionally** take time to relax so they
do not get tired.
직원들은 지치지 않기 위해 가끔 휴식을 취하는 시간을 가져야 한다.

9 employee***

[implɔ́ii:]

n 직원, 고용인

There are only three **employees** working under
Ms. Anderson. Ms. Anderson 밑에서 일하는 직원은 단 세 명뿐이다.

10 assist***

[əsíst]

파 assistant n. 조수, 보조자
assistance n. 보조, 원조

v 돕다, 조력하다

A staff member **assisted** with preparations for the
conference. 한 직원이 회담 준비를 도왔다.

토익 이렇게 나온다

빈출어구 assist with ~을 돕다
assist와 함께 쓰이는 전치사 with를 선택하는 문제로 출제된다.

11 satisfied***

[sǽtisfàid]

adj 만족하는, 만족스러워하는

Not everyone was **satisfied** with changes to the
overtime policy. 초과 근무 정책 변경에 대해 모두가 만족하지는 않았다.

토익 이렇게 나온다

[빈출어] **be satisfied with** ~에 만족하다

satisfied는 전치사 with와 함께 어울려 출제된다.

¹² **manner**★★★

[미 mǽnər]
[영 mǽnə]

n 방식; 태도

Sean was annoyed by the **manner** in which his boss gave him orders.
Sean은 상사가 그에게 지시하는 방식에 불쾌해졌다.

¹³ **responsible**★★★

[미 rispɑ́nsəbl]
[영 rispɔ́nsibl]

[파] **responsibility** n. 책임

adj 책임이 있는, 책임져야 할

Businesses are **responsible** for ensuring customer satisfaction. 기업들은 고객 만족을 보장할 책임이 있다.

 토익 이렇게 나온다

[빈출어] **be responsible for** ~에 대해 책임이 있다
hold A responsible for B A에게 B의 책임을 지우다

responsible은 전치사 for와 어울려 시험에 출제된다.

[혼동어] ┌ **responsible** 책임이 있는
└ **responsive** 반응이 빠른, 바로 대답하는

형태가 유사하지만 뜻이 다른 두 단어를 구별하는 문제로 출제된다. responsive 는 be responsive to(~에 빠르게 반응하다) 형태로 자주 시험에 나오므로 꼭 암기해 두자.

Sales personnel need to be responsive to shoppers' needs.
판매 직원들은 쇼핑객들의 요구에 빠르게 반응해야 한다.

¹⁴ **conduct**★★★

[kəndʌ́kt]

n. (업무의) 수행
[미 kándʌkt, 영 kɔ́ndʌkt]

[동] **carry out, perform** 수행하다, 실행하다

v (업무 등을) 수행하다

IJMR Ltd.'s technology department will **conduct** the research study. IJMR사의 기술 부서가 조사 연구를 할 것이다.

 토익 이렇게 나온다

[빈출어] **conduct an inspection** 검사를 행하다
conduct a seminar 세미나를 열다
conduct a research study 조사 연구를 하다

conduct는 조사나 연구를 의미하는 명사와 함께 주로 출제된다.

★★★ = 출제율 최상　★★ = 출제율 상　★ = 출제율 중
● = Part 5·6 정답 단어　○ = Part 7 빈출 단어

15 adjust***

[ədʒʌ́st]

파 adjustment n. 적응, 조정
adjustable adj. 조정할 수 있는
동 adapt 적응하다

v 적응하다

The employees quickly **adjusted** to the new e-mail system.
직원들은 새로운 이메일 시스템에 빠르게 적응했다.

 토익 이렇게 나온다

빈출 어구 **adjust to** ~에 적응하다
adjust A to B A를 B에 맞추다, 적응시키다

adjust는 전치사 to와 어울린 형태로 자주 사용된다.

동의어 변화에 적응하다라는 문맥에서 adjust는 adapt로 바꾸어 쓸 수 있다.

16 personnel***

[미 pə̀rsənél]
[영 pə̀:sənél]

n (집합적) 직원, 인원; 인사과

We often use an agency to find reliable temporary **personnel**.
우리는 믿을 만한 임시 직원을 구하기 위해 중개업소를 자주 이용한다.

 토익 이렇게 나온다

빈출 어구 **sales personnel** 영업 사원

personnel은 회사의 부서를 의미하는 명사와 함께 복합 명사로 주로 사용된다.

17 agree***

[əgríː]

파 agreement n. 동의

v 동의하다

The team **agreed** on the recommendations of the advisor. 그 팀은 고문의 권고에 동의했다.

 토익 이렇게 나온다

빈출 어구 **agree on + 의견** (의견)에 동의하다, 뜻을 같이하다
agree to + 제안/조건 (제안/조건)에 찬성하다
agree + to 부정사 ~하는 데 동의하다
agree with + 사람 (사람)에 동의하다

agree는 전치사 on, to, with 또는 to 부정사와 함께 어울려 출제된다.

18 supervise***

[미 súːpərvàiz]
[영 súːpəvaiz]

v 감독하다, 지도하다

Ms. Wilson **supervises** the employees in sector B.
Ms. Wilson은 B구역의 직원들을 감독한다.

¹⁹ coworker***

[미] kóuwə̀ːrkər]
[영] kə̀uwə́ːkə]

n 동료, 협력자

Coworkers who live near each other often travel to work together.

서로 가까이에 사는 동료들은 종종 함께 출근한다.

²⁰ direct***

[미] dirékt]
[영] dairékt]

파| direction n. 방향, 지시, 지도
director n. 지도자, 감독
directly adv. 곧바로, 곧장

v ~에게 길을 안내하다, 가르쳐 주다

The receptionist **directs** new employees to the auditorium where orientation will be held.

접수원은 신입 직원들을 오리엔테이션이 열릴 강당으로 안내한다.

🗣️ 토익 이렇게 나온다

[빈출어구] direct A to B A를 B로 안내하다

direct와 함께 쓰이는 전치사 to를 묶어서 외워 두자.

²¹ confidential**

[미] kànfədénʃəl]
[영] kɔ̀nfidénʃəl]

파| confidentiality n. 기밀성
confidentially adv. 은밀히
동| classified, secret 기밀의

adj 기밀의, 내밀한

Internal documents must be kept **confidential**.

내부 문서는 기밀로 유지되어야 한다.

🗣️ 토익 이렇게 나온다

[동의어] 자료, 정보 등이 비밀이라는 문맥에서 confidential은 classified 또는 secret으로 바꾸어 쓸 수 있다.

²² assign**

[əsáin]

파| assigned adj. 할당된
assignment n. 과제 (= task)

v 배정하다, 할당하다

The office manager **assigned** desks to the new recruits.

사무실 관리자가 신입 사원들에게 책상을 배정해 주었다.

²³ leading**

[líːdiŋ]

n. 지도, 통솔

adj 선도적인, 일류의, 가장 중요한, 선두적인

Shepherd Inc. is a **leading** exporter in the wood furniture industry.

Shepherd사는 목재 가구 업계의 선도적인 수출업체이다.

 토익 이렇게 나온다

[빈출어구] leading company 선두 기업

leading의 토익 출제 표현을 익혀 두자.

24 formal **
[미 fɔ́:ɾməl]
[영 fɔ́:məl]

adj 격식을 갖춘

The awards ceremony requires wearing **formal business attire.** 시상식은 격식을 갖춘 정장을 착용하는 것을 요구한다.

25 remove **
[rimúːv]

v 해임하다, 제거하다

The vice president was **removed** from his position because of a scandal. 그 부사장은 스캔들 때문에 직위에서 해임되었다.

 토익 이렇게 나온다

> 빈출 어구 **remove A from B** B에서 A를 해임하다, 제거하다
> remove와 함께 쓰이는 전치사 from을 묶어서 기억해 두자.

26 collect **
[kəlékt]

파 collective adj, 단체의, 공통의

v 모으다, 수집하다

The author **collected** management ideas from around the world for his book.
그 작가는 그의 책을 위해 전 세계에서 경영 지식을 모았다.

27 coordinate **
[미 kouɔ́:ɾdənèit]
[영 kəuɔ́:dineit]

파 coordinator n. 책임자, 진행자
coordination n. 조정

v 조정하다

The Chicago office **coordinated** the planning process.
시카고 지사가 기획 과정을 조정했다.

28 hardly **
[미 hɑ́:ɾdli]
[영 hɑ́:dli]

adv 거의 ~하지 않다

She was **hardly** ever late for her shift.
그녀는 좀처럼 교대 근무 시간에 늦지 않았다.

 토익 이렇게 나온다

> 빈출 어구 **hardly ever** 좀처럼 ~하지 않다
> hardly는 강조를 나타내는 ever와 어울려 시험에 나온다.

> 혼동 어휘 ┌ **hardly** 거의 ~하지 않다
> └ **hard** 열심히, 딱딱한
> 형태가 비슷한 두 단어의 뜻 차이를 구별하는 문제로 출제된다.
> **The staff worked hard to meet the deadline.**
> 직원들은 기한을 맞추기 위해 열심히 일했다.

29 abstract **

[ǽbstrækt]

adj 추상적인; 막연한

Copland spent thousands of dollars on an **abstract** painting for the lobby.
Copland사는 로비에 걸 추상화에 수천 달러를 썼다.

Ideals such as loyalty may seem **abstract**, so employees need specific examples.
충성과 같은 이상은 막연한 것처럼 보일 수 있어서 직원들에게는 구체적인 사례가 필요하다.

30 directory **

[미 diréktəri]
[영 dairéktəri]

n 주소록

The company **directory** shows where the marketing department is.
회사 주소록은 마케팅 부서가 어디에 있는지 알려 준다.

31 accountable **

[əkáuntəbl]

派 accountability n. 책임 있음, 의무

adj 책임이 있는

All employees are **accountable** for the duties they have been assigned to complete.
모든 직원들은 완료하도록 배정된 임무에 대한 책임이 있다.

 토익 이렇게 나온다

빈출어 be accountable for A A에 대해 책임이 있다
hold A accountable for B B에 대한 책임을 A에게 지우다
be accountable to A A에게 설명할 의무가 있다

accountable과 함께 쓰이는 전치사 for와 to를 묶어서 외워 두자.

32 skillfully **

[skílfəli]

派 skillful adj. 능숙한

adv 능숙하게, 솜씨 있게

Brenda **skillfully** edited the report to fit on one page.
Brenda는 보고서가 한 페이지에 들어갈 수 있도록 능숙하게 편집했다.

33 exclusive **

[iksklú:siv]

adj 독점적인; 배타적인

Delegates with special passes have **exclusive** access to a tour of the facilities.
특별 통행증을 가진 대표들은 시설 견학에 참가할 독점적인 권리를 갖는다.

Hackers TOEIC Vocabulary

01 02 03 **DAY 04** 05 06 07 08 09 10

34 intention**

[inténʃən]

파 intent n. 의향, 의도; 의미, 취지
intend v. ~할 작정이다
intentional adj. 고의의
intently adv. 골똘하게, 오로지

n 의지, 의향

She had every **intention** of attending the conference, but could not.
그녀는 회의에 꼭 참석하려고 했지만, 그렇게 하지 못했다.

 토익 이렇게 나온다

빈출 어구 **have every intention of -ing** 꼭 ~하고자 하다

intention을 선택하는 문제로 출제된다. '목적'이란 뜻의 purpose나 objective 는 이 표현에 사용할 수 없다는 것에 유의하도록 한다.

혼동 어휘 ┌ **intention** (가산) 의지, 의향
└ **intent** (불가산) 의지, 의향

intention은 가산 명사이고 주로 intention of -ing 또는 intention to do 형태로 출제된다. intent는 불가산 명사이고 주로 intent to do 형태로 출제 된다.

The manager showed **intent** to buy new office furniture next month.
그 관리자는 다음 달에 새로운 사무용 가구를 구입하려는 의지를 보였다.

35 transform**

[미 trænsfɔ́ːrm]
[영 trænsfɔ́ːm]

파 transformation n. 변형, 변화

v 바꾸다, 변모시키다

Computerization has **transformed** the way companies do business.
전산화는 기업들이 사업하는 방식을 바꿨다.

36 respectful*

[rispéktfəl]

파 respect v. 존경하다 n. 존경
respectfully adv. 정중하게
respectable adj. 존경할 만한

adj 정중한, 존중하는

Sales clerks are reminded to be **respectful** to all clients. 판매 사원들은 모든 고객에게 정중해야 함을 상기하기 바랍니다.

 토익 이렇게 나온다

빈출 어구 **respect for** ~에 대한 존경
with respect 존중하여

respect는 전치사 for, with와 어울려 시험에 자주 등장한다.

37 duplicate*

[미 djúːplikət]
[영 djúːplikət]

동 copy 사본
반 original 원본

n 사본

A **duplicate** of each contract is kept in the company records.
각 계약서의 사본 한 부는 회사 기록에 보관될 것이다.

토익 이렇게 나온다

in duplicate 두 통으로
make duplicates of ~의 사본을 만들다

duplicate는 in duplicate라는 숙어로 시험에 나오므로 기억해 둬야 한다.

---

38 contrary★
[미 kántreri]
[영 kɔ́ntrəri]

n 반대

Techworld is in financial trouble, despite claims to the **contrary**.

Techworld사는 그렇지 않다는 주장에도 불구하고 재정난에 처해 있다.

토익 이렇게 나온다

evidence to the contrary 그렇지 않다는 증거
on the contrary 이에 반하여

to the contrary는 명사를 뒤에서 수식하여 '그렇지 않다'라는 의미로 사용된다. on the contrary는 주로 문장 앞에 쓰여 '이에 반하여'라는 의미로 사용된다.

---

39 disturbing★
[미 distə́:rbiŋ]
[영 distə́:biŋ]

파 disturb v. 방해하다
disturbance n. 방해, 훼방

adj 충격적인, 불안감을 주는, 방해하는

Shareholders found reports of the CEO's incompetence **disturbing**.

주주들은 그 최고 경영자의 무능함에 대한 보도가 충격적이라고 생각했다.

---

40 engage★
[ingéidʒ]

파 engagement n. 약속
(= appointment)
engaging adj. 매력 있는,
남의 마음을 끄는

v 관여하다, 종사하다

Each worker was **engaged** in at least two projects.

각 직원이 최소 두 프로젝트에 관여했다.

토익 이렇게 나온다

engage in ~에 관여하다, 종사하다
be engaged in ~에 관여하다, 종사하다

자동사일 때는 engage in, 타동사일 때는 be engaged in으로 출제된다.

---

41 foster★
[미 fɔ́:stər]
[영 fɔ́stə]

v 촉진하다, 육성하다

Staff dinners helped **foster** better work relations.

직원 저녁 식사 모임은 보다 나은 업무 관계를 촉진하는 데 도움이 되었다.

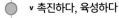

토익 이렇게 나온다

동의어 foster : enlarge

'키우다'를 뜻하는 단어들의 용례 차이를 구별하는 문제로 출제된다.

┌ **foster** 촉진하다, 육성하다
│   사건이나 관계를 키우고 발전시킨다는 의미이다.
└ **enlarge** ~을 확대하다, 크게 하다
    사물의 크기 확대를 의미할 때 쓰인다.
    The company will enlarge the parking lot.
    회사는 주차장을 확대할 것이다.

⁴² neutrality*

[미 nˌjuːtrǽləti]
[영 njuːtrǽləti]

파 neutral adj. 중립의
n. (기어의) 중립상태, 중립국
neutrally adv. 중립으로

n 중립성, 중립

Managers must display complete **neutrality** in disagreements between employees.

관리자들은 직원들 사이의 다툼에서 완벽한 중립성을 보여야 한다.

⁴³ widely*

[wáidli]

파 wide adj. 넓은
width n. 너비
widen v. 넓히다
widening n. 확대, 확장

adv 널리

Ben Hurley is a **widely** admired business leader.

Ben Hurley는 널리 존경받는 재계 리더이다.

 토익 이렇게 나온다

빈출어 1. **be widely advertised** 널리 광고되다
    widely admired 널리 존경받는
    widely는 admired와 같이 '인정과 관심을 받다'를 뜻하는 단어와 어울려 주로 출제된다.
2. **a wide range of** 폭넓은, 광범위한
    형용사형인 wide는 a wide range of로 출제된다. wide 대신 high를 쓰지 않도록 주의해야 한다.

⁴⁴ externally*

[미 ikstə́ːrnəli]
[영 ikstə́ːnəli]

파 external adj. 외부의
반 internally 내부에, 내면적으로

adv 외부에서, 외부적으로

Most of the company's marketing is handled **externally** through contractors.

대부분의 회사 마케팅은 도급업자들을 통해 외부에서 처리된다.

DAY 04 Daily Checkup

토익에 출제되는 단어의 뜻을 오른쪽 보기에서 찾아 연결하세요.

01 assume

02 abstract

03 occasionally

04 responsible

05 directory

ⓐ 돕다, 조력하다

ⓑ 사실이라고 생각하다, 맡다

ⓒ 주소록

ⓓ 추상적인, 막연한

ⓔ 가끔, 때때로

ⓕ 책임이 있는

토익에 출제되는 문장의 문맥에 맞는 단어를 고르세요.

> **토익 이렇게 나온다**
> 조동사 뒤에는 동사원형이 와요. 빈칸 뒤
> 명사와 어울리는 동사를 골라 보세요.

06 Members can ___ points and use them to get prizes.

07 The manager will ___ the move to the new building.

08 The software was ___ from the computers and reinstalled.

09 Allison ___ Mark with his report so he could finish it on time.

| ⓐ supervise | ⓑ assisted | ⓒ collect | ⓓ contrary | ⓔ removed |

10 The guest speaker had a pleasant ___ that participants enjoyed.

11 Managers are ___ for ensuring that projects remain on schedule.

12 Mr. Mills is one of the ___ figures in coaching management styles.

13 Thousands of ___ customers take advantage of our discounts daily.

| ⓐ lax | ⓑ satisfied | ⓒ accountable | ⓓ manner | ⓔ leading |

Answer 1.ⓑ 2.ⓓ 3.ⓔ 4.ⓕ 5.ⓒ 6.ⓒ 7.ⓐ 8.ⓔ 9.ⓑ 10.ⓓ 11.ⓒ 12.ⓔ 13.ⓑ

➡ Daily Checkup 해서과 추가 Daily Quiz, 보카 테스트가 www.Hackers.co.kr에서 제공됩니다.

일반사무 (2) | **85**

토익 기초 단어

LC	□ bookcase	**n** 책장, 책꽂이
	□ bookshelf	**n** 책꽂이
	□ case	**n** (특정한 상황의) 경우
	□ central office	**phr** 중앙 사무실
	□ copy machine	**phr** 복사기
	□ fax	**n** 팩스
	□ file folder	**phr** 서류철
	□ greet	**v** ~에게 인사하다, ~를 환영하다
	□ handwriting	**n** (개인의) 글씨, 필체
	□ keypad	**n** (전화·계산기 등의) 소형 키보드
	□ knife	**n** 칼
	□ log on to	**phr** ~에 로그인하다
	□ online	**adj** 인터넷에 접속된; **adv** 온라인으로
	□ photocopier	**n** 복사기
	□ photocopy	**n** 복사; **v** 복사하다
	□ print out	**phr** (프린터로) 출력하다
	□ right away	**phr** 즉시, 당장
	□ spell	**v** 철자를 쓰다, 철자를 말하다
	□ wrap	**v** 싸다, 감싸다
RC	□ fold	**v** 접다
	□ least	**adj** 가장 작은, 가장 적은
	□ paper	**n** 서류
	□ planning	**n** 계획, 입안
	□ post	**v** 붙이다, 공고하다
	□ press the button	**phr** 버튼을 누르다
	□ server	**n** 서빙하는 사람, (컴퓨터의) 서버
	□ store opening	**phr** 개점, 개장
	□ task	**n** 일, 직무

800점 완성 단어

LC			
	☐ be satisfied with	phr	~에 만족하다
	☐ be seated	phr	앉다, 앉아 있다
	☐ be surrounded by	phr	~에 둘러싸이다
	☐ business contacts	phr	사업상 아는 사람 또는 회사
	☐ chairperson	n	의장
	☐ copy editor	phr	원고 정리 편집자
	☐ deep end	phr	수심이 깊은 쪽
	☐ double-sided	adj	양면의
	☐ drawer	n	서랍
	☐ get one's approval	phr	~의 승인을 받다
	☐ halfway	adv	중간에; adj 중간의
	☐ hand over	phr	~을 건네주다
	☐ in a pile	phr	수북이 쌓인
	☐ It could have been worse.	phr	이만하니 다행이다.
	☐ just in time	phr	겨우 시간에 맞춰
	☐ literacy	n	읽고 쓰는 능력
	☐ litter	n	쓰레기; v 어지르다, 흐트러뜨리다
	☐ make a selection	phr	선정하다
	☐ make room for	phr	~을 위해 공간을 마련하다
	☐ out of paper	phr	종이가 다 떨어진
	☐ raise one's hand	phr	손을 들다
	☐ report a problem	phr	문제점을 보고하다
	☐ sort	n	종류; v 분류하다
	☐ stationery	n	문구류
	☐ take another look	phr	다시 한번 보다
	☐ take A out	phr	A를 꺼내다
	☐ typewriter	n	타자기
	☐ work in groups	phr	여러 명이 작업하다
	☐ writing pad	phr	(한 장씩 떼어 쓰는) 노트
Part 5, 6	☐ anticipation	n	예상, 기대
	☐ automobile	n	자동차
	☐ be asked to do	phr	~하도록 요청받다
	☐ be paid for	phr	~에 대해 보수를 받다

☐ be qualified for	**phr**	~을 위한 자격을 갖추다
☐ casual	**adj**	격식을 차리지 않는, 평상복의
☐ draft	**v**	초안을 작성하다; **n** 초안
☐ draw on	**phr**	~을 이용하다, ~에 의지하다
☐ excuse	**n**	변명, 이유; **v** 용서하다
☐ head office	**phr**	(회사의) 본사
☐ in anticipation of	**phr**	~을 예상하고
☐ in light of	**phr**	~을 고려하여, ~에 비추어
☐ instrument	**n**	도구, 기계, 악기
☐ popularly	**adv**	일반적으로
☐ regarding	**prep**	~에 관하여
☐ routinely	**adv**	일상적으로, 정기적으로
☐ standing	**adj**	고정적인, 상설의
☐ supplementary	**adj**	보충의, 추가의
☐ work overtime	**phr**	초과 근무를 하다
☐ workplace	**n**	작업장

Part 7	☐ acting	**adj**	대리의, 직무대행의; **n** 연기
	☐ be full of	**phr**	~으로 가득하다
	☐ convert A to B	**phr**	A를 B로 바꾸다
	☐ count on	**phr**	~을 믿다, ~에 의지하다
	☐ fill with	**phr**	~으로 가득 차다
	☐ get along with	**phr**	~와 사이 좋게 지내다
	☐ go down the steps	**phr**	계단을 내려가다
	☐ key to success	**phr**	성공의 길
	☐ lose one's temper	**phr**	화를 내다
	☐ make a copy	**phr**	복사하다
	☐ obsess about	**phr**	~에 대해 강박 관념을 갖다
	☐ overtime hours	**phr**	초과 근무 시간
	☐ personal effects	**phr**	개인 소지품, 개인 소유물
	☐ reunion	**n**	친목회
	☐ sales representative	**phr**	영업 담당자, 판매 직원
	☐ seamless (= without trouble)	**adj**	(끊어짐이 없이) 매끄러운, 문제 없는
	☐ submit A to B	**phr**	A를 B에게 제출하다
	☐ succeed in -ing	**phr**	-에 성공하다
	☐ time-consuming	**adj**	시간이 많이 걸리는

900점 완성 단어

LC	☐ bookkeeping	n 부기
	☐ have one's hands full	phr 몹시 바쁘다
	☐ make an outside call	phr 외부로 전화를 걸다
	☐ motivation	n 이유, 동기
	☐ newly listed	phr 새로 목록에 오른
	☐ prioritize	v 우선적으로 처리하다
	☐ sit in alternate seats	phr 한 자리씩 건너 앉다
	☐ written authorization	phr 서면 결재
	☐ written consent	phr 서면 동의
Part 5, 6	☐ acquaintance	n 아는 사람, 아는 사이
	☐ dimension	n 규모, 크기, 차원, 관점
	☐ directive	adj 지시하는, 지배적인
	☐ discerning	adj 통찰력이 있는
	☐ elegantly	adv 우아하게, 고상하게
	☐ expectant	adj 기대하고 있는
	☐ invaluable	adj 매우 유용한, 귀중한
	☐ propel	v 나아가게 하다, 몰아가다
	☐ realization	n 깨달음, 자각, 인식
	☐ recline	v 기대다, 눕다, (의자가) 젖혀지다
	☐ repository	n 저장소
	☐ respective	adj 각각의, 저마다의
	☐ spontaneously	adv 자발적으로, 자연 발생적으로
	☐ trivial	adj 사소한, 하찮은
	☐ turn in	phr (실적·수익 등을) 올리다, 제출하다
Part 7	☐ ambiance (= ambience)	n (장소의) 분위기
	☐ aspiration	n 포부, 열망
	☐ creditable	adj 훌륭한, 칭찬할 만한
	☐ eminent	adj 저명한, 탁월한
	☐ endeavor	v 노력하다, 애쓰다
	☐ entrust A with B	phr A에게 B의 책임을 맡기다
	☐ on edge	phr 흥분하여, 안절부절못하여
	☐ reach one's full potential	phr 능력을 최대한 발휘하다

➔ 토익완성단어의 Daily Quiz를 www.Hackers.co.kr에서 다운로드 받아 풀어보세요.

해커스
토익
기출VOCA <해커스 토익 기출 보카> 어플로 DAY 04 단어를 재미있게 외워보세요.

DAY 05

토익 보카 30일 완성

비밀병기

일반사무 (3)

주제를 알면 토익이 보인다!
일반사무 주제에서는 타 부서와의 업무 조율, 부서 담당자 간 메시지 대화 등이 출제되고 있어요. 일반사무 주제에서 자주 출제되는 단어를 함께 알아볼까요?

▲무료 MP3 바로 듣기

노조의 비밀병기

¹ sophisticated★

[미] səfístəkèitid]
[영] səfístikeitid]

파 sophistication n. 정교함
동 complex 복잡한
refined 세련된

adj (기계가) 정교한, 복잡한; 세련된

A **sophisticated** surveillance system was installed.
정교한 보안 시스템이 설치되었다.

The decorator exhibited a **sophisticated** taste in art.
그 실내 장식가는 예술에 대한 세련된 취향을 보였다.

² timely★★

[táimli]

adj 시기적절한, 때를 맞춘

The report was completed in a **timely** manner.
그 보고서는 때맞춰 완성되었다.

 토익 이렇게 나온다

빈출어 in a timely manner 때맞춰

timely나 전치사 in을 선택하는 문제로 출제된다.

³ realistically★

[미] ri:əlístikəli]
[영] ri̯əlístikəli]

파 realistic adj. 현실적인
realism n. 현실주의

adv 현실적으로

We cannot **realistically** expect to have the presentation ready on time.
현실적으로 발표가 제때 준비되는 것을 기대하기 어렵다.

토익 이렇게 나온다

빈출어 cannot realistically expect + to 부정사/that절
현실적으로 ~을 기대하기 어렵다
realistic + expectation/goal/alternative/chance
현실적인 기대/목표/대안/기회

realistically는 주로 동사 expect와 자주 사용되며, realistic은 expectation, goal 등 기대를 나타내는 명사와 어울려 사용된다.

⁴ promptly★★★

[미] prámptli]
[영] prɔ́mptli]

파 prompt adj. 신속한, 즉각적인 v. (어떤 일이 일어나도록) 하다, 촉발하다
동 immediately, instantly 즉시

adv 즉시; 정각에

It is company policy to respond **promptly** to all inquiries. 모든 문의에 즉시 답변하는 것이 회사의 방침이다.

The train will leave **promptly** at 4 P.M.
기차는 오후 4시 정각에 출발할 것이다.

토익 이렇게 나온다

어법 promptly(adv. 즉시)와 prompt(adj. 신속한)의 품사 구별하기.

토익 이렇게 나온다

promptly : abruptly
'즉시', '갑자기'를 뜻하는 단어들의 용례 차이를 구별하는 문제로 출제된다.

promptly 즉시
지체 없이 신속하게 어떤 행동을 할 때 쓰인다.
abruptly 갑자기
전혀 예상치 못한 상황이 갑자기 일어날 때 쓰인다.
The paper mill's owner **abruptly** declared bankruptcy today. 그 제지공장의 소유주는 오늘 갑자기 파산을 선언했다.

⁵ accessible***

[미 æksésəbl]
[영 əksésəbl]

파 access n. 이용 권한, 접근
v. ~에 접근하다
accessibility n. 접근 (가능성)

adj 출입할 수 있는; 이용할 수 있는

The 18th floor is only **accessible** to executive staff.
18층은 오직 경영진만 출입할 수 있습니다.

Please make the manual **accessible** to all employees.
모든 직원들이 매뉴얼을 이용할 수 있게 하세요.

 토익 이렇게 나온다

make A accessible to B B가 A를 이용할 수 있게 하다
accessible by bus/subway/train 버스/지하철/기차로 갈 수 있는

⁶ implement***

[미 ímpləmènt]
[영 ímpliment]

파 implementation n. 실행
동 carry out, execute 실행
하다

v 실시하다, 실행하다

Board members voted to **implement** an innovative marketing campaign.
이사회 위원들은 혁신적인 마케팅 캠페인을 실시하기로 표결했다.

 토익 이렇게 나온다

implement a plan 계획을 실행하다
implement measures 조치를 취하다
implement는 계획, 방법 등을 의미하는 명사와 어울려 출제된다.

⁷ feedback***

[fíːdbæk]

n 의견, 반응

Feedback from colleagues can be of great assistance.
동료들의 의견은 큰 도움이 될 수 있다.

8 outstanding ***○

[àutstǽndiŋ]

동 exceptional 우수한, 매우 뛰어난
overdue, unpaid 연체된, 미납의

adj 우수한; (부채 등이) 미지불된

The director presented an **outstanding** business plan. 그 이사는 우수한 사업 계획을 발표했다.

By clearing its **outstanding** debt, Cottonvale was able to finance new product development.
미지불 채무를 청산함으로써, Cottonvale사는 신제품 개발 자금을 조달할 수 있었다.

9 inform ***○

[미 infɔ́ːrm]
[영 infɔ́ːm]

파 information n. 정보
informative adj. 정보를 제공하는, 유익한

v ~에게 알리다

Please **inform** the director that the meeting has been canceled. 이사님께 회의가 취소되었다고 알려 주세요.

 토익 이렇게 나온다

inform : explain

'알리다'와 관련된 단어들의 용례 차이를 구별하는 문제로 출제된다.

┌ inform 사람 + of 내용/that절 ~에게 ~을 알리다
│ inform 뒤에는 사람 목적어가 온다.
└ explain (to 사람) that절 (~에게) ~을 설명하다
　 explain 뒤에는 설명 내용이 오며 듣는 사람 앞에는 꼭 to를 써야 한다.
　 The CEO **explained** to the board that the company was in trouble.
　 최고 경영자는 이사회에 회사가 어려움에 처해 있음을 설명했다.

10 replacement ***○

[ripléismənt]

n 교체; 후임자

We need a **replacement** for this broken laptop.
이 고장 난 노트북 컴퓨터의 교체가 필요하다.

Human resources is looking for a **replacement** for Mr. Winters. 인사부는 Mr. Winters의 후임자를 찾고 있다.

11 announcement ***○

[ənáunsmənt]

파 announce v. 알리다

n 공고, 발표

Mr. Dane posted an **announcement** about the general meeting. Mr. Dane은 총회에 대한 공고를 게시했다.

12 department ***○

[미 dipáːrtmənt]
[영 dipáːtmənt]

n (조직·기구의) 부서

Report payroll problems to the finance **department**.
급여 문제는 재무 부서에 신고하십시오.

---

13 permanently*** ◯

[미 pə́:rmənəntli]
[영 pə́:mənəntli]

동 indefinitely 무기한으로

adv 영구적으로, 불변으로

The computer files have been **permanently** deleted and cannot be retrieved.
그 컴퓨터 파일들은 영구적으로 삭제되었고 복구될 수 없다.

14 fulfill*** ●

[fulfíl]

파 fulfillment n. 성취, 달성, (의무·직무 등의) 이행
동 meet 충족시키다

v (조건을) 만족시키다, (약속·의무 등을) 지키다, 이행하다

The final product design **fulfilled** the terms of the contract. 최종 제품 디자인은 계약 조건들을 만족시켰다.

15 outline*** ●

[áutlàin]

n 개요

Begin making the report by arranging the main ideas in an **outline**.
주요 방안들을 개요로 정리함으로써 보고서 작성을 시작하십시오.

v 설명하다, 약술하다

The salesman **outlined** the features of the vacuum cleaner. 그 판매원은 진공청소기의 특징들을 설명했다.

16 explain*** ●

[ikspléin]

파 explanation n. 설명, 해명, 이유

v 설명하다

The manager **explained** the new regulations to everyone in the department.
그 부장은 부서의 모든 사람들에게 새로운 규정을 설명했다.

17 contain*** ◯

[kəntéin]

동 include 포함하다

v 포함하다

The filing cabinet **contains** copies of all our invoices.
그 서류 정리 캐비닛은 모든 송장의 사본을 포함한다.

 토익 이렇게 나온다

동의어 무엇을 포함하다라는 문맥에서 contain은 include로 바꾸어 쓸 수 있다.
참고로, contain에는 '(감정을) 억누르다'와 '저지하다, 방지하다'라는 뜻도 있는데 이때는 control이나 hold back으로 바꾸어 쓸 수 있다.

18 compile ★★★
[kəmpáil]

v (자료 등을) 편집하다; 모으다

The assistant **compiled** a list of tablet computer manufacturers.
그 비서는 태블릿 컴퓨터 제조사 목록을 편집했다.

Ms. Atkins will **compile** all year-end reports and submit them to Ms. Woo.
Ms. Atkins가 모든 연말 보고서를 모아서 Ms. Woo에게 제출할 것이다.

19 subsequent ★★★
[sʌ́bsikwənt]

adj 차후의, 그 다음의

Some employees received separation pay **subsequent** to the company's closing.
몇몇 직원들은 회사의 폐업 이후에 퇴직 수당을 받았다.

 토익 이렇게 나온다

[빈출어] **subsequent to** ~ 이후에, ~ 다음에
subsequent와 함께 쓰이는 전치사 to를 묶어서 외워 둔다.

20 overview ★★★
[미 óuvərvjùː]
[영 ə́uvəvjuː]

n 개요, 개관

Scott gave an **overview** of the topic before the presentation.
Scott은 발표 전에 주제의 개요를 설명했다.

21 provider ★★★
[미 prəváidər]
[영 prəváidə]

n 공급자, 제공자

There are numerous Internet and cable **providers** in the city. 도시에는 수많은 인터넷과 케이블 방송 공급업체가 있다.

22 matter ★★★
[미 mǽtər]
[영 mǽtə]
v. 중요하다; 문제되다

n 문제, 일

Please deal with personal **matters** outside the office.
개인적인 문제는 사무실 밖에서 처리하시기 바랍니다.

23 expertise ★★
[미 èkspərtíːz]
[영 èkspəːtíːz]

[파] expert n. 전문가

n 전문 지식, 전문 기술

This kind of project falls outside the firm's area of **expertise**.
이런 종류의 프로젝트는 회사의 전문 분야 밖에 해당한다.

★★★ = 출제율 최상   ★★ = 출제율 상   ★ = 출제율 중
● = Part 5·6 정답 단어   ○ = Part 7 빈출 단어

핵심빈출단어

01
02
03
04
DAY 05
06
07
08
09
10

Hackers TOEIC Vocabulary

일반사무 (3) | **95**

have expertise in A A에 전문성이 있다
area of expertise 전문 분야

expertise의 토익 출제 표현을 알아 두자.

²⁴ demonstrate**

[démənstrèit]

파 demonstration n. 증명
동 prove 증명하다
　explain 설명하다

v 증명하다; (모형·실험 등으로) 설명하다

Sales figures **demonstrate** that the advertising campaign was successful.
매출 수치는 광고 캠페인이 성공적이었음을 증명한다.

Our representative will **demonstrate** how to use the instrument. 우리 직원이 기계 사용법을 설명할 것입니다.

 토익 이렇게 나온다

demonstrate : display
'보여 주다'를 의미하는 단어들의 용례 차이를 구별해 두자.

- **demonstrate** 설명하다
  어떤 사물의 실물을 보여 주며 기능을 설명하다.
- **display** 전시하다, 진열하다
  어떤 대상을 사람들이 볼 수 있도록 진열하다.
  We will **display** several machines at the next trade show.
  우리는 다음 무역 전시회에 기계 몇 대를 전시할 것이다.

²⁵ remainder**

[미 riméindər]
[영 riméində]

파 remain v. 남다, 여전히 ~이다
　remaining adj. 남은, 남아 있는
동 balance 잔액

n 나머지

Audits will continue throughout the **remainder** of the month. 이달의 나머지 기간 내내 회계 감사가 계속될 것이다.

 토익 이렇게 나온다

throughout the remainder of + 기간

remainder는 throughout the remainder of the month(이달의 나머지 기간 내내)에서 처럼 일정 기간 중에서 남은 나머지 시간이라는 의미로 토익에 주로 나온다.

- **remainder** 나머지
- **reminder** 메모, 상기시켜 주는 것

형태가 유사한 두 단어의 뜻 차이를 구별하는 문제로 출제된다.

Management issued a **reminder** to submit monthly reports by Friday.
경영진은 금요일까지 월간 보고서를 제출하라는 메모를 교부했다.

26 essential**
[isénʃəl]

adj 필수적인, 극히 중요한, 본질적인

Perseverance is **essential** to success in business.
인내는 사업의 성공에 있어 필수적이다.

🗣 토익 이렇게 나온다

[빈출어구] be essential to/for ~에 있어서 필수적이다
essential과 함께 쓰이는 전치사 to와 for를 묶어서 외워 둔다.

27 divide**
[diváid]

[파] division n. 부서; 분할
dividend n. 배당금
[동] break up ~을 분리하다

v 분배하다, 나누다

Required overtime will be **divided** equally among employees. 필요한 초과 근무 시간은 직원들 간에 공평하게 분배될 것이다.

🗣 토익 이렇게 나온다

[빈출어구] divide A into B A를 B로 나누다
be divided into ~로 나눠지다
divide는 전치사 into와 어울려 시험에 종종 나오므로 묶어서 알아 둔다.

[혼동어휘] divide : cut
'자르다'를 의미하는 단어들의 용례 차이를 구별해 두자.

┌ divide 나누다
│ 어떤 것을 여러 부분으로 나눌 때 쓰인다.
└ cut 삭감하다
  어떤 것을 잘라내어 없앨 때 쓰인다.
  The firm decided to **cut** 80 full-time positions.
  그 회사는 80개의 정규직을 삭감하기로 결정했다.

28 major**
[미 méidʒər]
[영 méidʒə]

adj 주요한, 중대한

A **major** figure in publishing, Ms. Yarrow is highly influential. 출판업계의 주요 인사인 Ms. Yarrow는 매우 영향력이 크다.

The new manager has had a **major** impact on productivity. 새로운 관리자는 생산성에 중대한 영향을 끼쳐 왔다.

29 compliance**
[kəmpláiəns]

[파] comply v. (규칙에) 따르다

n (명령·법규에의) 준수

Government officials will inspect the plant's **compliance** with safety guidelines.
정부 관리들이 공장의 안전 규정 준수 여부를 검사할 것이다.

토익 이렇게 나온다

> **빈출어휘** in compliance with ~을 준수하여
> out of compliance with ~을 준수하지 않는
> compliance의 토익 출제 표현을 알아 두자.

³⁰ clarify**
[미 klǽrəfài]
[영 klǽrifai]

[파] clarification n. 설명, 해명

v 명확하게 하다

The notice **clarified** some details of the vacation policy modifications.
그 공고는 휴가 정책 변경의 일부 세부 사항을 명확하게 했다.

³¹ face**
[feis]
n. 표면, 외관

[동] confront 직면하다, 맞서다

v (문제 등에) 직면하다; 향하다, 마주보다

Businesses are **faced** with the challenge of foreign competition. 기업들은 외국 경쟁사들의 도전에 직면해 있다.

The elevator **faces** the lobby of the building.
그 엘리베이터는 빌딩 로비를 향하고 있다.

³² follow**
[미 fálou]
[영 fɔ́ləu]

[파] following prep. ~의 후에
adj. 다음의
[동] monitor 지켜보다
pay attention to ~에 집중하다, 주의하다
understand 내용을 따라잡다, 이해하다

v ~을 따라가다; 주시하다; (분명히) 이해하다

The guests **followed** the guide into the exhibition hall. 방문객들은 안내원을 따라 전시회장으로 들어갔다.

Bill **followed** the conversations at the meeting closely. Bill은 회의에서의 대화를 유심히 주시했다.

The manager realized the staff was not **following** his talk. 그 팀장은 직원들이 그의 말을 이해하지 못했음을 깨달았다.

 토익 이렇게 나온다

> **혼동어휘** follow : precede
> '따라가다', '앞서가다'와 관련된 단어들의 뜻 차이를 구별해 두자.
> ┌ follow ~을 따르다
> │ 위치상으로 누군가의 뒤를 따라가는 것을 뜻한다.
> └ precede ~에 선행하다
> 시간상으로 어떤 일이 다른 것보다 먼저 발생할 때 사용한다.
> An emergency consultation **preceded** the decision to sell the company. 긴급 자문이 회사 매각 결정에 선행되었다.
>
> **동의어** follow는 일의 진행 상황을 계속 지켜보는 문맥에서는 monitor나 pay attention to로, 어떤 설명을 따라가거나 내용을 따라잡는다라는 문맥에서는 understand로 바꾸어 쓸 수 있다.

33 aspect★★
[ǽspekt]

n 관점, 국면

Every **aspect** of the problem must be taken into consideration.
그 문제의 모든 관점이 고려되어야 한다.

34 apparently★
[əpǽrəntli]

동 seemingly 겉으로는

adv 보기에 ~한 듯한, 외관상으로는

Apparently, Mr. Jones was not invited to this meeting.
Mr. Jones는 이 회의에 초대받지 못한 듯하다.

35 aware★
[미 əwέər]
[영 əwέə]

파 awareness n. 자각, 인식

adj 알고 있는, 인식하고 있는

Workers should be made **aware** of safety procedures.
근로자들이 안전 절차를 알고 있게 해야 한다.

 토익 이렇게 나온다

빈출
어구 be aware + of/that절 ~을 알고 있다

aware는 전치사 of나 that절과 어울려 주로 출제된다.

36 extended★
[iksténdid]

파 extend v. 연장하다, 늘리다
extension n. 연장, 확장

adj (기간 등을) 연장한, 장기간에 걸친

The accounting department works **extended** hours on the first week of every month.
회계 부서는 매달 첫 주에 연장 근무한다.

 토익 이렇게 나온다

빈출
어구 work extended hours 연장 근무하다
extended lunch break 늘어난 점심시간

extended는 근무 또는 식사 시간을 수식하여 주로 출제된다.

37 accidentally★
[æksidéntəli]

파 accident n. 사고
accidental adj. 우연한
반 deliberately 고의로

adv 뜻하지 않게, 우연히

Alison **accidentally** made some errors in the financial statements.
Alison은 재무제표 작성 시 뜻하지 않게 실수를 범했다.

---

38 advisable *

[미 ædváizəbl]
[영 ədváizəbl]

[파] advise v. 충고하다
advice n. 충고

adj 바람직한, 합당한

It is **advisable** to update computer equipment regularly.
컴퓨터 장비를 정기적으로 업데이트하는 것이 바람직하다.

39 concerned *

[미 kənsə́:rnd]
[영 kənsə́:nd]

[파] concern n. 걱정 v. ~을 걱정시키다, ~와 관계가 있다

adj 염려하는, 걱정하는; 관련된

Management is **concerned** about security.
경영진은 보안에 대해 염려하고 있다.

The report is mainly **concerned** with current investments. 그 보고서는 주로 현재의 투자와 관계가 있다.

 토익 이렇게 나온다

> be concerned about ~에 대해 염려하다, 근심하다
> be concerned with ~와 관계가 있다, ~에 관심이 있다
> 전치사 about, with에 따라 뜻이 달라지는 것에 유의하자.

40 speak *

[spi:k]

v 이야기하다

Mr. Brooke **spoke** to his clients about a new venture. Mr. Brooke은 자신의 고객들에게 신규 사업에 관해 이야기했다.

 토익 이렇게 나온다

> speak : tell : say
> '말하다'를 뜻하는 단어들의 용례 차이를 구별하는 문제로 출제된다.
>
> ┌ **speak to 사람 about 내용** ~에게 ~에 대해 이야기하다
> │ **speak + 언어** (언어를) 말하다
> │ speak는 '~에게 말하다'라는 자동사로 많이 쓰이며, 듣는 사람 앞에 to
> │ 를 써야 한다. speak English처럼 '(언어를) 구사하다'라는 타동사로도
> │ 사용된다.
> ├ **tell 사람 that절** ~에게 ~을 말하다
> │ tell은 4형식 동사이며 뒤에 사람 목적어와 that절이 많이 쓰인다.
> │ **Mr. Bennett told reporters that he would retire soon.**
> │ Mr. Bennett은 기자들에게 자신이 곧 은퇴할 것이라고 말했다.
> └ **say (to 사람) that절** (~에게) ~을 이야기하다
> say는 3형식 동사로 that절이 목적어로 오는 형태로 많이 쓰인다. 듣는
> 사람 앞에는 꼭 to를 써야 한다.
> **The customer said to the clerk that he was happy with the purchase.** 고객은 점원에게 구매품에 만족한다고 말했다.

DAY 05 Daily Checkup

토익에 출제되는 단어의 뜻을 오른쪽 보기에서 찾아 연결하세요.

01 outline

02 permanently

03 announcement

04 feedback

05 contain

ⓐ 설명하다, 약술하다

ⓑ 공고, 발표

ⓒ 의견, 반응

ⓓ 영구적으로, 불변으로

ⓔ 즉시, 정각에

ⓕ 포함하다

토익에 출제되는 문장의 문맥에 맞는 단어를 고르세요.

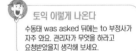
토익 이렇게 나온다
수동태 was asked 뒤에는 to 부정사가
자주 와요. 관리자가 무엇을 하라고
요청받았을지 생각해 보세요.

06 John will fill in as a ___ until someone else is hired.

07 The manager was asked to ___ the new leave policy to his staff.

08 Everyone must ___ the director of their preferred vacation dates.

09 The company is recruiting employees to work in its marketing ___.

| ⓐ department | ⓑ inform | ⓒ clarify | ⓓ replacement | ⓔ aware |

10 Good organizational skills are ___ when planning an event.

11 The instruction manual will ___ how to put the desk together.

12 Ramps were installed in the building to make it ___ to wheelchair.

13 Programmers ___ comments about the updated version into one document.

| ⓐ explain | ⓑ essential | ⓒ face | ⓓ accessible | ⓔ compiled |

▶ Daily Checkup 해석과 추가 Daily Quiz, 보카 테스트가 www.Hackers.co.kr에서 제공됩니다.

토익 기초 단어

LC			
☐ briefcase	n 서류 가방		
☐ business trip	phr 출장		
☐ come over	phr 방문하다, 오다		
☐ counter	n 계산대; adj 반대의		
☐ e-mail	n 이메일; v 이메일을 보내다		
☐ filing cabinet	phr 서류 정리 캐비닛		
☐ folder	n 서류철		
☐ headache	n 두통		
☐ internship	n 인턴 신분, 인턴 기간		
☐ redo	v 다시 하다		
☐ routine	n 판에 박힌 일; adj 정기적인		
☐ table lamp	phr 탁상 전기스탠드		
☐ thanks to	phr ~ 덕택에		
☐ timetable	n 시간표		
☐ window display	phr 쇼윈도의 상품 진열		

RC			
☐ chief	adj 주된, (직급상) 최고위자인; n (단체의) 최고위자
☐ conceal	v 감추다
☐ correct	adj 맞는; v 정정하다
☐ economic	adj 경제의
☐ embrace	v 받아들이다, 포용하다
☐ expected	adj 예상되는
☐ forum	n 토론회
☐ instead of	phr ~ 대신에
☐ mission	n 임무
☐ programming	n 방송 편성
☐ remaining	adj 남아 있는
☐ rush	v 서두르다
☐ unfortunately	adv 불행하게도, 유감스럽게도

800점 완성 단어

LC

☐ archive	**n**	기록 보관소
☐ be unwilling to do	**phr**	~하기를 꺼리다
☐ be up late	**phr**	늦게까지 깨어 있다
☐ blackout	**n**	정전
☐ board meeting	**phr**	임원 회의
☐ board of directors	**phr**	이사회
☐ cross one's arms	**phr**	팔짱 끼다
☐ depressing	**adj**	우울한
☐ drag	**v**	~을 끌다
☐ fold in half	**phr**	반으로 접다
☐ fold up	**phr**	접어 개다
☐ frighten	**v**	놀라게 하다
☐ keep going	**phr**	계속 살아가다, 계속 견디다
☐ long-term	**adj**	장기(長期)의
☐ look up to	**phr**	~를 존경하다
☐ make a presentation	**phr**	발표하다
☐ make a revision	**phr**	수정하다
☐ make an error	**phr**	실수를 범하다
☐ meet the deadline	**phr**	마감일을 맞추다
☐ meet the requirements	**phr**	요구 조건을 충족시키다
☐ mess up	**phr**	(계획을) 망치다
☐ My schedule doesn't permit it.	**phr**	일정상 불가능하다.
☐ obvious	**adj**	명백한, 뻔한
☐ office supplies	**phr**	사무용품
☐ overlook	**v**	간과하다, 내려다보다
☐ overnight	**adv**	밤새, 하룻밤 동안
☐ papers	**n**	서류, 논문
☐ proofread	**v**	교정보다
☐ rearrange	**v**	(일정을) 조정하다, 재배열하다
☐ recondition	**v**	수리하다
☐ rest one's chin on one's hand	**phr**	손으로 턱을 괴다
☐ stool	**n**	(등받이가 없는) 의자
☐ timecard	**n**	근무 시간 기록표

	□ wipe	v	(문질러) 닦다, 훔쳐내다
	□ work additional hours	phr	추가 근무를 하다
	□ work shift	phr	근무 교대
Part 5, 6	□ burdensome	adj	부담스러운, 힘든
	□ circulate	v	순환하다, 순환시키다
	□ commend	v	칭찬하다
	□ company	n	동료, 일행, 손님, 회사
	□ discourage	v	~를 낙담시키다
	□ distraction	n	집중을 방해하는 것, 머리를 식히게 하는 것
	□ failure	n	(기계 따위의) 고장, 파손
	□ followed by	phr	뒤이어, 잇달아
	□ interruption	n	중단, 방해
	□ make sure	phr	확인하다
	□ mislabeled	adj	라벨이 잘못 붙여진
	□ observant	adj	관찰력 있는, 준수하는
	□ persuade	v	설득하다
	□ proposed	adj	제안된
	□ rephrase	v	바꾸어 말하다
	□ scarcely	adv	거의 ~하지 않다, 겨우
Part 7	□ concisely	adv	간결하게
	□ disapproval	n	반대
	□ disapprove	v	반대하다
	□ do A a favor	phr	A를 도와주다
	□ do a good job	phr	일을 잘 해내다
	□ draw a distinction between	phr	~ 사이에 구별을 짓다
	□ exposed	adj	노출된, 드러난
	□ intensive	adj	집중적인
	□ problematic	adj	문제가 있는, 확실치 않은
	□ project coordinator	phr	프로젝트 책임자
	□ project management	phr	프로젝트 관리
	□ seating capacity	phr	좌석 수, 좌석 수용 능력
	□ take care of	phr	~를 돌보다, 책임지다
	□ take on	phr	(역할·일을) 떠맡다
	□ tremendous	adj	거대한
	□ under the new management	phr	새 경영진 하에서

900점 완성 단어

LC	□ astute	**adj** 기민한
	□ bring along	**phr** ~를 데리고 가다, ~을 갖고 가다
	□ compartment	**n** 구획, 칸막이
	□ give way to	**phr** ~에게 양보하다
	□ overwork	**n** 과로; **v** 과로하다
	□ put down	**phr** ~을 내려놓다, ~을 적다
	□ reach the solution	**phr** 해결하다
	□ recharge	**v** 재충전하다
	□ smock	**n** 기다란 셔츠, 작업복
Part 5, 6	□ accessibility	**n** 접근 가능성
	□ coordinator	**n** 조정자
	□ customary	**adj** 통상적인
	□ disrupt	**v** 방해하다, 중단시키다
	□ elevate	**v** 승진시키다
	□ formality	**n** 형식상의 절차, 형식적인 일
	□ restraint	**n** 억제, 금지
	□ sign out	**phr** 서명하여 외출을 기록하다
	□ undeniable	**adj** 부인할 수 없는
	□ violation	**n** 위반, 위배
Part 7	□ aggravate	**v** 악화시키다
	□ contingency	**n** 불의의 사태, 뜻밖의 일
	□ draw the line at	**phr** ~에 선을 긋다, ~ 이상은 하지 않다
	□ draw up	**phr** (문서를) 작성하다
	□ evacuate	**v** (집·장소에서) 대피하다
	□ in commemoration of	**phr** ~을 기념하여
	□ on probation	**phr** 견습으로
	□ overestimate	**v** 과대평가하다
	□ privilege	**n** 특권, 특전
	□ restructure	**v** 구조조정을 하다
	□ segregate A from B	**phr** A를 B로부터 분리하다
	□ trigger	**v** 야기하다, 유발하다
	□ wary of	**phr** ~을 조심하는

➡ 토익웹 낭단이의 Daily Quiz를 www.Hackers.co.kr에서 다운로드 받아 풀어보세요.

<해커스 토익 기출 보카> 어플로 DAY 05 단어를 재미있게 외워보세요.

DAY 06

토익 보카 30일 완성

쉴 휴(休)

여가 · 공동체

주제를 알면 토익이 보인다!

여가·공동체 주제에서는 주로 지역 주최 행사 광고, 회사 워크숍 개최 공지 등이 출제되고 있어요. 여가·공동체 주제에서 자주 출제되는 단어를 함께 알아볼까요?

▲ 무료 MP3 바로 듣기

휴일은 쉬라고 있는 거야!

일주일 내내 야근했더니 피곤하네... 주말엔 rest하고 싶은데...

토요일

우리 회사 exhibition에 일손이 더 필요하니 도와주러 나와야겠어!

OO Exhibition

일요일

오늘 celebrity인 '나멋져'가 live로 공연을 improvise하네! popular한 공연인데, 수입까지 donate한대!

으응...

공연 갔다가 저녁엔 alumni 모임에게 자기 소개시켜주기로 했어. 얼른 가자!

폭삭
폭삭
폭삭
폭삭
폭삭

휴일엔 제발 좀 쉬자!

¹ rest ***

[rest]

동 remainder 나머지, 나머지 사람들, 잔여

v 쉬다, 휴식을 취하다

Hikers can **rest** on the bench halfway up the hill.

도보 여행자들은 언덕 중턱의 벤치에서 쉴 수 있다.

n 휴식; 나머지

The tour group had a **rest** before visiting the palace.

그 관광 단체는 궁전을 방문하기 전에 휴식을 취했다.

 토익 이렇게 나온다

동의어 특정 용도로 쓰고 남은 것, 또는 남은 사람들을 의미할 때 rest는 remainder 로 바꾸어 쓸 수 있다.

² exhibition *

[미 èksəbíʃən]
[영 èksibíʃən]

파 exhibit v. 전시하다 n. 전시

n 전시회

The gallery hosted an **exhibition** of urban scenic photographs.

그 화랑은 도시 풍경 사진 전시회를 주최했다.

³ celebrity **

[미 səlébrəti]
[영 silébriti]

n 유명 인사, 명사

Many **celebrities** attended the city's summer park festival. 많은 유명 인사들이 그 도시의 여름 공원 축제에 참석했다.

⁴ live *

[laiv]
v. 거주하다, 살다 [liv]

파 living adj. 살아 있는, 현재 사용되는

adj (라디오·TV가) 생방송인

Finnegan's café hosts a **live** music performance every Saturday.

Finnegan's 카페는 매주 토요일마다 라이브 음악 공연을 주최한다.

 토익 이렇게 나온다

혼동어 ┌ live 생방송인
       └ alive 살아 있는

live는 명사를 꾸밀 때에만 쓰이는 반면, alive는 보어로만 쓰임을 기억해 두자.
The bird is still alive. 그 새는 아직 살아 있다.

⁵ improvise *

[ímprəvàiz]

파 improvisation n. 즉흥 연주

v (연주·연설 등을) 즉흥적으로 하다, 즉석에서 만들다

The performers **improvised** a jazz melody.

연주자들은 재즈 멜로디를 즉흥적으로 연주했다.

★★★ = 출제율 최상   ★★ = 출제율 상   ★ = 출제율 중
● = Part 5·6 정답 단어   ○ = Part 7 빈출 단어

⁶ popular*

[미 pápjulər]
[영 pɔ́pjulə]

파 popularity n. 인기, 평판

adj 인기 있는

Broadway musicals are so **popular** that they frequently go on tour.

브로드웨이 뮤지컬은 정말 인기가 많아서 순회공연을 자주 떠난다.

 토익 이렇게 나온다

동의어 popular : likable : preferred : favorite
'좋아하는'을 뜻하는 단어들의 용례 차이를 구별하는 문제로 출제된다.

┌ popular 인기 있는
│ 많은 사람들이 좋아해서 즐기는 것을 나타낼 때 쓰인다.
├ likable 호감이 가는
│ 다른 사람들에게 호감을 받는 사람이나 사물을 말할 때 사용한다.
│ **Likable** managers receive greater respect from staff.
│ 호감이 가는 관리자들은 직원들로부터 더 많은 존경을 받는다.
├ preferred 선호되는
│ 여러 가지 중에서 어떤 것을 상대적으로 더 좋아한다는 의미이다.
│ Please select your **preferred** means of transportation
│ below. 귀하께서 선호하시는 교통수단을 아래에서 선택하십시오.
└ favorite 가장 좋아하는
   여러 대상 중 가장 좋아하는 것을 나타낼 때 쓰인다.
   His **favorite** pastime is fishing.
   그가 가장 좋아하는 취미는 낚시이다.

⁷ donation*

[미 dounéiʃən]
[영 dəunéiʃən]

파 donate v. 기부하다
donor n. 기증자, 증여자
동 contribution 기부

n 기증, 기부

The library is accepting **donations** of children's books.

도서관에서는 아동 도서를 기증받고 있습니다.

 토익 이렇게 나온다

동의어 ┌ donation 기부
└ donor 기증자, 증여자

추상 명사인 donation과 사람 명사인 donor를 구별하는 문제로 출제된다.

문법 donation(n. 기부)과 donate(v. 기부하다)의 품사 구별하기.

⁸ alumni**

[əlʌ́mnai]

n 동창생들, 졸업생들

St. John's University **alumni** were invited to the graduation ceremony.

St. John's 대학교 동창생들이 졸업식에 초대되었다.

⁹ present★★★

v. [prizént]
adj. [préznt]

n. 선물 [préznt]

파 presentation n. 발표, 공연
presenter n. 발표자
presently adv. 현재

v 제시하다

Please **present** valid tickets at the door.
유효한 표를 입구에서 제시해 주십시오.

adj 현재의; 참석한

The **present** owner of the resort intends to renovate it.
그 리조트의 현 소유주는 리조트를 보수하려 한다.

Famous athlete Matt London was **present** at the game.
유명한 운동선수인 Matt London이 그 경기에 참석했다.

 토익 이렇게 나온다

빈출어구 **present A with B** A에게 B를 제공하다
present B to A A에게 B를 제공하다

전치사 with 뒤에는 제공하는 사물, to 뒤에는 사람이 온다.

¹⁰ admission★★★

[ədmíʃən]

파 admit v. 입장을 허락하다

n 입장

Those wishing to visit the exhibit will be charged an extra **admission** fee.
전시회 관람을 원하는 분들에게는 추가 입장료가 부과될 것입니다.

 토익 이렇게 나온다

빈출어구 **free admission** 무료 입장
admission + fee/price 입장료

admission의 토익 출제 표현을 기억해 두자.

¹¹ banquet★★★

[bǽŋkwit]

n 연회, 만찬

The hotel has facilities for large-scale wedding **banquets**.
그 호텔은 대규모 피로연을 위한 시설을 가지고 있다.

¹² anniversary★★★

[미 æ̀nəvə́ːrsəri]
[영 æ̀nivə́ːsəri]

n 기념일

The couple celebrated their 50th **anniversary** with a party.
그 부부는 그들이 50번째 기념일을 파티로 축하했다.

★★★ = 출제율 최상   ★★ = 출제율 상   ★ = 출제율 중
● = Part 5·6 정답 단어   ○ = Part 7 빈출 단어

13 required ***
[rikwáiərd]

adj 필수의, 의무적인

Proper swimming attire is **required** when using the hotel pool.

호텔 수영장을 이용할 시에는 적절한 수영 복장이 필수다.

 토익 이렇게 나온다

be required for ~에 필수적이다
be required to do ~하는 데 필수적이다

require는 전치사 for나 to 부정사와 함께 자주 사용되며, 주로 수동태형으로 시험에 출제된다.

14 succeed ***
[səksí:d]

파 success n. 성공
successful adj. 성공적인
successive adj. 연속의, 상속의
successively adv. 연속하여, 잇따라서

v 성공하다; 뒤를 잇다

Peggy **succeeded** in convincing her family to visit Hawaii.

Peggy는 그녀의 가족이 하와이를 방문하도록 설득하는 데 성공했다.

Mr. Chambers will **succeed** Ms. Shipman as head of the Tourism Board after she retires.

Mr. Chambers는 Ms. Shipman이 은퇴한 후에 관광청장으로서 그녀의 뒤를 이을 것이다.

15 collection ***
[kəlékʃən]

파 collect v. 모으다
collector n. 수집가
collectable n. 수집 대상물

n 소장품, 수집물; 징수, 수금

The museum has a unique **collection** of stamps.

그 박물관은 독특한 우표 소장품을 보유하고 있다.

Toll **collection** operates by means of an electronic system. 통행료 징수는 전자 시스템으로 운영된다.

 토익 이렇게 나온다

1. ceramic tiles collection 도자기 타일 모음
   toll collection 통행료 징수
   collection의 토익 출제 표현을 익혀 두자.

2. collect A from B B로부터 A를 수집하다
   동사 collect와 함께 쓰이는 전치사 from을 묶어서 기억해 두자.

collection 수집물, 소장품
collectable 수집 대상물

형태가 비슷한 두 단어의 뜻 차이를 구별하는 문제로 출제된다.

16 fund-raising***
[fʌ́ndrèiziŋ]

n 모금

Auctions are a popular form of **fund-raising**.
경매는 모금의 인기 있는 형태이다.

17 resume***
[미 rizú:m]
[영 rizjú:m]

v 재개하다, 다시 시작하다

The play will **resume** after a short intermission.
그 연극은 짧은 휴식 시간 후에 재개할 것이다.

18 issue***
[íʃu:]

v. 발행하다; 유포시키다
(= distribute)

동 edition (초판, 재판의) 판

n (출판물의) 제 ~호; 문제, 쟁점

Jack's cake recipe was in the April **issue** of *Baker Monthly*. *Baker Monthly*지의 4월호에 Jack의 케이크 조리법이 실렸다.

There are many perspectives on the **issue** of global warming. 지구 온난화 문제에 관한 다양한 관점들이 있다.

 토익 이렇게 나온다

빈출 어구 **common issue** 공통적인 문제
address an issue 쟁점을 거론하다, 이슈를 제기하다

issue의 토익 출제 표현을 기억해 두자.

동의어 잡지 등의 정기 간행물의 발행호를 의미할 때 **issue**는 **edition**으로 바꾸어 쓸 수 있다.

19 subscription***
[səbskrípʃən]

파 subscribe v. 구독하다

n (정기 발행물의) 구독

I would like to get a **subscription** to the *Weekly Herald*. *Weekly Herald*지를 구독하고 싶습니다.

20 appear***
[미 əpíər]
[영 əpíə]

파 appearance n. 출현
반 disappear 사라지다

v 나타나다, 출현하다

The novelist **appeared** at the bookstore to sign autographs.
그 소설가는 사인회를 하기 위해 서점에 나타났다.

 토익 이렇게 나온다

빈출 어구 **it appears that**절 ~인 것 같다
appear in court 법정에 출두하다

appear의 출제 표현을 기억해 두자.

21 accompany**
[əkʌ́mpəni]

v 동행하다; 동반하다

Mary **accompanied** her grandmother to the mall.
Mary는 쇼핑몰까지 그녀의 할머니와 동행했다.

Be careful because strong winds often **accompany** rain in the mountains.
산에서는 종종 강한 바람이 비를 동반하므로 조심하십시오.

22 edition**
[idíʃən]

n (간행물의) 판

A revised **edition** of the economics book will be published soon.
그 경제학 서적의 개정판이 곧 출간될 것이다.

23 specifically**
[미 spisífikəli]
[영 spəsífikəli]

adv 명확하게, 분명히; 특히, 특별히

The package terms **specifically** stated that guests would stay at a hotel.
그 패키지 여행 조건은 손님들이 호텔에 머물 것임을 명확하게 언급했다.

Campgrounds around the lake are worth visiting, **specifically** the Milligan site.
호수 주변의 야영지는 가볼 만한 가치가 있는데, 특히 Milligan 부지가 그러하다.

24 anonymous**
[미 ənʌ́nəməs]
[영 ənɔ́niməs]

adj 익명의, 이름을 모르는

The charity received $6,000 from an **anonymous** donor.
그 자선 단체는 익명의 기부자로부터 6천 달러를 받았다.

25 commit**
[kəmít]

[파] commitment n. 전념, 헌신
[동] dedicate 전념하다, 헌신하다
devote (몸·노력·시간·돈을) ~에 바치다, 쏟다

v 헌신하다, 전념하다

The store is **committed** to providing excellent customer service.
그 가게는 훌륭한 고객 서비스를 제공하는 데 헌신한다.

 토익 이렇게 나온다

[문법] be committed to -ing ~하는 데 헌신하다
to가 전치사이므로 다음에 동명사를 채워 넣는 문제로 출제된다.

26 **informative****

[미 infɔ́:rmətiv]
[영 infɔ́:mətiv]

파 inform v. 알리다, 알려 주다
informed adj. 정보에 근거한
information n. 정보

adj 유익한, 정보를 주는

The documentary was **informative** and interesting.
그 다큐멘터리는 유익하고도 흥미로웠다.

🙂 토익 이렇게 나온다

빈출어구 **informative + brochure/booklet** 유익한 브로셔/소책자
informative는 brochure, booklet 등 인쇄 매체를 주로 꾸민다.

27 **audience**** ◯

[ɔ́:diəns]

n 청중, 관중

The **audience** applauded the singer enthusiastically.
청중은 그 가수에게 열광적으로 갈채를 보냈다.

28 **author**** ◯

[미 ɔ́:θər]
[영 ɔ́:θə]

n 작가, 저자

All of the **author**'s short stories are popular.
그 작가의 모든 단편 소설들은 인기가 있다.

29 **note***

[미 nout]
[영 nəut]
n. 메모

파 notable adj. 뛰어난, 중요한
동 state (정식으로) 말하다, 쓰다

v 주목하다; 특별히 언급하다

Please **note** the intricate details of the architecture.
그 건축물의 복잡한 세부 양식에 주목해 주십시오.

🙂 토익 이렇게 나온다

동의어 어떤 사항을 특별히 언급하다라는 의미일 때 note는 state로 바꾸어 쓸 수
있다.

30 **antique*** ◯

[æntí:k]

n 골동품

Antiques are popular for home decor.
골동품은 실내 장식용품으로 인기 있다.

31 **manuscript*** ◯

[mǽnjuskrìpt]

n 원고

The author is working on several **manuscripts**.
그 작가는 몇 편의 원고를 작업 중이다.

---

32 beneficial*

[미 bènəfíʃəl]
[영 bènifíʃəl]

파 benefit n. 이익
반 harmful 해로운

 adj 유익한, 이로운

The organization's work is **beneficial** to the community. 그 단체의 활동은 지역 사회에 이익이 된다.

🗣️ 토익 이렇게 나온다

> 빈출 어구
> **be beneficial for** 사람 ~에게 이익이 되다
> **be beneficial to** ~에 이익이 되다
>
> beneficial과 함께 쓰이는 전치사 for와 to를 묶어서 기억해 두자.

33 upcoming*

[ʌ́pkʌ̀miŋ]

동 forthcoming 곧 올, 다가오는

 adj 곧 있을, 다가오는

A reporter spoke to a candidate for the **upcoming** election. 리포터는 곧 있을 선거의 한 후보자에게 말을 걸었다.

🗣️ 토익 이렇게 나온다

> 빈출 어구
> **upcoming school year** 다가오는 학년
> **upcoming event** 곧 있을 행사
> **upcoming mayoral election** 곧 있을 시장 선거
>
> upcoming은 주로 year, event, election 등과 어울려 시험에 나오므로 묶어서 외워 두자.

34 lend*

[lend]

 v 빌려주다

The library **lends** a variety of audio-visual materials.
그 도서관은 다양한 시청각 자료를 빌려 준다.

🗣️ 토익 이렇게 나온다

> 혼동 어휘
> **lend : borrow : rent**
> '빌려 주다', '빌리다'를 의미하는 단어들의 용례 차이를 구별하는 문제로 출제된다.
>
> ┌ **lend** 빌려 주다
> │ 무료로 물건을 빌려 줄 때 사용한다.
> ├ **borrow** 빌리다
> │ 무료로 물건을 빌려 오는 것을 말한다.
> │ We **borrowed** umbrellas at the front desk.
> │ 우리는 프런트에서 우산을 빌렸다.
> └ **rent** ~을 임차하다, 임대하다
>   유료로 집이나 차량 등을 임차하거나 임대할 때 모두 쓰인다.
>   Mark **rented** a car for the journey.
>   Mark는 여행을 위해 차를 빌렸다.

35 current*

[미 kə́:rənt]
[영 kʌ́rənt]

파 currently adv. 현재
동 present 현재의
contemporary 현대의
valid 유효한

adj 현재의; 현행의, 통용되는

Current subscribers to the magazine will receive a free supplement. 그 잡지의 현 구독자들은 무료 부록을 받을 것이다.

 토익 이렇게 나온다

동의어 current는 '현재의, 현대의'라는 의미일 때는 present나 contemporary로, 현재 사용 가능함 또는 효력 있음을 설명하는 문맥에서는 valid로 바꾸어 쓸 수 있다.

36 local*

[미 lóukəl]
[영 láukəl]

파 locality n. 장소, 소재
locally adv. 국지적으로
localized adj. 국부적인, 국지적인

adj 지방의, 고장의

The tournament will be held at the **local** high school.

그 토너먼트는 지역 고등학교에서 열릴 것이다.

37 variety*

[vəráiəti]

파 various adj. 다양한
vary v. 다르다, 바뀌다
동 range 다양성

n 다양성, 변화; 종류, 품종

The newsstand sells a **variety** of magazines and newspapers. 신문 가판대는 다양한 잡지와 신문을 판다.

The specialty coffee store sells more than twenty **varieties** of coffee.

그 커피 전문점은 스무 가지가 넘는 종류의 커피를 판매한다.

 토익 이렇게 나온다

빈출어구 a (large/wide) variety of + 복수 명사 (매우) 다양한 ~

variety는 a variety of 형태로 시험에 출제되며 이때 large나 wide와 자주 어울려 사용된다. a variety of 뒤에는 복수 명사가 와야 한다는 것에 유의해야 한다.

38 advocate*

[ǽdvəkət]
v. 옹호하다 [ǽdvəkèit]

반 opponent 반대자

n 옹호자

The writer is an **advocate** of public education.
그 작가는 공교육 옹호자이다.

 토익 이렇게 나온다

빈출어구 an advocate of ~의 옹호자

advocate과 함께 쓰이는 전치사 of를 묻는 문제로 출제된다.

³⁹ contributor *

[미 kəntríbjutər]
[영 kəntríbjutə]

파 contribute v. 기부하다
contribution n. 기부, 공헌

n 기고가, 공헌자

The doctor is a regular **contributor** to the medical journal. 그 의사는 그 의학 학술지의 정기 기고가이다.

 토익 이렇게 나온다

빈출
어구 **contributor to** ~의 기고가

contributor는 전치사 to와 주로 어울려 출제되므로 함께 외워 둬야 한다.

⁴⁰ defy *

[difái]

파 defiance n. 저항

v 저항하다; (설명·묘사 등이) 거의 불가능하다

The documentary series **defies** conventional wisdom about fitness.
그 다큐멘터리 시리즈는 건강에 대한 사회적인 통념에 저항한다.

The play **defied** all description.
그 연극은 형언할 수 없을 만큼 훌륭했다.
(그 연극은 일체의 묘사가 거의 불가능했다.)

 토익 이렇게 나온다

빈출
어구 **defy description** 형언할 수 없다

defy description은 묘사가 불가능할 만큼 이례적이거나 놀라운 경우에 사용한다. 토익에 자주 출제되는 표현이니 꼭 암기해 두자.

⁴¹ fascinating *

[미 fǽsənèitiŋ]
[영 fǽsineitiŋ]

파 fascinate v. 매혹하다
fascination n. 매혹

adj 매혹적인, 황홀한

Many **fascinating** pieces of art were on display.
매혹적인 많은 미술 작품들이 전시되어 있었다.

 토익 이렇게 나온다

혼동
어휘 ┌ **fascinating** 매혹적인
└ **fascinated** 매혹된

fascinating은 사람이나 사물이 매혹적일 때, fascinated는 사람이 무언가에 매혹된 감정을 나타낼 때 사용된다. 혼동하지 않도록 차이를 구별해 두자.

⁴² showing *

[미 ʃóuiŋ]
[영 ʃóuiŋ]

n (영화·연극의) 상영; 전시

We attended the premiere **showing** of the Rita Garner movie. 우리는 Rita Garner의 영화 시사회에 참석했다.

There will be another **showing** of this artist's work.
이 예술가의 작품 전시가 한 번 더 있을 것이다.

DAY 06 Daily Checkup

토익에 출제되는 단어의 뜻을 오른쪽 보기에서 찾아 연결하세요.

01 celebrity

02 accompany

03 author

04 present

05 required

ⓐ 작가

ⓑ 유명 인사

ⓒ 다양성

ⓓ 필수의

ⓔ 제시하다

ⓕ 동행하다, 동반하다

토익에 출제되는 문장의 문맥에 맞는 단어를 고르세요.

06 The city hospital is celebrating its 100th ___.

07 Steak and cocktail will be served at the ___.

08 ___ was conducted by the school for a new gym.

09 All the ___ applauded after the musical performance.

> **토익 이렇게 나온다**
> 전치사 at 뒤에는 banquet, seminar 등 행사를
> 의미하는 명사가 자주 와요.

| ⓐ audience | ⓑ fund-raising | ⓒ subscription | ⓓ anniversary | ⓔ banquet |

10 Ms. Williams ___ Mr. James as director after he retired.

11 Bob ___ himself to helping with organizing the charity event.

12 The basketball team ___ after a three-hour training session.

13 The sightseeing tour will ___ immediately after the lunch break.

| ⓐ resume | ⓑ committed | ⓒ improvise | ⓓ succeeded | ⓔ rested |

Answer 1.ⓑ 2.ⓕ 3.ⓐ 4.ⓔ 5.ⓓ 6.ⓓ 7.ⓔ 8.ⓑ 9.ⓐ 10.ⓓ 11.ⓑ 12.ⓔ 13.ⓐ

> Daily Checkup 해석과 추가 Daily Quiz, 보카 테스트가 www.Hackers.co.kr에서 제공됩니다.

토익완성단어 여가 · 공동체

토익 기초 단어

LC		
☐ backpack	n	배낭
☐ bike	n	자전거, 오토바이
☐ cabin	n	조종실, 통나무집
☐ climb a mountain	phr	산에 오르다
☐ film festival	phr	영화제
☐ fishing	n	낚시
☐ gallery	n	화랑, 미술관
☐ invitation	n	초대
☐ lawn	n	잔디, 잔디밭
☐ paint	n	물감; v 그림을 그리다
☐ painting	n	그림, 회화
☐ play cards	phr	카드놀이를 하다
☐ public library	phr	공공 도서관
☐ race	n	경주; v 경주하다
☐ resort	n	리조트
☐ theater	n	극장
☐ watch a film	phr	영화를 보다

RC		
☐ adventure	n	모험
☐ art museum	phr	미술관
☐ begin	v	시작하다
☐ bring	v	가져오다
☐ care for	phr	~를 돌보다, ~를 좋아하다
☐ concert	n	콘서트
☐ length	n	길이
☐ leisure	n	여가
☐ librarian	n	도서관원, 사서
☐ menu	n	메뉴, 음식, 요리
☐ sightseeing	n	관광

800점 완성 단어

LC

☐ amusement park	phr	놀이동산
☐ ancient history	phr	고대 역사
☐ artifact	n	공예품
☐ auditorium	n	강당
☐ be booked up	phr	예약이 차다, 매진되다
☐ box office	phr	매표소
☐ cheerful	adj	쾌활한, 명랑한
☐ choir	n	합창단
☐ entertain	v	즐겁게 하다, 대접하다, 환대하다
☐ flower arrangement	phr	꽃꽂이
☐ flower bed	n	화단
☐ go to a film	phr	영화 보러 가다
☐ grip	v	꽉 잡다, 움켜잡다
☐ have a race	phr	경주하다
☐ jog along the street	phr	길을 따라 조깅하다
☐ musical instrument	phr	악기
☐ oar	n	노; v 노를 젓다
☐ oil painting	phr	유화
☐ outdoor	adj	야외의
☐ paddle	v	노를 젓다, 물장구를 치다; n 노
☐ premiere	n	특별 개봉, 초연
☐ rake leaves	phr	(갈퀴로) 낙엽을 긁어모으다
☐ recreational activity	phr	오락 활동
☐ right	n	권리; adj 바른, 옳은
☐ running time	phr	(영화) 상영 시간
☐ sail a boat	phr	보트를 타고 항해하다
☐ slide down	phr	미끄러져 내려가다
☐ splash	v	(물을) 튀기다
☐ sport tournament	phr	운동 경기
☐ stadium	n	경기장
☐ stay up	phr	(잠을 자지 않고) 일어나 있다
☐ stroll	v	한가롭게 거닐다, 산책하다
☐ take a break	phr	잠깐 휴식을 취하다

☐ take A for a walk	phr	A를 산책에 데려가다
☐ take a photograph	phr	사진을 찍다
☐ take a walk	phr	산책하다
☐ take great pleasure	phr	큰 즐거움을 찾다
☐ touch up a photograph	phr	사진을 조금 수정하다
☐ vacation package	phr	휴가 패키지, 여행 패키지
☐ wait for seats	phr	자리를 기다리다
☐ wait in line	phr	줄을 서서 기다리다
☐ water the plants	phr	화초에 물을 주다

Part 5, 6

☐ amuse	v	재미있게 하다, 즐겁게 하다
☐ artistic	adj	예술적인
☐ donate	v	기부하다
☐ even though	phr	비록 ~일지라도
☐ exhibit	n	전시회; v 전시하다
☐ free admission	phr	무료입장
☐ make oneself at home	phr	편히 쉬다
☐ municipal	adj	자치 도시의, 시립의
☐ owed	adj	(돈을) 빚지고 있는
☐ several	adj	몇몇의, 몇 개의
☐ spectator	n	관중
☐ usher	n	(극장 등의) 좌석 안내원
☐ win a contest	phr	대회에서 이기다

Part 7

☐ admission to	phr	~로 입장
☐ contestant	n	경기자, 경쟁자
☐ delight	n	기쁨
☐ do one's hair	phr	머리 손질하다
☐ enjoyable	adj	재미있는, 즐거운
☐ group rate	phr	단체 요금
☐ head for	phr	~로 향하다
☐ out of order	phr	고장 난
☐ periodical	n	정기 간행물; adj 주기적인
☐ playing field	phr	경기장
☐ register for	phr	~에 등록하다
☐ show up	phr	나타나다, 돋보이게 하다
☐ take a tour	phr	여행하다, 둘러보다

900점 완성 단어

LC	☐ be in line	**phr**	줄 서다
	☐ for a change	**phr**	기분 전환으로
	☐ pass the time	**phr**	시간을 보내다, 시간을 때우다
	☐ pose	**v**	자세를 취하다; **n** (사진 등을 위한) 자세
	☐ stay tuned	**phr**	채널을 고정시키다
	☐ vacate	**v**	집을 비우다, 방을 비우다
Part 5, 6	☐ appreciative	**adj**	감사하는
	☐ casually	**adv**	(복장을) 캐주얼하게, 약식으로
	☐ enlightening	**adj**	계몽적인, 깨우치는
	☐ enthusiastically	**adv**	열광적으로, 매우 열심히
	☐ excellence	**n**	우수, 탁월성
	☐ excursion	**n**	소풍
	☐ festivity	**n**	축제, (-ties) 축하 행사
	☐ flock	**v**	떼 지어 가다, 모이다; **n** 무리, 떼
	☐ intriguingly	**adv**	흥미를 자아내어, 호기심을 자극하여
	☐ leg room	**phr**	(자동차 등에) 다리를 뻗을 수 있는 공간
	☐ mural	**n**	벽화
	☐ portrait	**n**	초상화
	☐ publication	**n**	출판, 출판물
	☐ sculpture	**n**	조각상
	☐ transferable	**adj**	양도 가능한, 이동 가능한
	☐ unsanitary	**adj**	비위생적인
Part 7	☐ be in the mood for -ing	**phr**	-하고 싶은 기분이다
	☐ botanical garden	**phr**	식물원
	☐ censorship	**n**	검열 (제도)
	☐ have yet to do	**phr**	아직 ~해야 한다, 아직 ~하고 있지 않다
	☐ intermission	**n**	(연극·영화의) 휴식시간, 막간
	☐ memoirs	**n**	회고록, 전기
	☐ must-see	**phr**	꼭 보아야 할 것
	☐ rally	**n**	랠리 (자동차·오토바이 등의 경주), 집회
	☐ ridiculous	**adj**	우스꽝스러운, 터무니없는
	☐ roam around	**phr**	이리저리 돌아다니다

➔ 토익완성단어의 Daily Quiz를 www.Hackers.co.kr에서 나운로드 받아 풀어보세요.

해커스
토익
기출VOCA <해커스 토익 기출 보카> 어플로 DAY 06 단어를 재미있게 외워보세요.

DAY 07

토익 보카 30일 완성

마케팅 전략

마케팅 (1)

주제를 알면 토익이 보인다!
마케팅 주제에서는 주로 판매 전략 수립, 시장 조사 수행, 수익성 검토 등이 출제되고 있어요. 마케팅 주제에서 자주 출제되는 단어를 함께 알아볼까요?

▲ 무료 MP3 바로 듣기

성공적인 마케팅 전략의 비밀은?

최근 survey의 결과 analysis를 보면, 80% 이상의 respondents는 우리 제품 [심라면]을 선호합니다.

80%

심라면 징라면 너구려 기타

뛰어난 마케팅으로 시장을 monopoly하고, competition 속에서도 판매량을 consistently 유지하였습니다.

우리 마케팅 팀의 전략은 어떻게든 demand를 늘리는 거야. 매 순간 do our utmost해야 해.

[심라면] 두 그릇 주세요~

구내식당

알지? 다른 라면 먹으면 큰일나.

[징라면] 먹고 싶은데...

100일째 똑같은 점심 메뉴

¹ survey★★★
[미 sə́:ɾvei]
[영 sə́:vei]
v. (설문) 조사하다
[미 səɾvéi 영 səvéi]

n 설문 조사

Customer **surveys** help to improve product quality.
고객 설문 조사는 제품의 품질을 향상시키는 데 도움이 된다.

² analysis★★★
[ənǽləsis]
[파] analyze v. 분석하다
analyst n. 분석가

n 분석

The latest market **analysis** shows an increase in used car purchases.
최근의 시장 분석은 중고차 구매의 증가를 보여 준다.

 토익 이렇게 나온다

[빈출어구] reliable analysis 신뢰할 만한 분석
market analysis 시장 분석

analysis의 토익 출제 표현을 기억해 두자.

[동의어] ┌ analysis 분석
└ analyst 분석가

추상 명사인 analysis와 사람 명사인 analyst를 구별하는 문제로 출제된다.

³ respondent★
[미 rispándənt]
[영 rispɔ́ndənt]
[파] respond v. 응답하다

n 응답자

Almost all survey **respondents** rated the product highly.
거의 모든 설문 응답자가 제품을 높이 평가했다.

⁴ monopoly★
[미 mənápəli]
[영 mənɔ́pəli]
[파] monopolize v. 독점하다

n (상품의) 독점, 전매

Panatronic has a virtual **monopoly** on the manufacture of digital recorders.
Panatronic사는 사실상 디지털 녹음기 제조 독점권을 가지고 있다.

 토익 이렇게 나온다

[빈출어구] have a monopoly on ~에 대한 독점권을 가지다
시험에 자주 출제되는 표현이니 꼭 기억해 두자.

5 competition***

[미] kàmpətíʃən]
[영] kɔ̀mpətíʃən]

파 compete v. 경쟁하다
(= contend)
competitive adj. 경쟁적인, 경쟁력 있는
competitor n. 경쟁자
(= rival)

n 경쟁

Competition in the game software market has increased. 게임 소프트웨어 시장에서의 경쟁이 증가했다.

토익 이렇게 나온다

빈출 compete for ~을 두고 경쟁하다
어구
동사 compete와 함께 쓰이는 전치사 for를 묶어서 외워 두자.

6 consistently***

[kənsístəntli]

파 consistent adj. 시종 일관된

adv 항상, 일관되게

The factory has **consistently** provided the highest grade products. 그 공장은 항상 최상급 제품을 공급해 왔다.

토익 이렇게 나온다

빈출 consistently + produce/provide 항상 생산하다 / 공급하다
어구
consistently는 생산, 공급과 관련된 동사와 어울려 출제된다.

7 demand***

[미] dimǽnd]
[영] dimáːnd]

파 demanding adj. 요구가 지나친
반 supply 공급

n 수요

The company could not meet the increased **demand** for mobile devices.
그 회사는 늘어난 휴대 기기 수요를 충족시킬 수 없었다.

v 요구하다

Mr. Hawkesby **demanded** that the clause be removed.
Mr. Hawkesby는 그 조항을 삭제하라고 요구했다.

토익 이렇게 나온다

빈출 demand for ~에 대한 수요, 요구
어구
명사 demand는 전치사 for와 같이 자주 출제되므로 함께 기억해 두자.

문법 demand that + 주어 (+ should) + 동사원형
동사 demand가 that절을 목적어로 취할 때 that절에서는 동사원형을 쓴다.

8 do one's utmost*

동 do one's best 최선을 다하다

phr 전력을 다하다

Sun Manufacturing **does its utmost** to ensure the quality of its products.
Sun Manufacturing사는 제품의 품질을 보장하기 위해 전력을 다한다.

⁹ expand ★★★

[ikspǽnd]

파 expansion n. 확장, 팽창
expansive adj. 광범위한

v 확장하다, 확대하다

Brahe Optics has **expanded** its marketing and sales division. Brahe Optics사는 마케팅 영업 부서를 확장했다.

 토익 이렇게 나온다

빈출
어구 **expand** + the market/the division 시장을/부서를 확장하다

expand는 보통 market, division 등의 명사와 어울려 출제된다.

¹⁰ advanced ★★★

[미 ədvǽnst]
[영 ədvá:nst]

파 advance v. (지식·기술 등이) 증진되다, 진전을 보이다
advancement n. 발전, 진보

adj 고급의; 진보한, 앞선

Modern cell phones are very **advanced** compared to those from a decade ago.
요즘 휴대 전화는 10년 전의 것에 비해 매우 고급이다.

The company is already in the **advanced** stages of the product design. 그 회사는 이미 제품 디자인에 있어 진보한 단계에 있다.

¹¹ postpone ★★★

[미 poustpóun]
[영 pəustpɔ́un]

v 연기하다, 뒤로 미루다

Organizers **postponed** the conference on management strategies because of bad weather.
주최 측은 악천후 때문에 경영 전략에 관한 회의를 연기했다.

¹² additional ★★★

[ədíʃənl]

파 addition n. 추가, 덧셈
additive n. 첨가물, 첨가제

adj 추가의, 부가적인

Several investors decided to purchase **additional** stocks. 몇몇 투자자들은 추가 주식을 매입하기로 결정했다.

 토익 이렇게 나온다

빈출
어구 **additional** + information/detail 추가 정보

additional은 information, detail 등과 함께 자주 어울려 사용된다. additional 대신 further를 사용하기도 한다.

¹³ appreciate ★★★

[əprí:ʃièit]

파 appreciation n. 감사, 감상
appreciative adj. 고마워하는, 감탄하는
동 value 가치 있게 생각하다

v 고맙게 생각하다; 높이 평가하다; 감상하다

Benson Co. **appreciates** your continued business.
Benson사는 귀하의 지속적인 거래를 고맙게 생각합니다.

The supervisor **appreciated** Gloria's excellent organizing skills. 그 관리자는 Gloria의 탁월한 정리 능력을 높이 평가했다.

The gallery was filled with people **appreciating** the masterpieces. 그 미술관은 명작을 감상하는 사람들로 가득이었다.

핵심빈출단어

01
02
03
04
05
06
DAY 07
08
09
10

Hackers TOEIC Vocabulary

14 demonstration ○
★★★
[dèmənstréiʃən]

파 demonstrate v. 입증하다, 보여주다

n 설명; 드러냄, 시연

The salesclerk offered to provide a **demonstration** on how to use the photocopier.
그 판매원은 복사기 사용법에 대한 설명을 제공하겠다고 나섰다.

The short software **demonstration** showed how much money the business could save.
짧은 소프트웨어 시연은 회사가 얼마나 많은 돈을 절약할 수 있는지 보여 주었다.

15 buy ★★★
[bai]

v 사다, 구입하다

The acquisitions department **buys** all of the office equipment. 구매부에서 모든 사무실 비품을 산다.

16 examine ★★★
[igzǽmin]

파 examination n. 조사, 시험
동 investigate 조사하다
check out 살펴보다

v 조사하다

Research and Development will **examine** food consumption trends in foreign markets.
연구 개발 부서가 해외 시장에서의 식품 소비 경향을 조사할 것이다.

 토익 이렇게 나온다

동의어 경향, 새로운 정보 등을 조사하다라는 의미일 때 examine은 investigate 로 바꾸어 쓸 수 있다.

17 effective ★★★
[iféktiv]

파 effectively adv. 효과적으로
동 efficient 효과적인
valid 유효한

adj 효과적인; (법률 등이) 발효되는, 시행되는

An **effective** advertising campaign is one that people remember for a long time.
효과적인 광고 캠페인은 사람들이 오랫동안 기억하는 것이다.

Increased tax deductions will be **effective** as of June 1.
늘어난 소득 공제가 6월 1일부로 발효될 것이다.

 토익 이렇게 나온다

빈출 어구 **run effectively** 효과적으로 작동하다
부사 effectively는 run 등 작동과 관련된 동사들과 자주 사용된다.

18 like ★★★
[laik]
prep. ~와 같이, ~처럼 (= such as)

파 likeness n. 유사성

v 좋아하다

Consumers **like** products that look high-end but are less expensive. 소비자들은 최고급으로 보이지만 덜 비싼 제품을 좋아한다.

¹⁹ especially***
[ispéʃəli]

adv 특히

Manufacturers of large vehicles are facing an **especially** difficult year for sales.
대형 차량 제조업체들은 판매에 있어 특히 힘든 한 해를 맞고 있다.

²⁰ closely**
[미 klóusli]
[영 kláusli]

파 close adj. 가까운, adv. 가까이
v. 끝내다, 완료하다

adv 면밀히, 엄밀히

Marketing departments monitor the latest trends **closely**.
마케팅 부서는 최신 경향을 면밀히 관찰한다.

 토익 이렇게 나온다

빈출 어구 **closely** + watch/examine 면밀히 관찰하다/조사하다
closely는 watch, examine 등 조사, 관찰과 관련된 동사와 어울려 주로 출제된다.

²¹ reserve**
[미 rizá:rv]
[영 rizá:v]

파 reservation n. 예약
reserved adj. 내성적인

v 예약하다, 지정하다; 보존하다

The secretary will **reserve** hotel rooms for anyone going to the convention.
비서가 대회에 참석하는 사람들을 위해 호텔 방을 예약할 것이다.

Some funds have been **reserved** to pay for the **banquet.** 일부 자금은 만찬 대금을 지불하기 위해 보존되었다.

²² cooperate**
[미 kouápərèit]
[영 kəuɔ́pəreit]

파 cooperation n. 협력, 협동
cooperative adj. 협력하는

v 협력하다, 협동하다

The two companies **cooperated** on developing the promotional campaign for the new spring collection.
두 회사는 새로운 봄 컬렉션 홍보 캠페인을 개발하는 것에 대해 협력했다.

 토익 이렇게 나온다

빈출 어구 **cooperate with** + 사람 ~와 협력하다
cooperate on + 일 ~에 대해 협력하다
cooperate와 어울려 쓰이는 전치사 with나 on을 고르는 문제로 출제된다.

²³ very**
[véri]

adv 매우, 대단히, 아주

The survey was **very** effective at identifying the target market.
그 설문 조사는 표적 시장을 찾는 데 매우 효과적이었다.

★★★=출제율 최상　★★=출제율 상　★=출제율 중
●=Part 5·6 정답 단어　○=Part 7 빈출 단어

토익 이렇게 나온다

very : far

형용사나 부사를 강조하여 '매우'를 뜻하는 단어들의 용례 차이를 구별해 두자.

- very 매우

  형용사, 부사를 강조할 때 가장 일반적으로 사용된다.

- far 훨씬, 무척

  비교급이나 too와 함께 쓰여 정해진 기준보다 지나침을 의미할 때 사용된다.

  This year's advertising campaign has been **far** more effective than last year's.

  올해의 광고 캠페인은 작년 것보다 훨씬 더 효과적이었다.

24 consecutive★★
[kənsékjutiv]

파 consecutively adv. 연속
적으로

동 successive 연속적인

adj 연속적인

The Barkley Company achieved high sales growth for the third **consecutive** year.

Barkley사는 3년 연속으로 고매출 성장을 달성했다.

 토익 이렇게 나온다

빈출 for the third consecutive year 3년 연속으로
어구 for three consecutive years 3년 연속으로

서수와 함께 쓸 때는 year를 단수로, 기수와 함께 쓸 때는 year를 복수로 쓴다.

25 expectation★★
[èkspektéiʃən]

파 expect v. 예상하다, 기대하
다

동 anticipation 예상, 기대

n 예상, 기대

The **expectation** is that costs will be cut.

비용이 감소될 것으로 예상된다.

 토익 이렇게 나온다

빈출 meet/surpass + expectations 기대를 충족하다/넘어서다
어구 above/beyond + one's expectations 기대 이상으로

expectation은 관용 표현으로 자주 출제되므로 묶어서 기억해 두자.

26 publicize★★
[미 pʌ́bləsàiz]
[영 pʌ́blisaiz]

v 공표하다; 광고하다, 선전하다

New regulations are **publicized** on the government Web site. 새로운 규정들은 정부 웹사이트에 공표된다.

The hospital **publicized** its newly built wing to attract more patients.

그 병원은 더 많은 환자들을 끌어들이기 위해 새로 지은 병동을 광고했다.

27 raise**

[reiz]

n. 임금 인상

[동] voice (감정·의견 등을) 말로 나타내다

 v 높이다, 올리다; (의문을) 제기하다

We used mass-mailing methods to **raise** awareness of our brand.

우리는 자사 브랜드에 대한 인식을 높이기 위해 대량 메일 발송법을 이용했다.

The president **raised** questions about the quality of the new product.

회장이 신상품의 품질에 대해 의문을 제기했다.

🗣 토익 이렇게 나온다

혼동어휘 1. raise : lift

'올리다'를 뜻하는 단어들의 용례 차이를 구별하는 문제로 출제된다.

 - **raise** 올리다, (의문을) 제기하다
   가격 등을 올리거나 의문을 제기할 때 주로 쓰인다.
 - **lift** 들어 올리다
   무거운 것을 들어 올린다는 의미이다.
   The worker **lifted** the boxes off the truck.
   그 인부는 트럭에서 상자들을 들어 올려서 내렸다.

2. - **raise** 올리다
   - **rise** 오르다

형태가 비슷한 두 단어를 혼동하지 말아야 한다. raise는 타동사로 반드시 목적어를 수반하지만 rise는 자동사이기 때문에 목적어가 오지 않는다.

동의어 '의견을 내다'라는 뜻으로 사용될 때 **raise**는 **voice**로 바꾸어 쓸 수 있다.

28 extremely**

[ikstríːmli]

[파] extreme adj. 극도의, 과격한
n. 극단

adv 극도로, 대단히

Internet service providers struggle to survive in today's **extremely** competitive market.

인터넷 서비스 사업자들은 오늘날의 극도로 경쟁적인 시장에서 살아남기 위해 분투한다.

 토익 이렇게 나온다

혼동어휘 extremely : exclusively

'극도로', '독점적으로'를 의미하는 단어들의 용례 차이를 구별해 두자.

 - **extremely** 극도로
   매우 심한 정도를 강조할 때 쓰인다.
 - **exclusively** 독점적으로
   사용 권한 등이 특정 범위로 한정될 때 쓰인다.
   The upper deck is used **exclusively** by Pacific Class passengers.
   위층 갑판은 Pacific Class 승객들만 독점적으로 사용한다.

²⁹ affect^{★★}
[əfékt]

동 influence 영향을 미치다

v ~에 영향을 미치다, 불리하게 작용하다

The frozen-food industry can **affect** the canned goods market. 냉동식품 산업이 통조림 시장에 영향을 미칠 수 있다.

 토익 이렇게 나온다

┌ **affect** v. ~에 영향을 미치다
└ **effect** n. 효과, 효력

형태가 유사한 affect와 effect의 품사와 뜻을 구별해 두자.
The new tax came into **effect** Monday despite protests.
반대에도 불구하고 새로운 세금이 월요일에 발효되었다.

³⁰ target^{★★}
[미 tá:rgit]
[영 tá:git]

n 목표

Sales for this quarter are right on **target**.
이번 분기 매출은 정확히 목표에 이르렀다.

v 목표로 삼다

The advertisement **targets** the age range of 25-40 years. 그 광고는 25세부터 40세까지의 연령대를 목표로 삼는다.

³¹ campaign^{★★}
[kæmpéin]

n 운동, 캠페인

The mayor's election **campaign** focused on his strong record in office.
그 시장의 선거 운동은 재직 중 그의 눈부신 업적에 초점을 맞추었다.

³² probable[★]
[미 prábəbl]
[영 prɔ́bəbl]

파 probably adv. 아마도

adj 개연성이 높은, 유망한

One of the **probable** causes for low sales was the lack of promotion.
낮은 매출의 개연성 높은 원인 중 하나는 홍보의 부족이었다.

 토익 이렇게 나온다

probable : convincing
'확실한'을 의미하는 단어들의 용례 차이를 구별해 두자.

┌ **probable** 개연성이 높은, 유망한
│ 사실일 것 같거나 실제로 일어날 것 같은 경우에 사용한다.
└ **convincing** 설득력 있는
　 다른 사람이 사실이라고 믿게 할 수 있는 경우에 사용한다.
　 Many consumers found the new advertisement **convincing**. 많은 소비자들은 새로운 광고가 설득력 있다고 생각했다.

33 focus *

[미] fóukəs]
[영] fə́ukəs]

n. 초점

v 집중시키다, 집중하다

Management decided to **focus** resources on expanding its business. 경영진은 사업을 확장하는 데 자원을 집중하기로 결정했다.

 토익 이렇게 나온다

빈출 어 focus A on B A를 B에 집중시키다
be focused on ~에 중점을 두다

focus와 전치사 on이 모두 문제로 출제되며 수동형으로도 종종 시험에 출제된다.

34 seasonal *

[síːzənl]

파 seasoned adj. 숙련된
seasonally adv. 계절따라, 정기적으로

adj 계절의, 계절적인

The sugarcane industry is vulnerable to **seasonal** variations. 사탕수수 산업은 계절에 따른 차이에 민감하다.

 토익 이렇게 나온다

혼동 어휘 seasonal + variations/demands/changes
계절에 따른 차이 / 수요 / 변화

seasoned traveler 숙련된 여행가

형태가 유사한 seasonal(adj. 계절의)과 seasoned(adj. 숙련된)의 뜻을 구별해서 알아 두자.

35 impact *

[ímpækt]

동 influence 영향

n 영향, 충격

Price fluctuations had a major **impact** on the market.
물가 변동은 시장에 큰 영향을 주었다.

 토익 이렇게 나온다

빈출 어 have an impact on ~에 영향을 주다, 효과를 미치다

impact는 관용 표현으로 자주 출제되므로 묶어서 기억해 두자.

36 comparison *

[미] kəmpǽrəsn]
[영] kəmpǽrisn]

파 compare v. 비교하다
comparable adj. 필적하는, 비길 만한

n 비교

Online advertising is cheaper in **comparison** with television. 온라인 광고는 텔레비전 광고와 비교해 볼 때 더 저렴하다.

 토익 이렇게 나온다

빈출 어 in comparison with ~와 비교해 볼 때

comparison은 in comparison with 형태로 출제되므로 꼭 암기해 둬야 한다.

★★★ = 출제율 최상   ★★ = 출제율 상   ★ = 출제율 중
● = Part 5·6 정답 단어   ○ = Part 7 빈출 단어

37 gap *
[gæp]

n 격차

Severe deficits can occur when there is a huge **gap** between exports and imports.
수출과 수입 간에 큰 격차가 있을 때 극심한 적자가 발생할 수 있다.

 토익 이렇게 나온다

`빈출어구` **gap between A and B** A와 B 간의 격차
generation gap 세대 차이
gap과 어울리는 전치사 between을 기억해 두자.

`혼동어휘` **gap : hole**
'틈'을 의미하는 단어들의 용례 차이를 구별해 두자.

- **gap** 격차
  두 개 이상의 것이 수준 면에서 차이가 날 때 쓰인다.
- **hole** 구멍
  사물에 공간적으로 구멍이 났을 때 쓰인다.
  There was a large **hole** in the floor under the sofa.
  소파 아래 바닥에 큰 구멍이 있었다.

38 mounting *
[máuntiŋ]

`파` mount v. 증가하다, 늘다

adj 증가하는, 오르는

There is **mounting** pressure from management to increase productivity.
경영진으로부터 생산성을 증대하라는 압박이 증가하고 있다.

 토익 이렇게 나온다

`빈출어구` **mounting pressure** 증가하는 압력
mounting tension 늘어가는 긴장
mounting은 pressure, tension 등의 명사와 주로 어울려 출제된다.

39 reflective *
[rifléktiv]

`파` reflect v. 반영하다
reflection n. 반영

adj 반영하는

Shrinking profits are **reflective** of the current state of the company.
줄어드는 수익이 회사의 현재 상태를 반영한다.

 토익 이렇게 나온다

`빈출어구` **be reflective of** ~을 반영하다
reflective와 같이 쓰이는 전치사 of를 묶어서 외워 두자.

DAY 07 Daily Checkup

토익에 출제되는 단어의 뜻을 오른쪽 보기에서 찾아 연결하세요.

01 advanced

02 effective

03 competition

04 comparison

05 expectation

ⓐ 경쟁

ⓑ 예상

ⓒ 증가하는, 오르는

ⓓ 비교

ⓔ 고급의; 진보한

ⓕ 효과적인

토익에 출제되는 문장의 문맥에 맞는 단어를 고르세요.

06 There will be a ___ to show how the modular furniture works.

07 Mr. Ashford has served for three ___ years for the company.

08 The company ___ on maintaining the quality of its products.

09 The store opened several new branches in response to growing ___.

ⓐ focuses   ⓑ demand   ⓒ consecutive   ⓓ reflective   ⓔ demonstration

10 The marketing team is ___ for their creative ideas.

11 The board ___ the meeting as the president was out of town.

> 토익 이렇게 나온다
> 명사 meeting은 postpone, arrange
> 와 같은 동사와 함께 자주 쓰여요.

12 It is predicted that the merger will ___ the company's market share.

13 ___ funds will be available if more money is needed to make the product.

ⓐ postponed   ⓑ examine   ⓒ additional   ⓓ expand   ⓔ appreciated

Answer 1.ⓔ 2.ⓕ 3.ⓐ 4.ⓓ 5.ⓑ 6.ⓔ 7.ⓒ 8.ⓐ 9.ⓑ 10.ⓔ 11.ⓐ 12.ⓓ 13.ⓒ

→ Daily Checkup 해석과 추가 Daily Quiz, 보기 대느도기 www.Hackers.co.kr에서 제공됩니다.

토익 기초 단어

LC	☐ after all	**phr**	결국
	☐ answer the phone	**phr**	전화를 받다
	☐ as it is	**phr**	있는 그대로
	☐ be based on	**phr**	~에 근거하다
	☐ be familiar with	**phr**	~을 잘 알고 있다, ~에 익숙하다
	☐ concrete	**adj**	구체적인
	☐ conflict with	**phr**	~과 상충되다, 충돌하다
	☐ on display	**phr**	전시된, 진열된
	☐ shadow	**n**	그림자, 그늘
RC	☐ around the world	**phr**	전 세계에
	☐ array	**n**	진열, 배열
	☐ attempt	**v** 시도하다; **n** 시도	
	☐ audiovisual	**adj**	시청각의
	☐ avoid	**v**	방지하다
	☐ based	**adj**	~에 기반을 둔
	☐ cinema	**n**	영화관, 극장
	☐ competitive	**adj**	경쟁을 하는, 경쟁력 있는
	☐ conclude	**v**	결론을 내리다
	☐ energy drink	**phr**	에너지 음료
	☐ find out	**phr**	찾아내다
	☐ informal	**adj**	격식에 얽매이지 않는, 편안한
	☐ marketplace	**n**	시장
	☐ pattern	**n**	무늬; 경향; 모범
	☐ public relations (PR) department	**phr**	홍보부
	☐ sales	**adj**	판매의
	☐ strict	**adj**	엄격한
	☐ tool	**n**	도구
	☐ typical	**adj**	전형적인, 대표적인

800점 완성 단어

LC	☐ a piece of equipment	**phr**	장비 하나
	☐ all the way	**phr**	내내, 멀리서
	☐ appealing	**adj**	호소하는, 매력적인
	☐ at once	**phr**	즉시, 동시에
	☐ definite	**adj**	분명한, 명확한
	☐ distinguish	**v**	구별하다
	☐ extraordinary	**adj**	이례적인, 훌륭한
	☐ good for	**phr**	~에 유용한, 좋은
	☐ in bloom	**phr**	(꽃이) 핀
	☐ in reference to	**phr**	~에 관하여, ~과 관련하여
	☐ market stall	**phr**	시장 가판대
	☐ mechanism	**n**	기계 장치, 메커니즘
	☐ metropolitan area	**phr**	대도시 지역
	☐ national holiday	**phr**	국경일
	☐ on schedule	**phr**	예정대로, 시간표대로
	☐ over the Internet	**phr**	인터넷을 통해
	☐ preview	**n**	예고편, 시사회
	☐ public display	**phr**	공개 전시
	☐ run a campaign	**phr**	캠페인을 벌이다
	☐ serve a customer	**phr**	손님을 상대하다
	☐ spouse	**n**	배우자
	☐ upside down	**phr**	거꾸로, 뒤집혀
	☐ vending machine	**phr**	자동판매기
	☐ visible	**adj**	보이는, 알아볼 수 있는
Part 5, 6	☐ as opposed to	**phr**	~과는 대조적으로
	☐ boldly	**adv**	대담하게
	☐ call on	**phr**	~를 방문하다, 부르다
	☐ excluding	**prep**	~을 제외하고
	☐ expectancy	**n**	기대, 예상
	☐ forgetfully	**adv**	깜빡 잊어서, 소홀하게도
	☐ noteworthy	**adj**	주목할 만한
	☐ perception	**n**	인식, 지각
	☐ potentially	**adv**	가능성 있게, 잠재적으로

☐ randomly	adv	임의로, 무작위로
☐ suitable	adj	적합한, 알맞은

Part 7

☐ a complete line of	phr	~의 전 제품
☐ accept the offer	phr	제안을 수락하다
☐ astonishingly	adv	놀랍게도
☐ be noted for	phr	~으로 유명하다
☐ claim	n	(사실·소유권의) 주장, 요구, 청구
☐ classified ad	phr	짧은 신문 광고
☐ compilation	n	편집, 편집물
☐ comprehensible	adj	이해할 수 있는, 알기 쉬운
☐ criticize	v	비평하다, 비난하다
☐ dumping	n	덤핑(투매)
☐ first priority	phr	최우선 사항
☐ fixed price	phr	정가
☐ have control over	phr	~을 제어하다
☐ have little chance of -ing	phr	-할 확률이 적다
☐ in favor of	phr	~에 찬성하여, ~에 이익이 되도록
☐ keep A informed of B	phr	A에게 B에 대해 알려주다
☐ make an assessment	phr	평가를 내리다
☐ mediate	v	중재하다
☐ minimize the risk of	phr	~의 위험을 최소화하다
☐ modestly	adv	겸손하게
☐ persistent	adj	끊임없는, 계속되는
☐ publicity	n	선전, (대중매체의) 관심
☐ release date	phr	발표 일시
☐ stay competitive	phr	경쟁력을 유지하다
☐ striking difference	phr	두드러지는 차이점
☐ take a long time	phr	오래 걸리다
☐ take action	phr	조치를 취하다
☐ trademark	n	상표
☐ turn to	phr	~쪽으로 향하다, ~에 의지하다
☐ unacceptable	adj	받아들일 수 없는
☐ verify	v	증명하다
☐ with the exception of	phr	~을 제외하고
☐ without notice	phr	예고 없이

900점 완성 단어

LC	☐ all-out	**phr**	총력을 다한
	☐ all walks of life	**phr**	모든 계층
	☐ at a stretch	**phr**	계속해서
	☐ back up	**phr**	지지하다, 입증하다, (교통이) 정체되다
	☐ focus group	**phr**	표적 집단
	☐ misleading	**adj**	오도하는, 그릇된 인상을 주는
Part 5, 6	☐ capture	**v**	(감정·분위기 등을) 담아내다, 포착하다
	☐ consolidate	**v**	(권력·지휘 등을) 강화하다
	☐ contend	**v**	(문제에) 대처하다, (곤란과) 싸우다
	☐ gauge	**v**	측정하다
	☐ momentum	**n**	추진력, 탄성
	☐ recognizable	**adj**	알아볼 수 있는
	☐ segment	**n**	부분, 조각
	☐ telling	**adj**	효과적인, 감정을 드러내는
Part 7	☐ confiscation	**n**	몰수, 압수
	☐ constitute	**v**	~을 구성하다
	☐ drive up	**phr**	(값을) 올리다
	☐ feasibility study	**phr**	예비 조사, 타당성 조사
	☐ intervention	**n**	간섭
	☐ irretrievable	**adj**	회복할 수 없는, 돌이킬 수 없는
	☐ jeopardize	**v**	위태롭게 하다, 위험에 빠뜨리다
	☐ legible	**adj**	읽기 쉬운
	☐ lose ground	**phr**	약세를 보이다, 세력을 잃다
	☐ public profile	**phr**	인지도, 대중의 관심
	☐ reputable	**adj**	평판이 좋은
	☐ set forth	**phr**	(여행에) 나서다, 설명하다
	☐ set out	**phr**	(여행에) 나서다, 시작하다
	☐ setback	**n**	방해, 퇴보
	☐ take a stand against	**phr**	~에 반대하다, 맞서다
	☐ underlying	**adj**	근본적인
	☐ vanish	**v**	사라지다, 없어지다
	☐ wind up	**phr**	~으로 끝내다, 끝맺다

01 02 03 04 05 06 **DAY 07** 08 09 10

Hackers TOEIC Vocabulary

➔ 토익완성단어의 Daily Quiz를 www.Hackers.co.kr에서 다운로드 받아 풀어보세요.

<해커스 토익 기출 보카> 어플로 DAY 07 단어를 재미있게 외워보세요.

DAY 08

토익 보카 30일 완성

글로벌 마케팅

마케팅 (2)

주제를 알면 토익이 보인다!

마케팅 주제에서는 시장 조사 결과를 바탕으로 마케팅 전략을 수립하는 내용 등이 출제되고 있어요. 마케팅 주제에서 자주 출제되는 단어를 함께 알아볼까요?

▲ 무료 MP3 바로 듣기

글로벌 마케팅 전략의 실현 가능성

¹ advertisement ◯
***
[미 ædvərtáizmənt]
[영 ədvə́:tismənt]

n 광고

Sales have been propelled by the new **advertisement**.
판매가 새 광고에 의해 촉진되었다.

² marginal* ●
[미 má:rdʒinl]
[영 má:dʒinəl]

파 margin n. 여백, 여유, 판매 수익

adj 약간의; 주변의

Customers showed only **marginal** interest in the new tablet computer.
소비자들은 신상 태블릿 컴퓨터에 약간의 관심만을 보였을 뿐이다.

The maintenance department decorated the **marginal** area of the company premises.
관리 부서는 회사 부지의 주변 지역을 장식했다.

 토익 이렇게 나온다

동의어 marginal : approximate
'주변'과 관련된 단어들의 용례 차이를 구별하는 문제로 출제된다.

┌ marginal 주변의, 접경에 가까운
│ 중심부에 약간 벗어나 있다는 의미이다.
└ approximate 대략의, 근사한
   정확한 수치 또는 시각, 위치에 매우 가깝지만 정확하지는 않음을 나타낸다.
   The accountant figured an **approximate** amount of tax the company needs to pay.
   회계사는 그 회사가 지불해야 할 대략적인 세금 총액을 계산했다.

³ customer*** ◯
[미 kʌ́stəmər]
[영 kʌ́stəmə]

동 patron 단골손님, 고객

n 고객

Telephone representatives should make the needs of **customers** their priority.
전화 상담원들은 고객의 요구를 그들의 우선 사항으로 삼아야 한다.

⁴ influence* ●
[ínfluəns]

파 influential adj. 영향력 있는
동 affect ~에 영향을 미치다

v ~에 영향을 주다

Demand for housing directly **influences** the cost of homes.
주택에 대한 수요는 주택 가격에 직접적으로 영향을 준다.

n 영향

Product reviews have a profound **influence** on sales.
상품평은 매출에 큰 영향을 끼친다.

토익 이렇게 나온다

빈출 표현 **have an influence on** ~에 영향을 끼치다
influence는 전치사 on과 어울린 표현으로 시험에 자주 출제된다.

5 instantly*

[ínstəntli]

파 instance n. 사례, 경우
instant adj. 즉각적인

adv 즉각적으로, 즉시

The brand logo should be **instantly** recognizable.
브랜드 로고는 즉각적으로 알아볼 수 있어야 한다.

 토익 이렇게 나온다

혼동 어휘 **instantly : urgently : hastily**
'즉각적으로'를 의미하는 단어들의 용례 차이를 구별하는 문제로 출제된다.

- **instantly** 즉시
  어떤 일이 즉각적으로 발생하는 경우에 쓰인다.
- **urgently** 긴급히
  어떤 상황에 빨리 대처해야 하는 경우에 쓰인다.
  Action is **urgently** needed to avoid a financial crisis.
  재정 위기를 막기 위한 조치가 긴급히 요구된다.
- **hastily** 성급히, 급히
  신중히 생각하지 않고 성급히 행동하는 경우에 쓰인다.
  The boss acted too **hastily** in accepting Mr. Binny's resignation.
  상사는 너무 성급하게 Mr. Binny의 사임을 수락했다.

6 creative*

[kriéitiv]

파 create v. 창조하다
creativity n. 창조성, 창조력
creatively adv. 독창적으로,
창조적으로

adj 창조적인, 독창적인

Mr. Beaumont came up with a **creative** idea.
Mr. Beaumont는 창조적인 아이디어를 생각해냈다.

7 aggressively**

[əgrésivli]

파 aggressive adj. 적극적인
반 passively 수동적으로

adv 적극적으로

The best sales representatives **aggressively** seek out potential clients.
최고의 영업 사원들은 적극적으로 잠재 고객을 찾아 나선다.

8 aim **
[eim]

[동] intention 의도, 목적

v ~을 겨누다

Sport Apparel developed athletic gear **aimed** at teenagers.

Sport Apparel사는 10대를 겨냥한 운동 기구를 개발했다.

n 목표, 목적

The division head will outline the **aims** of the marketing strategy.

부서장이 마케팅 전략의 목표를 약술할 것이다.

 토익 이렇게 나온다

[빈출어] **aim to do** ~할 작정이다
제품 + **aimed at** ~을 겨냥한 제품

동사 aim은 to 부정사와 함께 사용되며 aimed at의 형태로 명사를 수식하기도 한다.

[동의어] 사람의 행동이나 말을 통해 달성하고자 하는 바를 의미할 때 **aim**은 intention으로 바꾸어 쓸 수 있다.

9 strategy **
[strǽtədʒi]

[파] strategic adj. 전략적인
strategically adv. 전략적으로

n 전략

Management's **strategy** for expansion has been successful.

경영진의 확장 전략은 성공적이었다.

10 indicate ***
[índikèit]

[파] indicative adj. 나타내는
indication n. 암시, 조짐
indicator n. 지표
[동] show 보여 주다, 나타내다

v 보여주다, 나타내다

Studies **indicate** that consumers prefer attractively packaged products.

그 연구는 소비자들이 보기 좋게 포장된 상품을 선호한다는 것을 보여준다.

 토익 이렇게 나온다

[동의어] 사실이나 정보가 양식 등에 나타나있거나 조사 결과 등이 어떤 경향을 보여준다라는 의미일 때 indicate는 show로 바꾸어 쓸 수 있다.

11 attract ***
[ətrǽkt]

[파] attractive adj. 매력적인
attraction n. 매력

v 끌다, 유인하다

The automaker is making an effort to **attract** younger buyers.

그 자동차 회사는 더 젊은 구매자들을 끌기 위해 노력하고 있다.

*** =출제율 최상 ** =출제율 상 * =출제율 중
● = Part 5·6 정답 단어 ○ = Part 7 빈출 단어

12 experience***
[ikspíəriəns]

n 경험, 체험

All of the invited guests had a pleasant **experience** at the store opening.
초대된 손님들 모두가 그 가게의 개장식에서 즐거운 경험을 했다.

v 체험하다, 경험하다

Customers can **experience** the new service free for a limited time.
고객들은 새로운 서비스를 제한된 시간 동안 무료로 체험할 수 있다.

13 analyze***
[ǽnəlàiz]

[파] analysis n. 분석 연구, 분석
analyst n. 분석가

v 분석하다, 분석적으로 검토하다

Researchers were asked to **analyze** the survey data.
연구원들은 설문 조사 자료를 분석하라고 요청받았다.

14 introduce***
[ìntrədjúːs]

[파] introduction n. 소개, 도입
introductory adj. 소개의

v (신제품을) 발표하다, 소개하다

ElectroLife **introduced** a new line of vacuum cleaners.
ElectroLife사는 새로운 진공청소기 제품을 발표했다.

15 advise***
[ədváiz]

[파] advice n. 조언, 충고
advisor n. 조언자
advisory adj. 조언하는

v 조언해 주다, 충고하다

Coburn Law Firm **advises** clients on intellectual property matters.
Coburn 법률 회사는 고객들에게 지적 재산권 문제에 대해 조언해 준다.

 토익 이렇게 나온다

[빈출어구] **advise A to do** A에게 ~하라고 조언하다
advise A on B A에게 B에 관해 조언하다
advise의 목적어 뒤에 to 부정사를 채워 넣는 문제가 출제된다.

16 subscribe***
[səbskráib]

[파] subscription n. 구독, 구독료
subscriber n. 구독자

v 구독하다

Subscribing to the monthly fashion magazine costs only $40 a year.
그 월간 패션 잡지를 구독하는 것은 일 년에 단 40달러밖에 들지 않는다.

¹⁷ absence***
[ǽbsəns]

n 부재; 결근, 결석

The **absence** of competition will help product sales.
경쟁의 부재는 제품 판매에 도움이 될 것이다.

Staff members must strictly observe the new policy
on **absences**. 직원들은 결근에 대한 새로운 방침을 엄격하게 준수해야 한다.

🗣 토익 이렇게 나온다

[빈출어구] **during/in + one's absence** ~의 부재 중에

　　absence와 함께 자주 사용되는 전치사 during과 in을 묶어서 외워 두자.

¹⁸ means***
[mi:nz]

n 방법, 수단

Direct surveys are one **means** of gathering consumer
feedback. 직접 조사는 소비자 의견을 모으는 한 가지 방법이다.

🗣 토익 이렇게 나온다

[빈출어구] **by means of** ~에 의하여, ~으로

　　means는 by means of 형태로 자주 출제되므로 꼭 기억해 두자.

[혼동어휘] **means : instrument**

　　'수단'을 의미하는 단어들의 용례 차이를 구별하는 문제로 출제된다.

┌ **means of** ~에 대한 수단/방법
│　means는 '수단'이라는 뜻이며 전치사 of와 함께 사용한다.
└ **instrument for** ~을 위한 도구
　　instrument는 '도구'라는 의미이며 전치사 for와 함께 사용한다.

　　The internet is an invaluable **instrument for** conducting
　　research. 인터넷은 연구를 수행하는 데 중요한 도구이다.

¹⁹ prefer***
[미 prifə́:r]
[영 prifə́:]

[파] preference n. 선호, 애호

v (다른 것보다) ~을 더 좋아하다, 선호하다

Customers **prefer** Luster Shampoo to any other
competing brand.
고객들은 다른 어떤 경쟁 상표보다 Luster 샴푸를 더 좋아한다.

²⁰ advantage***
[미 ædvǽntidʒ]
[영 ədvá:ntidʒ]

[파] advantageous adj. 유리한
[반] disadvantage 불이익

n 이점, 강점

One **advantage** of consumer testing is the
development of marketing insight.
소비자 테스트의 한 가지 이점은 마케팅 식견을 기를 수 있다는 점이다.

토익 이렇게 나온다

[빈출어구] **take advantage of** ~을 이용하다

advantage는 take advantage of 형태로 자주 출제되므로 꼭 기억해 두자.

[동의어] **advantage : benefit**

'이점', '혜택'을 뜻하는 단어들의 용례 차이를 구별하는 문제로 출제된다.

┌ **advantage** 이점, 강점
│ 다른 사람들보다 더 유리한 상황으로 만들어 주는 특정 사항을 의미한다.
└ **benefit** 혜택
  어떤 사물이나 상황이 주는 혜택을 의미한다.
  VIP Club members receive a range of benefits.
  VIP 클럽 회원들은 다양한 혜택을 받는다.

---

21 forward ***

[미 fɔ́ːrwərd]
[영 fɔ́ːwəd]

adv 앞으로

Our company's research program has moved **forward** substantially.

우리 회사의 연구 프로그램이 상당히 진척되었다.

v (물건·정보를) 보내다

Please **forward** your e-mail to the accounting manager.

귀하의 이메일을 회계부장에게 보내십시오.

 토익 이렇게 나온다

[빈출어구] 1. **a huge step forward** 한 단계의 큰 진전

forward의 토익 출제 표현에서 step은 '(목적을 향한) 일보, 진척'을 뜻한다.

2. **look forward to -ing** ~을 고대하다

look forward to 다음에 동명사를 채워 넣는 문제로 출제된다.

---

22 contemporary ***

[미 kəntémpərèri]
[영 kəntémpərəri]

adj 동시대의; 현대의, 당대의

Advertising messages change over time to reflect **contemporary** attitudes.

광고 메시지는 동시대의 사고방식을 반영하기 위해 시간이 지남에 따라 변화한다.

The fashion brand's **contemporary** look appeals to young consumers.

그 패션 브랜드의 현대적인 스타일은 젊은 소비자들의 관심을 끈다.

23 discussion ***
[diskʌ́ʃən]

파 discuss v. 상의하다, 토론하다

n 토론, 토의

A **discussion** was held to decide how to promote the product. 그 제품을 어떻게 홍보할지 결정하기 위해 토론이 열렸다.

24 initial **
[iníʃəl]

파 initiate v. 개시하다, 처음 접하게 되다
initially adv. 처음에

adj 처음의, 최초의

Initial findings show that customers are satisfied with the service.
처음의 조사 결과는 고객들이 그 서비스에 만족한다는 것을 보여준다.

25 steadily **
[stédili]

파 steady adj. 꾸준한, 변함없는

adv 착실하게; 꾸준히

Ron **steadily** answered investors' questions about his business idea.
Ron은 그의 사업 계획에 대한 투자자들의 질문에 착실하게 대답했다.

Product sales **steadily** increased as time passed.
제품의 판매는 시간이 흐름에 따라 꾸준히 증가했다.

26 necessarily **
[미 nèsəsérəli]
[영 nésəserili]

파 necessary adj. 필요한
necessitate v. ~을 필요로 하다
necessity n. 필요성, 필수품

adv 반드시

Increased production does not **necessarily** lead to greater revenues.
생산 증가가 반드시 수입 증가로 이어지는 것은 아니다.

 토익 이렇게 나온다

빈출어구 not necessarily + 동사 반드시 ~하는 것은 아니다

necessarily는 not과 함께 쓰여 부분 부정 구문으로 자주 출제된다.

27 resolve **
[rizɑ́lv]

파 resolution n. 해결, 결의안

v (문제 등을) 해결하다

The new facial cream promises to **resolve** 90 percent of common skin problems.
새로운 얼굴 마사지 크림은 흔한 피부 문제들의 90퍼센트를 해결하는 것을 보증한다.

28 detect **
[ditékt]

v 간파하다, 탐지하다

Only a few people **detected** any actual differences between the two models.
오직 몇몇 사람들만이 두 모델 간의 실질적인 차이점을 간파했다.

29 intensify★★

[미 inténsəfài]
[영 inténsifai]

파 intense adj. 극심한, 강렬한
intensive adj. 집중적인

v 강화하다, 증대하다, 강렬하게 만들다

The movie studio **intensified** its promotional activities to draw in a wider audience.
그 영화 제작사는 더 폭넓은 관중을 끌기 위해 홍보 활동을 강화했다.

30 favorably★★

[féivərəbli]

파 favor n. 친절, 호의
favorable adj. 호의적인
favored adj. 호감을 사고 있는

adv 호의적으로; 순조롭게

The product demonstration was **favorably** received by consumers. 제품 시연이 소비자들에게 호의적으로 받아들여졌다.

Earnings continue to develop **favorably**.
소득이 계속 순조롭게 증가하고 있다.

31 cover★★

[미 kʌ́vər]
[영 kʌ́və]

파 coverage n. 범위; 보도
동 report on 보도하다
pay 지불하다

v 포함하다; 지불하다; 덮다

The rental deposit **covers** the cost of repairing damage to the equipment.
대여 보증금은 장비 손상을 수리하는 것에 대한 비용을 포함한다.

The firm's budget is large enough to **cover** marketing expenses for a year.
그 회사의 예산은 일 년 동안의 마케팅 비용을 지불할 만큼 충분히 많다.

The car was **covered** by a sheet before being unveiled at the launch. 그 자동차는 출시 행사에서 공개되기 전에 천으로 덮여 있었다.

 토익 이렇게 나온다

동의어 **cover**는 어떤 사건을 '보도하다', '다루다'라는 뜻일 때 report on으로, '비용을 지불하다'라는 뜻일 때는 pay로 바꾸어 쓸 수 있다.

32 less★★

[les]

adj 보다 적은, 덜한

Less competition among insurance companies led to higher premiums. 보험사 간의 보다 적은 경쟁이 보험료 증가로 이어졌다.

 토익 이렇게 나온다

혼동
어휘
┌ less 보다 적은
└ lesser 보다 중요치 않은

less는 정도나 수량이 더 적을 때, lesser는 중요도나 가치가 덜할 때 사용되므로 혼동하지 않도록 유의해 두자.

Comments in blue indicate topics of **lesser** importance.
푸른색으로 된 해설은 중요도가 떨어지는 주제를 의미한다.

³³ majority^{★★}

[미] məd3ɔ́:rəti]
[영] məd3ɔ́rəti]

파 major adj. 대다수의, 주요한
n. 전공과목; (육군) 소령

n 대부분, 대다수

The **majority** of registered clients pay their dues regularly. 등록된 고객의 대부분이 정기적으로 요금을 지불한다.

 토익 이렇게 나온다

majority : most
'대다수'를 의미하는 단어들의 용례 차이를 구별하는 문제로 출제된다.

- a/the majority of ~ ~의 대다수는
majority 앞에는 부정 관사 a 또는 정관사 the를 쓴다.
- most of the ~ ~의 대다수는
most 앞에는 관사를 쓰지 않는다.

Most of the advertising budget is spent on television commercials. 대부분의 광고 예산이 텔레비전 광고에 쓰인다.

³⁴ adopt^{★★}

[미] ədápt]
[영] ədɔ́pt]

파 adoption n. 채택

v 채택하다

Plenty of research must be done before **adopting** a particular marketing strategy.
특정 마케팅 전략을 채택하기 전에 많은 조사가 이루어져야 한다.

³⁵ largely^{★★}

[미] lá:rd3li]
[영] lá:d3li]

adv 주로, 대부분

Public reaction to the charity foundation was **largely** positive. 자선 재단에 대한 대중의 반응은 주로 긍정적이었다.

³⁶ disregard^{★★}

[미] dìsrigá:rd]
[영] dìsrigá:d]
n. 무시, 묵살

v 소홀히 하다, 무시하다

The company should not **disregard** customers' opinions if it wants to improve the service quality.
회사는 서비스 질을 향상시키고 싶다면 고객들의 의견을 소홀히 하지 말아야 한다.

³⁷ effort[★]

[미] éfərt]
[영] éfət]

동 endeavor 노력, 시도

n 노력

TV commercials were run in an **effort** to broaden consumer awareness of new brands.
새 브랜드에 대한 소비자 인지도를 넓히려는 노력으로 텔레비전 광고가 방송되었다.

 토익 이렇게 나온다

in an effort to do ~해보려는 노력으로
make an effort 노력하다

in an effort to do에서 관사 an을 빠뜨리지 않도록 주의하자.

³⁸ incentive*
[inséntiv]

n 혜택, 장려금

Financial **incentives** such as coupons may encourage purchases. 쿠폰 같은 금전적 혜택이 구매를 촉진시킬 수 있다.

 토익 이렇게 나온다

> financial incentives 금전적 혜택
> extra incentives 추가 장려금
>
> incentive와 관련되어 자주 출제되는 관용 표현을 기억해 두자.

> incentive : budget : earning
> '돈'과 관련된 단어들의 뜻 차이를 구별해 두자.
>
> ┌ incentive 장려금
> │ 어떤 일을 장려하는 의미에서 지급하는 돈이다.
> ├ budget 예산
> │ 어떤 일을 위해 필요한 비용을 어림잡은 것이다.
> │ The project was completed on time and within **budget**.
> │ 프로젝트는 제 시간에 예산 한도 내에서 완료되었다.
> └ earning 소득, 수입
> │ 어떤 일을 하여 벌어들인 수입을 의미한다.
> │ Business **earnings** are up 53 percent since last year.
> │ 사업 소득이 지난해 이래 53퍼센트 증가했다.

³⁹ need*
[ni:d]

[파] needy adj. 매우 가난한

n 필요; 요구, 욕구

The company is in **need** of an untapped market.
그 회사는 미개척 시장을 필요로 하고 있다.

The vehicle was designed to meet the **needs** of daily commuters. 그 차는 매일 통근하는 사람들의 요구에 부합하도록 고안되었다.

v ~할 필요가 있다

We **need** to scrutinize each transaction for potential errors. 우리는 잠재적인 오류가 있는지 각 거래를 철저히 조사할 필요가 있다.

 토익 이렇게 나온다

> meet one's needs ~의 요구에 부합하다
> need는 동사 meet과 함께 어울려 출제되는데, 이때 복수형인 needs를 쓴다.

⁴⁰ mastermind*
[미 mǽstərmàind]
[영 má:stəmaind]

n (계획 등의) 입안자, 지도자

Mr. Dane is the **mastermind** behind the innovative design. Mr. Dane은 그 혁신적인 디자인의 입안자이다.

DAY 08 Daily Checkup

토익에 출제되는 단어의 뜻을 오른쪽 보기에서 찾아 연결하세요.

01 strategy
02 advantage
03 necessarily
04 intensify
05 aggressively

ⓐ 반드시
ⓑ 전략
ⓒ 강화하다, 증대하다
ⓓ 이점, 강점
ⓔ 처음의
ⓕ 적극적으로

토익에 출제되는 문장의 문맥에 맞는 단어를 고르세요.

> 토익 이렇게 나온다
> 부사는 전치사구를 앞에서 꾸밀 수 있어요. 빈칸 뒤 전치사구와 어울리는 부사를 골라 보세요.

06 The Mini Scan's success is ___ due to its compact size.

07 ___ marketing strategy incorporates the use of social media.

08 Participants must ___ their favorite brand on the survey form.

09 Travelers ___ Skybound Airlines to Farejet because of its in-flight amenities.

ⓐ attract　　ⓑ indicate　　ⓒ contemporary　　ⓓ prefer　　ⓔ largely

10 The marketing team held a ___ about the product's features.

11 Companies ___ consumer buying habits before launching a product.

12 Students may ___ to the *Journal of Marketing* at a 40 percent discount.

13 The online store offers several ___ of payment for customers' convenience.

ⓐ analyze　　ⓑ subscribe　　ⓒ need　　ⓓ discussion　　ⓔ means

➤ Daily Checkup 해석과 추가 Daily Quiz, 보카 테스트가 www.Hackers.co.kr에서 제공됩니다.

마케팅 (2) | **149**

학심빈출단어 01 02 03 04 05 06 07 **DAY 08** 09 10　Hackers TOEIC Vocabulary

토익완성단어 마케팅 (2)

토익 기초 단어

LC			
	□ celebration	n	축하
	□ curious	adj	호기심 많은, 궁금해하는
	□ drop by	phr	잠깐 들르다
	□ first step	phr	첫 단계
	□ for now	phr	우선은, 당분간은
	□ gather	v	모으다
	□ get together	phr	한데 모이다, 조직하다
	□ hole	n	구멍, 틈
	□ in total	phr	모두 합해, 총
	□ in use	phr	사용되는
	□ practical	adj	실용적인
	□ shovel	v	(눈을) 치우다, 삽질하다; n 삽
	□ show	v	보여주다; n 전시회
	□ space	n	공간, 장소; v ~의 공간을 정하다
RC	□ advertise	v	광고하다
	□ belief	n	신념, 믿음
	□ belong to	phr	~에 속하다, ~의 소유물이다
	□ be open for business	phr	영업 중이다
	□ best-selling author	phr	베스트셀러 작가
	□ consumer	n	소비자
	□ entry fee	phr	참가 비용
	□ experiment	n	실험
	□ findings	n	조사 결과
	□ full	adj	가득 찬, 완전한
	□ obviously	adv	명백하게
	□ photographer	n	사진가
	□ primarily	adv	주로, 원래
	□ sales target	phr	판매 대상, 판매 목표

LC			
	☐ advertising campaign	phr	광고 캠페인
	☐ be anxious to do	phr	몹시 ~하고 싶다
	☐ bring on	phr	~을 초래하다
	☐ chase	v	뒤쫓다, 추구하다
	☐ come along	phr	함께 가다, 함께 오다
	☐ come loose	phr	풀리다, 느슨해지다
	☐ conditional	adj	조건부의
	☐ customer survey	phr	고객 설문 조사
	☐ date back to	phr	(시기가) ~까지 거슬러 올라가다
	☐ depict	v	묘사하다
	☐ destruction	n	파괴
	☐ enter into	phr	~에 들어가다, 참가하다
	☐ get back to	phr	~에게 답변 전화를 하다
	☐ gradual	adj	점차적인, 단계적인
	☐ inactive	adj	활동하지 않는, 활발하지 않은
	☐ in the meantime	phr	그동안에
	☐ invalid	adj	실효성이 없는, 무효인
	☐ look over	phr	~을 훑어보다, 조사하다
	☐ make up one's mind	phr	결정을 내리다
	☐ meaningful	adj	의미 있는, 중요한
	☐ put a rush	phr	서두르다
	☐ put a strain on	phr	~에 부담을 주다
	☐ put up with	phr	~을 참다, 견디다
	☐ reach for	phr	~을 잡으려고 손을 뻗다
	☐ stay ahead of	phr	~보다 앞서 있다
Part 5, 6	☐ A as well as B	phr	B뿐만 아니라 A도
	☐ ample	adj	충분한, 풍부한
	☐ a range of	phr	다양한
	☐ attend to a client	phr	고객을 상대하다
	☐ confront	v	직면하다, 맞서다
	☐ context	n	문맥, (어떤 일의) 정황, 배경
	☐ despair	n	절망
	☐ disconnected	adj	연결이 끊긴

□ dissatisfied	adj	불만인
□ driven	adj	의욕이 넘치는
□ dynamic	adj	활동적인
□ eagerly await	phr	간절히 기다리다
□ enormous	adj	거대한
□ fall behind	phr	뒤처지다
□ feasible	adj	실행 가능한
□ forwarding address	phr	(우편물의) 전송 주소
□ get over	phr	극복하다
□ impress	v	감동시키다
□ inadequate	adj	부적절한, 불충분한
□ in a timely fashion	phr	적시에
□ irreplaceable	adj	바꿀 수 없는
□ limitation	n	제한, 한계
□ massive	adj	대량의, 대규모의
□ point out	phr	~을 지적하다
□ rave review	phr	호평, 극찬하는 기사
□ repeatedly	adv	되풀이하여, 여러 차례
□ strategically	adv	전략적으로
□ unveil	v	밝히다
Part 7 □ a great deal	phr	다량, 상당량
□ be sensitive to	phr	~에 민감하다
□ bother to do	phr	~하느라 애쓰다
□ call off	phr	취소하다
□ carry out market studies	phr	시장 조사를 수행하다
□ come across	phr	우연히 만나다
□ contrive to do	phr	용케 ~해내다
□ deliberate	adj	고의적인, 신중한, 생각이 깊은
□ discounted rate	phr	할인율
□ have a tendency to do	phr	~하는 경향이 있다
□ have an opportunity to do	phr	~할 기회를 갖다
□ have something to do with	phr	~과 연관이 있다
□ in turn	phr	차례로, 번갈아, 결과적으로
□ make no exception	phr	예외를 두지 않다
□ televise	v	텔레비전으로 방송하다, 방영하다

900점 완성 단어

LC			
	☐ discipline	n	훈련
	☐ jingle	n	시엠송 (광고 선전용 노래)
	☐ mobility	n	이동성
Part 5, 6	☐ abruptly	adv	갑자기
	☐ absorbing	adj	흥미진진한
	☐ admiringly	adv	감탄하여
	☐ at large	phr	대체로
	☐ boast about	phr	~을 자랑하다, 뽐내다
	☐ coincide with	phr	~와 동시에 일어나다, 일치하다
	☐ correspondent	n	특파원, 통신원
	☐ counterpart	n	상대방, 대응물
	☐ defeat	v	패배시키다; n 실패
	☐ dominant	adj	지배적인, 우세한
	☐ fabulous	adj	굉장히 좋은
	☐ fortify	v	강화하다, 튼튼히 하다
	☐ fundamental	adj	기본적인, 필수적인
	☐ mingle	v	섞다, 혼합하다
	☐ nuisance	n	성가신 존재, 골칫거리
	☐ preciously	adv	까다롭게, 매우
	☐ stark	adj	(차이가) 극명한, 황량한
	☐ steadiness	n	착실함, 끈기
Part 7	☐ alluring	adj	유혹하는
	☐ assimilate	v	~을 일치시키다
	☐ at all costs	phr	무슨 일이 있어도, 기어코
	☐ await	v	기다리다
	☐ captivate	v	~의 마음을 사로잡다, 매혹하다
	☐ culminate in	phr	결국 ~이 되다
	☐ dissipate	v	낭비하다, 흩뜨리다
	☐ driving force	phr	추진력
	☐ elicit	v	이끌어내다
	☐ overwhelming	adj	압도적인
	☐ voiced	adj	말로 표명한

➔ 토익완성단어의 Daily Quiz를 www.Hackers.co.kr에서 다운로드 받아 풀어보세요.

해커스토익 기출VOCA <해커스 토익 기출 보카> 어플로 DAY 08 단어를 재미있게 외워보세요.

DAY 09

토익 보카 30일 완성

경제 살리기

경제

주제를 알면 토익이 보인다!
경제 주제에서는 주로 지역 정책, 지역 행사, 회사 합병 등으로 발생하는 경제적 효과를 다루는 기사가 출제되고 있어요. 경제 주제에서 자주 출제되는 단어를 함께 알아볼까요?

▲무료 MP3바로 듣기

열성 직원들이 회사와 나라의 경제를 살린다!

경제가 stagnant되었어도, [레쓰고] 커피의 판매량은 dramatically 오르면서 시장에서 brisk한 움직임을 보이고 있습니다.

경제가 unstable한 상황에서도 rapidly 매출이 soar할 수 있었던 전략은 무엇이죠?

에헴!

전문가들은 커피 시장이 성장했기 때문이라지만 제가 assert하건대, 저희 마케팅팀 직원들이 열심히 노력했기 때문에 boost될 수 있었습니다.

HA HA HA HA

커피 들어간다 쭉쭉쭉~ 부어라~ 마셔라~

콸

콸

1 stagnant*

[stǽgnənt]

파 stagnate v. 침체시키다
동 sluggish 불경기의

adj 침체된, 불경기의

Profits are down this year as sales have been **stagnant**. 판매가 침체되면서 올해 수익이 감소했다.

 토익 이렇게 나온다

동의어 '불경기의'라는 뜻으로 사용될 때 stagnant는 sluggish로 바꾸어 쓸 수 있다

2 dramatically***

[drəmǽtikəli]

파 dramatic adj. 극적인
동 substantially 상당히, 충분히

adv 극적으로

Interest rates climbed **dramatically**.
금리가 극적으로 상승했다.

 토익 이렇게 나온다

빈출 표현 increase/grow/climb + dramatically
극적으로 증가하다/성장하다/상승하다

dramatically는 increase 등 '증가하다'를 의미하는 동사와 어울려 주로 출제된다.

동의어 변화가 매우 커서 극적이라는 문맥일 때 dramatically는 substantially 로 바꾸어 쓸 수 있다.

3 brisk*

[brisk]

동 strong, lively 활발한, 호황의

adj 활발한, 호황의

A **brisk** market is developing in online shopping.
온라인 쇼핑 분야에서 활발한 시장이 형성되고 있다.

 토익 이렇게 나온다

동의어 시장에서의 거래가 활발하다는 의미로 쓰일 때 brisk는 strong, lively 등으로 바꾸어 쓸 수 있다. 참고로, brisk에는 '(날씨가) 상쾌한'이나 '빠른' 이라는 뜻도 있는데, 각각 fresh와 quick, rapid, brief 등으로 바꾸어 쓸 수 있다.

4 unstable*

[ʌnstéibl]

반 stable 안정된

adj 불안정한, 변하기 쉬운

Gas prices have been **unstable** in recent years.
휘발유 가격이 최근 몇 년간 불안정했다.

5 rapidly**
[rǽpidli]

파 rapid adj. 신속한
rapidity n. 급속, 신속

adv 급속히, 빨리

Energy demand increased **rapidly**.
에너지 수요가 급속히 증가했다.

6 soar*
[미 sɔːr]
[영 sɔː]

반 plummet 폭락하다

v (물가 등이) 폭등하다, 높이 치솟다

Interest rates have **soared** due to inflation.
인플레이션으로 금리가 폭등했다.

7 assert*
[미 əsə́ːrt]
[영 əsə́ːt]

v 단언하다, 주장하다

The report **asserts** that corporate growth will continue. 그 보고서는 기업 성장이 계속될 것이라 단언한다.

8 boost**
[buːst]

n. 후원, (가격의) 인상

v (경기를) 부양시키다, 상승시키다

The real estate industry has helped **boost** the economy. 부동산 산업이 경기를 부양시키는 데 도움이 되었다.

9 analyst***
[ǽnəlist]

파 analyze v. 분석하다
analysis n. 분석 연구, 분석

n 분석가

Analysts recommend buying stock in energy companies.
분석가들은 에너지 회사들의 주식을 사는 것을 추천한다.

10 potential***
[pəténʃəl]

adj 잠재적인

Potential earnings from the trade deal could reach billions of dollars.
그 무역 거래에서 나올 잠재적인 수익은 수십억 달러에 이를 수 있다.

n 가능성

The newly formed company has great **potential** to succeed. 새로 생긴 그 회사는 성공할 가능성이 크다.

11 pleased***
[pliːzd]

adj 만족해하는, 기쁜

Investors are **pleased** with the market's performance.
투자자들은 시장 성과에 만족해한다.

토익 이렇게 나온다

빈출 어휘 **be pleased to do** ~하게 되어 기쁘다

pleased는 be pleased to do 형태로 자주 출제된다.

¹² remain ***
[riméin]

파 remainder n. 나머지
remaining adj. 남아 있는

v 계속 ~한 상태이다; 아직 ~해야 하다

The cost of living will **remain** stable over the next decade. 생활비는 향후 10년 동안 계속 안정적인 상태일 것이다.

It **remains** to be seen whether or not the tax cut will be passed. 세제 감면안이 통과될지는 아직 두고 봐야 한다.

 토익 이렇게 나온다

빈출 어휘 **remain + steady/harmonious/the same**
안정된 / 조화로운 / 동일한 상태를 유지하다

remain은 형용사나 명사 보어를 취한 형태로 주로 시험에 출제된다.

¹³ limited ***
[límitid]

adj 제한된, 한정된

The island nation has **limited** natural resources.
그 섬나라는 제한된 천연자원을 가지고 있다.

 토익 이렇게 나온다

빈출 어휘 **limited offer** 한정 판매 / 제공
for a limited time 한시적으로

limited는 offer, time 등의 명사와 자주 사용되므로 묶어서 기억해 두자.

¹⁴ costly ***
[미 kástli]
[영 kɔ́stli]

adj 비용이 많이 드는, 손실이 큰

Starting a business is **costly**.
사업을 시작하는 것은 비용이 많이 든다.

¹⁵ particular ***
[미 pərtíkjulər]
[영 pətíkjulə]
n. 자세한 내용, 세목

adj 특정한

Import taxes are higher for **particular** products that are luxury goods. 수입세는 사치품인 특정 제품에 대해 더 높다.

 토익 이렇게 나온다

빈출 어휘 **in particular** 특히

particular와 함께 쓰이는 전치사 in을 묶어서 기억해 두자.

★★★ = 출제율 최상   ★★ = 출제율 상   ★ = 출제율 중
 = Part 5·6 정답 단어   ○ = Part 7 빈출 단어

16 drastic***
[drǽstik]

adj 과감한; 급격한

Resolving the financial crisis will require **drastic** action.
금융 위기를 해결하는 것은 과감한 조치를 필요로 할 것이다.

Private citizens want **drastic** reform of the banking industry.
일반 시민들은 은행 산업의 급격한 개혁을 원한다.

17 evenly***
[íːvənli]

파 even adj. 평평한, 고른

adv 고르게, 균등하게

Economic wealth is not **evenly** distributed.
경제적인 부는 고르게 분배되지 않는다.

18 evidence***
[미 évədəns]
[영 évidəns]

파 evident adj. 분명한
evidently adv. 분명히

n 증거

The latest employment data shows **evidence** that the economy is improving.
최신 취업 자료는 경제가 개선되고 있다는 증거를 보여 준다.

19 prospect***
[미 práspekt]
[영 próspekt]

파 prospective adj. 장래의,
예상된

n 전망, 예상

Bolton Industries is facing the **prospect** of having to reduce its workforce.
Bolton Industries사는 직원을 줄여야 한다는 전망에 직면하고 있다.

20 lead***
[liːd]

파 leading adj. 선도하는

v 이끌다, 지휘하다; (어떤 결과에) 이르다

Ms. Vasquez helped **lead** the company to success.
Ms. Vasquez는 회사를 성공으로 이끄는 데 도움을 주었다.

Growing oil markets will **lead** to economic improvement. 석유 시장의 성장은 경제 발전으로 이어질 것이다.

 토익 이렇게 나온다

빈출 1. **lead to** (어떤 결과로) 이어지다
어휘　　lead와 함께 쓰이는 전치사 to가 문제로 출제된다.

2. **leading + brand/company/figure** 선도하는 브랜드/업체/인물
leading은 브랜드, 회사, 인물 등과 함께 자주 사용된다.

21 fall＊＊

[fɔːl]

n. 하락, 낙하

[동] decrease 감소하다

○ v (값·가치가) 하락하다

The rate of unemployment has **fallen** steadily this quarter. 실업률이 이번 분기에 꾸준히 하락했다.

22 period＊＊

[píəriəd]

● n 기간, 시기

For a **period** of three years, the company underwent rapid expansion.
3년의 기간 동안, 그 회사는 빠른 확장을 겪었다.

23 indicator＊＊

[미 índikèitər]
[영 índikeitə]

[파] indicate v. 나타내다
indication n. 징후, 조짐

○ n 지표, 지수

Current economic **indicators** show rising growth in mining.
현재의 경제 지표는 광업 분야의 성장 증대를 보여 준다.

24 industry＊＊

[índəstri]

[파] industrial adj. 산업의
industrious adj. 근면한

● n 산업

Jobs in the newspaper **industry** are declining rapidly.
신문 산업에서의 일자리가 급속히 감소하고 있다.

25 likely＊＊

[láikli]

[파] likelihood n. 가망, 가능성
[반] unlikely ~할 것 같지 않은

● adj ~할 것 같은

The new CEO is **likely** to confront major challenges.
새로 부임한 최고 경영자는 큰 난제들에 직면할 것 같다.

 토익 이렇게 나온다

[빈출어] be likely to do ~할 것 같다

likely는 to 부정사와 어울려 자주 출제되므로 묶어서 기억해 두자.

[혼동어] likely : possible

'~일 것 같은'을 뜻하는 단어들의 용례 차이를 구별해 두자.

┌ likely ~일 것 같은
  어떤 일이 사실일 가능성이 높을 때 쓰이며, 주어로 사람이 올 수 있다.
└ possible 할 수 있는, 가능한
  어떤 일을 실행하는 것이 가능할 때 쓰이며, 주어로 사람이 올 수 없다.
  It is not **possible** to process your request at the moment.
  지금은 귀하의 요청 사항을 처리해 드릴 수 없습니다.

26 boom** ○
[bu:m]

n 붐, 호황

Land developers are taking advantage of the housing **boom**.

주택 개발업자들은 주택 시장의 붐을 이용하고 있다.

27 director** ◐
[미 dirḗktər]
[영 dairḗktə]

[파] direction n. 지침, 설명
direct adj. 직접적인, 직행의
v. 안내하다, 지도하다

n 임원, 책임자

The company **directors** are discussing a new business strategy.

회사의 임원들이 새로운 사업 전략을 논의하고 있다.

28 substitute** ◐
[미 sʌ́bstətʃù:t]
[영 sʌ́bstitju:t]

n 대용품

Corn syrup is used as a **substitute** for sugar in many food products.

옥수수 시럽은 많은 식품에서 설탕의 대용품으로 사용된다.

v 대신하다

Ms. Ohara will be **substituting** for the project manager this week.

Ms. Ohara가 이번 주에 프로젝트 관리자를 대신할 것이다.

 토익 이렇게 나온다

 substitute A with B (B for A) A를 B로 대체하다
be substituted for A A를 대신하다
be substituted with B B로 대신하다

substitute는 전치사 for, with와 함께 주로 사용된다. 수동태 표현도 시험에 자주 등장하므로 반드시 익혀 둬야 한다.

29 consequence* ○
[미 kánsəkwèns]
[영 kɔ́nsikwəns]

[파] consequential adj. 결과
로서 일어나는

n 결과

Profits grew as a **consequence** of increased business.

늘어난 거래의 결과로 이윤이 증가했다.

30 fairly ★

[미 fέərli]
[영 féəli]

파 fair adj. 상당한, 꽤 많은
동 quite, reasonably 상당히, 꽤

adv 상당히, 꽤

Concerns over the bankruptcy are **fairly** widespread.
파산에 대한 우려가 상당히 널리 퍼져 있다.

 토익 이렇게 나온다

동의어 양이나 정도가 상당함을 강조할 때 fairly는 quite, reasonably 등으로 바꾸어 쓸 수 있다. 참고로, fairly에는 '공정하게, 정직하게'라는 뜻도 있는데, 이때는 equally, impartially 등으로 바꾸어 쓸 수 있다.

31 economical ★

[미 èkənámikəl]
[영 i:kənɔ́mikəl]

파 economic adj. 경제의
economy n. 경제, 절약
economics n. 경제학
economist n. 경제학자
반 extravagant 낭비하는

adj 경제적인, 절약되는

Companies are searching for **economical** ways to utilize energy. 기업들은 경제적인 에너지 사용법을 모색하고 있다.

 토익 이렇게 나온다

혼동어 ┌ economical 경제적인, 절약되는
└ economic 경제의, 경제와 관련된

어근이 같지만 뜻이 다른 두 단어의 차이를 구별해 두자.
The latest **economic** indicators are available on the Internet.
최신 경제 지표들은 인터넷에서 이용 가능하다.

문법 economics 경제학 (단수 취급, 무관사)
economics는 복수 형태이지만 항상 단수 취급을 하며 관사 없이 사용된다.

32 thrive ★

[θraiv]

동 prosper, flourish 번영하다, 번창하다

v 번영하다, 성공하다

The delivery service industry is **thriving**.
배송 산업이 번영하고 있다.

33 implication ★

[ìmplikéiʃən]

파 implicate v. 연루시키다, (의미를) 포함하다

n 영향, 밀접한 관계

The Supreme Court ruling has **implications** for small businesses. 대법원 판결은 소규모 사업체들에 영향을 미친다.

34 wane ★

[wein]
v. 감소하다

n 감소, 쇠퇴

Consumer spending is on the **wane**.
소비자 지출이 감소하고 있다.

35 prosperity*

[미 prɑspérəti]
[영 prɔspériti]

파 prosper v. 번영하다
prosperous adj. 번영하는

n 번영

Strong economic growth is a prerequisite for national **prosperity**.

안정적인 경제 성장은 국가 번영의 필요 요건이다.

 토익 이렇게 나온다

빈출 in times of prosperity 번영기에
어구

전치사 of가 문제로 출제된다.

36 depression*

[dipréʃən]

동 slump, recession 불황

n 불황

The entire industry is going through an economic **depression**.

산업 전체가 경제 불황을 겪고 있다.

37 dwindle*

[dwíndl]

동 diminish 감소되다

v 줄어들다, 감소되다

The company's profits **dwindled** in the 1990s.

회사의 이윤이 1990년대에 줄어들었다.

38 impede*

[impíːd]

파 impediment n. 방해, 방해물
반 facilitate 촉진하다

v 저해하다, 방해하다

Natural calamities in the summer will **impede** national growth.

여름에 발생한 자연재해가 국가 성장을 저해할 것이다.

39 promising*

[미 prɑ́misiŋ]
[영 prɔ́misiŋ]

adj 유망한, 전망이 좋은

Many people find **promising** careers in health and technology.

많은 사람들이 의료 및 기술 분야에서 유망한 직업을 찾는다.

40 adversity*

[미 ædvə́ːrsəti]
[영 ədvə́ːsəti]

파 adverse adj. 불리한, 불운의

n 역경, 불운

In spite of the **adversity** he faced, Mike managed to find a job.

그가 직면한 역경에도 불구하고, Mike는 직업을 구했다.

DAY 09 Daily Checkup

토익에 출제되는 단어의 뜻을 오른쪽 보기에서 찾아 연결하세요.

01 brisk
02 director
03 limited
04 promising
05 analyst

ⓐ 분석가
ⓑ 유망한, 전망이 좋은
ⓒ 임원, 책임자
ⓓ 제한된, 한정된
ⓔ 활발한, 호황의
ⓕ 과감한; 급격한

토익에 출제되는 문장의 문맥에 맞는 단어를 고르세요.

> **토익 이렇게 나온다**
> costly, lively와 같은 단어는 -ly로 끝나지만 부사가 아닌 형용사예요.

06 The business expansion could be too ___.

07 Oil prices are expected to ___ stable this month.

08 When wheat prices are up, consumers buy corn as a(n) ___.

09 A(n) ___ in the service industry could produce thousands of jobs.

ⓐ costly	ⓑ boom	ⓒ wane	ⓓ substitute	ⓔ remain

10 The firm saw profits drop for a(n) ___ of two months.

11 Shares will be distributed ___ among the firm's partners.

12 Management was hesitant about the investment due to the ___ risk.

13 Market conditions have ___ improved ever since the financial crisis ended.

ⓐ potential	ⓑ period	ⓒ evidence	ⓓ evenly	ⓔ dramatically

Answer 1.ⓔ 2.ⓒ 3.ⓓ 4.ⓑ 5.ⓐ 6.ⓐ 7.ⓔ 8.ⓓ 9.ⓑ 10.ⓑ 11.ⓓ 12.ⓐ 13.ⓔ

➡ Daily Checkup 해석과 추가 Daily Quiz, 보카 내스트기 www.Hackers.co.kr에서 세공 합니다.

토익완성단어 경제

토익 기초 단어

LC	☐ business hours	**phr**	영업 시간
	☐ cast	**v**	던지다, 드리우다
	☐ CEO (chief executive officer)	**n**	최고 경영자
	☐ enterprise	**n**	기업, 사업
	☐ firm	**n**	회사
	☐ franchise	**n**	가맹 사업, 독점 판매권
	☐ nice-looking	**adj**	깔끔한
	☐ plenty	**adj**	풍부한, 충분한
	☐ session	**n**	(특정 활동) 시간
	☐ speed up	**phr**	가속화하다
	☐ trading	**n**	거래
RC	☐ beginning	**n** 시작; **adj** 초기의	
	☐ contribution to	**phr**	~에 대한 기여
	☐ convenient	**adj**	편리한, 간편한
	☐ differently	**adv**	다르게, 별도로
	☐ economy	**n**	경기, 경제
	☐ formally	**adv**	정식으로, 공식적으로
	☐ industrial	**adj**	산업의
	☐ lightly	**adv**	가볍게, 부드럽게
	☐ not A but B	**phr**	A가 아니라 B다
	☐ optimistic	**adj**	낙관적인
	☐ overall	**adj**	전반적인, 총체적인
	☐ possibility	**n**	가능성
	☐ private	**adj**	개인적인
	☐ rise	**v**	오르다, 일어서다
	☐ situation	**n**	상황
	☐ strengthen	**v**	강화하다, 강력해지다
	☐ up-and-down	**adj**	오르내리는, 기복이 있는

LC			
	☐ blueprint	n	청사진, 계획
	☐ business deal	phr	사업 거래
	☐ family-run	adj	가족이 운영하는
	☐ fluctuation	n	변동, 오르내림
	☐ for business	phr	사업상
	☐ foreign trade	phr	해외 무역
	☐ go into business	phr	사업을 시작하다
	☐ go out of business	phr	폐업하다
	☐ mutual	adj	상호의
	☐ nationwide	adj	전국적인
	☐ need monitoring	phr	관찰이 필요하다
	☐ neighboring	adj	이웃의, 인접한
	☐ real estate sale	phr	부동산 매매
	☐ recession	n	경기 후퇴
	☐ relieve pain	phr	고통을 덜어주다
	☐ role model	phr	역할 모델
	☐ unplug	v	플러그를 뽑다
	☐ worsen	v	악화되다
Part 5, 6	☐ accumulation	n	축적, 누적
	☐ ascend	v	오르다, 올라가다
	☐ commerce	n	통상, 교역
	☐ indifferent	adj	무관심한, 중요하지 않은
	☐ prolong	v	연장시키다
	☐ relevantly	adv	관련되어
	☐ stimulate	v	자극하다, 격려하다
	☐ supplement	v	보완하다, 보충하다
	☐ tedious	adj	지루한, 싫증나는
	☐ unavoidable	adj	불가피한
Part 7	☐ be related to	phr	~에 관련되다
	☐ bring in	phr	(시스템을) 도입하다, (돈을) 벌다
	☐ brokerage	n	중개, 중개업소
	☐ business management	phr	경영(학)
	☐ business practice	phr	사업 관행

☐ collapse	**n** 붕괴	
☐ cope with	**phr** ~에 대처하다	
☐ cost-effective	**adj** 비용 효율적인	
☐ descending	**adj** 내려가는, 하향의	
☐ dominate	**v** 지배하다, 우위를 차지하다	
☐ downturn	**n** (경기) 침체	
☐ entail	**v** ~을 수반하다, ~을 유발하다	
☐ exchange rate	**phr** 환율	
☐ flourish	**v** 번창하다, 융성하다	
☐ for large purchases	**phr** 대량 구매에 대해서	
☐ for the benefit of	**phr** ~의 이익을 위해	
☐ foremost	**adj** 선두의, 으뜸가는	
☐ forerunner	**n** 선구자	
☐ from around the globe	**phr** 전 세계에서	
☐ infrastructure	**n** 사회 기반 시설, 경제 기반 시설	
☐ marketable	**adj** 시장성이 높은	
☐ momentary	**adj** 순간적인, 잠깐의	
☐ multinational corporation	**phr** 다국적 기업	
☐ multi-regional	**adj** 다지역의	
☐ nationality	**n** 국적	
☐ net income	**phr** 순수입, 실수입	
☐ penalize	**v** 벌하다	
☐ put forth	**phr** ~을 내밀다, 내뿜다	
☐ ratio	**n** 비율	
☐ set up	**phr** ~을 세우다, 시작하다	
☐ skyrocket	**v** (가격 등이) 치솟다	
☐ so far (= to date)	**phr** 지금까지	
☐ surge	**v** (물가) 급등하다	
☐ synergy	**n** 상승효과	
☐ synthesis	**n** 종합, 통합	
☐ tactics	**n** 전략	
☐ unemployment	**n** 실업	
☐ variable	**adj** 변하기 쉬운, 변덕스러운	
☐ vicious cycle	**phr** 악순환	
☐ without a doubt	**phr** 의심할 바 없이	

900점 완성 단어

LC			
	☐ billing address	phr	청구서 주소
	☐ government grant	phr	정부 보조금
	☐ market value	phr	시가, 시세
	☐ pull down	phr	~을 끌어내리다, ~을 하락시키다
	☐ stationary	adj	움직이지 않는, 정지된
Part 5, 6	☐ abate	v	누그러지다, 약해지다, 감소하다
	☐ cease	v	중지하다, 그치다
	☐ conspicuously	adv	눈에 띄게, 두드러지게
	☐ deteriorate	v	악화되다, 나빠지다
	☐ implicitly	adv	암암리에, 절대적으로
	☐ leisurely	adj	느긋한, 여유 있는; adv 천천히
	☐ menace	v	위협하다
	☐ perceptible	adj	상당한 정도의, 인지할 수 있는
	☐ placement	n	놓기, 배치, 취업 알선
	☐ remark	v	주의하다, 말하다
	☐ retrieval	n	복구, 만회
	☐ slowdown	n	경기 후퇴
	☐ solitary	adj	혼자의, 외로운
Part 7	☐ ailing	adj	병든, 괴로워하는
	☐ financial statement	phr	재무제표
	☐ have a monopoly on	phr	~의 독점권을 갖다
	☐ in demand	phr	수요가 있는
	☐ multilateral	adj	다국간의
	☐ nontransferable	adj	양도할 수 없는
	☐ parent company	phr	모(母)회사
	☐ privatization	n	민영화
	☐ rebound	n	회복; v 다시 일어서다
	☐ runner-up	n	2위의 경기자, 차점자
	☐ secondary effect	phr	부차적 영향
	☐ sluggish	adj	불경기의
	☐ stagnation	n	침체, 불경기
	☐ volatile	adj	(가격 등이) 심하게 변동하는

➜ 토익완성단어의 Daily Quiz를 www.Hackers.co.kr에서 다운로드 받아 풀어보세요.

<해커스 토익 기출 보카> 어플로 DAY 09 단어를 재미있게 외워보세요.

쇼핑의 고수

쇼핑

주제를 알면 토익이 보인다!

쇼핑 주제에서는 주로 프로모션 행사, 구매, 교환 및 환불 관련 내용이 출제되고 있어요.
쇼핑 주제에서 자주 출제되는 단어를 함께 알아볼까요?

▲ 무료 MP3 바로 듣기

쇼핑은 타이밍!

¹ purchase***

[미 pə́ːrtʃəs]
[영 pə́ːtʃəs]

동 buy 구매하다, 사다

v 구매하다

The customer **purchased** a laptop computer.
그 고객은 노트북 컴퓨터를 구매했다.

n 구매

For every **purchase** of $100 or more, customers will
receive a raffle ticket.
100달러 이상의 모든 구매에 대해 고객들은 추첨권을 한 장 받게 될 것이다.

 토익 이렇게 나온다

빈출 어휘 **within ~ days of purchase** 구입일로부터 ~일 이내에
전치사 within을 선택하는 문제로 출제된다.

² price***

[prais]
v. ~에 값을 매기다

n 가격

The new color printer has a retail **price** of only
$150.99.
새 컬러 프린터는 소매가로 겨우 150.99달러밖에 안 된다.

 토익 이렇게 나온다

빈출 어휘 **a reduced price** 할인가
a retail price 소매가 (↔ a wholesale price)

price는 가산 명사이므로 단수로 쓰일 때 부정관사 a가 꼭 필요하다는 것에
유의하자.

³ affordable**

[미 əfɔ́ːrdəbl]
[영 əfɔ́ːdəbl]

파 afford v. ~할 여유가 있다
affordability n. 감당할 수
있는 비용
affordably adv. 알맞게,
감당할 수 있게
동 reasonable (가격이) 비싸
지 않은, 적당한
반 expensive 값비싼

adj (가격이) 알맞은, 감당할 수 있는

Toyama launched an **affordable** mid-range sedan.
Toyama사가 알맞은 가격의 중형 세단을 출시했다.

 토익 이렇게 나온다

빈출 어휘 **at an affordable + rate/price** 적당한 가격에
affordable은 rate, price 등 가격을 뜻하는 명사와 주로 어울려 출제된다.

4 exactly *

[igzǽktli]

파 exact adj. 정확한
동 precisely 정확히, 엄밀하게

adv 정확히

The sales representatives help customers decide **exactly** what style fits them best.

영업 사원들은 고객들이 정확히 어떤 스타일이 자신에게 가장 잘 맞는지 결정하는 데 도움을 준다.

5 installment *

[instɔ́:lmənt]

n 할부

The shop allows buyers to pay for furniture in monthly **installments**.

그 상점은 구매자가 가구 값을 매달 할부로 지불하는 것을 허용한다.

6 notice ***

[미 nóutis]
[영 nə́utis]

v. 주의하다, 알아채다

파 notify v. 통지하다, 통보하다
notification n. 통지, 통지서
noticeable adj. 눈에 띄는

n 통지, 공고

The prices listed in the catalog are effective until further **notice**.

카탈로그에 명시된 가격은 추후 통지가 있을 때까지 유효합니다.

 토익 이렇게 나온다

until further notice 추후 통지가 있을 때까지
give two weeks' notice 2주 전에 통보하다

notice는 관용 표현으로 주로 출제되므로 꼭 기억해 두자.

7 charge ***

[미 tʃɑ:rdʒ]
[영 tʃɑ:dʒ]

동 expense 비용, 경비

n 요금, 청구 금액; 책임, 의무

The price includes shipping and handling **charges**.

그 가격은 운송 및 취급 요금을 포함한다.

Ms. Long is in **charge** of product returns.

Ms. Long은 반품 처리를 맡고 있다.

v ~을 청구하다; (외상으로) 달아놓다

The phone company **charges** high fees for installations.

그 통신 회사는 높은 설치 수수료를 청구한다.

She **charged** the fee to her credit card.

그녀는 그 요금을 자신의 신용 카드 앞으로 달아 놓았다.

토익 이렇게 나온다

빈출
어구 1. **free of charge** 무료로

관용 표현에 charge를 채워 넣는 문제로 출제된다. '요금'과 관련된 rate, price, fare는 이 표현에 사용할 수 없다는 것에 유의하도록 한다.

2. **in charge of** ~을 맡고 있는, 담당의

charge는 in charge of 형태로 자주 출제되므로 꼭 기억해 두자.

3. **additional charge** 추가 요금

4. **charge A to B** A를 B 앞으로 달아 놓다

charge와 함께 쓰이는 전치사 to를 묻는 문제로 출제된다.

---

⁸ **experienced*****
[ikspíəriənst]

adj 경험이 있는, 노련한, 능숙한

Bill is the most **experienced** salesperson in the store.

Bill은 그 상점에서 가장 경험이 많은 판매원이다.

---

⁹ **instruction*****
[instrʌ́kʃən]

파 instructional adj. 교육용의

n 설명, 지시

The receipt gives **instructions** for returning or exchanging items.

영수증은 제품의 반품이나 교환에 대한 설명을 제시한다.

---

¹⁰ **expert*****
[미 ékspəːrt]
[영 ékspəːt]

파 expertly adv. 훌륭하게, 전문적으로

n 전문가

A personal shopper is an **expert** at finding bargains for customers.

물품 구매 상담원은 고객들을 위해 싼 물건을 찾는 데 있어 전문가이다.

adj 전문가의, 전문적인

An **expert** designer created the layout of the store.

전문 디자이너가 가게 배치도를 만들었다.

---

¹¹ **warranty*****
[미 wɔ́ːrənti]
[영 wɔ́rənti]

n (품질 등의) 보증, 보증서

The computer is under **warranty** for two years.

그 컴퓨터는 보증 기간이 2년입니다.

 토익 이렇게 나온다

빈출
어구 **under warranty** (상품이) 보증 기간 중인

warranty와 어울려 쓰이는 전치사 under를 묶어서 외워 두자.

★★★ = 출제율 최상 ★★ = 출제율 상 ★ = 출제율 중
● = Part 5·6 정답 단어 ○ = Part 7 빈출 단어

12 refund ***

[ríːfʌnd]

v. 환불하다 [미 rifʌ́nd, 영 riːfʌ́nd]

파 refundable adj. 환불 가능한

n 환불, 환불금

Buyers can get a full **refund** for a defective product.

구매자들은 결함이 있는 제품에 대해 전액 환불을 받을 수 있습니다.

 토익 이렇게 나온다

> 빈출 어구 **a full refund** 전액 환불
> **provide a refund** 환불해 주다
>
> refund는 가산 명사이므로 단수로 쓰일 때 부정관사 a가 꼭 필요하다는 것에 유의하자.

13 subscriber ***

[미 səbskráibər]
[영 səbskráibə]

파 subscription n. (정기) 구독

n 가입자, 구독자

The Web site now has millions of **subscribers**.

그 웹사이트는 이제 수백만 명의 가입자가 있다.

14 delivery ***

[dilívəri]

파 deliver v. 배달하다

n 배달

We guarantee **delivery** within three days.

저희는 3일 이내 배달을 보장합니다.

15 receipt ***

[risíːt]

파 receive v. 받다, 수취하다

n 영수증

The original **receipt** is required for all refunds.

원본 영수증은 모든 환불에 요구된다.

 토익 이렇게 나온다

> 빈출 어구 **original/valid + receipt** 원본/유효한 영수증
> **upon receipt of** ~을 수령/접수하는 즉시
>
> receipt의 토익 출제 표현을 외워 두자.

16 carefully ***

[미 kɛ́ərfəli]
[영 kéəfəli]

파 care n. 주의, 걱정 v. 걱정하다
careful adj. 주의 깊은

반 carelessly 부주의하게

adv 주의 깊게, 신중히

Please follow the installation directions **carefully**.

설치 설명서를 주의 깊게 따라 하십시오.

 토익 이렇게 나온다

> 문법 **carefully**(adv. 주의 깊게)와 **careful**(adj. 주의 깊은)의 품사 구별하기.

17 offer ***

[미 ɔ́ːfər]
[영 ɔ́fə]

통 provide 제공하다

v 제공하다

Z-Mart **offers** $25 gift cards to customers signing up for membership.
Z-Mart는 회원 등록을 하는 고객들에게 25달러 상품권을 제공한다.

n 제공, 오퍼

The supermarket entices customers with promotional **offers**. 그 슈퍼마켓은 판촉 상품으로 고객들을 끌어들인다.

 토익 이렇게 나온다

> promotional offers 판촉 상품
> job offer 일자리 제의
> 명사 offer의 토익 출제 표현을 외워 두자.

> offer A B = offer B to A A에게 B를 제공하다
> offer는 4형식 동사이며 offer A B 형태로 많이 사용된다. offer B to A처럼 3형식으로 쓰이기도 한다.

18 benefit ***

[미 bénəfìt]
[영 bénifit]

파 beneficial adj. 유익한, 이로운
beneficiary n. 수익자, 수혜자
반 disadvantage 불이익

n 혜택, 이익

The Shoppers' Club offers many **benefits** to its members. Shoppers' Club은 회원들에게 많은 혜택을 제공한다.

v 혜택을 보다, 이익을 얻다

NBC Mart shoppers **benefit** from various coupons and free delivery service.
NBC Mart의 쇼핑객들은 다양한 쿠폰과 무료 배송 서비스로 혜택을 본다.

19 exclusively ***

[iksklúːsivli]

파 exclusive adj. 독점적인
exclude v. 배제하다
동 solely 단독으로, 오직

adv 오로지, 독점적으로

A 10 percent discount is available **exclusively** to Premium Club members.
10퍼센트 할인은 오로지 Premium Club 회원들만 이용할 수 있다.

 토익 이렇게 나온다

> available exclusively online 온라인으로만 이용 가능한
> sell exclusively 독점으로 판매하다
> exclusively supply 독점으로 제공하다
> exclusively의 토익 출제 표현을 알아 두자.

> 동의어 '오로지', '단독으로'라는 뜻으로 쓰일 때 **exclusively**는 solely로 바꾸어 쓸 수 있다.

★★★ = 출제율 최상   ★★ = 출제율 상   ★ = 출제율 중
● = Part 5·6 정답 단어   ○ = Part 7 빈출 단어

20 description ***

[diskrípʃən]

파 describe v. 설명하다

동 account 설명, 이야기

n (제품 등의) 설명, 해설

Call customer service for a more extensive **description** of any of the equipment.

어떤 종류의 장비에 관해서든 더 많은 설명을 원하시면 고객 서비스 센터로 전화하세요.

 토익 이렇게 나온다

빈출 job description 직무 내용

직무(job)에 대한 설명(description)을 의미하며 주로 구인 광고에서 많이 볼 수 있는 표현이다.

혼동 description : information : specification

'설명'을 의미하는 단어들의 용례 차이를 구별하는 문제로 출제된다.

┌ description (제품 등의) 설명, 해설

'서면상으로 제공되는 설명'이라는 뜻일 때 가산 명사로 사용된다.

├ information 정보

불가산 명사이므로 부정관사 an을 쓸 수 없다.

Please contact my office for **information** on bulk orders.

대량 주문에 대한 정보를 원하시면 제 사무실로 연락해 주세요.

└ specification (자세한) 설명서, 사양

제품의 구성 요소나 제조 방법을 나열한 것을 의미하며 주로 복수형으로 사용된다.

The product **specifications** explain how to install the flooring.

그 제품 설명서는 바닥재를 어떻게 설치하는지 설명한다.

21 relatively ***

[rélətivli]

파 relative adj. 상대적인

relate v. 관련시키다, 결부시키다, (말·글로) 들려주다

adv 상대적으로

McCoy's has a **relatively** lenient return policy compared to similar stores.

McCoy's사는 유사한 가게들에 비해 상대적으로 관대한 반품 규정을 갖고 있다.

 토익 이렇게 나온다

빈출 relatively + lenient/low 상대적으로 관대한/낮은

relatively는 형용사 lenient, low 등과 어울려 출제된다.

22 preparation ***

[prèpəréiʃən]

n 준비, 대비

Preparations are under way for the department store's grand opening.

백화점 대개장을 위한 준비가 진행 중이다.

23 spare***

[미 spɛər]
[영 speə]

 v 아끼다, 할애하다

The shopping mall **spared** no expense on the 10th anniversary promotion.
그 쇼핑몰은 10주년 홍보에 비용을 아끼지 않았다.

adj 예비의, 여분의

Customers may order **spare** parts at the service counter.
고객 여러분께서는 예비 부품을 서비스 카운터에서 주문하실 수 있습니다.

24 area***

[미 ɛ́əriə]
[영 éəriə]

n 지역, 구역

There are excellent retail stores in this **area**.
이 지역에는 훌륭한 소매점들이 있다.

🗣 토익 이렇게 나온다

area : site
'장소'를 의미하는 단어들의 용례 차이를 구별하는 문제로 출제된다.

┌ **area** 지역
도시, 나라 등에서의 일부 지역을 의미한다.
└ **site** (건축용) 부지, 대지
특정 목적을 위해 사용되는 땅을 뜻한다.
Brody Brothers chose a **site** for its new department store.
Brody Brothers사는 자사의 신축 백화점 부지를 선정했다.

25 clearance***

[klíərəns]

동 authorization 허가, 권한 부여

n 정리, 없애기; 허가

There is usually a **clearance** sale for winter clothes in March.
겨울옷 재고 정리 할인 판매는 보통 3월에 있다.

The clerk got special **clearance** to discount the shoes.
그 점원은 신발을 할인하도록 특별 허가를 받았다.

 토익 이렇게 나온다

clearance sale 재고 정리 할인 판매
재고를 정리(clearance)하는 할인 판매(sale)를 의미하며 주로 상점 광고에서 많이 볼 수 있는 표현이다.

26 alter***

[미 ɔ́ːltər]
[영 ɔ́ltə]

- 파 alteration n. 변경, 개조
- 동 change, modify 바꾸다

v (성질·형상을) 고치다, 바꾸다

The customer asked that the length of his pants be **altered**.
그 고객은 바지 기장을 고쳐 달라고 요청했다.

27 apply***

[əplái]

- 파 application n. 적용, 신청
  applicant n. 지원자
  applicable adj. 적용할 수 있는, 해당하는
- 동 put into effect 실행하다
  put to use 사용하다

v 적용하다; 지원하다

The cashier **applied** the discount to all the items.
그 계산원은 모든 품목에 할인을 적용했다.

Those wishing to **apply** for the position must be familiar with our merchandise.
그 직책에 지원하고자 하는 사람들은 우리 제품에 대해 잘 알아야 한다.

28 mutually**

[mjúːtʃuəli]

adv 서로, 상호 간에

The couple and dealer reached a **mutually** agreeable price for the car.
그 부부와 판매원은 서로 동의할 수 있는 차 가격에 도달했다.

29 method**

[méθəd]

- 동 approach 처리 방법, 접근법

n 방식, 방법

In recent years, debit cards have become a popular **method** of payment.
최근 몇 년 사이에, 직불카드는 인기 있는 지불 방식이 되었다.

 토익 이렇게 나온다

빈출어구 **a method of payment** 지불 방식
영미권에서는 신용 카드(credit card), 직불카드(debit card), 현금(cash) 외에도 수표(check), 우편환(money order) 등의 지불 방식이 사용된다.

동의어 방식, 방법을 의미할 때 method는 approach로 바꾸어 쓸 수 있다.

30 acceptable**

[미 ækséptəbl]
[영 əkséptəbl]

- 동 fine (제안·결정 등이) 괜찮은, 만족할 만한

adj 용인되는, 받아들일 수 있는; 훌륭한, 만족스러운

Jenson Fashions sells clothes that are **acceptable** as business attire.
Jenson Fashions사는 비즈니스 정장으로 용인되는 옷을 판매한다.

31 desire ✰✰

[미 dizáiər]
[영 dizáiə]

파 desirable adj. 바람직한, 호감 가는
undesirable adj. 원하지 않는, 바람직하지 않은

n 욕구, 갈망

Effective advertising can create a **desire** in consumers to buy goods they do not need.

효과적인 광고는 소비자들에게 그들이 필요로 하지 않는 상품을 사려는 욕구를 불러일으킬 수 있다.

v 원하다, 바라다

Many people **desire** the latest electronic devices.

많은 사람들이 최신 전자 기기를 원한다.

32 redeemable ✰✰

[ridí:məbl]

파 redeem v. 되찾다, (상품권을) 상품으로 바꾸다

adj (현금·상품과) 교환할 수 있는, 환급할 수 있는

Store gift vouchers are **redeemable** at any branch.

상점 상품권은 어느 지점에서나 교환할 수 있습니다.

33 officially ✰✰

[əfíʃəli]

파 official adj. 공식의
동 formally 공식적으로, 정식으로

adv 공식적으로

The online store will **officially** open next month.

온라인 상점은 다음 달에 공식적으로 개점할 것이다.

 토익 이렇게 나온다

빈출 어구 **officially open** 공식적으로 개점하다

officially는 '개점하다'라는 뜻의 open과 어울려 시험에 출제된다.

34 consumption ✰✰

[kənsʌ́mpʃən]

n 소비(량), 소모

Consumption of high-end products like home theaters has increased recently.

홈시어터와 같은 고급 제품의 소비가 최근 증가했다.

35 qualify ✰✰

[미 kwáləfài]
[영 kwɔ́lifai]

파 qualification n. 자격, 면허
qualified adj. 자격 있는, 적격의

v ~의 자격을 얻다

Clients need a regular income to **qualify** for credit cards.

고객들이 신용 카드를 발급받을 자격을 얻으려면 정기적인 수입이 필요하다.

 토익 이렇게 나온다

빈출 어구 **qualify for A** A의 자격을 얻다

qualify와 어울리는 전치사 for를 한데 묶어서 외워 두자.

★★★ = 출제율 최상   ★★ = 출제율 상   ★ = 출제율 중
● = Part 5·6 정답 단어   ○ = Part 7 빈출 단어

36 fabric**
[fǽbrik]

n 섬유, 천

The manufacturer's garments are made of natural **fabric** only.

그 제조업체의 의류는 오직 천연 섬유로만 만들어진다.

37 auction**
[ɔ́:kʃən]

n 경매

A number of antique pieces will be sold at the **auction**.

많은 골동품들이 경매에서 판매될 것이다.

38 authentic**
[미 ɔːθéntik]
[영 ɔːθéntik]

동 genuine 진짜의, 진품의
반 fake 가짜의

adj 진정한, 진짜의, 진품의

The new restaurant downtown serves **authentic** Spanish cuisine.

시내에 새로 생긴 식당은 진정한 스페인 요리를 제공한다.

39 valid*
[vǽlid]

동 effective 유효한, 효력이 있는
good 유효한
반 invalid 무효한

adj 유효한

A **valid** receipt must be presented.

유효한 영수증을 제시해야 합니다.

 토익 이렇게 나온다

be valid for + 기간 ~ 동안 유효하다
valid receipts 유효한 영수증

valid의 토익 출제 표현을 기억해 두자.

40 vendor*
[미 véndər]
[영 véndə]

n 노점상, 가판대; 판매업체

The street is filled with **vendors** during the weekly market.

그 거리는 매주 시장이 서는 동안 노점상으로 가득 찬다.

Software **vendors** have been instructed to sell the product at a specific retail price.

소프트웨어 판매업체들은 특정 소매가에 그 제품을 판매하라는 지시를 받았다.

DAY 10 Daily Checkup

토익에 출제되는 단어의 뜻을 오른쪽 보기에서 찾아 연결하세요.

01 affordable

ⓐ 원하다, 바라다

02 experienced

ⓑ 적용하다; 지원하다

03 apply

ⓒ 경험이 있는, 노련한

04 desire

ⓓ 교환할 수 있는, 환급할 수 있는

05 alter

ⓔ (가격이) 알맞은

ⓕ 고치다, 바꾸다

토익에 출제되는 문장의 문맥에 맞는 단어를 고르세요.

> 토익 이렇게 나온다
> 동사 find의 목적격 보어 자리에는 형용사나 분사가
> 자주 와요. 환불 정책이 어떠할지 생각해 보세요.

06 We add a shipping ___ to the cost of large items.

07 Most shoppers found the store's revised return policies ___.

08 Customers were asked to ___ a few minutes to answer a brief survey.

09 The company refused to ___ the money for items damaged by the buyer.

ⓐ spare	ⓑ refund	ⓒ charge	ⓓ installment	ⓔ acceptable

10 The financial advisor is known for his ___ advice.

11 Energy ___ has dropped in recent years due to rising prices.

12 The retailer is holding a(n) ___ sale to make way for new inventory.

13 Small book ___ may face difficulty competing with large bookstores.

ⓐ delivery	ⓑ vendors	ⓒ expert	ⓓ clearance	ⓔ consumption

◈ Daily Checkup 해석과 추가 Daily Quiz, 보카 테스트가 www.Hackers.co.kr에서 제공됩니다.

토익 기초 단어

LC	□ bakery	n	빵집, 제과점
	□ best-selling	adj	베스트셀러의
	□ cashier	n	(은행·상점·호텔 등의) 출납원
	□ clothing	n	의류
	□ corner	n	모퉁이, 구석
	□ costume	n	복장, 의상
	□ free	adj	자유로이 ~할 수 있는, 마음대로의
	□ label	n	라벨, 꼬리표; v ~에 라벨을 붙이다
	□ necklace	n	목걸이
	□ photography equipment	phr	사진 장비
	□ shelf	n	선반
	□ shop	n	상점; v 물건을 사다
	□ shopper	n	쇼핑객
	□ size	n	크기, 치수
	□ sunglasses	n	선글라스
	□ supermarket	n	슈퍼마켓
	□ unwanted	adj	원치 않는, 반갑지 않은
RC	□ basis	n	기초, 근거, 원칙
	□ brand	n	상표, 브랜드
	□ department store	phr	백화점
	□ discount store	phr	할인 점포
	□ display	v	전시하다, 진열하다; n 전시, 진열
	□ fit	v	(치수가) ~에 꼭 맞다, ~에 적합하다
	□ fully	adv	완전히, 충분히
	□ grocery	n	식료품점
	□ keep	v	보유하다, 계속하다
	□ store	n	가게; v 저장하다
	□ tax	n	세금

800점 완성 단어

LC			
	☐ at the moment	phr	지금
	☐ celebrate	v	축하하다
	☐ decorative item	phr	장식품
	☐ discounted coupon	phr	할인권
	☐ for sale	phr	팔려고 내놓은
	☐ half price	phr	반값
	☐ have A strapped to one's shoulder	phr	~의 어깨에 A를 메고 있다
	☐ instead	adv	대신에
	☐ make a purchase	phr	구입하다
	☐ make no difference	phr	상관없다, 중요하지 않다
	☐ make payment	phr	지불하다
	☐ Not that I'm aware of.	phr	내가 아는 한 아니다.
	☐ out of town	phr	시내에 없는, 다른 곳으로 떠난
	☐ overcoat	n	외투
	☐ pay in cash	phr	현찰로 지불하다
	☐ put out for display	phr	~을 전시해 놓다, 진열해 놓다
	☐ shoelace	n	신발 끈
	☐ shopkeeper	n	가게 주인
	☐ showroom	n	진열실, 전시실
	☐ sleeve	n	(옷) 소매
	☐ souvenir	n	기념품
	☐ stack	n	더미; v 쌓아 올리다
	☐ stand in line	phr	줄을 서다
	☐ storefront	n	가게 앞 공간
	☐ stylish	adj	패션 감각이 있는, 멋진
	☐ tag	n	(물건에 붙어 있는) 꼬리표
	☐ take the order	phr	주문을 받다
	☐ try on	phr	(옷 따위를) 입어 보다
	☐ underline	v	밑줄을 긋다, 강조하다
	☐ watch band	phr	(손목시계의) 시곗줄
	☐ window-shopping	n	아이쇼핑
Part 5, 6	☐ afford to do	phr	~할 수 있다, ~할 여유가 있다
	☐ apparel	n	의복, 의류

☐ dairy products	phr	유제품
☐ elsewhere	adv	다른 장소에서는, 다른 경우에
☐ gift certificate	phr	상품권
☐ glassware	n	유리 제품
☐ inexpensive	adj	비싸지 않은
☐ lately	adv	최근에
☐ latest	adj	최신의
☐ luxury	n	사치, 사치품; adj 값비싼
☐ outerwear	n	겉옷, 외투
☐ outlet	n	판매 대리점, 소매점, 콘센트
☐ portable	adj	휴대용의
☐ readership	n	독자의 수
☐ readily	adv	즉시, 손쉽게
☐ refundable	adj	환불 가능한, 변제 가능한
☐ value	n	가치, 가격

Part 7

☐ a selection of	phr	~의 모음
☐ a variety of (= various)	phr	다양한
☐ at a discounted price	phr	할인가로
☐ by check	phr	수표로
☐ by credit card	phr	신용카드로
☐ by no means	phr	결코 ~이 아닌
☐ extra charge	phr	추가 비용
☐ get in line	phr	줄에 들어가 서다
☐ give a discount	phr	할인하다
☐ in cash	phr	현금으로
☐ merchandise	n	상품, 제품
☐ no later than	phr	늦어도 ~까지
☐ showcase	n	유리 진열장, 공개 행사
☐ textile	n	직물, 섬유
☐ thrifty	adj	검소한, 검약하는
☐ under warranty	phr	보증 기간 중인
☐ valid for	phr	~에 유효한, ~ 동안 유효한
☐ voucher	n	(현금 대용의) 상품권
☐ wholesale	adj	도매의, 다량의
☐ wrap a present	phr	선물을 포장하다

900점 완성 단어

LC	☐ automotive repair shop	**phr** 자동차 수리점
	☐ awning	**n** (창·문 등의) 차양, 덮개
	☐ cash register	**phr** 금전 등록기, 계산대
	☐ cooking utensil (= cookware)	**phr** 조리 기구
	☐ display case	**phr** 진열 상자, 진열함
	☐ garment	**n** 의류
	☐ look different	**phr** 다르게 보이다
	☐ tailor	**n** 재단사; **v** 맞춤 제작하다
	☐ wind a watch	**phr** 시계태엽을 감다
Part 5, 6	☐ collectable	**adj** 모을 수 있는
	☐ conversely	**adv** 거꾸로, 반대로
	☐ dilute	**v** 희석하다
	☐ exposition	**n** 박람회, 전시회
	☐ generic	**adj** 회사 이름이 붙지 않은, 일반적인
	☐ high-end	**adj** 최고급의
	☐ merchant	**n** 상인; **adj** 상업(용)의, 무역의
	☐ observably	**adv** 눈에 띄게
	☐ predictably	**adv** 예상대로
	☐ secondhand	**adj** 중고의, 간접의
	☐ stylishly	**adv** 현대식으로, 유행에 따르게
Part 7	☐ at a substantial discount	**phr** 엄청난 할인가에
	☐ bargain over prices	**phr** 가격을 흥정하다
	☐ embellish	**v** 장식하다, 꾸미다
	☐ embroider	**v** 수놓다
	☐ equivalent	**adj** ~에 상당하는, 맞먹는
	☐ exhilarating	**adj** 아주 신나는
	☐ exorbitant price	**phr** 터무니없이 비싼 가격
	☐ exquisite	**adj** 정교한, 우아한
	☐ extravagance	**n** 사치품, 낭비
	☐ lavish	**adj** 사치스러운
	☐ redeem	**v** 바꾸다
	☐ undercharge	**v** 너무 낮은 가격에 팔다

➔ 토익완성편이회 Daily Quiz를 www.Hackers.co.kr에서 다운로드 받아 풀어보세요.

<해커스 토익 기출 보카> 어플로 DAY 10 단어를 재미있게 외워보세요.

토익 실전 문제 1

01 The community center provides residents with a ------- of courses in arts and crafts.

(A) showing
(B) prospect
(C) variety
(D) consequence

02 Users of the Zwisher line of kitchen appliances will ------- from the many conveniences they provide.

(A) improvise
(B) benefit
(C) follow
(D) transform

03 Children are not allowed to attend the festival on their own and must be ------- by an adult.

(A) appeared
(B) required
(C) succeeded
(D) accompanied

04 Participating customers will be asked to ------- what they think of the company's products on a survey form.

(A) manage
(B) demand
(C) adopt
(D) indicate

05 The museum's current ------- features displays of ancient artifacts discovered at a historical site in Turkey last year.

(A) audience
(B) exhibition
(C) subscription
(D) announcement

06 Online companies have an ------- over traditional retail stores because they spend less on maintenance.

(A) admission
(B) influence
(C) advantage
(D) experience

07 Employees who wish to ------- how the new policy might affect them should consult their supervisors.

(A) enable
(B) clarify
(C) contain
(D) inform

08 As part of a special -------, Stomps Gym is discounting its membership fee for new users.

(A) offer
(B) notice
(C) charge
(D) warranty

Questions 09-12 refer to the following e-mail.

Dear Mr. Elias,

As assistant director of the administrative department, I would like to request
------- to attend a business conference in Los Angeles next month. I will need
  09
to be away for a week, but the information I hope to obtain at the event will
be ------- for the company. The conference is about reorganizing for maximum
    10
efficiency, and the material could be ------- our efforts in developing a better
                                        11
office system.

I'm especially interested in using cutting-edge technology to make our office
more progressive. This will help us meet the standards that many companies
now have. There are other issues I can think of but won't mention at this time.
Of course, your recommendations and suggestions are most welcome. -------.
                                                                   12
I hope the company will provide me with the support I need to attend this
conference.

Gail

09 (A) experience   (B) incentive
(C) permission   (D) feedback

10 (A) creative   (B) involved
(C) advanced   (D) beneficial

11 (A) checked for   (B) qualified for
(C) complied with   (D) applied to

12 (A) There were other problems that
the office has already resolved.
(B) I'd like to explain why the
conference is vital to our
company.
(C) You probably have insights that
I haven't thought of yet.
(D) We have done our best to keep
ourselves more organized.

Question 13 refers to the following article.

The Almaca College board of governors will be meeting at the end of the month
to discuss recent concerns. Among the issues expected to be raised are plans
to renovate old buildings and whether or not to increase tuition fees this year.

13 The word "concerns" in paragraph 1, line 2, is closest in meaning to

(A) interests   (B) methods   (C) stresses   (D) matters

정답 및 해석·해설 p.504

DAY
11

토익 보카 30일 완성

신제품 출시
제품개발

주제를 알면 토익이 보인다!

제품개발 주제에서는 주로 제품 개발 단계에서 논의, 신제품의 기능 및 특징 소개 등이
출제되고 있어요. 제품개발 주제에서 자주 출제되는 단어를 함께 알아볼까요?

▲무료 MP3 바로 듣기

신념이 담긴 창조적 제품을 개발하다

오랜 research 끝에 devise한 revolutionary한 제품을 소개합니다!

세미나실

나의 innovative한 제품의 features에 다들 놀라겠지!

제품의 inspiration은 어디서 얻으셨나요?

향후 계획을 sufficiently 설명해 주세요.

우선, patent를 얻고 나면 불티나게 팔릴 것으로 envision합니다.

누구냐 넌

밤에 먹어도 붓지 않는 라면! 제 얼굴 보세요, 하나도 안 부었죠?!

퉁

퉁

안부우면

핵심빈출단어

¹ research ★★★

[미 ríːsəːrtʃ]
[영 risɔ́ːtʃ]

v. 연구하다, 조사하다

파 researcher n. 연구자
동 study 연구

n 연구, 조사

The company started a **research** program into developing GPS technology.

그 회사는 위치 파악 시스템(GPS) 기술을 개발하는 연구 프로그램을 시작했다.

 토익 이렇게 나온다

빈출어 **research on** ~에 대한 연구

research와 함께 쓰이는 전치사 on을 묶어서 외워 두자.

² devise ★

[diváiz]

파 device n. 장치
동 contrive 고안하다
　　invent 발명하다

v 고안하다, 발명하다

The firm **devised** a more efficient network system.

그 회사는 보다 효율적인 네트워크 시스템을 고안했다.

³ revolutionary ★

[미 rèvəlúːʃənèri]
[영 rèvəlúːʃənəri]

파 revolution n. 혁명

adj 혁명적인

The car's **revolutionary** new engine surpasses those of the competition.

그 차의 혁명적인 새 엔진은 경쟁사의 것들을 능가한다.

 토익 이렇게 나온다

문법 **revolutionary**(adj. 혁명적인)와 **revolution**(n. 혁명)의 품사 구별하기.

⁴ innovative ★★

[미 ínəvèitiv]
[영 ínəvətiv]

파 innovate v. 혁신하다
　　innovation n. 혁신

adj 혁신적인

Simpson & Associates provides clients with **innovative** solutions to their needs.

Simpson & Associates사는 고객들의 필요에 맞는 혁신적인 해결책을 제공한다.

⁵ feature ★★

[미 fíːtʃər]
[영 fíːtʃə]

동 characteristic 특징

n 특징, 특색

The latest dryer has several new **features**.

최신 건조기는 몇 가지 새로운 특징을 갖고 있다.

v 특징으로 삼다, 특별히 포함하다

This refrigerator model **features** high energy efficiency.

이 냉장고 모델은 높은 에너지 효율성을 특징으로 삼는다.

6 inspiration *
[미 ìnspəréiʃən]
[영 ìnspiréiʃən]

파 inspire v. 영감을 주다
inspirational adj. 영감을 주는

n 영감

The new fashion designer draws her **inspiration** from traditional attire.
새 패션 디자이너는 전통 의상에서 영감을 얻는다.

7 sufficiently *
[səfíʃəntli]

파 sufficient adj. 충분한
sufficiency n. 충분
반 deficiently 불충분하게, 불완전하게

adv 충분히

The containers are **sufficiently** strong to resist breakage.
그 그릇들은 파손을 견딜 만큼 충분히 강하다.

8 patent *
[péitnt]
v. ~의 특허를 얻다

n 특허, 특허권, 특허품

The lawyers submitted the paperwork for a **patent** application. 변호사들이 특허 신청을 위한 서류를 제출했다.

9 envision *
[invíʒən]

v (장래의 일 등을) 계획하다, 상상하다

Management **envisions** its latest product being sold in stores across the country.
경영진은 자사의 최신 제품이 전국에 있는 상점에서 판매되는 것을 계획한다.

10 extend ***
[iksténd]

파 extent n. 범위, 한도 (= scope)
extension n. 연장; 확대
extensive adj. 광범위한, 폭넓은
동 lengthen 길게 하다
offer (감사·존경 등을) 표현하다

v 연장하다; (기간을) 늘리다; (감사의 뜻을) 말하다, 베풀다

A switch for adjusting brightness **extends** from the back of the lamp. 밝기를 조절하는 스위치는 램프 뒷면으로부터 연장된다.

The manager **extended** the design deadline for a month. 관리자는 디자인 마감일을 한 달 늘렸다.

The CEO **extended** his thanks to the research team for their great work.
최고 경영자는 연구팀의 뛰어난 작업에 대해 고마움을 나타냈다.

 토익 이렇게 나온다

동의어 extend는 길이를 연장하다라는 문맥에서는 lengthen으로, 환영, 감사, 동정심 등의 마음을 누군가에게 전달하다라는 문맥일 때는 offer로 바꾸어 쓸 수 있다.

11 following ★★★
[미 fáilouiŋ]
[영 fɔ́iəuiŋ]

prep ~ 후에

The software was launched **following** months of research. 그 소프트웨어는 몇 달간의 연구 후에 출시되었다.

adj 다음의, 다음에 오는

Product brochures are available in the **following** languages. 제품 안내서는 다음의 언어들로 제공됩니다.

12 intend ★★★
[inténd]

[파] intention n. 의도; 의사
intent n. 의도; 의향

v ~할 작정이다; 의도하다

Beauford Incorporated **intends** to release its new appliances this fall.
Beauford사는 올 가을에 새로운 가전제품을 출시할 작정이다.

The inventor **intended** that her mixer be used for bread-making.
그 발명가는 그녀의 믹서기가 제빵에 사용되는 것을 의도했다.

13 grant ★★★
[미 grænt]
[영 graːnt]

[동] allowance 보조금

v (인정하여 정식으로) 수여하다, 주다

The patent for the handheld computer was **granted** on April 27.
휴대용 컴퓨터에 대한 특허는 4월 27일에 수여되었다.

n (연구비·장학금 등의) 보조금

The research team will receive a government **grant** of up to $4,000.
그 연구팀은 최고 4천 달러 상당의 정부 보조금을 받을 것이다.

 토익 이렇게 나온다

[빈출 어휘] take ~ for granted ~을 당연하게 여기다
어떤 사실을 생각해 보지 않고 당연하게 받아들이거나, 소유물 등을 당연한 것으로 여겨 돌보지 않는 경우에 사용한다.

14 allow ★★★
[əláu]

[파] allowable adj. 허락할 수 있는, 허용되는
allowed adj. 허가받은, 허용된
allowance n. 허용치, 수당; 용돈

v ~하게 하다, ~을 허락하다

The program's new feature **allows** users to conduct advanced searches.
그 프로그램의 새로운 기능은 사용자들이 고급 검색을 할 수 있게 한다.

★★★ = 출제율 최상 ★★ = 출제율 상 ★ = 출제율 중
● = Part 5·6 정답 단어 ○ = Part 7 빈출 단어

15 inspect***
[inspékt]

파 inspection n. 조사, 검사
inspector n. 검사자, 검사관

v ~을 검사하다, 조사하다

The head researcher **inspects** all equipment and chemicals in the laboratory daily to ensure safety.

수석 연구원은 안전을 보장하기 위해 연구실의 모든 장비와 화학 약품을 매일 검사한다.

16 improve***
[imprú:v]

파 improvement n. 향상, 개선
동 upgrade 업그레이드하다, 개선하다

v 향상시키다, 개선하다

A variety of incentives can **improve** staff productivity.

다양한 장려금은 직원 생산성을 향상시킬 수 있다.

17 increasingly***
[inkrí:siŋli]

파 increase v. 증가하다
increasing adj. 증가하는

adv 점점, 더욱더

Technology is becoming an **increasingly** important factor in the nation's economy.

과학 기술은 국가 경제에서 점점 중요한 요소가 되고 있다.

18 invest***
[invést]

v 투자하다, 운용하다

Lamont Manufacturing **invested** millions of dollars in improving its assembly line.

Lamont Manufacturing사는 조립 라인을 개선하는 데 수백만 달러를 투자했다.

19 various***
[미 véəriəs]
[영 véəriəs]

파 vary v. 다양하다; 다르다
variety n. 여러 가지; 다양

adj 여러 가지의, 가지각색의

This car has **various** features not included in older models.

이 자동차는 구형 모델에 포함되지 않았던 여러 가지 기능을 가지고 있다.

20 upgrade***
n. [ʌ́pgrèid]
v. [ʌpgréid]

n 업그레이드, 개량형

Special customers are eligible for one free computer **upgrade**.

특별 고객들은 한 번의 컴퓨터 무료 업그레이드를 받을 자격이 있다.

v 업그레이드하다, 개선하다

Gina just **upgraded** her cell phone software.

Gina는 그녀의 휴대 전화 소프트웨어를 이제 막 업그레이드했다.

21 manual ★★★

[mǽnjuəl]

adj. 수동의, 손으로 하는

○ n 설명서, 안내서

Rachel is writing the product **manual** for the new air conditioner.

Rachel은 새로운 에어컨에 대한 제품 설명서를 작성하고 있다.

22 explore ★★★

[미 iksplɔ́ːr]
[영 iksplɔ́ː]

v 조사하다, 탐구하다

Clients seeking company information can **explore** our Web site.

회사 정보를 찾고자 하는 고객들은 우리 웹사이트를 조사할 수 있다.

23 response ★★★

[미 rispáns]
[영 rispɔ́ns]

[파] respond v. 대답하다, 반응하다

n 응답, 대답

Those testing the new microwave are asked to submit written **responses** to some questions.

새 전자레인지를 시험하는 사람들은 몇 가지 질문에 대해 서면으로 된 응답을 제출하라고 요청받는다.

 토익 이렇게 나온다

[빈출] **in response to** ~에 응하여

response는 어떤 일이나 현상에 대한 반응이나 대응을 의미하여 in response to 형태로 자주 출제됨을 알아 두자.

24 appearance ★★★

[əpíərəns]

[파] appear v. 나타나다
apparently adv. 보기에, 외관상으로는
[동] outlook 외관

n 외관, 외모

The design team completely modernized the product's **appearance**.

디자인팀은 그 제품의 외관을 완전히 현대화했다.

25 successful ★★★

[səksésfəl]

[파] succeed v. 성공하다
success n. 성공
successfully adv. 성공적으로

adj 성공적인, 성공한

The floor lamps are the company's most **successful** product.

전기스탠드는 그 회사의 가장 성공적인 제품이다.

---

26 hold***

[미 hould]
[영 həuld]

图 contain 담다
conduct (특정한 활동을)
하다, 이끌다

---

v ~을 수용하다, ~을 담다; (회의 등을) 개최하다, 열다

The washing machine **holds** up to three kilograms of laundry. 그 세탁기는 최대 3킬로그램의 세탁물을 수용한다.

 토익 이렇게 나온다

图의어 회의 등을 개최하거나 여는 것을 의미할 때 hold는 conduct로 바꾸어 쓸 수 있다.

---

27 advance**

[미 ædvǽns]
[영 ədvá:ns]

图 advancement n. 진보
advanced adj. 진보한
반 setback 퇴보, 실패

---

n 진보, 전진

The product development team researches **advances** in computer technology.

제품 개발팀은 컴퓨터 기술의 진보에 대해 조사한다.

 토익 이렇게 나온다

빈출
어구
in advance 미리
in advance of ~ 이전에
advance in ~의 진보, 발전

advance는 전치사 in과 함께 사용된다. in의 위치에 따라 숙어의 뜻이 변하는 것에 유의하며 외워두자.

---

28 reliable**

[riláiəbl]

图 rely v. 의지하다, 신뢰하다
reliability n. 신뢰성
图 trustworthy, dependable
신뢰할 수 있는

---

adj 믿을 만한, 신뢰할 수 있는

Tests indicate that Branco's products are **reliable** and efficient.

실험은 Branco사의 제품이 믿을 만하고 효율적임을 보여 준다.

 토익 이렇게 나온다

동의어 ┌ reliable 믿을 만한, 신뢰할 수 있는
└ reliant 의존하는, 의지하는

어근이 같지만 뜻이 다른 두 단어를 구별하는 문제로 출제된다.
The firm's management system is not **reliant** on any single person. 그 회사의 경영 시스템은 어느 한 사람에게만 의존하지 않는다.

---

29 quality**

[미 kwáləti]
[영 kwɔ́liti]

adj. 고급의, 우수한

图 qualify v. 자격을 얻다

---

n 품질, 질

The **quality** control division inspects samples of all items.

품질 관리 부서는 모든 물품의 견본을 검사한다.

---

³⁰ domestic**
[dəméstik]

adj 국내의, 국산의

Slow sales in the **domestic** market forced companies to expand overseas.

국내 시장에서의 부진한 매출은 기업들이 해외로 확장하게 했다.

³¹ development**
[divéləpmənt]

[파] develop v. ~을 발달시키다
developer n. 개발자
developed adj. 선진의, 발달한
developing adj. 개발 도상의

n 개발; 발전

The project is in the final stage of **development**.

그 프로젝트는 개발 마지막 단계에 있다.

Developments in wireless technology allow for high-powered smart phones.

무선 기술의 발전은 고성능 스마트폰을 가능하게 했다.

 토익 이렇게 나온다

[빈출] be under development 개발 중이다
development in ~의 발전

development와 쓰이는 전치사 under, in을 함께 묶어서 외워 두자.

³² availability**
[미 əvèiləbíləti]
[영 əvèiləbíliti]

[파] available adj. 이용할 수 있는

n (입수) 가능성, 유효성, 유용성

Availability of product depends on market demand and supply.

제품의 입수 가능성은 시장의 수요와 공급에 달려 있다.

³³ update**
n. [ʌ̀pdéit]
v. [ʌ́pdèit]

[파] updated adj. 최신의

n 갱신, 개정

The Web site **update** includes information on the latest hair styling appliances.

웹사이트 갱신은 최신 미용 기기에 대한 정보를 포함한다.

v 갱신하다, 최신의 것으로 하다

The factory **updated** the software of its equipment to speed up the production rate.

그 공장은 생산율을 높이기 위해 장비의 소프트웨어를 갱신했다.

³⁴ accurate**
[ǽkjurət]

[파] accuracy n. 정확성
accurately adv. 정확하게
[반] inaccurate 부정확한

adj 정확한

The new accounting software is **accurate** and precise.

새로운 회계 소프트웨어는 정확하고 정밀하다.

35 complicated**

[미] kámpləkèitid]
[영] kɔ́mplikeitid]

[파] complicate v. 복잡하게 하다

adj 복잡한

Project delays often create a **complicated** situation for the public relations department.
프로젝트의 지연은 종종 홍보부에 복잡한 상황을 불러일으킨다.

36 accomplished**

[미] əkámpliʃt]
[영] əkʌ́mpliʃt]

[파] accomplish v. 성취하다, 완수하다
accomplishment n. 성취, 업적

adj 숙련된, 노련한

The **accomplished** chemist has been hired to develop a flexible battery.
숙련된 화학자가 잘 구부러지는 건전지를 개발하도록 고용되었다.

37 inquiry**

[미] ínkwəri]
[영] inkwáiəri]

[파] inquire v. 묻다, 알아보다

n 문의, 질문

Please call our customer representatives for service **inquiries**.
서비스 문의를 하시려면 저희 고객 상담원에게 전화하십시오.

38 indication**

[ìndikéiʃən]

[파] indicate v. 나타내다
indicative adj. 나타내는

n 징후, 조짐

Uneven printing is an **indication** of a technical fault.
고르지 못한 인쇄는 기술적 결함의 징후이다.

 토익 이렇게 나온다

[동의어] indication : show
'표시'를 의미하는 단어들의 용례 차이를 구별하는 문제로 출제된다.

┌ indication 징후
│ 사건, 상태, 행동 등의 조짐을 의미한다.
└ show 표시, 표현
감정이나 의사를 표현할 때 사용한다.
In a **show** of gratitude, staff were given bonuses.
감사의 표시로, 직원들에게 상여금이 주어졌다.

39 manufacturer**

[미] mǽnjufǽktʃərər]
[영] mǽnjufǽktʃərə]

[파] manufacture n. 제조 v. 제조하다

n 제조 회사, 제조업자

The **manufacturer** guarantees all its products for up to one year.
그 제조 회사는 최대 1년 동안 모든 자사 제품에 대해 품질 보증을 해 준다.

40 compatible *

[미 kəmpǽtəbl]
[영 kəmpǽtibl]

[파] compatibility n. 호환성

adj 호환되는, 양립할 수 있는

The remote control is **compatible** with all models.
그 리모컨은 모든 모델과 호환된다.

🙂 토익 이렇게 나온다

[빈출어구] **be compatible with** ~과 호환되다, ~과 양립할 수 있다
compatible과 함께 쓰이는 전치사 with를 묶어서 외워 두자.

---

41 superior *

[미 supíəriər]
[영 su:píəriə]

[파] superiority n. 우월, 우위
[동] excellent 우수한
[반] inferior 열등한

adj 우수한, 상급의

The company's latest television is **superior** to those on the market today.
그 회사의 최신 텔레비전은 현재 시중에 나와 있는 제품들보다 우수하다.

🙂 토익 이렇게 나온다

[빈출어구] **be superior to** ~보다 우수하다
superior와 함께 쓰이는 전치사 to를 묶어서 기억해 두자. '~보다 우수하다'라는 의미 때문에 to 대신 than을 선택하지 않도록 유의해야 한다.

[혼동어휘] **superior : incomparable**
'뛰어난'을 뜻하는 단어들의 용례 차이를 구별해 두자.

┌ **superior** 우수한
│ 사람이나 사물의 능력, 가치가 우수하다는 의미이다.
└ **incomparable** 비할 데 없는
　다른 대상과 비교가 안 될 정도로 우수할 때 사용한다.
　Tourists praise London's **incomparable** museums.
　관광객들은 비할 데 없는 런던의 박물관들을 격찬한다.

[동의어] 기능이나 능력이 뛰어나다라는 의미로 사용될 때 superior는 excellent로 바꾸어 쓸 수 있다.

---

42 absolute *

[ǽbsəlù:t]

[파] absolutely adv. 완전히
[동] complete, utter 완전한

adj 완전한, 완전무결한

The latest technology keeps production costs to an **absolute** minimum.
최신 과학 기술은 생산비를 완전 최소로 유지해 준다.

🙂 토익 이렇게 나온다

[빈출어구] **to an absolute minimum** 완전 최소로
주로 비용이나 소음 등을 완전 최소로 유지해 준다는 의미로 사용된다.

★★★ = 출제율 최상　★★ = 출제율 상　★ = 출제율 중
● = Part 5·6 정답 단어　○ = Part 7 빈출 단어

⁴³ broaden *

[brɔ́:dn]

파 broad adj. 폭이 넓은
breadth n. 폭, 넓이
동 widen, expand 넓히다

v 넓히다

The new CEO is **broadening** the scope of the company's research.

신임 최고 경영자는 회사의 연구 범위를 넓히고 있다.

 토익 이렇게 나온다

혼동 어휘 broaden : multiply
'넓히다', '증가시키다'를 의미하는 단어들의 용례 차이를 구별하는 문제로 출제된다.

⌐ broaden 넓히다
  연구 분야나 경험 등 추상적인 영역을 '넓히다'라는 의미로 사용한다.
└ multiply 증가시키다
  수나 양을 증가시킬 때 사용한다.
  The firm **multiplied** its fortunes by investing wisely.
  그 회사는 현명하게 투자함으로써 자산을 증식시켰다.

동의어 범위, 한계 등을 넓히다라는 문맥에서 broaden은 widen 또는 expand 로 바꾸어 쓸 수 있다.

⁴⁴ corrosion *

[미 kəróuʒən]
[영 kəróuʒən]

파 corrode v. 부식하다

n 부식

This steel roof is designed to be resistant to **corrosion** from the weather.

이 강철 지붕은 날씨로 인한 부식에 저항력이 있도록 만들어졌다.

 토익 이렇게 나온다

혼동 어휘 corrosion : erosion
'부식', '침식'을 의미하는 단어들의 용례 차이를 구별해 두자.

⌐ corrosion 부식
  금속 물질에 녹이 스는 현상을 뜻한다.
└ erosion 침식
  자연 현상에 의해 돌이나 흙이 깎여 나가는 것을 의미한다.
  Erosion of the coastal environment is a serious problem.
  해안 주변 환경의 침식은 심각한 문제이다.

⁴⁵ remotely *

[미 rimóutli]
[영 rimə́utli]

파 remote adj. 원격의, 외진, 외딴

adv 원격으로, 멀리서

Researchers are allowed to work **remotely** for up to two days per week.

연구원들은 일주일에 최대 이틀까지 원격으로 근무하는 것이 허용된다.

DAY 11 Daily Checkup

토익에 출제되는 단어의 뜻을 오른쪽 보기에서 찾아 연결하세요.

01 allow

02 invest

03 upgrade

04 response

05 devise

ⓐ 업그레이드하다, 개선하다

ⓑ 연구

ⓒ 고안하다

ⓓ ~하게 하다

ⓔ 투자하다

ⓕ 응답

토익에 출제되는 문장의 문맥에 맞는 단어를 고르세요.

> **토익 이렇게 나온다**
> 명사 research는 grant, program과
> 함께 복합 명사로 자주 쓰여요.

06 Mr. Smith ___ to save money for a new van.

07 The research ___ helped the student complete his design.

08 The company may ___ the project deadline by one month.

09 Customs officers always ___ many imported products for violations.

ⓐ grant   ⓑ intends   ⓒ extend   ⓓ inspect   ⓔ update

10 Janice ___ various options before buying a new computer.

11 The factory ___ the old luggage line by using light materials.

12 An ___ photographer was hired to take pictures of the product.

13 ___ in technology lead to breakthroughs in the manufacturing process.

ⓐ accomplished   ⓑ advances   ⓒ appearances   ⓓ explored   ⓔ improved

---

Answer 1.ⓓ 2.ⓔ 3.ⓐ 4.ⓕ 5.ⓒ 6.ⓑ 7.ⓑ 8.ⓒ 9.ⓓ 10.ⓓ 11.ⓔ 12.ⓐ 13.ⓑ

→ Daily Checkup 해석과 추가 Daily Quiz, 보카 테스트가 www.Hackers.co.kr에서 제공됩니다.

토익완성단어 제품개발

토익 기초 단어

LC	☐ brand new	**phr**	최신의
	☐ break down	**phr**	고장 나다
	☐ developer	**n**	개발자
	☐ handmade	**adj**	수공의
	☐ in a row	**phr**	한 줄로, 연이어
	☐ late	**adj** 늦은; **adv** 늦게	
	☐ lid	**n**	뚜껑
	☐ shape	**v** (어떤) 모양으로 만들다; **n** 형체	
	☐ sketch	**v** 스케치하다; **n** 스케치	
	☐ switch off	**phr**	스위치를 끄다
	☐ turn off (↔ turn on)	**phr**	끄다
RC	☐ be known for	**phr**	~으로 알려져 있다
	☐ be made of	**phr**	~으로 만들어지다
	☐ catalog	**n**	목록, 카탈로그
	☐ chemist	**n**	화학자
	☐ close down	**phr**	폐쇄하다, 폐업하다
	☐ control	**v** 관리하다, 통제하다; **n** 관리, 통제	
	☐ design	**v** 설계하다; **n** 디자인	
	☐ discovery	**n**	발견
	☐ historic	**adj**	역사적으로 중요한
	☐ invention	**n**	발명, 발명품
	☐ original	**adj** 최초의, 독창적인; **n** 원형	
	☐ pure	**adj**	순수한, 불순물이 없는
	☐ repeat	**v**	반복하다
	☐ request form	**phr**	요청 양식
	☐ sensor	**n**	감지 장치
	☐ technique	**n**	기술
	☐ test	**n** 검사; **v** 시험하다	

198 | 무료 토익자료·취업정보 제공 Hackers.co.kr

800점 완성 단어

LC	☐ a series of	**phr**	일련의
	☐ check the manual	**phr**	사용 설명서를 참조하다
	☐ come up with	**phr**	생각해 내다, 떠올리다
	☐ enter a contest	**phr**	대회에 참가하다
	☐ give a demonstration of	**phr**	~을 보여주다, ~을 실연해 보이다
	☐ go straight to	**phr**	~으로 직행하다
	☐ laboratory	**n**	실험실
	☐ latest work	**phr**	최신 작품
	☐ lightweight	**adj**	가벼운, 경량의
	☐ out-of-date	**adj**	시대에 뒤떨어진, 구식의
	☐ product designer	**phr**	제품 설계자
	☐ product display	**phr**	제품 진열
	☐ redesign	**n**	재설계, 새 디자인
	☐ trial period	**phr**	시범 사용 기간
	☐ try out	**phr**	시험해 보다
	☐ unplug the equipment	**phr**	장비의 플러그를 뽑다
	☐ up-to-date	**adj**	최신의
	☐ user's guide	**phr**	사용자 설명서
	☐ waterproof	**adj**	방수의
	☐ well-prepared	**adj**	잘 준비된
	☐ with the lights on	**phr**	불을 켠 채로
Part 5, 6	☐ advancement	**n**	진보, 전진, 승진
	☐ appliance	**n**	전기 제품
	☐ aside from	**phr**	~을 제외하고, ~에 더하여
	☐ certified	**adj**	공인된, 면허를 받은
	☐ complementary	**adj**	보완적인
	☐ composition	**n**	구성
	☐ consist of	**phr**	~으로 이루어져 있다
	☐ cooperative	**adj**	협력적인, 협동의
	☐ delighted	**adj**	기뻐하는, 즐거워하는
	☐ designed	**adj**	계획적인, 고의의
	☐ durable	**adj**	내구성 있는, 튼튼한
	☐ electronics	**n**	전자 공학, 전자 기술

☐ except for	phr	~을 제외하고
☐ exploration	n	탐사, 탐구
☐ imaginable	adj	상상할 수 있는
☐ innovate	v	혁신하다, 쇄신하다
☐ interpretation	n	해석, 설명
☐ licensed	adj	인가된, 자격증을 소지한
☐ mechanical	adj	기계상의, 기계로 움직이는
☐ prediction	n	예측
☐ prototype	n	모델, 본보기
☐ quantity	n	수량
☐ remnant	n	나머지
☐ screen	n	스크린; v 심사하다
☐ suspend	v	중지하다
☐ technical	adj	기술적인
☐ unfavorable	adj	불리한, 호의적이지 않은
☐ vulnerable to	phr	~에 취약한

Part 7

☐ be carried out	phr	수행되다
☐ be designed to do	phr	~하도록 고안되다
☐ breakthrough	n	(과학 등의) 비약적 발전
☐ by the time	phr	그때까지
☐ collaboration	n	공동 작업(연구)
☐ copyright	n	저작권
☐ custom-built	adj	주문 제작된
☐ customize	v	주문에 응하여 만들다
☐ disruption	n	중단, 혼란
☐ energy efficiency	phr	에너지 효율
☐ energy source	phr	에너지원
☐ expand into	phr	~으로 확장하다
☐ fuel consumption	phr	연료 소비
☐ guidance	n	안내, 지도
☐ keep one's eye on	phr	~에서 눈을 떼지 않다, ~을 감시하다
☐ limited edition	phr	한정판
☐ long-lasting	adj	오래 지속되는
☐ plenty of	phr	많은
☐ smoke detector	phr	화재 탐지기

900점 완성 단어

LC	be stacked on top of each other	phr	차곡차곡 쌓이다
	hectic	adj	몹시 바쁜
	intently	adv	주의 깊게
	ornamental	adj	장식적인, 장식의
	reassign	v	(임무 등을) 다시 맡기다, 새로 발령내다
	specimen	n	견본
Part 5, 6	achievable	adj	성취할 수 있는, 달성할 수 있는
	apparatus	n	장치, 기구
	concession	n	양보, (당국의) 면허
	concurrently	adv	동시에
	configuration	n	배치
	detectable	adj	발견할 수 있는
	distill	v	증류하다
	dysfunction	n	기능 장애, 역기능
	embedded	adj	삽입된, 포함된
	evolve	v	서서히 발달하다, 진화하다
	flammable	adj	타기 쉬운
	implant	v	이식하다, (사상을) 심어 주다
	patronize	v	~을 단골로 삼다, 거래하다
	staple	n	기본 식료품
	steer	v	조종하다
	sturdily	adv	튼튼하게, 완강하게
	transparent	adj	투명한
Part 7	be geared to	phr	~에 맞춰져 있다
	bewildering	adj	당혹게 하는
	bring out	phr	(제품을) 출시하다, (능력을) 끌어내다
	cutting-edge	adj	최첨단의
	obsolete	adj	쓸모없게 된, 안 쓰이는
	quality control standards	phr	품질 관리 기준
	state-of-the-art	adj	최신식의
	streamline	v	(일 등을) 능률적으로 하다, 합리화하다
	top-of-the-line	adj	최고급의

➔ 토익완성단어의 Daily Quiz를 www.Hackers.co.kr에서 다운로드 받아 풀어보세요.

<해커스 토익 기출 보카> 어플로 DAY 11 단어를 재미있게 외워보세요.

토익 보카 30일 완성

공장 자동화
생산

주제를 알면 토익이 보인다!

생산 주제에서는 주로 생산 설비 개선이나 생산량 및 생산 일정 문의 등이 출제되고 있어요. 생산 주제에서 자주 출제되는 단어를 함께 알아볼까요?

▲ 무료 MP3 바로 듣기

대량 생산을 위한 공장 설비도 사용하기 나름!

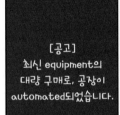

[공고]
최신 equipment의 대량 구매로, 공장이 automated되었습니다.

모두가 시설의 specifications를 properly 인지하고,

설명서   설명서

safety precautions를 준수하여 기계가 잘 operate되도록 해야 합니다.

또한! 제품 processing의 생산 capacity를 높이기 위해 assembly 라인의 직원들은 설비를 최대한 utilize해 주시기 바랍니다.

이제 화장실까지 안 걸어가도 되고, 너무 좋은데?!

윙

1 equipment***

[ikwípmənt]

파 equip v. ~을 갖추다

n 장비, 설비

The company uses special **equipment** to load large crates onto freight trucks.

그 회사는 큰 상자를 화물 트럭에 싣기 위해 특수 장비를 사용한다.

 토익 이렇게 나온다

빈출어 **office equipment** 사무용 비품

equipment는 불가산 명사이므로 부정관사 a(n)를 쓸 수 없다.

2 automate*

[ɔ́:təmèit]

파 automation n. 자동화
automatic adj. 자동의

v 자동화하다

The production plant will be fully **automated** by next year.

그 생산 공장은 내년까지 완전히 자동화될 것이다.

3 specification*

[미 spèsəfikéiʃən]
[영 spèsifikéiʃən]

파 specify v. ~을 명확히 말하다
specific adj. 명확한, 구체적인
동 manual 설명서

n 명세서, 설명서, 사양

The quality control team checks if all items meet product **specifications**.

품질 관리팀은 모든 물품이 제품 명세서와 일치하는지를 확인한다.

4 properly***

[미 prápərli]
[영 prɔ́pəli]

파 proper adj. 적당한, 적절한

adv 제대로, 정확하게

Machinery must be well-maintained to operate **properly**. 기계가 제대로 작동하려면 잘 관리되어야 한다.

 토익 이렇게 나온다

빈출어 **operate properly** 제대로 작동하다

properly는 operate와 같이 작동을 의미하는 동사와 자주 어울려 출제된다.

5 safety*

[séifti]

파 safe adj. 안전한
safely adv. 안전하게

n 안전

Factory supervisors prioritize **safety** over speed.

공장 관리자들은 속도보다 안전을 중시한다.

★★★ = 출제율 최상 ★★ = 출제율 상 ★ = 출제율 중
● = Part 5·6 정답 단어 ○ = Part 7 빈출 단어

토익 이렇게 나온다

6 precaution**

[prikɔ́:ʃən]

파 precautious adj. 조심하는
동 safeguard 예방책

n 예방 조치, 예방책

After the accident, the company introduced stricter
safety **precautions**.

사고 후, 그 회사는 보다 엄격한 안전 예방 조치를 도입했다.

7 operate***

[미 ápərèit]
[영 ɔ́pəreit]

파 operation n. 작동, 운전
operational adj. 작동하는
operable adj. 사용할 수 있는,
수술 가능한

v (기계 등이) 작동하다, 움직이다

The assembly line **operates** round the clock.

그 조립 라인은 24시간 내내 작동한다.

8 processing**

[미 prásesiŋ]
[영 prə́usesiŋ]

파 process v. 가공 처리하다
n. 절차, 공정

n 가공, 처리

Food **processing** requires a clean environment.

식품 가공은 청결한 환경을 필요로 한다.

 토익 이렇게 나온다

9 capacity**

[kəpǽsəti]

파 capacious adj. 용량이 큰
동 role 역할, 임무

n 용량, 수용력; 역할

The warehouse's **capacity** will double after the
construction. 공사 후 창고의 용량은 두 배로 증가할 것이다.

As Ms. Jones was away, Sam acted in her **capacity**
as president during the meeting.

Ms. Jones가 부재중이어서, Sam이 회의 동안 회장 역할을 했다.

토익 이렇게 나온다

[빈출어] be filled to capacity 가득 차 있다
expand the capacity 용량을 늘리다
limited capacity 용량 제한
storage capacity 저장 용량

capacity의 토익 출제 표현을 익혀 두자.

[동의어] 사람의 자격, 지위에 따른 역할을 의미할 때 capacity는 role로 바꾸어 쓸 수 있다.

¹⁰ assemble*

[əsémbl]

[파] assembly n. 조립, 조립품
[동] build (기계 따위를) 조립하다
call together 소집하다
[반] disassemble 분해하다

v (부품·기계 등을) 조립하다; (사람을) 모으다

Components are manufactured abroad and **assembled** domestically.
부품은 해외에서 제조되어 국내에서 조립된다.

The manager **assembled** everyone in the department for a meeting.
그 관리자는 회의를 위해 부서의 모든 사람들을 모았다.

토익 이렇게 나온다

[빈출어] assembly line 조립 라인
assembly plant 조립 공장

명사 assembly는 복합 명사 형태로 주로 출제된다.

¹¹ utilize*

[미 júːtəlàiz]
[영 júːtilaiz]

[파] utilization n. 이용
[동] use 이용하다

v 이용하다, 활용하다

The technicians **utilized** computer technology to improve processes.
기술자들은 공정을 개선하기 위해 컴퓨터 기술을 이용했다.

¹² place***

[pleis]

[파] placement n. 배치
[동] leave ~한 상태로 놓아두다
put (어떤 장소에) 놓다

v ~을 -한 상태에 두다; (지시·주문·신청 등을) 하다

The factory supervisor has **placed** production operations on standby.
공장 관리자는 생산 작업을 대기 상태로 두었다.

The office manager has to **place** an order for additional materials immediately.
사무 관리자는 즉시 추가 자재를 주문해야 한다.

★★★ = 출제율 최상   ★★ = 출제율 상   ★ = 출제율 중
● = Part 5·6 정답 단어   ○ = Part 7 빈출 단어

place A on standby A를 대기 상태로 두다

place는 place A on standby 형태로 출제되므로 꼭 암기해 두자.

동의어 **place**가 사람이나 사물을 특정 위치, 상태에 두다라는 의미로 사용될 때는 **leave** 또는 **put**으로 바꾸어 쓸 수 있다.

---

¹³ fill***

[fil]

반 empty ~을 비우다

v ~을 채우다; (주문대로) 이행하다

An attendant **filled** the car's tank with gas.

한 직원이 자동차 연료 탱크를 휘발유로 채웠다.

It will take a week to **fill** the hotel's order for bed sheets.

그 호텔의 침대 시트 주문에 응하는 데에는 일주일이 걸릴 것이다.

 토익 이렇게 나온다

뱅출어 1. **fill A with B** A를 B로 채우다

fill과 함께 쓰이는 전치사 with를 묶어서 외워 두자.

2. **fill an order** 주문에 응하다

fill the position 공석을 채우다

fill은 빈 공간을 채운다는 의미뿐 아니라 order, position과 함께 쓰여 '주문에 응하다', '공석을 채우다'라는 표현으로도 사용된다.

---

¹⁴ manufacturing

***

[mæ̀njufǽktʃəriŋ]

n. 제조(업)

adj 제조(업)의

The **manufacturing** process in the automotive industry has changed with computer advances.

자동차 업계의 제조 공정은 컴퓨터의 발전과 함께 바뀌어 왔다.

---

¹⁵ renovate***

[rénəvèit]

v (낡은 건물·가구 등을) 개조하다, 수리하다, 보수하다

The packaging area was **renovated** to use the space more effectively.

포장 구역은 공간을 더 효과적으로 사용하기 위해 개조되었다.

---

¹⁶ decision***

[disíʒən]

n 결정, 판단

The CEO's **decision** was to release the computer in February.

그 최고 경영자의 결정은 2월에 컴퓨터를 출시하는 것이었다.

토익 이렇게 나온다

 make a decision about ~에 대해 결정을 내리다

decision의 토익 출제 표현을 알아 두자.

¹⁷ material***
[mətíəriəl]

동 substance 물질

n 재료, 물질

The designers selected the **material** because of its durability.

디자이너들은 내구성 때문에 그 재료를 선택했다.

 토익 이렇게 나온다

material : ingredient

'재료'를 뜻하는 단어들의 용례 차이를 구별하는 문제로 출제된다.

- material 재료, 물질
  물건을 만드는 데 쓰는 재료를 의미한다.
- ingredient (요리의) 재료, (혼합물의) 성분
  주로 음식을 만드는 데 쓰는 재료를 뜻한다.
  The bakery only uses organic **ingredients** in its goods.
  그 제과점은 제품에 유기농 재료만 사용한다.

¹⁸ success***
[səksés]

n 성공, 성과

The company owes its **success** to strict quality control.

그 회사는 엄격한 품질 관리 덕분에 성공한 것이다.

¹⁹ attribute***
[ətríbjuːt]

동 ascribe (원인을) ~에 돌리다

v (원인을) ~의 덕분으로 돌리다

Management has **attributed** last year's gains to increased development.

경영진은 작년의 성과를 늘어난 개발 덕분으로 돌렸다.

 토익 이렇게 나온다

attribute A to B A를 B 덕분으로 돌리다
A is attributed to B A는 B 덕분이다

attribute와 함께 쓰이는 전치사 to를 묶어서 외워 두자.

20 efficiency***

[ifíʃənsi]

파 efficient adj. 능률적인
efficiently adv. 능률적으로
동 effectiveness 효율성
반 inefficiency 비능률

n 효율, 능률

The consultant suggested measures to improve energy **efficiency**. 그 고문은 에너지 효율을 개선하는 방안을 제안했다.

 토익 이렇게 나온다

빈출 표현 office efficiency 사무 효율성
energy efficiency 에너지 효율성

efficiency는 복합 명사 형태로 자주 출제되므로 묶어서 기억해 두자.

품판 efficiency(n. 효율)와 efficient(adj. 능률적인)의 품사 구별하기.

21 limit***

[límit]
v. 제한하다

파 limitation n. 제약
limited adj. 부족한, 유한의

n 한계, 제한

There is a **limit** to the amount of merchandise the factory can make in a day.
그 공장이 하루에 생산할 수 있는 제품 수량에는 한계가 있다.

22 tailored***

[미 téilərd]
[영 téiləd]

파 tailor v. (옷을) 짓다, (용도·목적에) 맞추다 (= adapt)

adj 맞춤의, 주문에 따라 맞춘

This equipment can be **tailored** to the company's production needs.
이 장비는 업체의 생산 수요에 맞출 수 있다.

23 component**

[미 kəmpóunənt]
[영 kəmpə́unənt]

n 부품, (구성) 요소

The store returned the defective **components** to the manufacturer. 그 상점은 결함이 있는 부품을 제조업체에 반환했다.

24 capable**

[kéipəbl]

파 capability n. 능력
capably adv. 유능하게, 훌륭하게
반 incapable ~을 할 수 없는, 무능한

adj ~을 할 수 있는, ~할 능력이 있는

Ferrum Corporation is **capable** of processing all kinds of metals. Ferrum사는 모든 종류의 금속을 가공할 수 있다.

 토익 이렇게 나온다

빈출 표현 be capable of -ing ~을 할 수 있다, ~할 능력이 있다
be able to do ~을 할 수 있다

'~을 할 수 있는'을 뜻하는 capable과 able의 차이를 구별해야 한다. capable은 뒤에 'of + 동명사'가 오지만, able은 to 부정사와 함께 사용된다는 것을 꼭 기억해 두자.

25 economize ★★

[미 ikánəmàiz]
[영 ikónəmaiz]

v 절약하다, 아끼다

Hybrid cars are becoming popular because they **economize** on fuel.
하이브리드 차들은 연료를 절약하기 때문에 인기를 끌고 있다.

26 flexible ★★

[미 fléksəbl]
[영 fléksibl]

파 flexibility n. 융통성, 유연성

adj 융통성 있는; 유연한, 잘 구부러지는

Management is more **flexible** about granting vacations when business is slow.
경영진은 회사가 바쁘지 않을 때 휴가를 승인하는 것에 대해 더 융통성 있다.

Plastic is a **flexible** material that has numerous applications. 플라스틱은 다양한 용도가 있는 유연한 물질이다.

27 comparable ★★

[미 kámpərəbl]
[영 kómpərəbl]

파 compare v. 비교하다
comparison n. 비교
반 incomparable 비할 데가 없는

adj 필적하는, 비교되는

The car's quality standards are **comparable** to the industry average. 그 차의 품질 규격은 업계 평균에 필적한다.

 토익 이렇게 나온다

빈출 표현 be comparable to ~에 필적하다, ~에 비길 만하다

comparable과 어울리는 전치사 to를 묻는 문제로 출제된다.

28 produce ★★

[prədjúːs]

파 product n. 제품
production n. 생산, 생산량
productivity n. 생산성
동 turn out 생산하다, 제조하다

v 생산하다

The new machinery **produces** 1,000 units per hour.
새 기계는 시간당 천개의 제품을 생산한다.

29 respectively ★★

[rispéktivli]

adv 각각, 따로

The camera and tablet computer cost $225 and $350 **respectively**. 카메라와 태블릿 컴퓨터는 각각 225달러와 350달러이다.

30 device ★★

[diváis]

파 devise v. 고안하다
동 gadget 장치

n 장치

The new **device** was tested for possible defects.
새 장치는 결함이 있는지 검사되었다.

★★★ = 출제율 최상   ★★ = 출제율 상   ★ = 출제율 중
● = Part 5·6 정답 단어   ○ = Part 7 빈출 단어

31 trim**

[trim]

v (깎아) 다듬다, 없애다; 삭감하다

This mechanism **trims** the plastic packaging to make it smaller. 이 기계 장치는 플라스틱 포장지를 다듬어서 더 작게 만든다.

The team **trimmed** nearly 20 percent off of current production costs. 그 팀은 현 생산비에서 거의 20퍼센트를 삭감했다.

32 launch*

[lɔ:ntʃ]
n. 출시

[동] introduce (신제품을) 소개하다, 발표하다

v (신제품을) 출시하다

Computer programmers fix technical malfunctions before **launching** any software.
컴퓨터 프로그래머들은 어떤 소프트웨어든 출시하기 전 기술적 결함을 수리한다.

33 separately*

[sépərətli]

[파] separate adj. 분리된, 떨어진
separation n. 분리
[동] individually 개별적으로

adv 개별적으로, 따로따로

The cushioning pads are made **separately** as each shoe is slightly different.
각각의 신발이 약간씩 다르기 때문에 쿠션 깔개는 개별적으로 제작된다.

 토익 이렇게 나온다

| 빈출 | be made separately 개별적으로 제작되다
be ordered separately 따로따로 주문되다

separately는 make, order 등의 동사와 주로 어울려 출제된다.

34 expiration*

[èkspəréiʃən]

n (기간·임기 등의) 만료, 만기

The **expiration** date is printed on the top of the milk carton. 유효 기간은 우유 팩 상단에 인쇄되어 있다.

35 maneuver*

[미 mənú:vər]
[영 mənú:və]

v 이동시키다, 움직이다

Assembly line workers **maneuvered** the machinery into place. 조립 라인 노동자들은 기계를 제자리로 이동시켰다.

36 coming*

[kʌ́miŋ]
n. 도착, 도래

[동] upcoming 다가오는

adj 다가오는

Factory output will double in the **coming** year.
공장 생산량이 다가오는 해에는 두 배가 될 것이다.

37 **damaged** *

[dǽmidʒd]

파 damage n. 손상 v. 손해를 입히다

adj 손상된, 손해를 입은

The conveyor belts were **damaged** from excessive use.
과도한 사용으로 컨베이어 벨트가 손상되었다.

 토익 이렇게 나온다

혼동 **damaged : impaired : injured**
어휘 '손상된'을 뜻하는 단어들의 용례 차이를 구별하는 문제로 출제된다.

┌ **damaged** 손상된
  사물이 부서지거나 손상되었을 때 사용한다.
├ **impaired** (신체적·정신적으로) 장애가 있는
  사람의 기능이 손상되었을 때 쓰인다.
  Special safety precautions for the hearing **impaired** will be implemented.
  청각 장애인들을 위한 특별 안전 조치가 시행될 것이다.
└ **injured** 부상당한
  사고 등으로 부상당한 경우에 쓰인다.
  The company insurance plan will compensate **injured** workers. 회사 의료 보험이 부상당한 직원들에게 보상해 줄 것이다.

38 **prevent** *

[privént]

파 prevention n. 예방
preventive adj. 예방의
preventively adv. 예방용으로, 방지하여
동 avoid 막다, 예방하다
반 allow ~을 허락하다

v ~을 막다, ~을 예방하다

Employees are expected to observe safety guidelines to **prevent** accidents.
직원들은 사고를 막기 위해 안전 지침을 따라야 한다.

 토익 이렇게 나온다

빈출 **prevent A from -ing** A가 –하는 것을 막다
어구 prevent는 prevent A from -ing 형태로 자주 사용되므로 꼭 익혀 두자.

혼동 **prevent : hinder**
어휘 '방해하다'를 뜻하는 단어들의 용례 차이를 구별해 두자.

┌ **prevent** 막다, 방지하다
  어떤 일이 발생할 것을 예방 차원에서 막을 때 쓰인다.
└ **hinder** 저지하다, 방해하다
  상대방을 곤란하게 만들어 앞으로 일어날 행동을 막을 때 쓰인다.
  To **hinder** unauthorized access to e-mail accounts, users must regularly change passwords.
  이메일 계정에 승인되지 않은 접근을 저지하기 위해, 사용자들은 정기적으로 암호를 바꿔야 한다.

³⁹ power *

[미 páuər]
[영 páuə]

파 powerful adj. 강력한
empower v. ~에게 권한을
부여하다
동 electricity 전기

n 전력, 전기

The plant was closed for half a business day due to a **power** outage.

그 공장은 정전으로 인해 반나절 간 휴업했다.

 토익 이렇게 나온다

빈출 표현 1. **power supply** 전력 공급
power plant 발전소

power는 '힘'이란 의미로 많이 알고 있지만 토익에는 주로 '전력'이란 뜻으로 출제된다.

2. **a powerful engine** 강력한 엔진

형용사인 powerful도 자주 출제되므로 꼭 기억해 두자.

⁴⁰ chemical *

[kémikəl]
adj. 화학의

파 chemist n. 화학자
chemistry n. 화학

n 화학 제품

Protective gear is needed when working with dangerous **chemicals**.

위험한 화학 제품을 가지고 작업할 때는 보호 장비가 필요하다.

 토익 이렇게 나온다

혼동어휘 ┌ **chemical** 화학 제품
└ **chemist** 화학자

물질 명사인 chemical과 사람 명사인 chemist를 구별하는 문제로 출제된다.

⁴¹ minimize *

[mínimàiz]

반 maximize 극대화하다

v 최소화하다, 축소하다

To **minimize** employees' workload, the company upgraded its software.

직원들의 업무량을 최소화하기 위해, 그 회사는 소프트웨어를 업그레이드했다.

DAY 12 Daily Checkup

토익에 출제되는 단어의 뜻을 오른쪽 보기에서 찾아 연결하세요.

01 manufacturing

02 comparable

03 efficiency

04 tailored

05 renovate

ⓐ 필적하는, 비교되는

ⓑ 개조하다, 수리하다

ⓒ 맞춤의

ⓓ 제조(업)의

ⓔ 결정, 판단

ⓕ 효율, 능률

토익에 출제되는 문장의 문맥에 맞는 단어를 고르세요.

06 This factory has a ___ of 200 workers.

07 Sean carefully ___ the truck into a narrow alley.

08 Jack and Helen were promoted to supervisor and manager ___.

09 Mr. Bowen ___ the production improvements to the research team.

| ⓐ attributed | ⓑ respectively | ⓒ maneuvered | ⓓ capacity | ⓔ properly |

10 The equipment upgrades ___ several minutes off production time.

11 A ___ schedule allows employees to take care of personal business.

12 The new packaging ___ on cost, as the materials are much cheaper.

13 As the clothing line was such a ___, the factory increased production.

토익 이렇게 나온다
명사 schedule은 flexible, tight와 같은 형용사와 함께 자주 쓰여요.

| ⓐ economizes | ⓑ trimmed | ⓒ prevents | ⓓ flexible | ⓔ success |

➔ Daily Checkup 해석과 추가 Daily Quiz, 보기 대느느기 www.Hackers.co.kr에서 제공됩니다.

생산 | **213**

토익 기초 단어

LC	☐ clothing line	**phr**	의류 상품
	☐ craft	**n**	기술
	☐ crop	**n**	농작물, 산출량
	☐ curved	**adj**	구부러진, 곡선 모양의
	☐ cyclist	**n**	자전거 타는 사람
	☐ firewood	**n**	장작
	☐ iron	**n**	철; **v** 다리미질을 하다
	☐ look up	**phr**	~을 찾다, 쳐다보다
	☐ machinery	**n**	기계류, 기계 장치
	☐ not at all	**phr**	전혀 ~아니다, 천만에
	☐ not far from	**phr**	~에서 멀지 않은
	☐ plant	**n**	식물, 공장; **v** (식물을) 심다
	☐ publication company	**phr**	출판 회사
	☐ scratch	**v**	긁다
	☐ tool belt	**phr**	공구 벨트
	☐ watering can	**phr**	물뿌리개
RC	☐ a number of	**phr**	많은
	☐ be composed of	**phr**	~으로 구성되다
	☐ be filled with	**phr**	~으로 채워지다
	☐ be made up of	**phr**	~으로 구성되다
	☐ facility	**n**	시설
	☐ fasten	**v**	매다, 잠그다
	☐ incredible	**adj**	놀라운, 믿기 어려운
	☐ modification	**n**	변경, 수정
	☐ rank	**n**	계급, 순위; **v** 등급을 매기다
	☐ raw material	**phr**	원자재
	☐ shortage	**n**	부족
	☐ underground	**adj**	지하의, 비밀의

800점 완성 단어

LC			
	☐ assembly	n	조립, 집회
	☐ fasten the strap	phr	끈을 조이다
	☐ give a hand	phr	돕다
	☐ go out of production	phr	생산을 중단하다
	☐ in a moment	phr	순식간에, 곧
	☐ maintenance cost	phr	유지비
	☐ makeup	n	조립, 구성
	☐ much to one's surprise	phr	매우 놀랍게도
	☐ not only A but also B	phr	A뿐만 아니라 B도
	☐ pack away	phr	모아두다, 저장하다
	☐ remarkably	adv	두드러지게
	☐ scale model (= miniature)	phr	축소 모형
	☐ squeaking sound	phr	끽끽거리는 소리
	☐ wearable	adj	착용할 수 있는
	☐ workbench	n	작업대
Part 5, 6	☐ adapted	adj	적당한, 알맞은, 개조된
	☐ automatically	adv	자동적으로
	☐ carelessly	adv	부주의하게
	☐ combustible	adj	타기 쉬운, 흥분하기 쉬운
	☐ fitted	adj	꼭 맞게 만들어진, 갖추어진
	☐ priced	adj	값이 붙은
	☐ reform	n	개혁; v 개혁하다
	☐ representation	n	묘사, 표현
	☐ technically	adv	기술적으로, 엄밀히 말하면
	☐ technician	n	기술자, 기사
	☐ utterly	adv	완전히, 철저히
Part 7	☐ adversely	adv	불리하게
	☐ agricultural	adj	농업의
	☐ artificial	adj	인공적인
	☐ be irrelevant to	phr	~과 무관하다
	☐ crude	adj	천연 그대로의, 미숙한
	☐ crude oil	phr	원유
	☐ custom made	adj	주문 제작한

☐ downsize	v	(인력·규모를) 줄이다
☐ gadget	n	간단한 도구
☐ gem	n	보석
☐ generator	n	발전기
☐ grease	n	윤활유
☐ identically	adv	똑같이
☐ in the event of	phr	~의 경우에는
☐ in the process of	phr	~이 진행 중인
☐ individually tailored	phr	개인 맞춤의
☐ integration	n	통합
☐ line worker	phr	작업 라인 노동자
☐ made-to-order	adj	맞춤 제작된
☐ make an arrangement	phr	준비하다
☐ make an exception	phr	예외로 하다
☐ make public	phr	발표하다
☐ market awareness	phr	시장 인지도
☐ neatly	adv	깔끔하게, 단정하게
☐ on call	phr	언제든지 사용할 수 있는, 대기하고 있는
☐ on the edge of	phr	막 ~하려는 찰나에
☐ on the spot	phr	현장에, 즉시
☐ outlast	v	~보다 오래가다
☐ output	n	생산량
☐ put in place	phr	제자리에 두다
☐ query	n	질문
☐ ready-made	adj	기성품의
☐ reassemble	v	재조립하다, 다시 모이다
☐ refine	v	정제하다, 개선하다
☐ reproduction	n	모조품, 재생
☐ sector	n	부문, 구역
☐ settle on	phr	~을 결정하다
☐ sort out	phr	~을 정리하다
☐ synthetic	adj	합성의
☐ tailor-made	adj	맞춤의
☐ upon -ing	phr	~하자마자
☐ wear and tear	phr	마모, 손상

900점 완성 단어

LC	☐ come apart	phr 부서지다
	☐ flow chart	phr 작업 공정도
	☐ production quota	phr 생산량 할당
	☐ tie up	phr 단단히 묶다, (일을) 마무리 짓다
	☐ void	n 빈 공간; adj 텅 빈
Part 5, 6	☐ discontinue	v 중단하다
	☐ halt	n 중단, 정지
	☐ occurrence	n 발생하는 것
	☐ operating	adj (기계·설비의) 조작상의, 운영상의
	☐ predicted	adj 예상되는
	☐ welding	n 용접
Part 7	☐ arable	adj (땅이) 경작에 알맞은
	☐ broadly	adv 대략
	☐ continuity	n 지속성
	☐ disassemble	v 분해하다
	☐ excavation	n 발굴
	☐ fabricate	v 제작하다
	☐ involuntarily	adv 본의 아니게
	☐ liquidity	n (자산의) 유동성
	☐ nimble	adj 민첩한, 재빠른
	☐ obfuscate	v 당황하게 하다, 혼란스럽게 만들다
	☐ pertinent	adj 관련된
	☐ perturbed	adj 동요하는
	☐ pragmatic	adj 실용적인
	☐ precede	v ~보다 앞서다, ~보다 중요하다
	☐ prevail	v 널리 퍼지다, 이기다
	☐ procurement	n (필수품의) 조달
	☐ provoke	v 화나게 하다, 유발하다
	☐ recede	v (가치·품질이) 떨어지다
	☐ tolerance	n 관용
	☐ unfailingly	adv 변함없이, 영락없이
	☐ unmet	adj (요구 등이) 채워지지 않은

➔ 토익완성단어의 Daily Quiz를 www.Hackers.co.kr에서 다운로드 받아 풀어보세요.

<토익 기출 보카> 어플로 DAY 12 단어를 재미있게 외워보세요.

DAY
13

고객은 왕
고객서비스

주제를 알면 토익이 보인다!

고객서비스 주제에서는 주로 고객 문의에 대한 응대, 불평불만에 대한 처리 등이 출제되고 있어요. 고객서비스 주제에서 자주 출제되는 단어를 함께 알아볼까요?

▲무료 MP3바로 듣기

고객 만족을 위해 최선을 다한다!

나 요즘 고객들의 complaints를 deal with하고 있어.

argumentative한 고객들에게 appropriately respond하는 건 진짜 어려울 것 같아.

닭똥집

가끔 고객의 거친 태도가 infuriating하지만, courteous하려고 노력해. 행여 고객 전화를 놓칠까 봐 화장실도 잘 못 가지.

고객들의 satisfaction을 위해 자기가 inconvenient하더라도 최선을 다하는 나사원을 위해 건배!

챙

[맛최고빵] 맛이 왜 이래요? 어쩜 맛이 이럴 수 있죠??

네네, 고객님. [맛최고빵] 맛이 최고라니 감사합니다.

다 해석하기 나름

¹ complaint***

[kəmpléint]

파 complain v. 불평하다
동 grumble 불평
반 praise, compliment 칭찬

n 불평

Customers can register **complaints** at the customer service center or online.
고객들은 고객 서비스 센터나 온라인으로 불평을 신고할 수 있습니다.

 토익 이렇게 나온다

빈출 표현 make complaints against ~에 대해 불평하다, 트집을 잡다
file a complaint with ~에 불만을 제기하다

complaint는 동사 make, file과 짝을 이루어 사용된다.

² deal*

[미 diːl]
[영 diəl]

동 handle 다루다

v 처리하다; 거래하다; 분배하다

The problem will be **dealt** with immediately.
그 문제는 즉시 처리될 것이다.

Davis Automotive **deals** in used cars and automotive accessories. Davis Automotive사는 중고차와 차량 부품을 거래한다.

The government will **deal** out debt relief grants to the poor. 정부는 빈민들에게 채무 구제 보조금을 나누어 줄 것이다.

n 거래

Fly-Age agency offers good **deals** on international flights. Fly-Age 여행사는 국제 항공편에 대해 유리한 거래를 제공한다.

 토익 이렇게 나온다

빈출 표현 1. deal with (문제 등을) 처리하다
동사 deal은 '처리하다'의 의미일 때는 자동사이므로 항상 전치사 with와 함께 써야 한다. 수동태 be dealt with 형태로 자주 출제되는데, 이때 with를 빠뜨리지 않도록 유의하자.

2. a good deal 유리한 거래
a great deal of 다량의, 많은 (= a lot of, a great amount of)
명사 deal의 출제 표현을 기억해 두자. deal은 명사와 동사의 형태가 같으므로 문맥을 파악하여 품사를 구별해야 한다.

³ argumentative*

[미 àːɾgjuméntətiv]
[영 àːgjuméntətiv]

파 argue v. 논쟁하다
argument n. 논쟁
arguably adv. 단언컨대, 거의 틀림없이

adj 논쟁적인, 논쟁을 좋아하는

Service personnel must avoid becoming **argumentative** with upset customers.
서비스 직원들은 화난 손님들과 논쟁하는 것을 피해야 한다.

★★★ =출제율 최상   ★★ =출제율 상   ★ =출제율 중
● = Part 5·6 정답 단어   ○ = Part 7 빈출 단어

토익 이렇게 나온다

 ┌ argumentative 논쟁적인
└ arguable 논쟁의 여지가 있는

어근이 같지만 뜻이 다른 두 단어를 구별해 두자. argumentative는 발언이
나 사람이 논쟁적일 때 쓰이는 반면, arguable은 쟁점 등이 논쟁의 여지가 있
을 때 사용한다.

It is arguable who is responsible for the lost order.
분실된 주문품에 관한 책임이 누구에게 있는지에 대해 논쟁의 여지가 있다.

⁴ appropriately*

[미 əpróupriətli]
[영 əpráupriətli]

파 appropriate adj. 적절한
동 suitably 적절하게, 알맞게
반 inappropriately 부적절하게

adv 적절하게

**Telephone representatives should know how to
handle customer complaints appropriately.**
전화 상담원들은 고객의 불만을 적절하게 처리하는 법을 알아야 한다.

⁵ respond***

[미 rispánd]
[영 rispɔ́nd]

파 response n. 응답; 반응
responsive adj. 반응이 빠른
(↔ unresponsive)

v 응답하다

**Sales staff should respond promptly to questions
from customers.**
판매 사원들은 고객의 질문에 지체 없이 응답해야 한다.

 토익 이렇게 나온다

respond : answer
'응답하다'를 뜻하는 단어들의 용례 차이를 구별하는 문제로 출제된다.

┌ respond to ~에 응답하다
respond는 문의, 호소 등에 응답할 때 쓰인다. 자동사이므로 전치사 to
와 함께 사용한다.

└ answer ~에 대답하다
answer는 질문, 명령, 부름 등에 응답할 때 쓰인다. 타동사이므로 뒤에
바로 목적어가 온다.

**The clerk was unable to answer the query in a satisfactory
manner.** 점원은 그 문의에 만족스럽게 대답할 수 없었다.

⁶ infuriate*

[infjúərièit]

파 infuriating adj. 격분하게 하는

v 화나게 하다, 격분시키다

**The attendant's incompetence infuriated the
customer.**
그 안내원의 무능함은 고객을 화나게 했다.

7 courteous *

[미 kə́:rtiəs]
[영 kə́:tiəs]

파 courtesy n. 예의 바름
courteously adv. 예의 바르게

adj 예의 바른

All inquiries must be handled in a **courteous** manner.
모든 문의는 예의 바른 태도로 처리되어야 한다.

8 satisfaction **

[sæ̀tisfǽkʃən]

파 satisfy v. 만족시키다
satisfactory adj. 만족스러운
동 content 만족
반 dissatisfaction 불만족

n 만족

We hope our assistance was to your **satisfaction**.
저희 도움에 여러분께서 만족하셨기를 바랍니다.

🗣 토익 이렇게 나온다

빈출 to one's satisfaction ~가 만족하도록, 만족스럽게
customer satisfaction 고객 만족
satisfaction survey 만족도 조사

satisfaction은 관용 표현으로 자주 출제되므로 묶어서 외워 두자.

9 inconvenience *

[미 ìnkənví:njəns]
[영 ìnkənví:niəns]

파 inconvenient adj. 불편한
반 convenience 편리

n 불편

We apologize for the **inconvenience** during construction. 공사 중 불편을 드려 죄송합니다.

v ~에게 불편을 느끼게 하다

Cheryl asked the manager if it would **inconvenience** him to reschedule her interview.
Cheryl은 관리자에게 면접 일정을 변경하는 것이 그를 불편하게 하는지 문의했다.

 토익 이렇게 나온다

편법 inconvenience + 사람 ~에게 불편을 느끼게 하다

inconvenience는 명사로 많이 알고 있지만 동사로도 시험에 출제된다. 타동사이므로 뒤에 목적어가 반드시 와야 한다는 것에 유의하자.

10 complete ***

[kəmplí:t]

파 completion n. 완료, 완성
completely adv. 완전히, 전적으로
반 incomplete 미완성의

v 완료하다, 완성하다

The paperwork must be **completed** within one month. 그 서류 작업은 한 달 안에 완료되어야 한다.

adj 완료된, 완성된

Once you receive a confirmation e-mail, the registration process is **complete**.
귀하께서 확인 이메일을 받으시면, 등록 절차는 완료됩니다.

---

complete + a survey/an application
설문지 / 신청서를 작성하다

동사 complete는 survey, application 등 정보를 기입해야 하는 양식과 관
련된 명사와 함께 자주 출제된다.

11 specific***

[미 spisífik]
[영 spəsífik]
n. (-s) 세부 사항

adj 구체적인, 명확한

When seeking help online, clients must be very
specific in describing problems.
고객들은 온라인으로 도움을 요청할 때, 문제를 설명하는 데 있어 아주 구체적이어
야 한다.

12 return***

[미 ritə́:rn]
[영 ritə́:n]
n. 반환; 수익

v 반환하다, 반송하다; 돌아오다, 돌아가다

Merchandise can be **returned** at the counter.
상품은 계산대에서 반환하실 수 있습니다.

John **returned** to the mobile phone store to ask
about his warranty.
John은 보증서에 관해 물어보기 위해 휴대 전화 매장으로 돌아왔다.

13 replace***

[ripléis]

파 replacement n. 교체, 대체;
교환품, 후임자
replaceable adj. 대신할 수
있는, 교체 가능한

v ~을 교체하다, 대체하다

The mechanic **replaced** the generator's motor with
a new one.
정비사가 발전기의 모터를 새것으로 교체했다.

 토익 이렇게 나온다

replace : substitute
'교체하다'를 뜻하는 단어들의 용례 차이를 구별해 두자.

┌ replace A with B A를 B로 교체하다
  replace는 '~을 대신하다'라는 뜻이므로 교체되는 대상이 목적어로 온다.
└ substitute B for A A를 B로 교체하다
  substitute는 '~을 대신으로 쓰다'라는 의미이므로 대체품이 목적어로 온다.
  Diners may **substitute** french fries **for** a side salad.
  식당 손님들은 곁들임 샐러드를 감자튀김으로 교체할 수 있습니다.

14 presentation***

[미 prìːzentéiʃən]
[영 prèzəntéiʃən]

파 present v. 제시하다, 보여 주다

n 발표

Melissa gave the employees a **presentation** about handling difficult clients.

Melissa는 직원들에게 까다로운 고객들을 다루는 방법에 대해 발표했다.

15 evaluation***

[ivæljuéiʃən]

파 evaluator n. 평가자
evaluate v. 평가하다

n 평가

Please fill out the **evaluation** form.

평가서를 작성해 주십시오.

토익 이렇게 나온다

빈출
어구 **performance evaluation** 직무 평가
course evaluation 강의 평가

evaluation은 복합 명사 형태로 자주 등장하므로 출제 표현을 기억해 두자.

혼동
어휘 ┌ **evaluation** 평가
└ **evaluator** 평가자

추상 명사인 evaluation과 사람 명사인 evaluator를 구별하는 문제로 출제된다.

16 confident***

[미 kánfədənt]
[영 kɔ́nfidənt]

파 confidently adv. 자신 있게
confidence n. 확신, 자신

adj 확신하는, 자신 있는

The manager is **confident** that Ms. Brown will be an excellent team leader.

그 관리자는 Ms. Brown이 훌륭한 팀 리더가 될 것이라고 확신한다.

17 cause***

[kɔːz]

v ~을 야기하다, ~의 원인이 되다

The defect in the lamp was **caused** by improper wiring.

전등의 결함은 잘못된 배선에 의해 야기되었다.

n 원인

Researchers tried to find the **cause** of the error.

연구원들은 그 오류의 원인을 찾으려고 노력했다.

 토익 이렇게 나온다

빈출
어구 **cause + damage/malfunction/delay** 피해/고장/지연을 야기하다

동사 cause는 damage 등 피해와 관련된 명사와 어울려 주로 출제된다.

18 commentary ***

[미] káməntèri]
[영] kɔ́məntəri]

파 commentate v. 해설하다

n 해설, 설명

Richard added **commentary** to the service training film.

Richard는 서비스 교육 영상에 해설을 덧붙였다.

19 notification ***

[미] nòutəfikéiʃən]
[영] nə̀utifikéiʃən]

파 notify v. 통지하다

n 통지

We require written **notification** of any order cancellations.

저희는 모든 주문 취소에 대한 서면 통지를 요구합니다.

🧑 토익 이렇게 나온다

빈출 어구 **notification of** ~에 대한 통지

notification과 함께 쓰이는 전치사 of를 묶어서 외워 두자.

20 apologize ***

[미] əpálədʒàiz]
[영] əpɔ́lədʒaiz]

파 apology n. 사과

v 사과하다

We **apologize** for the late delivery service.

늦은 배송 서비스에 대해 사과 드립니다.

 토익 이렇게 나온다

빈출 어구 **apologize for + 원인** ~에 대해 사과하다
apologize to + 사람 ~에게 사과하다

apologize와 함께 쓰이는 전치사 for, to를 선택하는 문제로 출제된다.

21 interact **

[ìntərǽkt]

파 interactive adj. 상호 작용하는

v 소통하다, 교류하다; 상호 작용을 하다

When **interacting** with shoppers, clerks should deal with them in a pleasant manner.

쇼핑객들과 소통할 때, 점원들은 유쾌한 태도로 그들을 대해야 한다.

22 certain **

[미] sə́ːrtn]
[영] sə́ːtn]

adj 확신하는, 확실한; 특정한

Sharon was not **certain** where she had bought the blouse.

Sharon은 그 블라우스를 어디서 샀는지 확신하지 못했다.

Registrants are required to provide **certain** details on the form, but other information is optional.

등록자들은 양식에 특정 정보를 기입하도록 요구되지만, 다른 정보는 선택 사항이다.

23 commitment★★

[kəmítmənt]

파 commit v. 전념하다
committed adj. 전념하는
(= devoted)

동 dedication 헌신

n 헌신, 전념

Brand Bank has a longstanding **commitment** to providing excellent client assistance.

Brand 은행은 뛰어난 고객 지원을 제공하는 데 오랫동안 헌신해 왔다.

🧑 토익 이렇게 나온다

빈출 **commitment to** ~에 대한 헌신, 전념
어구 **be committed to** ~에 전념하다

commitment와 형용사 committed는 전치사 to와 함께 자주 출제된다.

동의어 어떤 일에 전력을 다함을 의미할 때 commitment는 dedication으로 바꾸어 쓸 수 있다.

24 applaud★★ ○

[əplɔ́:d]

v ~에게 박수를 보내다; 칭찬하다

The staff **applauded** management's decision to increase overtime pay.

직원들은 초과 근무 수당을 인상하기로 한 경영진의 결정에 박수를 보냈다.

25 biography★★ ●

[미 baiágrəfi]
[영 baiɔ́grəfi]

n 약력, 전기

A short **biography** on the guest speaker was included in the program.

초청 연사의 간단한 약력이 진행표에 포함되어 있었다.

26 critical★★ ●

[krítikəl]

파 criticize v. 비판하다
critic n. 비평가
critique n. 평론; v. 비평하다
critically adv. 비판적으로,
위태롭게

동 important 중요한

adj 비판적인; 중요한; 위기의

Many customers were **critical** of the new services.

많은 고객들이 새로운 서비스에 대해 비판적이었다.

🧑 토익 이렇게 나온다

빈출 **be critical of** ~에 대해 비판적이다
어구

critical과 어울리는 전치사 of를 한데 묶어서 외워 두자.

문법 **critical**(adj. 비판적인)과 **critic**(n. 비평가)의 품사 구별하기.

명사 critic은 -tic으로 끝나기 때문에 언뜻 봐서는 형용사로 혼동할 수 있으니 유의해야 한다.

동의어 어떤 일이나 요소가 중요하고 결정적임을 의미할 때 **critical**은 **important**로 바꾸어 쓸 수 있다.

★★★ = 출제율 최상 ★★ = 출제율 상 ★ = 출제율 중
● = Part 5·6 정답 단어 ○ = Part 7 빈출 단어

27 depend on **

[파] dependent adj. 의존하는
dependable adj. 신뢰할
수 있는

phr ~에 달려 있다, ~에게 의존하다

The success of a restaurant **depends on** the quality
of the food and the customer service.
식당의 성공은 음식과 고객 서비스의 질에 달려 있다.

28 combine **
[kəmbáin]

[파] combination n. 결합, 조합
combined adj. 결합한, 합친

v 결합시키다

The store sometimes allows customers to **combine**
two special offers.
그 가게는 가끔 고객들이 두 가지의 특가 혜택을 결합시키는 것을 허용한다.

29 priority **
[미 praió:rəti]
[영 praióriti]

[파] prior adj. 우선하는
prioritize v. ~에 우선 순위를
매기다

n 우선권, 우선 사항

Priority for the service will be provided according
to a first come, first served basis.
그 서비스에 대한 우선권은 선착순으로 제공될 것이다.

30 observe **
[미 əbzə́:rv]
[영 əbzə́:v]

[파] observance n. 준수
observation n. 관찰
observant adj. 준수하는

v 관찰하다, 주시하다; (규칙 등을) 준수하다, 지키다

The technicians **observed** a demonstration about
repairing phones. 기술자들은 전화기 수리에 대한 시연을 관찰했다.

All staff must **observe** the dress code of the
company. 모든 직원은 회사 복장 규정을 준수해야 한다.

 토익 이렇게 나온다

[빈출표현] **observe safety regulations** 안전 수칙을 준수하다
observe guidelines 지침을 지키다

observe는 regulations, guidelines 등 규정, 규칙을 의미하는 명사와 어울
려 출제된다.

31 defective **
[diféktiv]

[파] defect n. 결점, 결함
defectively adv. 불완전하게
[동] faulty 결점이 있는

adj 결함이 있는

The buyer requested a refund for the **defective** hair
dryer. 그 구매자는 결함이 있는 헤어드라이어에 대해 환불을 요청했다.

 토익 이렇게 나온다

[어휘] **defect**(n. 결함)와 **defective**(adj. 결함이 있는)의 품사 구별하기.

32 reflect★★
[riflékt]

통 indicate, show 나타내다,
보이다
match (반영되어) 일치하다

v 반영하다, 나타내다

Kimdale Corporation's statement of purpose **reflects**
its commitment to quality.

Kimdale사의 강령은 품질에 대한 회사의 헌신을 반영한다.

 토익 이렇게 나온다

동의어 영수증, 송장과 같은 양식의 내용이 요금, 금액 등을 정확히 반영하고 있음을
의미할 때 reflect는 indicate, show, match 등으로 바꾸어 쓸 수
있다. 참고로, reflect에는 '곰곰이 생각하다'라는 뜻도 있는데, 이때는
consider로 바꾸어 쓸 수 있다.

33 attitude★★
[ǽtitʃùːd]

n 태도, 마음가짐

Salespeople with a positive **attitude** tend to sell
more products.

긍정적인 태도를 가진 판매원들이 더 많은 제품을 파는 경향이 있다.

34 disappoint★★
[dìsəpɔ́int]

파 disappointed adj. 실망한
disappointing adj. 실망시
키는
disappointment n. 실망

v 실망시키다

The poor terms of the computer warranty
disappointed many buyers.

그 컴퓨터 보증서의 부실한 조항이 많은 구매자를 실망시켰다.

35 inquire★★
[미 inkwáiər]
[영 inkwáiə]

파 inquiry n. 질문, 문의
반 reply 응답하다

v 문의하다, 질문하다

Several people called in to **inquire** about the store's
latest promotions.

여러 사람이 상점의 최신 판촉 상품에 대해 문의하려고 전화했다.

36 insert★
[미 insə́ːrt]
[영 insə́ːt]

v 삽입하다

Please read all the instructions before **inserting** the
CD into your computer.

CD를 컴퓨터에 삽입하기 전에 설명서를 모두 읽어 보시기 바랍니다.

 토익 이렇게 나온다

**빈출
어구** **insert A into B** A를 B에 삽입하다

insert와 함께 쓰이는 전치사 into를 묶어서 외워 두자.

---

37 disclose*

[미 disklóuz]
[영 disklə́uz]

파 disclosure n. 폭로, 발각
동 reveal 밝히다
　　expose 드러내다
반 conceal 감추다

v 공개하다, 드러내다

Customers will be asked to **disclose** some personal details when ordering online.
고객들은 온라인으로 주문 시 몇몇 개인 정보를 공개할 것을 요청받을 것이다.

 토익 이렇게 나온다

문법 disclose + 목적어 ~을 공개하다

disclose는 타동사이므로 바로 뒤에 전치사가 올 수 없다는 것에 유의하자.
disclose about이라고 쓰면 틀린 표현이 된다.

38 guarantee*

[gæ̀rəntíː]

n. 보증, 보증서

동 assure 보증하다, 보장하다

v 보장하다

Customer satisfaction is **guaranteed**.
고객 만족이 보장됩니다.

n 보장

There is no **guarantee** of a refund in the event of cancellation. 취소하실 경우에 환불은 보장되지 않습니다.

 토익 이렇게 나온다

빈출어 guarantee of ~에 대한 보장

명사 guarantee와 함께 쓰이는 전치사 of를 묻는 문제로 출제된다.

39 politely*

[pəláitli]

파 polite adj. 공손한, 예의 바른
　　politeness n. 공손함
반 impolitely 무례하게

adv 공손하게, 예의 바르게

Store personnel must always speak to customers **politely**. 상점 직원은 고객에게 항상 공손하게 말해야 한다.

 토익 이렇게 나온다

문법 politely(adv. 공손하게)와 polite(adj. 공손한)의 품사 구별하기.

40 seriously*

[síəriəsli]

파 serious adj. 진지한

adv 진지하게

The manager takes customer feedback very **seriously**. 그 관리자는 고객의 의견을 아주 진지하게 받아들인다.

 토익 이렇게 나온다

빈출어 take A seriously A를 진지하게 받아들이다(↔ take A lightly)

seriously는 take A seriously 형태로 출제되므로 꼭 기억해 두자.

DAY 13 Daily Checkup

토익에 출제되는 단어의 뜻을 오른쪽 보기에서 찾아 연결하세요.

01 complaint

02 applaud

03 interact

04 priority

05 replace

ⓐ ~을 교체하다

ⓑ ~에게 박수를 보내다

ⓒ 우선권

ⓓ 해설, 설명

ⓔ 불평

ⓕ 소통하다

토익에 출제되는 문장의 문맥에 맞는 단어를 고르세요.

06 This short ___ will explain how the camera works.

07 Customers will receive ___ of all special offers and sales.

08 Tony's ___ showed he had studied at a university in Texas.

09 This computer sells well because it received a high ___ rating.

ⓐ notification   ⓑ presentation   ⓒ biography   ⓓ satisfaction   ⓔ deal

10 The engineers are ___ that their car is the fastest.

11 The efficiency of a business ___ how well it is run.

12 The store has ___ directions for customers to return products.

13 Ms. Tan was ___ with unprofessional manners of some hotel staff.

> **토익 이렇게 나온다**
> confident, afraid와 같은 형용사 뒤에는
> that절이 자주 와요. 차가 가장 빠르다는
> 것에 대해 어떤 의견일지 생각해 보세요.

ⓐ reflects   ⓑ disappointed   ⓒ critical   ⓓ confident   ⓔ specific

Answer 1.ⓔ 2.ⓑ 3.ⓕ 4.ⓒ 5.ⓐ 6.ⓑ 7.ⓐ 8.ⓒ 9.ⓓ 10.ⓓ 11.ⓐ 12.ⓔ 13.ⓑ

➔ Daily Checkup 해석과 추가 Daily Quiz, 보카 테스트가 www.Hackers.co.kr에서 제공됩니다

토익 기초 단어

LC	☐ a couple of	phr	두 개의, 몇 개의
	☐ athlete	n	운동선수
	☐ call for	phr	~을 요구하다, ~을 가지러 들르다
	☐ cart	n	쇼핑 카트
	☐ customer service representative	phr	고객 서비스 담당 직원
	☐ get a phone call	phr	전화를 받다
	☐ give a call	phr	전화를 하다
	☐ have one's hair cut	phr	머리카락을 자르다
	☐ Just for a minute.	phr	잠시만 기다려 주세요.
	☐ laundry service	phr	세탁 서비스
	☐ leave a message	phr	메시지를 남기다
	☐ product logo	phr	제품 상표
	☐ rinse	v	헹구다
	☐ voice mail	phr	음성 메일
RC	☐ as soon as possible	phr	가능한 빨리
	☐ complain	v	불평하다
	☐ counselor	n	상담원
	☐ for free	phr	무료로
	☐ grocery store	phr	식품점, 슈퍼마켓
	☐ invite	v	초대하다
	☐ often	adv	자주, 흔히
	☐ positive	adj	긍정적인, 확신하는
	☐ relationship	n	관계
	☐ site	n	부지
	☐ successfully	adv	성공적으로
	☐ unlike	prep	~과 달리
	☐ visit	v	방문하다; n 방문
	☐ vivid	adj	생생한, 선명한

800점 완성 단어

LC	☐ a loaf of	phr 한 덩어리의
	☐ affair	n 일, 사건
	☐ aisle	n (좌석 열·진열대 사이의) 통로
	☐ annoy	v 짜증 나게 하다
	☐ at no charge (=at no cost)	phr 무료로
	☐ at no extra charge	phr 추가 비용 없이
	☐ be on another call	phr 다른 전화를 받고 있다
	☐ ceremonial	adj 의식의, 예식의
	☐ for your own safety	phr 여러분 자신의 안전을 위해
	☐ follow-up	adj 후속의, 추가의
	☐ get a replacement	phr 교환 받다
	☐ handheld	adj 휴대용의
	☐ head toward	phr ~쪽으로 향하다
	☐ hold the line	phr (전화를) 끊지 않고 기다리다
	☐ just to make sure	phr 확실히 해두기 위해
	☐ leftover	adj 남은; n (-s) 남은 음식
	☐ look through the manual	phr 사용 설명서를 읽다
	☐ on delivery	phr 배달 시에
	☐ pharmacist	n 약사
	☐ potential customer	phr 잠재적 고객
	☐ prepaid	adj 선불된, 선납된
	☐ questionnaire	n 설문지
	☐ recall	v (결함 제품을) 회수하다; n 회수
	☐ return a phone call	phr 회답 전화를 하다
	☐ ridiculously	adv 터무니없이
	☐ take back	phr 반품하다
	☐ troubleshoot	v (문제를) 해결하다, (고장난 것을) 검사하다
	☐ tune	v 조율하다, 음을 맞추다
	☐ wardrobe	n 옷장
	☐ water-resistant	adj 내수성의, 물이 잘 스며들지 않는
Part 5, 6	☐ adverse	adj 불리한
	☐ argument	n 논의, 토론, 말다툼, 언쟁
	☐ as requested	phr 요청한 대로

☐ defect	n	결함
☐ discouraging	adj	낙담시키는
☐ escort	v	호위하다; n 호위대
☐ exterior	adj	외부의; n 외관
☐ further	adj	더 먼, 그 이상의; adv 더 나아가서, 게다가
☐ go on	phr	(어떤 상황이) 계속되다
☐ graciously	adv	상냥하게, 고맙게도
☐ inconvenient	adj	불편한
☐ instant	adj	즉각적인
☐ loyalty	n	충실, 충성, 충성심
☐ refer to	phr	~을 나타내다, ~에게 문의하다
☐ smoothly	adv	순조롭게
☐ trait	n	(성격상의) 특성
☐ user-friendly	adj	사용하기 쉬운
☐ willing	adj	기꺼이 하는, 자발적인

Part 7

☐ at one's request	phr	~의 요청으로
☐ breakage	n	파손, 파손물
☐ compliment	n	찬사, 칭찬
☐ cut back	phr	줄이다, 삭감하다
☐ even now	phr	아직까지도, 지금도
☐ faulty	adj	결함이 있는
☐ general population	phr	일반 대중
☐ make a complaint	phr	불평하다
☐ make a request	phr	요청하다
☐ make a response	phr	응답하다
☐ make an appointment	phr	예약을 하다
☐ meet the standards	phr	기준을 충족시키다
☐ mistakenly	adv	실수로
☐ people of all ages	phr	모든 연령대의 사람들
☐ post a notice on	phr	~에 공지 사항을 게시하다
☐ service depot	phr	서비스 센터
☐ stain	n	얼룩
☐ trace	v	(진행 과정을) 기술하다; n 자취, 극소량
☐ wear out	phr	닳다, 닳게 하다
☐ work properly	phr	제대로 작동하다

LC			
	□ bare	adj	벌거벗은, 텅 빈
	□ button up	phr	단추를 채워 잠그다
	□ casualty	n	사상자, 부상자
	□ deputy	n	대리인
	□ mend	v	수선하다
	□ testimonial	n	추천장, 감사장
Part 5, 6	□ adaptability	n	적응성
	□ aggression	n	공격성
	□ censure	n	비난; v 비난하다
	□ claims department	phr	보험 보상 부서
	□ compelling	adj	흡인력 있는, 설득력 있는
	□ decisive	adj	결정적인, 확고한
	□ distress	n	근심; v 근심하게 하다
	□ facilitate	v	가능하게 하다, 촉진하다
	□ factually	adv	사실상
	□ fleetingly	adv	아주 잠깐
	□ frankly	adv	솔직히
	□ nourish	v	~에 영양분을 주다, 장려하다
	□ reinforcement	n	보강, 강화
	□ sparsely	adv	드문드문하게
	□ unwavering	adj	확고한, 동요하지 않는
	□ vibrant	adj	활기에 넘치는
	□ wonder	v	~을 알고 싶다; n 놀라운 것
Part 7	□ blemish	n	흠, 결점
	□ genuine	adj	진짜의, 진실한
	□ hazard	n	위험
	□ intercept	v	도중에 가로막다
	□ rebate	v	환불해주다; n 환불
	□ retrospective	adj	회고적인, 소급하는
	□ slip one's mind	phr	잊어버리다
	□ soak up	phr	(액체를) 빨아들이다
	□ swiftly	adv	신속히, 빨리

➔ 토익완성단어의 Daily Quiz를 www.Hackers.co.kr에서 다운로드 받아 풀어보세요.

<해커스 토익 기출 보카> 어플로 DAY 13 단어를 재미있게 외워보세요.

DAY 14

출장의 목적

여행 · 공항

주제를 알면 토익이 보인다!

여행·공항 주제에서는 주로 관광 상품 광고, 항공 티켓 및 스케줄 등이 출제되고 있어요.
여행·공항 주제에서 자주 출제되는 단어를 함께 알아볼까요?

▲무료 MP3 바로 듣기

여행 가서 선물 샀다는데 뭐가 문제야?

드디어 첫 international 출장이다!

온 김에 몇몇 attraction도 들러 보고 쇼핑도 해야지!

팔락

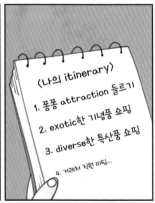

〈나의 itinerary〉

1. 퐁퐁 attraction 들르기
2. exotic한 기념품 쇼핑
3. diverse한 특산품 쇼핑

4. 거래처 지원 미팅...

아~ 정말 superb한 여행이었어!

Airport

고객님, baggage 올려 주세요.

고객님, 너무 무겁습니다. 추가 요금 내셔야 해요.

빵 빵

1 international* ●

[미 ìntərnǽʃənl]
[영 ìntənǽʃənl]

[반] domestic 국내의

adj 국제적인

Passengers for **international** flights check in at counter three.

국제선 승객들은 3번 카운터에서 탑승 수속을 한다.

2 attraction*** ○

[ətrǽkʃən]

[파] attract v. 끌다, 유인하다
attractive adj. 매력적인

n 관광 명소

This bus takes visitors to the city's best tourist **attractions**.

이 버스는 방문객들을 도시 최고의 관광 명소로 데려간다.

3 itinerary** ○

[미 aitínərèri]
[영 aitínərəri]

n 여행 일정

The **itinerary** includes a visit to Boston.

여행 일정에는 보스턴 방문이 포함되어 있다.

4 exotic* ○

[미 igzátik]
[영 igzɔ́tik]

adj 이국적인, 매혹적인

Our Web site contains information on numerous **exotic** vacation spots.

저희 웹사이트에는 많은 이국적 휴양지들에 대한 정보가 담겨 있습니다.

5 diverse** ●

[미 dáivəːrs]
[영 daivə́ːs]

[파] diversify v. 다양화하다
diversity n. 다양성
[동] varied 다양한

adj 다양한

A **diverse** selection of tours is available for London.

런던에서는 다양한 관광을 이용할 수 있다.

 토익 이렇게 나온다

[빈출어] a diverse + selection/range + of + 복수 명사 다양한 ~

diverse는 a selection/range of와 함께 자주 사용된다. 이때 diverse는 부정관사 a와 selection/range 사이에 오며, of 뒤에는 복수 명사를 써야 한다.

6 superb* ○

[미 suːpə́ːrb]
[영 suːpə́ːb]

[파] superbly adv. 최상으로, 아주 훌륭하게
[동] excellent, outstanding 뛰어난

adj 최고의, 뛰어난

The service at the hotel was **superb**.

그 호텔의 서비스는 최고였다.

★★★ =출제율 최상   ★★ =출제율 상   ★ =출제율 중
● = Part 5·6 정답 단어   ○ = Part 7 빈출 단어

7 baggage*

[bǽgidʒ]

동 luggage 수하물

n 수하물

Stow **baggage** under the seat in front of you.
수하물은 앞 좌석 밑에 보관하십시오.

 토익 이렇게 나온다

빈출 어구 **baggage claim** (공항의) 수하물 찾는 곳

baggage는 luggage와 마찬가지로 불가산 명사이므로, 부정관사를 붙이거나(a baggage) 복수형(baggages)으로 쓰일 수 없다는 점에 유의해야 한다.

8 destination***

[미 dèstənéiʃən]
[영 dèstinéiʃən]

파 destine v. (특정 목적·용도로) 예정해 두다

n 목적지

Travel agents can provide information about a travel **destination**.
여행사 직원들은 여행 목적지에 대한 정보를 제공해 줄 수 있다.

9 missing***

[mísiŋ]

adj 분실된, 없어진

The **missing** luggage will be sent to the hotel when it is found.
분실된 짐은 발견 시 호텔로 보내질 것입니다.

10 locate***

[미 lóukeit]
[영 ləukéit]

파 location n. 위치
동 find 찾아내다

v (~의 위치를) 찾아내다; ~을 위치시키다

Airline staff have tried to **locate** the lost luggage.
항공사 직원들은 잃어버린 짐을 찾으려 노력했다.

International Arrivals is **located** on the next level.
국제선 입국장은 다음 층에 위치해 있다.

 토익 이렇게 나온다

빈출 어구 **be (conveniently/perfectly) located + in/at/on** 장소
(어디)에 (편리하게/최적으로) 위치하다

locate는 전치사 in, at, on과 함께 수동태형 표현으로 자주 출제된다. 이때 conveniently, perfectly 등 장소의 편리성을 강조하는 부사와 함께 사용됨을 알아 두자.

동의어 어떤 물건이나 건물 등의 정확한 위치를 찾아내다라는 의미일 때 locate는 find로 바꾸어 쓸 수 있다.

11 approximately
★★★

[미] əpráksəmətli]
[영] əprɔ́ksimətli]

파 approximate adj. 대략의
v. ~과 비슷하다, ~에 가까워
지다

adv 대략

A nonstop flight takes **approximately** 13 hours.
직항은 대략 13시간이 걸린다.

🦁 토익 이렇게 나온다

문법 approximately(adv. 대략)와 approximate(adj. 대략의) 품사
구별하기.

12 duty★★★

[djúːti]

동 tax 세금

n 관세, 세금; 직무, 의무

Passengers must pay **duty** on goods worth more
than $500.
승객들은 500달러 이상의 물품에 대해 관세를 지불해야 한다.

Security personnel are on **duty** at the airport
around the clock. 공항에는 보안 직원들이 24시간 내내 근무 중이다.

13 process★★★

[미] práses]
[영] prɔ́uses]

n 과정

The entire airline ticketing **process** can be done
online. 모든 항공권 예약 과정은 온라인으로 처리될 수 있다.

v 처리하다

The Chinese embassy **processes** tourist visas.
중국 대사관은 관광 비자를 처리한다.

14 board★★★

[미] bɔːrd]
[영] bɔːd]

v 탑승하다

Business class passengers were invited to **board** the
plane first. 비즈니스석 승객들이 먼저 비행기에 탑승하도록 권유받았다.

n 이사회

Tourism Scotland's **board** of directors approved the
budget proposal.
Tourism Scotland사의 이사회는 예산안을 승인했다.

 토익 이렇게 나온다

빈출 a **board** member 이사
어구 a **board** of directors 이사회

board는 Listening에서는 '탑승하다'의 뜻으로, Reading에서는 '이사회'의
의미로 주로 출제된다.

---

15 comfortable***
[미 kʌ́mfərtəbl]
[영 kʌ́mfətəbl]

파 comfort n. 편안, 위안
v. 편하게 하다, 위안하다
comfortably adv. 편안하게

adj 편안한

The beds in this hotel are very **comfortable**.

이 호텔의 침대들은 아주 편안하다.

16 declare***
[미 diklέər]
[영 diklέə]

파 declaration n. (세관에의)
신고, 선언

v (세관에서) 신고하다

Goods subject to import fees must be **declared**.

수입세를 적용받는 물품들은 반드시 신고해야 합니다.

17 specify***
[미 spésəfài]
[영 spésifai]

파 specific adj. 구체적인; 특정한

v 명시하다

Travelers can **specify** on the form which cities they would like to visit.

여행객들은 어느 도시를 방문하고 싶은지 양식에 명시할 수 있다.

18 depart***
[미 dipá:rt]
[영 dipá:t]

파 departure n. 출발
동 take off v. 출발하다; 이륙
하다

v 출발하다

Flight QF302 to Sydney **departs** from London Heathrow airport at 10:45 P.M.

시드니행 QF302편은 오후 10시 45분에 런던 Heathrow 공항에서 출발합니다.

 토익 이렇게 나온다

동의어 비행기가 출발지에서 날아올라 떠나다라는 의미일 때 depart는 take off 로 바꾸어 쓸 수 있다.

19 emergency**
[미 imə́:rdʒənsi]
[영 imə́:dʒənsi]

n 비상시, 비상사태

In case of **emergency**, oxygen masks will automatically drop from above.

비상시에는 산소마스크가 위에서 자동으로 떨어질 것입니다.

20 passenger**
[미 pǽsəndʒər]
[영 pǽsəndʒə]

n 승객

Passengers boarding the cruise ship were welcomed by the captain.

크루즈 선박에 탑승한 승객들은 선장의 환영을 받았다.

21 outgoing ★★
[미 áutgòuiŋ]
[영 áutgəuiŋ]

adj (장소를) 출발하는, 떠나는; (지위를) 떠나는

Outgoing trains leave from platforms three to five.
출발하는 기차들은 3번에서 5번 승강장에서 떠납니다.

The **outgoing** travel agency manager will train her replacement. 떠나는 여행사 관리자는 후임자를 교육시킬 것이다.

22 tightly ★★
[táitli]

adv 단단히, 꽉

Please ensure your hotel room door is locked **tightly**.
호텔 객실 문이 단단히 잠겼는지 확인하시기 바랍니다.

23 tour ★★
[미 tuər]
[영 tuə]
v. 여행하다

파 tourist n. 관광객

n (공장·시설 등의) 견학, 짧은 여행

The guide gave us a **tour** of the manufacturing plant.
가이드는 우리에게 제조 공장을 견학시켜 주었다.

 토익 이렇게 나온다

빈출 on tour 여행 중에
어구 tour + 관광지/여행지 ~를 관광하다/여행하다

명사 tour는 전치사 on과 어울려 자주 사용된다. 반면 동사 tour는 타동사이므로 전치사 없이 바로 여행하는 장소가 목적어 자리에 온다.

24 carrier ★★
[미 kǽriər]
[영 kǽriə]

n 항공사, 수송기, 수송 회사

Flyway Airlines is a popular **carrier** among travelers because it is inexpensive.
Flyway Airlines는 저렴하기 때문에 여행객들 사이에 인기 있는 항공사이다.

This plane was originally designed as a cargo **carrier.**
이 비행기는 본래 화물 수송기로 설계되었다.

25 customarily ★★
[미 kʌstəmèrəli]
[영 kʌstəmérili]

파 customary adj. 관례적인
custom n. 관습, 풍습
customs n. 세관

adv 관례상, 습관적으로

Italians **customarily** greet one another with a kiss on the cheek.
이탈리아 사람들은 관례상 볼에 입을 맞추며 서로 인사한다.

 토익 이렇게 나온다

품사 customarily(adv. 습관적으로)와 customary(adj. 관례적인)의 품사 구별하기.

---

26 confuse**
[kənfjúːz]

v 혼란시키다

The building's lack of signs **confused** visitors.

그 건물은 표지판이 부족해서 방문객들을 혼란시켰다.

27 arrive**
[əráiv]

파 arrival n. 도착

v 도착하다

The tour bus will **arrive** at its destination on time.

그 관광버스는 정시에 목적지에 도착할 것입니다.

28 brochure**
[미 brouʃúər]
[영 bráuʃə]

n (홍보용) 소책자, 브로셔

Pick up a sightseeing **brochure** at the information center.

안내소에서 관광 소책자를 가져가세요.

 토익 이렇게 나온다

혼동어휘 **brochure : catalog : guidelines**
'소책자', '지침'을 의미하는 단어들의 용례 차이를 구별하는 문제로 출제된다.

┌ **brochure** (홍보용) 소책자, 브로셔
  그림과 함께 설명을 담은 홍보용 소책자
├ **catalog** (물품·책 등의) 목록, 카탈로그
  상품 목록이나 도서관의 책 목록
  Mark browsed through a **catalog** of duty-free items on sale. Mark는 판매 중인 면세품 목록을 훑어보았다.
└ **guidelines** 지침
  정책 등에 대한 지침
  Health and safety **guidelines** for travelers are posted all over the airport.
  여행객을 위한 안전 보건 지침이 공항 곳곳에 게시되어 있다.

29 involve**
[미 inválv]
[영 invɔ́lv]

v 수반하다, 포함하다; 참여시키다

Getting to Kelford by bus **involves** one transfer.

버스를 타고 Kelford로 가는 것은 한 번의 환승을 수반한다.

The opening ceremony **involved** many local native dances.

개막식은 많은 향토 춤을 포함했다.

James enjoys **involving** himself in planning family vacations.

James는 가족 휴가 계획에 직접 참여하는 것을 즐긴다.

30 ship**
[ʃip]

피 shipment n. 선적, 수송; 수송물

v (배나 다른 운송 수단으로) 운송하다, 수송하다

The company's fleet **ships** cargo internationally.
그 회사가 보유한 모든 선박이 화물을 국제적으로 운송한다.

n 선박, 배

The cruise **ship** has a swimming pool and spa.
그 크루즈 선박에는 수영장과 스파가 있다.

31 suitcase**
[súːtkèis]

n 여행 가방

Each person is allowed to check in one **suitcase**.
일 인당 한 개의 여행 가방을 부치는 것이 허용된다.

32 unavailable**
[ʌnəvéiləbl]

반 available 이용할 수 있는

adj 이용할 수 없는, 구할 수 없는

The luxury suite is currently **unavailable**.
고급 스위트룸은 현재 이용할 수 없습니다.

33 fill out/in*

phr (서류에) 기입하다, 적어 넣다

Please **fill out** the form prior to landing.
착륙하기 전에 서식에 기입해 주세요.

 토익 이렇게 나온다

동종
어휘 ⌈ fill out/in (서류에) 적어 넣다, 작성하다
      └ fill up (자동차에) 기름을 가득 채우다

형태가 유사한 숙어들의 뜻 차이를 구별하는 문제로 출제된다.
You must **fill up** the tank before dropping off the rental car. 렌터카를 반납하기 전 연료 탱크에 기름을 가득 채워야 한다.

34 customs*
[kʌ́stəmz]

n 세관

Hundreds of passengers go through **customs** every hour. 매시간 수백 명의 승객들이 세관을 통과한다.

 토익 이렇게 나온다

빈출
어구 **customs regulations** 세관 규정
customs clearance 통관 수속
go through customs 세관을 통과하다

customs는 관용 표현으로 주로 출제되므로 묶어서 기억해 두자.

35 away* [əwéi]

adv 떨어져서

The city hall is located about fifteen miles **away** from the convention center.
시청은 컨벤션 센터로부터 약 15마일 떨어져 있다.

🗣 토익 이렇게 나온다

[혼동어휘] **away : far**
'떨어져서'를 뜻하는 단어들의 용례 차이를 구별하는 문제로 출제된다.

┌ **away** 떨어져서
  away 바로 앞에 거리 단위가 올 수 있다.
└ **far** 멀리 떨어져서
  far 바로 앞에는 거리 단위가 올 수 없으므로 20 kilometers far from the airport라고 하면 틀린다.
  The subway station is located far from the domestic airport. 지하철역은 국내선 공항으로부터 멀리 떨어져 있다.

36 dramatic* [drəmǽtik]

[파] dramatically adv. 극적으로

adj 멋진, 극적인; 급격한

This tour includes admiring the country's most **dramatic** scenery.
이 여행은 그 나라의 가장 멋진 경치를 즐기는 것을 포함합니다.

🗣 토익 이렇게 나온다

[빈출어구] **dramatic scenery** 멋진 경치
dramatic + increase/rise/fall 급격한 증가/상승/저하
dramatic은 '극적인', '멋진'이라는 뜻 이외에, '급격한'이라는 의미를 가지며, 이때는 increase, rise 등 증감을 나타내는 명사와 어울려 주로 출제된다.

37 hospitality* [미 hàspətǽləti] [영 hɔ̀spitǽləti]

[파] hospitable adj. 환대하는

n 환대, 친절

The guests appreciated the **hospitality** extended to them during their stay.
손님들은 숙박하는 동안 받은 환대에 대해 고맙게 생각했다.

🗣 토익 이렇게 나온다

[빈출어구] **hospitality extended to** ~에게 베푼 환대
hospitality industry 서비스업
hospitality는 '베풀다'라는 뜻의 동사 extend와 어울려 주로 출제된다.

38 indulge★

[indʌ́ldʒ]

파 indulgence n. 탐닉, 빠짐

v 빠지다, 탐닉하다

Indulge in a getaway to the jungles and reefs of Belize.

벨리즈의 정글과 산호초로의 휴가에 빠져 보십시오.

토익 이렇게 나온다

빈출어 indulge in ~에 빠지다, 탐닉하다 (= be addicted to)

indulge와 함께 쓰이는 전치사 in을 묶어서 외워 두자.

39 proximity★

[미 prɑksíməti]
[영 prɔksímiti]

n 가까움, 근접함

The conference center is in close **proximity** to the hotel.

그 회의장은 호텔에 아주 근접해 있다.

토익 이렇게 나온다

빈출어 in close proximity to ~에 아주 근접하여
in the proximity of ~의 부근에

proximity는 관용 표현으로 자주 사용되므로 묶어서 외워 두자.

40 seating★

[síːtiŋ]

파 seat n. 좌석 v. 앉히다

n (집합적) 좌석 설비; 좌석 배열

The **seating** capacity of this airplane is 250 passengers.

이 비행기의 좌석 정원은 승객 250명이다.

The **seating** arrangements were finalized before guests arrived.

손님들이 도착하기 전에 좌석 배치가 완료되었다.

토익 이렇게 나온다

혼동어 seating : seat

'좌석'을 뜻하는 단어들의 용례 차이를 구별하는 문제로 출제된다.

┌ seating (집합적) 좌석 설비, 좌석 배열
  일정 장소에 있는 '좌석 설비 전체'를 의미한다. 공공장소나 행사장 등에서의 '좌석 배열'이라는 뜻으로 쓰이기도 한다.
└ seat 좌석
  한 개의 좌석을 의미한다.
  The hotel lounge has a dozen fully reclining **seats**.
  호텔 라운지에 뒤로 완전히 젖혀지는 좌석이 12개 있다.

41 unlimited *
[ʌ̀nlímitid]

파 unlimitedly adv. 무제한으로
반 limited, restricted 제한된

adj 무제한의

Unlimited mileage is included with all our car rental quotes.
자사의 모든 차량 렌탈 견적에는 무제한 마일리지가 포함되어 있습니다.

 토익 이렇게 나온다

빈출
어구 **unlimited mileage** 무제한 마일리지
have unlimited access to the file 파일을 무제한으로 이용할 수 있다

unlimited mileage는 차량 렌트 시에 사용되는 표현으로, 사용 거리에 상관없이 렌트 요금이 동일한 옵션을 의미한다.

42 simply *
[símpli]

파 simple adj. 단순한
동 just 단지

adv 그저, 단지, 간단히

To update your delivery address, **simply** reply to this e-mail.
당신의 배송 주소를 갱신하려면, 그저 이 이메일에 답장만 하면 됩니다.

43 besides *
[bisáidz]

동 furthermore, in addition 게다가
except ~외에는

adv 게다가, 뿐만 아니라

This hotel has the best reviews. **Besides**, it has a swimming pool.
그 호텔은 평이 가장 좋은 데다가 수영장도 있다.

prep ~ 외에

No one **besides** Blake is capable of driving the cargo truck.
Blake 외에는 아무도 화물 트럭을 운전할 수 없다.

 토익 이렇게 나온다

혼동
어휘 ┌ **besides** ~ 외에
└ **beside** ~ 옆에

형태가 유사하지만 뜻이 다른 두 단어를 혼동하지 않도록 주의하자.
The museum is beside the city hall. 그 박물관은 시청 옆에 있다.

44 traditionally *
[trədíʃənəli]

파 traditional adj. 전통의
tradition n. 전통

adv 전통적으로

The festival is **traditionally** held every February on the Italian island of Sardinia.
그 축제는 전통적으로 매년 2월에 이탈리아의 사르디니아 섬에서 열린다.

DAY 14 Daily Checkup

토익에 출제되는 단어의 뜻을 오른쪽 보기에서 찾아 연결하세요.

01 specify

02 comfortable

03 customarily

04 destination

05 confuse

ⓐ 혼란시키다

ⓑ (~의 위치를) 찾아내다

ⓒ 편안한

ⓓ 목적지

ⓔ 관례상

ⓕ 명시하다

토익에 출제되는 문장의 문맥에 맞는 단어를 고르세요.

06 Guests of the hotel praise it for its ___ views.

07 The ___ of entering the country is simpler for residents.

08 ___ may be asked to open their luggage by customs officers.

09 Turkey has ___ cultures influenced by migrations from Europe and Asia.

| ⓐ diverse | ⓑ outgoing | ⓒ superb | ⓓ passengers | ⓔ process |

10 Travelers to Beijing can ___ their train now.

> 토익 이렇게 나온다
> 명사 train은 board, catch와 같은 동사와 함께 자주 쓰여요.

11 This ___ is known for plentiful legroom on its planes.

12 Every year, millions of foreigners visit Italy for ___.

13 The toy manufacturer ___ some samples to several retail stores.

| ⓐ carrier | ⓑ depart | ⓒ shipped | ⓓ tour | ⓔ board |

♣ Daily Checkup 해석과 추가 Daily Quiz, 부카 테스트가 www.Hackers.co.kr에서 제공됩니다.

토익 기초 단어

LC			
	□ agent	n	대리인
	□ airport	n	공항
	□ beach	n	해변
	□ boat	n	보트, 작은 배
	□ business class	phr	(비행기의) 비즈니스석
	□ connect	v	~을 연결하다
	□ departure time	phr	출발 시간
	□ duty-free shop	phr	면세점
	□ first class	phr	(비행기의) 일등석
	□ flight	n	비행, 항공편, (비행기) 여행
	□ go on vacation	phr	휴가를 떠나다
	□ guidebook	n	(여행) 안내서
	□ journey	n	여행
	□ nonstop flight	phr	직항
	□ pack	n	짐; v 짐을 꾸리다
	□ passport	n	여권
	□ pilot	n	비행기 조종사
	□ salon	n	(의상·미용실 등의) 가게
	□ span	v	(다리 등이 강 등에) 걸리다, 놓이다
	□ trip	n	여행
RC	□ border	n	국경
	□ central	adj	중심이 되는, 가장 중요한
	□ safe	adj	안전한
	□ sudden	adj	갑작스러운
	□ travel	n	여행; v 여행가다
	□ underwater	adj	수중의, 물속의
	□ unique	adj	독특한
	□ visitor	n	손님, 방문객

800점 완성 단어

LC			
	☐ aboard	**adv** 배로, 승선하여; **prep** ~에 타고
	☐ aircraft	**n** 항공기
	☐ airfare	**n** 항공 요금
	☐ aisle seat	**phr** 통로 쪽 좌석
	☐ be on a trip	**phr** 여행을 하다
	☐ board a flight	**phr** 비행기에 탑승하다
	☐ boarding gate	**phr** 탑승구
	☐ boarding pass	**phr** (비행기) 탑승권
	☐ boarding time	**phr** 탑승 시간
	☐ by air	**phr** 비행기로
	☐ carry-on baggage	**phr** 기내 휴대 수하물
	☐ connecting flight	**phr** 연결 항공편
	☐ crew	**n** 승무원
	☐ cruise	**n** 유람선 여행
	☐ currency exchange	**phr** 환전
	☐ drift	**v** 떠다니다
	☐ ferry	**n** 여객선
	☐ flight attendant	**phr** 승무원
	☐ fluid	**n** 액체, 마실 것
	☐ guest pass	**phr** 손님용 입장권
	☐ guided tour	**phr** 가이드 동반 여행
	☐ immigration	**n** 입국 심사, 이민
	☐ in-flight	**adj** 기내의
	☐ landing	**n** 착륙
	☐ landmark	**n** 유명한 건물, 유명한 장소
	☐ layover	**n** (비행 시의) 도중 하차, 경유지
	☐ leave for	**phr** ~로 떠나다
	☐ line up	**phr** 한 줄로 늘어서다, 줄을 이루다
	☐ luggage tag	**phr** 수하물 표
	☐ mainland	**n** 본토
	☐ missing luggage	**phr** 분실 수하물
	☐ native	**adj** 그 지방 고유의
	☐ observation tower	**phr** 관측탑, 전망탑

	☐ overbook	v	예약을 정원 이상으로 받다
	☐ overhead rack	phr	(머리 위의 짐 넣는) 선반
	☐ port	n	항구
	☐ porter	n	운반인, 짐꾼
	☐ reclaim	v	(분실물을) 되찾다
	☐ row the boat	phr	배를 젓다
	☐ stop over	phr	~에 잠깐 들르다
	☐ take off	phr	이륙하다
	☐ take one's bag off	phr	가방을 내려놓다
	☐ train conductor	phr	기차 차장
	☐ travel agency	phr	여행사
	☐ unload	v	짐을 내리다
	☐ unlock	v	자물쇠를 열다
	☐ walking tour	phr	도보 여행
Part 5, 6	☐ distant	adj	멀리 떨어진
	☐ favor	n	호의, 친절
	☐ overhead	adj	머리 위의
	☐ remains	n	유물
	☐ rightly	adv	당연히, 마땅히
	☐ tastefully	adv	고상하게, 우아하게
	☐ travel arrangement	phr	여행 준비
Part 7	☐ accumulate	v	축적하다
	☐ geographic	adj	지리상의
	☐ go through customs	phr	세관을 통과하다
	☐ jet lag	phr	시차증 (여행 시 시차로 인한 피로)
	☐ memorable	adj	기억할 만한, 잊혀지지 않는
	☐ memorial	n	기념물; adj 기념의
	☐ precisely	adv	정확히
	☐ round trip	phr	왕복 여행
	☐ runway	n	활주로
	☐ seasickness	n	뱃멀미
	☐ sensation	n	느낌, 감각
	☐ suburban train line	phr	교외로 나가는 열차선
	☐ voyage	n	(원거리) 항해
	☐ wildlife	n	야생 동물

900점 완성 단어

LC	☐ airsickness	n	비행기 멀미
	☐ barge	n	짐배, 바지선
	☐ be left unattended	phr	방치되다
	☐ buckle up (= fasten seatbelt)	phr	안전벨트를 매다
	☐ carousel	n	(공항의) 회전식 수화물 컨베이어
	☐ channel	n	해협, 수로
	☐ deck	n	갑판
	☐ dock	n	선창, 부두
	☐ harbor	n	항구; v (배를) 항구에 정박시키다
	☐ life preserver	phr	(구명조끼 등의) 구명 기구
	☐ meet one's flight	phr	(비행기 도착 시간에 맞춰) 마중 나가다
	☐ stall	n	상품 진열대; v 꼼짝 못하다
	☐ tie the boat to	phr	배를 ~에 정박시키다
	☐ turbulence	n	난기류
Part 5, 6	☐ allowance	n	허용치, 참작, 특별한 고려
	☐ concourse	n	중앙 홀, 중앙 광장
	☐ lodging	n	임시 숙소, 하숙
	☐ presumable	adj	가정할 수 있는, 있음직한
	☐ touch down	phr	착륙하다
Part 7	☐ aviation	n	비행
	☐ charter plane	phr	전세 비행기
	☐ confer	v	협의하다, 의논하다
	☐ disembark (= get off, leave)	v	(비행기·배에서) 내리다
	☐ dispense	v	나누어 주다
	☐ impound	v	(물건을) 압수하다
	☐ motion sickness	phr	(탈것에 의한) 멀미
	☐ prestigious	adj	명성 있는
	☐ quarantine desk	phr	검역대
	☐ remittance	n	송금
	☐ swap	v	맞바꾸다, 교환하다
	☐ turn up	phr	나타나다, 찾게 되다
	☐ vessel	n	대형 선박

DAY **15** | 토익 보카 30일 완성
협상의 귀재
계약

주제를 알면 토익이 보인다!
계약 주제에서는 주로 회사 간 비즈니스 계약 기사, 부동산 임대 계약 문의 등이 출제되고 있어요. 계약 주제에서 자주 출제되는 단어를 함께 알아볼까요?

▲무료 MP3 바로 듣기

모로 가도 계약만 성사되면 오케이!

최근 저희 회사가 대기업에 합병 proposal을 했습니다.

그렇군요. alliance의 stipulation과 terms에 대해 compromise가 이루어졌나요?

아니요. negotiation에서 agreement로 도달하지 못하고 결국 deadlock입니다.

선생님께서는 뛰어난 negotiator라고 들어 이렇게 찾아왔습니다. 협상 좀 진행해 주세요.

알겠습니다. 저만 믿으세요.

다음 날
졸린다... 졸린다.... 사인한다...

윙 윙~

¹ proposal***

[미 prəpóuzəl]
[영 prəpə́uzəl]

파 propose v. 제안하다
(= suggest, put forth)
proposition n. (사업상의)
제안, 건의

n 제안, 계획

Ms. Chryssom liked the **proposal** so much that she decided to invest immediately.

Ms. Chryssom은 그 제안이 매우 마음에 들어서 즉시 투자하기로 결정했다.

 토익 이렇게 나온다

빈출 submit a proposal 제안서를 제출하다

proposal은 동사 submit과 어울려 출제된다. proposal이 -al로 끝난다고 해서 형용사로 혼동하지 않도록 유의해야 한다.

² alliance*

[əláiəns]

파 ally v. 동맹시키다
동 union, coalition 동맹, 연합

n 동맹, 제휴

The corporations formed an **alliance** to protect themselves from competitors.

그 기업들은 경쟁사로부터 스스로를 보호하기 위해 동맹을 맺었다.

³ stipulation*

[stìpjuléiʃən]

파 stipulate v. 규정하다

n 계약 조건

One of the **stipulations** was that the goods must be insured.

계약 조건 중 하나는 상품이 보험에 가입되어 있어야 한다는 것이었다.

⁴ term*

[미 təːrm]
[영 təːm]

동 condition 조건

n 조건; 임기, 기한

We cannot agree to the **terms** offered.

우리는 제시된 조건에 동의할 수 없습니다.

Ms. Lee's **term** as chairperson will finish next year.

의장으로서 Ms. Lee의 임기는 내년에 끝날 것이다.

 토익 이렇게 나온다

빈출 terms and conditions (계약이나 지불 등의) 조건
어구 in terms of ~의 면에서, ~의 점에서 보면
long-term 장기간의(↔ short-term)

term의 관용 표현을 묶어서 기억해 두자.

혼동 ⌈ term 조건, 임기
어휘 ⌊ terminology 전문 용어 (= jargon)

형태가 비슷하지만 뜻이 다른 두 단어를 구별하는 문제로 출제된다.
The handbook's **terminology** was surprisingly complex.
그 안내서의 전문 용어는 놀랄 만큼 복잡했다.

5 compromise★★ ○

[미 kámprəmàiz]
[영 kɔ́mprəmaiz]
v. 타협하다, 화해하다, 위태롭게 하다

파 compromising adj. 명예를 손상시키는
동 deal (사업상의) 합의

n 타협, 화해

The contractors and management finally reached a **compromise** following several talks.
수차례의 협의 끝에 하청업체들과 경영진은 마침내 타협에 이르게 되었다.

6 negotiation★★★ ●

[미 nigòuʃiéiʃən]
[영 nəgèuʃiéiʃən]

파 negotiate v. 협상하다
negotiator n. 협상자
negotiable adj. 교섭할 여지가 있는
동 discussion 논의

n 협상, 교섭

Negotiations are now in process.
협상이 현재 진행 중이다.

 토익 이렇게 나온다

동의어
┌ negotiation 협상
└ negotiator 협상자

추상 명사인 negotiation과 사람 명사인 negotiator를 구별하는 문제로 출제된다.

7 agreement★★★ ●

[əgrí:mənt]

파 agree v. 동의하다
반 disagreement 불일치

n 계약, 협정; 합의

The **agreement** has been signed by both parties.
계약은 양측 모두에 의해 서명되었다.

The business partners reached an **agreement** after hours of discussion.
동업자들은 몇 시간의 논의 끝에 합의에 도달했다.

 토익 이렇게 나온다

빈출
표현
come to/reach + an agreement 합의에 도달하다

agreement는 reach 등 '도달하다'를 뜻하는 동사와 어울려 출제된다.

8 deadlock★ ○

[미 dédlàk]
[영 dédlɔk]

n 교착 상태

Friday's negotiations ended in a **deadlock**.
금요일 자 협상은 교착 상태에 빠졌다.

9 review★★★ ●

[rivjú:]
n. 재조사, 비평

v 검토하다, 재조사하다

Please **review** all of the documents carefully.
모든 서류를 주의 깊게 검토하시기 바랍니다.

¹⁰ contract***

n. [미 kántrækt]
　[영 kɔ́ntrækt]
v. [kəntrǽkt]

파 contractor n. 계약자, 하청
　업자
　contraction n. 수축
동 retain (계약금을 지급하고 변
　호사 등을) 고용하고 있다

n 계약(서)

The law requires all participants in the transaction to sign a **contract**.

법에 따라 거래의 모든 관계자들이 계약서에 서명해야 한다.

v 계약하다; 수축하다

The company **contracted** IBSC to deliver its cargo.

그 회사는 IBSC사와 화물 배달 계약을 했다.

The manuscript binding **contracted** due to humid weather.

원고 표지가 습한 날씨 때문에 수축했다.

 토익 이렇게 나온다

출제어 **contract out A to B** A를 B에게 하청 주다

contract out은 일을 다른 회사에 하청 주는 경우에 사용하며 하청업체 앞에는 전치사 to를 쓴다.

¹¹ signature***

[미 sígnətʃər]
[영 sígnitʃə]

n 서명

The CEO's **signature** finalized the long-awaited deal.

최고 경영자의 서명이 오랫동안 기다려 온 거래를 마무리 지었다.

¹² originally***

[미 ərídʒənəli]
[영 ərídʒinəli]

파 origin n. 근원, 시초
　original adj. 본래의 n. 원문,
　원서
　originate v. 시작되다
동 primarily 본래, 처음으로

adv 원래, 처음에는

The company wants to change the conditions **originally** agreed upon.

그 회사는 원래 합의되었던 조건을 변경하고 싶어 한다.

 토익 이렇게 나온다

동의어 '원래의', '애초의' 등 본질적인 목적을 나타내는 문맥에서는 **originally**를 primarily로 바꾸어 쓸 수 있다.

문법 **originally**(adv. 원래)와 **original**(adj. 본래의)의 품사 구별하기.

¹³ direction***

[미 dirékʃən]
[영 dairékʃən]

동 course (태도·생각의) 방향

n 방향, 지시, 감독

Hoping for a settlement, lawyers led the discussion in a different **direction**.

합의를 기대하며, 변호사들은 논의를 다른 방향으로 이끌었다.

★★★ = 출제율 최상　★★ = 출제율 상　★ = 출제율 중
● = Part 5·6 정답 단어　○ = Part 7 빈출 단어

¹⁴ initially***

[iníʃəli]

파 initial adj. 초기의
initiate v. 시작하다

● adv 처음에, 초기에

Managers **initially** thought the legal issues would be resolved quickly.

관리자들은 법적 문제들이 빠르게 해결될 것이라고 처음에 생각했다.

¹⁵ expire***

[미 ikspáiər]
[영 ikspáiə]

파 expiration n. 만료, 만기
expiry n. 만료, 만기

● v (계약 등이) 만료되다

The previous lease **expired** a few weeks ago.

이전 임대차 계약이 몇 주 전에 만료되었다.

 토익 이렇게 나온다

빈출어휘 observe expiration date 만기일을 준수하다

만기일은 expiring date가 아니라 expiration date인 것에 주의하자.

혼동어휘 expire : invalidate

'계약 종료'와 관련된 동사들의 용례 차이를 구별하는 문제로 출제된다.

┌ expire 만료되다
│ 자동사이며 계약 등이 일정 시간을 넘어 만료되었을 때 쓰인다.
└ invalidate 무효화하다
　 타동사로 계약, 법 등을 의도적으로 무효화할 때 쓰인다.

The store chain **invalidated** the supply contract, as delivery terms had not been met.

배송 조건이 충족되지 않았기 때문에, 그 체인점은 공급 계약을 무효화했다.

¹⁶ collaborate***

[kəlǽbərèit]

파 collaboration n. 협동
collaborator n. 합작자, 협력자
collaborative adj. 협력적인
동 work together 함께 일하다

● v 협력하다, 공동으로 일하다

Moksel Company and Boston University **collaborated** on the research project.

Moksel사와 Boston 대학은 그 연구 프로젝트에 대해 협력했다.

 토익 이렇게 나온다

빈출어휘 collaborate on + 협력 내용 ~에 대해 협력하다
collaborate with + 사람 ~와 협력하다

collaborate와 전치사 on이 문제로 출제된다.

동의어 여러 사람이 힘을 합쳐 어떤 일을 함께 하다라는 문맥에서는 collaborate를 work together로 바꾸어 쓸 수 있다.

17 **dedicate*****

[dédikèit]

동 commit 헌신하다

v 전념하다, 헌신하다, 바치다

Ms. Barton **dedicates** herself to ensuring clients get good deals.

Ms. Barton은 고객들이 좋은 거래를 하도록 보장하는 데 전념한다.

 토익 이렇게 나온다

빈출 어구 **be dedicated to** ~에 전념하다

dedicate는 수동태로 전치사 to와 짝을 이루어 사용된다. to 다음에는 동사 원형이 아니라 동명사나 명사가 온다는 것에 주의하자.

동의어 어떤 일이나 활동에 시간이나 노력을 들이다라는 문맥에서는 **dedicate**를 **commit**으로 바꾸어 쓸 수 있다.

18 **revised*****

[riváizd]

파 revise v. 변경하다, 고치다

adj 수정된, 변경한

The company president accepted the **revised** project proposal.

그 회사 회장은 수정된 사업 기획안을 받아들였다.

19 **imperative*****

[impérətiv]

동 essential 필수적인
　 compulsory 의무적인

adj 반드시 해야 하는, 필수적인

It is **imperative** that the agreement be fully honored.

계약은 반드시 철저히 이행되어야 한다.

 토익 이렇게 나온다

문법 **It is imperative that 주어 (+ should) + 동사원형**

imperative는 '제안', '의무'를 나타내는 형용사이므로 that절에 '(should) + 동사원형'을 사용해야 한다. 동사원형 대신 과거형 동사나 복수형 동사를 쓰지 않도록 주의하자.

20 **cooperatively*****

[미 kouápərətivli]
[영 kəuɔ́pərətivli]

파 cooperate v. 협동하다
　 cooperation n. 협동
　 cooperative adj. 협력적인

adv 협력하여, 협조적으로

The company worked **cooperatively** with Pacific Corporation to build the railway.

그 회사는 철로를 짓기 위해 Pacific사와 협력하여 일했다.

 토익 이렇게 나온다

빈출 어구 **in cooperation with** ~와 협력하여

명사 cooperation은 in cooperation with 형태로 자주 출제된다.

★★★ = 출제율 최상　★★ = 출제율 상　★ = 출제율 중
● = Part 5·6 정답 단어　○ = Part 7 빈출 단어

21 commission*** ○

[kəmíʃən]

[동] fee 수수료, 요금
request 요청하다

n 수수료, 커미션; 위원회

The new recruit consented to work on **commission**.
그 신입 사원은 수수료를 받고 일하는 데 동의했다.

A **commission** has been organized to look into funding sources.
자금 원천을 조사하기 위해 위원회가 결성되었다.

v (일 등을) 의뢰하다, 주문하다

The building owners **commissioned** an artist to paint a mural. 건물주들은 한 화가에게 벽화를 그려 달라고 의뢰했다.

22 omit*** ○

[미 oumít]
[영 əumít]

[파] omission n. 생략, 누락

v 빠트리다, 생략하다

Grace rewrote the draft to include details **omitted** from the original.
Grace는 초안에서 빠트린 세부 사항들을 포함하기 위해 계약서를 다시 작성했다.

23 conflict** ●

[미 kánflikt]
[영 kɔ́nflikt]

n 대립, 충돌, 갈등

The executives had a **conflict** over when to expand the business internationally.
경영진은 언제 해외로 사업을 확장할지를 두고 대립했다.

24 renew** ●

[rinjúː]

[파] renewal n. 갱신, 새롭게 하기
renewable adj. 갱신할 수 있는
[동] refresh 새롭게 하다

v (계약 등을) 갱신하다

The retail company **renewed** the six-month contract after discussions.
그 소매업체는 논의 끝에 6개월 계약을 갱신했다.

 토익 이렇게 나온다

renew + contract/license/subscription
계약/면허/구독을 갱신하다
renew는 contract, license, subscription 등의 명사와 어울려 출제된다.

renew(v. 갱신하다)와 renewal(n. 갱신)의 품사 구별하기.

25 proficient** ●

[prəfíʃənt]

[동] adept 능숙한, 숙달된

adj 능숙한, 능한

David is **proficient** in several languages, which helps with international negotiations.
David는 몇 가지 언어에 능숙한데, 이는 국제 협상에 도움이 된다.

26 confidentiality ★★

[미 kὰnfədenʃiǽləti]
[영 kɔ̀nfidenʃiǽliti]

n 기밀, 비밀

Study subjects had to sign a **confidentiality** agreement before participating.

연구의 피험자들은 참여하기 전 기밀 유지 합의서에 서명해야 했다.

27 dispute ★★

[dispjúːt]
v. 논쟁하다

n 분쟁, 논쟁

The **dispute** over the copyright prompted court action.

저작권에 관한 분쟁은 법정 투쟁을 일으켰다.

 토익 이렇게 나온다

빈출어휘 **dispute over** ~에 관한 분쟁

dispute와 함께 쓰이는 전치사 over를 선택하는 문제로 출제된다.

28 objection ★★

[əbdʒékʃən]

n 반대, 이의

The deal proceeded despite the board of directors' **objections**.

이사회의 반대에도 불구하고 그 거래는 진행되었다.

29 define ★★

[difáin]

v 규정하다, 정의하다

The contract **defined** the roles of all parties involved.

계약서에는 관련된 모든 당사자의 역할이 규정되어 있다.
(계약서는 관련된 모든 당사자의 역할을 규정했다.)

30 impression ★★

[impréʃən]

파 impress v. ~에게 깊은 인상
을 주다
impressive adj. 인상적인

n 인상

The representative's presentation gave the **impression** that his company is well-organized.

그 대표의 발표는 그의 회사가 잘 조직되어 있다는 인상을 주었다.

31 security ★★

[미 sikjúərəti]
[영 sikjúəriti]

n 보안, 안전, 보호

Security is a priority during next week's sensitive negotiation meetings.

다음 주의 민감한 협상 회담 동안은 보안이 우선이다.

32 option**

[미 ápʃən]
[영 ɔ́pʃən]

[파] optionally adv. 마음대로

n 선택권

The agreement provides Banister with the **option** to discuss rate adjustments after one year.

그 계약은 Banister사에 1년 후 요금 조정을 논의할 수 있는 선택권을 준다.

33 proceed**

[prəsíːd]

[파] process n. 과정, 진행
procedure n. 절차, 순서
proceeds n. 수입, 매상고
[동] progress 진척되다, 진행되다

v (일을) 진행하다, 진척되다

Talks concerning the companies' merger are **proceeding** well.

그 회사들의 합병에 관한 회담은 순조로이 진행되고 있다.

 토익 이렇게 나온다

[반출어구] proceed with ~을 계속하다

proceed와 함께 쓰이는 전치사 with를 묶어서 외워 두자.

34 modify*

[미 mádəfài]
[영 mɔ́difai]

[파] modification n. 수정
[동] alter 변경하다, 바꾸다

v 수정하다, 일부 변경하다

The parties agreed to **modify** the wording of some clauses.

당사자들은 몇몇 조항의 표현을 수정하는 데 동의했다.

 토익 이렇게 나온다

[반출어구] 모양, 성질, 위치 등을 바꾸거나 문서의 내용 등을 수정하다라는 의미일 때 **modify**는 **alter**로 바꾸어 쓸 수 있다.

35 narrow*

[미 nǽrou]
[영 nǽrəu]

adj. 좁은

[반] expand 넓히다, 확장하다

v (범위 등을) 좁히다

The number of potential building sites has been **narrowed** down to three.

잠재적인 건축 부지 수가 세 개로 좁혀졌다.

 토익 이렇게 나온다

[반출어구] narrow down A to B A를 B의 범위로 좁히다

narrow down과 함께 쓰이는 전치사 to를 묶어서 기억해 두자.

36 **bid***
[bid]
v. 입찰하다

n 입찰

The construction firm Martin & Sons put in a **bid** for the contract.
Martin & Sons 건설 회사는 그 계약에 입찰했다.

 토익 이렇게 나온다

빈출 어구 **put in a bid for** ~에 입찰하다
bid for ~에 입찰하다

bid는 명사와 동사로 모두 쓰이며 전치사 for와 어울려 자주 출제된다.

37 **settle***
[sétl]

파 settlement n. 해결
settled adj. 확립된, 정착한

v 해결하다, 처리하다

The management made attempts to **settle** the unfair dismissal case.
경영진은 불공정한 해고 건을 해결하기 위해 노력했다.

38 **terminate***
[미 tɔ́ːrmənèit]
[영 tɔ́ːmineit]

파 termination n. 종료
terminal adj. 끝의, 종말의
반 initiate 시작하다

v 끝내다, 종결시키다

The company **terminated** the agreement when the project wasn't completed.
그 회사는 프로젝트가 완료되지 않자 계약을 끝냈다.

39 **challenging***
[tʃǽlindʒiŋ]

파 challenge n. 도전 v. 도전
하다

adj 도전적인, 힘든

Renovating the new wing proved to be a **challenging** project.
새 별관을 개조하는 것은 어려운 프로젝트로 판명되었다.

  토익 이렇게 나온다

빈출 어구 **challenging project** 어려운 프로젝트

challenging은 힘들고 노력이 필요하지만 동시에 흥미롭기도 한 일을 나타낼 때 사용한다.

40 foundation *
[faundéi∫ən]

파 found v. 설립하다
founder n. 설립자

n 토대, 기초

The proposal served as the **foundation** on which the agreement was concluded.
그 제안은 계약이 체결되는 토대로 작용했다.

 토익 이렇게 나온다

빈출 **serve as the foundation** 토대로 작용하다
어구 **lay the foundation** 기반을 쌓다
foundation의 토익 출제 표현을 익혀 두자.

혼동 1. foundation : establishment
어휘 '설립'을 의미하는 단어들의 용례 차이를 구별하는 문제로 출제된다.

┌ **foundation** 설립, 기반, 토대
│ '설립'이라는 뜻 이외에 어떤 일의 기반이 되는 '토대'라는 의미로도 사용
│ 된다.
└ **establishment** 설립
건물이나 기관, 제도 등을 '설립'할 때 주로 사용한다.
The developer finalized plans for the shopping mall's **establishment.**
그 개발업체는 쇼핑몰 설립 계획을 마무리 지었다.

2. **found**(설립하다) - founded - founded
find(찾다) - found - found
동사 found는 find의 과거형 found와 철자가 같으므로 혼동하지 않도록 유의해야 한다.

3. ┌ **foundation** 토대
└ **founder** 설립자
추상 명사 foundation과 사람 명사 founder를 구별하는 문제로 출제된다.

41 pending *
[péndiŋ]

prep. ~ 동안에, ~까지

통 undecided 미정인

adj 미결인, 미정인; 임박한

The **pending** order from the factory was delayed again.
공장의 미결인 주문이 다시 지연되었다.

Investors are excited about the **pending** merger between Geddy Corp. and Sambi Co.
투자자들은 Geddy사와 Sambi사 간의 임박한 합병에 들떠 있다.

DAY 15 Daily Checkup

토익에 출제되는 단어의 뜻을 오른쪽 보기에서 찾아 연결하세요.

01 commission

02 cooperatively

03 dedicate

04 direction

05 collaborate

ⓐ 협력하여, 협조적으로

ⓑ 협력하다, 공동으로 일하다

ⓒ 수수료; 위원회

ⓓ 입찰

ⓔ 방향, 지시

ⓕ 전념하다, 헌신하다

토익에 출제되는 문장의 문맥에 맞는 단어를 고르세요.

> **토익 이렇게 나온다**
> expire, consist와 같은 동사는 우리말로는
> 수동태인 것 같지만 능동태로 쓰여요.

06 The current contract ___ on March 31.

07 The museum had tight ___ for the special exhibit.

08 The international version of the book ___ one chapter.

09 Most employees raised a(n) ___ to the reduced incentive policy.

ⓐ omits	ⓑ security	ⓒ expires	ⓓ alliance	ⓔ objection

10 Attorneys must maintain clients' ___ at all times.

11 The ___ copy of the report includes budget updates.

12 It is ___ that all staff be clearly understood of their tasks.

13 A child whose parents speak different languages can become ___ in both.

ⓐ narrow	ⓑ imperative	ⓒ proficient	ⓓ confidentiality	ⓔ revised

Answer 1.ⓒ 2.ⓐ 3.ⓕ 4.ⓔ 5.ⓑ 6.ⓒ 7.ⓑ 8.ⓐ 9.ⓔ 10.ⓓ 11.ⓔ 12.ⓑ 13.ⓒ

➡ Daily Checkup 해석과 추가 Daily Quiz, 보카 테스트가 www.Hackers.co.kr에서 제공됩니다.

토익 기초 단어

LC	☐ backseat	n	뒷자리
	☐ borrow	v	빌리다
	☐ bother	v	괴롭히다
	☐ empty	adj	텅 빈
	☐ exit	n	출구
	☐ fashion photographer	phr	패션 사진작가
	☐ look after	phr	~를 보살피다
	☐ pair	v	한 쌍이 되다; n 한 쌍
	☐ per day	phr	하루에
	☐ professor	n	교수
	☐ proof	n	증거
	☐ put on	phr	~을 입다 (입고 있는 동작)
	☐ spray	v	뿌리다; n 분무, 물보라
	☐ think of	phr	~을 생각하다
	☐ wear	v	~을 입다 (입은 상태)
RC	☐ climb	v	오르다, 상승하다
	☐ deny	v	부인하다
	☐ escape	v	달아나다, 벗어나다
	☐ final	adj	마지막의, 결정적인
	☐ generally	adv	일반적으로
	☐ loose	adj	헐거워진
	☐ meaning	n	뜻, 의미
	☐ off-season	n	비수기
	☐ once	conj	~하자마자; adv 이전에, 한 번
	☐ product	n	생산품
	☐ quit	v	그만두다, 중지하다
	☐ sight	n	시야; 풍경, 전망
	☐ volume	n	(소리) 크기, 양, 책

800점 완성 단어

LC	☐ close a deal	phr 계약을 체결하다
	☐ complicate	v 복잡하게 하다
	☐ dial a number	phr 전화번호를 돌리다, 전화를 걸다
	☐ disadvantage	n 불이익
	☐ focus on	phr ~에 집중하다
	☐ for ages	phr 오랫동안
	☐ household	n 가족, 가구 세대
	☐ I have no idea.	phr 잘 모르겠어요.
	☐ lock up	phr (자물쇠를 채워) 보관하다
	☐ make a deposit	phr 계약금을 치르다, 보증금을 치르다
	☐ make a mistake	phr 실수하다
	☐ peak	n 절정, 최고점
	☐ rain check	phr 우천 교환권, 후일 구매권
	☐ rent out	phr ~을 임대하다
	☐ rental agreement	phr 임대 계약서
	☐ rough	adj 힘든, 거친
	☐ royalty	n 저작권 사용료
	☐ run in several directions	phr 여러 방향으로 뻗어 있다
	☐ scare	v 겁주다
	☐ sign a contract	phr 계약서에 서명하다
	☐ under a contract	phr 계약 하에
	☐ win a contract	phr 계약을 따내다
Part 5, 6	☐ agreeable	adj 기꺼이 동의하는, 기분 좋은
	☐ call out	phr ~를 부르다
	☐ convincing	adj 설득력 있는
	☐ diplomatic	adj 외교상의
	☐ equality	n 같음, 평등, 대등
	☐ ethical	adj 윤리적인, 도덕에 관계된
	☐ hesitate	v 망설이다, 머뭇거리다
	☐ in contrast	phr 반대로
	☐ instrumental	adj (어떤 일을 하는 데) 중요한
	☐ lengthen	v 길어지다, 늘이다
	☐ make a move	phr 행동을 취하다

☐ offend	**v** (규칙을) 위반하다
☐ opposing	**adj** 대립하는, 반대하는
☐ origin	**n** 시초, 기원
☐ rational	**adj** 합리적인
☐ recognition	**n** 인정
☐ refusal	**n** 거절, 거부
☐ sarcastic	**adj** 풍자적인, 빈정거리는
☐ selected	**adj** 선택된, 선발된
☐ sort of	**phr** 다소, 얼마간, 말하자면
☐ surely	**adv** 틀림없이, 꼭
☐ surprise	**v** 놀라게 하다; **n** 놀라운 일
☐ uninterested	**adj** 흥미 없는, 무관심한
☐ verbal	**adj** 말의, 구두의
☐ virtual	**adj** 사실상의
☐ within reason	**phr** 온당한 범위 내에서

Part 7

☐ be in agreement	**phr** 동의하다
☐ draw up a new agreement	**phr** 새 계약서를 작성하다
☐ enclosure	**n** 동봉(한 것), 동봉물, 둘러쌈
☐ generation gap	**phr** 세대 차이
☐ have difficulty (in) -ing	**phr** −하는 데 어려움을 겪다
☐ in an attempt to	**phr** ~하려는 시도로
☐ in appreciation of	**phr** ~에 감사하여
☐ in print	**phr** 인쇄된
☐ in summary	**phr** 요약하면
☐ lifetime employment	**phr** 종신 고용
☐ low-income resident	**phr** 저소득 주민
☐ make a bid	**phr** 입찰하다
☐ make a contract with	**phr** ~와 계약을 맺다
☐ on hand	**phr** 가까이에
☐ replica	**n** 복제품
☐ rigid	**adj** 엄격한, 완고한
☐ security deposit	**phr** 보증금
☐ sequential	**adj** 순차적인
☐ successful candidate	**phr** 합격자
☐ take A seriously	**phr** A를 진지하게 받아들이다

900점 완성 단어

LC	☐ It is no wonder (that)	phr	~은 당연하다
	☐ portray	v	(인물·풍경을) 그리다
	☐ reinstall	v	재설치하다
	☐ repave	v	(도로를) 재포장하다
	☐ run the risk of	phr	~의 위험을 무릅쓰다
	☐ think over	phr	숙고하다
Part 5, 6	☐ affiliation	n	합병
	☐ arbitration	n	중재
	☐ beside the point	phr	요점을 벗어난
	☐ foil	v	좌절시키다, 뒤엎다
	☐ impartially	adv	공명정대하게, 치우치지 않게
	☐ inconclusively	adv	결론 없이, 요점 없이
	☐ omission	n	생략, 누락
	☐ originate in	phr	~에서 시작되다
	☐ preferential treatment	phr	우대
	☐ recollection	n	회상, 회고
	☐ reconcile	v	화해시키다, 양립시키다
	☐ relinquish	v	포기하다
	☐ remembrance	n	추억
	☐ solicit	v	요청하다, 간청하다
	☐ subcontract	n	하청 계약; v 하청 주다
	☐ subcontractor	n	하청인, 하청업자
	☐ trustworthy	adj	믿을 수 있는
Part 7	☐ annotated	adj	(책 등이) 주석이 달린
	☐ commercial relations	phr	통상 관계
	☐ credit limit	phr	신용대출 한도액
	☐ down payment	phr	계약금, 첫 할부금
	☐ embark	v	착수하다, 나서다
	☐ mediation	n	조정, 중재
	☐ moderator	n	(토론 등의) 사회자, 중재자
	☐ provision	n	(조약의) 조항
	☐ rocky	adj	장애가 많은

➔ 토익완성단어의 Daily Quiz를 www.Hackers.co.kr에서 다운로드 받아 풀어보세요.

<해커스 토익 기출 보카> 어플로 DAY 15 단어를 재미있게 외워보세요.

DAY 16 | 무역 협정

토익 보카 30일 완성

상거래

주제를 알면 토익이 보인다!

상거래 주제에서는 주로 거래 물품의 공급, 배송, 재고 처리 문의 등이 출제되고 있어요.
상거래 주제에서 자주 출제되는 단어를 함께 알아볼까요?

▲무료 MP3 바로 듣기

나라의 무역 협정을 위해 몸바쳐 싸운다!

열대 지방의 국가 '말라끼'에서 우리 농산품의 수입을 completely refuse 하고 있습니다.

NEWS

이에 따라 우리 정부에서도 말라끼 제품의 수입을 temporarily 막고, dealer들이 보유 중인 제품은 폐기처분하기로 결정했습니다.

수입품 폐기 현장에 나가 있는 이기자 연결합니다. 이기자!

NEWS

네, 이기자입니다.
이곳에서는 말라끼산의 bulk한 inventory를 처분하기 위해 자원봉사자들이 모여 있는 현장입니다.

수많은 사람들의 도움에도 아직도 일손이 short합니다. 더 많은 분들의 참여를 기다립니다.

웅성
웅성
웅성

좀 더 힘냅시다

못 먹겠어

아... 배불러

아삭

우걱
우걱
촵촵
아삭
촵

266 | 무료 토익자료·취업정보 제공 Hackers.co.kr

¹ completely ***

[kəmplíːtli]

파 complete v. 완료하다
adj. 완료된
completion n. 완료, 완성
동 totally 전적으로
반 partially 부분적으로

adv 전적으로, 완전히

Every product in our catalog is **completely** guaranteed. 우리 카탈로그상의 모든 제품들은 전적으로 보증됩니다.

🙂 토익 이렇게 나온다

문법 completely(adv. 전적으로)와 complete(adj. 완료된)의 품사 구별하기.

² refuse **

[rifjúːz]

파 refusal n. 거절, 거부
동 reject, turn down 거절하다
반 accept 수락하다
approve 승인하다

v 거절하다

The shipment was **refused** by the purchaser due to damage caused in transit.

그 선적품은 운송 중에 생긴 파손 때문에 구매자로부터 거절당했다.

🙂 토익 이렇게 나온다

동의어 제안을 거절하다라는 의미로 사용될 때 refuse는 reject 또는 turn down으로 바꾸어 쓸 수 있다.

³ temporarily **

[미 tèmpərérəli]
[영 témpərerili]

파 temporary adj. 일시적인
반 permanently 영구히

adv 일시적으로

The popular video game is **temporarily** out of stock in stores, but may be bought online.

그 인기 있는 비디오 게임은 매장에서 일시적으로 품절이지만, 온라인으로는 구입할 수 있다.

🙂 토익 이렇게 나온다

문법 temporarily(adv. 일시적으로)와 temporary(adj. 일시적인)의 품사 구별하기.

⁴ dealer *

[미 díːlər]
[영 díːlə]

파 deal v. 거래하다
dealership n. 판매 대리점

n 판매업자, 상인

Imported vehicles are sold only by licensed car **dealers.** 수입 차량은 허가를 받은 차량 판매업자에 의해서만 판매된다.

🙂 토익 이렇게 나온다

동의어 ┌ dealer 판매업자
└ dealership 판매 대리점

사람 명사인 dealer와 사물 명사인 dealership의 뜻을 구별하는 문제로 출제된다.

5 bulk**

[bʌlk]

n. 부피, 크기

adj 대량의

Many factories offer a modest discount for **bulk** orders.

많은 공장들이 대량 주문에 대해 적당한 할인을 제공한다.

 토익 이렇게 나온다

| 빈출 어구 | **in bulk** 대량으로 |

in bulks라고 쓰지 않도록 유의해야 한다.

6 inventory***

[미 ínvəntɔ̀:ri]

[영 ínvəntəri]

[동] stock 재고품

n 재고품, 재고 목록

The **inventory** in the warehouse is checked at regular intervals.

창고에 있는 재고품은 정기적으로 점검된다.

7 short**

[미 ʃɔ:rt]

[영 ʃɔ:t]

[파] shortage n. 부족
(= deficiency, lack)

shorten v. 짧게 하다

shortly adv. 곧 (= soon)

adj 부족한

The plant is running **short** on its supply of raw materials.

그 공장은 원자재의 공급이 부족해지고 있다.

 토익 이렇게 나온다

| 빈출 어구 | **run short** ~이 부족하다, 떨어지다 |
| | **be short of** ~이 부족하다 |

short는 흔히 알고 있는 '짧은'의 의미보다는 '부족한'이란 뜻으로 토익에 자주 출제된다. 이때는 동사 run과 함께 사용되거나 be short of 형태로 사용되므로 묶어서 암기해 둬야 한다.

| 혼동어 | **shortly**(adv. 곧)와 **short**(adj. 부족한, 짧은)의 품사 구별하기. |

8 cost***

[미 kɔ:st]

[영 kɔst]

n 비용

Singapore is known for its high **cost** of living.

싱가포르는 높은 생활비로 알려져 있다.

v (비용)이 들다

It can **cost** a lot to raise children these days.

요즘은 아이들을 키우는 데 많은 비용이 들 수 있다.

⁹ selection***
[silékʃən]

n 선택된 것, 정선품

Our Web site boasts a wide **selection** of gift items.
저희 웹사이트는 다양하게 정선된 선물용 상품들을 자랑합니다.

 토익 이렇게 나온다

[빈출어] **a wide selection of** 다양하게 정선된
여러 세트의 물건들 중에서 선정된 품목들을 말할 때 사용하는 표현이다.

¹⁰ commercial*** ○
[미 kəmə́:rʃəl]
[영 kəmə́:ʃəl]

adj 상업의, 상업적인

Some **commercial** products may be subject to
import taxes.
몇몇 상업 제품들은 수입 세금 적용의 대상이 될 수도 있다.

n 광고

Each television **commercial** must be under 30
seconds long. 각각의 텔레비전 광고는 길이가 30초 이하여야 한다.

¹¹ order***
[미 ɔ́:rdər]
[영 ɔ́:də]

v 주문하다

The secretary **ordered** supplies from the main
office. 그 비서는 본사로부터 비품을 주문했다.

n 주문, 주문품

InterCore places regular **orders** for microchips from
Compucation.
InterCore사는 Compucation사에서 마이크로칩을 정기적으로 주문한다.

¹² provide***
[prəváid]

[파] provision n. 공급; 조항
provider n. 공급자

v 공급하다, 제공하다

We **provide** customers with detailed product lists by
e-mail. 저희는 고객들에게 상세한 제품 목록을 이메일로 공급해 드립니다.

Warranties are **provided** with all Blake-Co
merchandise. 보증서가 Blake-Co사의 모든 상품에 제공된다.

 토익 이렇게 나온다

[빈출어] **provide A with B** A에게 B를 공급하다
be provided with ~이 갖추어져 있다
provide는 전치사 with와 자주 함께 쓰이며 수동형으로도 종종 시험에 출제
된다.

13 contact ***

[미] kántækt]
[영] kɔ́ntækt]

[동] get in touch with
~와 연락을 취하다

v ~와 연락하다

Contact the supplier to request express delivery.
특급 배달을 요청하시려면 공급업체와 연락하세요.

n (상업적 목적으로) 교섭하고 있는 사람

Sales representatives should have a wide network of business **contacts**.
영업 사원들은 폭넓은 거래처를 가지고 있어야 한다.

 토익 이렇게 나온다

[동/액] **contact : connect**
'잇다'를 뜻하는 단어들의 용례 차이를 구별하는 문제로 출제된다.

┌ **contact** 연락하다
│   사람들 사이에서 전화나 편지 등으로 연락할 때 쓰인다.
└ **connect** 연결하다
    사람이나 사물 사이를 연결할 때 쓰이며 connect A with B (A와 B를 연결하다) 형태로 많이 사용된다.
    This Web site **connects** job seekers with employers.
    이 웹사이트는 구직자와 고용주를 연결해 준다.

[동의어] 누군가에게 연락하다라는 의미로 쓰일 때 contact는 get in touch with 로 바꾸어 쓸 수 있다.

14 invoice ***

[ínvɔis]

n 송장

The manufacturer sent an **invoice** for the production costs.
그 제조업체는 생산비에 대한 송장을 보냈다.

15 move ***

[muːv]

[동] transfer 이전하다

v 옮기다, 움직이다

Panther Corporation **moved** its Asian headquarters to China.
Panther사는 아시아 본사를 중국으로 옮겼다.

n 조치, 수단; 이동, 이사

The company's next **move** will be to expand its product line. 그 회사의 다음 조치는 제품군을 확장하는 것이 될 것이다.

Abigail feels a **move** to overseas could help her career.
Abigail은 해외로의 이동이 그녀의 경력에 도움이 될 거라고 생각한다.

16 supply***

[səplái]

[파] supplier n. 공급자
(= provider)

[동] provide, furnish 공급하
다, 제공하다

v 공급하다

NovaTech **supplies** its customers with the latest network equipment.

NovaTech사는 고객들에게 최신 네트워크 장비를 공급한다.

n 공급; (-s)비품, 소모품

The diagram in the handout shows **supply** and demand in the electricity industry.

유인물에 있는 도표는 전력 산업의 공급과 수요를 보여준다.

Office **supplies** purchased online will be shipped within two business days.

온라인으로 구매한 사무실 비품은 영업일 2일 내로 배송될 것이다.

 토익 이렇게 나온다

[빈출어구] supply A with B A에게 B를 공급하다

supply와 함께 쓰이는 전치사 with를 한데 묶어 외워 두자.

17 discount***

[dískaunt]

n 할인

Repeat clients are eligible for a 30 percent **discount** on all items.

단골 고객들은 모든 품목에 대해 30퍼센트 할인을 받을 자격이 있다.

18 distribute***

[distríbju:t]

[파] distribution n. 배포, 분배
distributor n. 배급업자

v 배포하다, 배급하다

The goods were **distributed** to local businesses.

상품이 현지 사업체들에 배포되었다.

 토익 이렇게 나온다

[빈출어구] distribute A to B A를 B에게 배포하다

distribute와 함께 쓰이는 전치사 to를 묶어서 기억해 두자.

19 acquisition***

[미 ӕkwəzíʃən]
[영 ӕkwizíʃən]

n 인수; 구입한 것

Companies can grow quickly through the **acquisition** of other businesses.

회사들은 다른 사업체의 인수를 통해 빨리 성장할 수 있다.

The family's latest **acquisition** is a minivan.

그 가족이 최근에 구입한 것은 미니밴이다.

★★★ = 출제율 최상 ★★ = 출제율 상 ★ = 출제율 중
● = Part 5·6 정답 단어 ○ = Part 7 빈출 단어

20 assure ★★★

[미 əʃúər]
[영 əʃɔ́ː]

파 assurance n. 보장, 확신
동 convince 확신시키다
　 promise 장담하다, 약속하다

 v ~에게 보장하다, ~을 안심시키다, 장담하다

RapidFleet **assures** customers that all purchases are delivered promptly.
RapidFleet사는 고객들에게 모든 구입품이 신속하게 배송될 것을 보장한다.

The sales assistant **assured** the customer that she would not be disappointed with the purchase.
그 판매원은 고객에게 구매에 대해 실망하지 않을 것이라고 장담했다.

🙂 토익 이렇게 나온다

빈출
어구
　assure A of B A에게 B를 보장하다
　assure A that절 A에게 ~을 보장하다
　assure 뒤에는 사람 목적어가 오며 전치사 of나 that절과 함께 사용된다.

혼동
어휘
　┌ assure 보장하다
　└ assume (증거는 없지만 사실이라고) 생각하다, 추정하다
　형태가 비슷하지만 뜻이 다른 두 단어를 구별해 두자.
　Mr. Jones **assumed** that some people invited to the event would be unable to attend.
　Mr. Jones는 행사에 초대된 몇몇 사람들은 참석할 수 없을 것이라고 생각했다.

동의어
　미래의 일을 장담하여 상대방을 확신하게 하다라는 문맥에서 assure는 convince 또는 promise로 바꾸어 쓸 수 있다.

21 subject ★★★

adj. [미 sʌ́bdʒikt]
　　 [영 sʌ́bdʒekt]
v. [səbdʒékt]

n. 주제, 문제
[미 sʌ́bdʒikt, 영 sʌ́bdʒekt]

adj ~의 영향을 받기 쉬운; (동의 등을) 조건으로 하는

Prices are **subject** to change without advance notice.
가격은 사전 통보 없이 바뀔 수 있습니다.

Vacation requests are **subject** to approval of the office manager. 휴가 요청은 사무실 관리자의 승인을 받아야 한다.

v ~에게 (~을) 받게 하다

The researchers **subjected** the synthetic materials to durability tests. 연구원들은 합성 소재에 대해 내구성 검사를 했다.

토익 이렇게 나온다

빈출
어구
　be subject to + change/damage 변하기/손해를 보기 쉬운
　be subject to + approval 승인을 받아야 하는
　subject A to B A에게 B를 당하게 하다
　형용사 subject는 전치사 to와 함께 사용한다. '~의 영향을 받기 쉬운'의 의미일 때는 change, damage 등 변화와 관련된 명사와 주로 사용되며 '~을 조건으로 하는'의 뜻일 때는 approval 등 승인을 의미하는 명사가 뒤에 온다. 동사 subject도 전치사 to와 함께 쓰이므로 같이 외워 둬야 한다.

22 seek***
[si:k]

v 구하다, 찾다

Fenway Bank is **seeking** a new manager for its Phoenix branch.
Fenway 은행은 피닉스 지점의 새로운 지점장을 구하고 있다.

23 satisfactory***
[sæ̀tisfǽktəri]

[파] satisfy v. 만족시키다
satisfaction n. 만족
(↔ dissatisfaction)
satisfying adj. 만족을 주는
satisfied adj. 만족한
satisfactorily adv. 만족스럽게
[반] unsatisfactory 불만족스러운

adj 만족스러운

Customers expect **satisfactory** responses to their demands.
고객들은 자신들의 요구에 대해 만족스러운 반응을 기대한다.

 토익 이렇게 나온다

혼동
어휘 ┌ **satisfactory** 만족스러운
└ **satisfied** 만족한

satisfactory는 결과나 대답이 만족스럽다는 뜻인 반면, satisfied는 사람이 무엇에 만족한 상태라는 뜻이므로 혼동하지 않도록 유의해야 한다.
Ms. Collins was very **satisfied** with the items she received.
Ms. Collins는 그녀가 받은 제품에 매우 만족했다.

24 confirmation**
[미 kɑ̀nfərméiʃən]
[영 kɔ̀nfəméiʃən]

[파] confirm v. 확인하다

n 확인, 확증

Please submit written **confirmation** of the subscription cancellation.
구독 취소에 대한 서면 확인서를 제출해 주세요.

 토익 이렇게 나온다

빈출
어구 **confirmation of** ~에 대한 확인

confirmation과 함께 쓰이는 전치사 of를 한데 묶어 외워 두자.

25 unable**
[ʌ̀néibl]

[반] able 할 수 있는

adj ~할 수 없는

The hotel is **unable** to take any more reservations as it is overbooked.
그 호텔은 초과 예약되어서 더 이상 예약을 받을 수 없다.

26 payment**
[péimənt]

n 지불 (금액), 납입 (금액)

Once **payment** has been received, the books will be delivered.
일단 지불 금액을 받으면, 책들이 배달될 것입니다.

---

27 measure**

[미 méʒər]
[영 méʒə]

파 measurably adv. 측정할 수 있게, 어느 정도

n 대책, 조치, 수단

The safety **measures** are in place to protect factory workers. 안전 대책은 공장 직원들을 보호하기 위해서 마련되어 있다.

v 측정하다

The construction crew **measured** the spaces for refrigerators in all apartments.
그 건설 현장 인부는 모든 아파트에서 냉장고가 들어갈 공간을 측정했다.

28 bargain**

[미 bá:rgən]
[영 bá:gin]

통 deal 거래, (쌍방에 이익이 되는) 협정

n 특가품, 흥정

Stores offer many great **bargains** at the end of the year.
상점들은 연말에 좋은 특가품들을 많이 제공한다.

29 stock**

[미 stɑk]
[영 stɔk]

v. 저장하다

통 inventory, supplies 재고품

n 재고; 주식

This particular model is currently out of **stock**.
이 특정 모델은 현재 품절되었다.

Investment bankers must constantly check prices of **stocks**. 증권 인수업자들은 지속적으로 주가를 확인해야 한다.

 토익 이렇게 나온다

빈출 어구 in stock 비축되어, 재고로
out of stock 품절되어

stock은 전치사 in, out of와 어울려 재고 유무를 표시하는 표현으로 자주 출제된다.

30 affordability**

[미 əfɔ̀:rdəbíləti]
[영 əfɔ̀:dəbíləti]

파 affordable adj. (가격이) 알맞은

n 감당할 수 있는 비용

Consumers are most concerned about the **affordability** of groceries.
소비자들은 식료품이 감당할 수 있는 비용인지에 대해 가장 걱정한다.

31 clientele**

[미 klàiəntél]
[영 klì:ɔntél]

n (집합적) 고객들, (변호사·건축가 등의) 모든 의뢰인

The wealthiest **clientele** usually shops in luxury stores. 가장 부유한 고객들은 보통 명품 매장에서 쇼핑한다.

32 acclaim**
[əkléim]

파 acclaimed adj. 호평을 받은
동 praise 찬사, 찬양

n 호평, 찬사

Ms. Song's novel won critical **acclaim**, and a studio soon purchased the movie rights.

Ms. Song의 소설은 비평가들의 호평을 얻었고, 한 영화사에서 곧 영화 판권을 구입했다.

33 represent*
[rèprizént]

파 representation n. 대표
representative n. 대표자
동 speak for 대변하다

v ~을 대표하다

Rounders Properties is looking for an agent to **represent** the firm in Europe.

Rounders Properties사는 유럽에서 회사를 대표할 대리인을 찾고 있다.

 토익 이렇게 나온다

동의어 회사, 단체 등을 대신하여 말하다라는 의미일 때 represent는 speak for 로 바꾸어 쓸 수 있다.

34 rating*
[réitiŋ]

n 등급, 평가

The Coolmax air conditioner has the highest energy efficiency **rating**.

Coolmax 에어컨은 가장 높은 에너지 효율 등급을 받았다.

35 encompass*
[inkʌ́mpəs]

v 포함하다, 둘러싸다

Techtronic's product range **encompasses** all kinds of electrical goods.

Techtronic사의 상품은 모든 종류의 전자 제품을 포함한다.

36 finalize*
[fáinəlàiz]

v 마무리 짓다, 완결하다

Once Bertram Inc. **finalizes** the contract, they will begin manufacturing the products.

Bertram사가 계약을 마무리 지으면, 제품 생산을 시작할 것이다.

37 market*
[미 máːrkit]
[영 máːkit]
v. (상품을) 시장에 내놓다

n 시장

Joyful-Cleanse is the best dish detergent on the **market**.

Joyful-Cleanse는 시장에 나와 있는 가장 좋은 설거지 세제이다.

38 retail*

[ríːteil]

파 retailer n. 소매 상인
(↔ wholesaler)
반 wholesale 도매

n 소매

Online shops are more popular than most **retail** stores nowadays.

온라인 쇼핑몰들은 요즘 대부분의 소매점들보다 더 인기 있다.

39 commodity*

[미 kəmádəti]
[영 kəmɔ́dəti]

n 상품, 산물

Export opportunities are opening up in the agricultural **commodities** sector.

농산품 부문에서의 수출 기회가 열리고 있다.

40 quote*

[미 kwout]
[영 kwəut]
v. 인용하다, 예시를 들다

동 estimate 견적

n 견적(액)

The customer requested a price **quote** on the merchandise.

고객은 그 상품에 대한 가격 견적을 요구했다.

v 견적을 내다

The landscaper **quoted** a much higher price than expected.

그 정원사는 예상했던 것보다 훨씬 더 높은 가격으로 견적을 냈다.

 토익 이렇게 나온다

빈출어 **price quote** 가격 견적
custom quote 주문 견적

quote는 price, custom 등의 명사와 주로 어울려 출제된다

혼동어 ┌ **quote** 견적(액)
└ **quota** 쿼터, 할당량

형태가 유사하지만 뜻이 다른 두 단어를 구별해 두자.
A **quota** system guarantees each producer a share of the market. 쿼터 제도는 각 생산자에게 시장의 일정 지분을 보장해 준다.

동의어 '견적'이라는 뜻으로 쓴 quote는 estimate로 바꾸어 쓸 수 있다.

41 consignment*

[kənsáinmənt]

파 consign v. 위탁하다

n 위탁 판매

The dealer only sells on **consignment**.

그 판매업자는 위탁 판매만 한다.

DAY 16 Daily Checkup

토익에 출제되는 단어의 뜻을 오른쪽 보기에서 찾아 연결하세요.

01 consignment

02 encompass

03 move

04 selection

05 finalize

ⓐ 선택된 것, 정선품

ⓑ 완전히

ⓒ 위탁 판매

ⓓ 마무리 짓다

ⓔ 옮기다

ⓕ 포함하다

토익에 출제되는 문장의 문맥에 맞는 단어를 고르세요.

> **토익 이렇게 나온다**
> several, many와 같은 수량 표현 뒤에는 복수 명사가 와요. 에너지 사용을 줄이기 위해 무엇을 취했을지 생각해 보세요.

06 This section of the city is zoned for ___ enterprises.

07 The company took several ___ to reduce its energy use.

08 Harry made the final ___ after the package was delivered.

09 Wassail has earned widespread ___ for its lovely furniture designs.

ⓐ acclaim　　ⓑ payment　　ⓒ assure　　ⓓ commercial　　ⓔ measures

10 James is ___ advice on making a financial investment.

11 Lehwood's ___ of Byerson makes it the nation's largest bank.

12 Organic ingredients tend to ___ more than other alternatives.

13 Wolsey ___ brochures to advertise its online printing services.

ⓐ distributed　　ⓑ representing　　ⓒ acquisition　　ⓓ seeking　　ⓔ cost

Answer　1.ⓒ 2.ⓕ 3.ⓔ 4.ⓐ 5.ⓓ 6.ⓓ 7.ⓔ 8.ⓑ 9.ⓐ 10.ⓓ 11.ⓒ 12.ⓔ 13.ⓐ

➜ Daily Checkup 해석과 추가 Daily Quiz, 보카 테스트가 www.Hackers.co.kr에서 제공됩니다.

토익 기초 단어

LC	☐ checklist	**n** 점검표	
	☐ client	**n** 고객, 의뢰인	
	☐ communicate	**v** 의사소통하다	
	☐ exchange	**n** 교환; **v** 교환하다	
	☐ film studio	**phr** 영화 제작사	
	☐ journal	**n** 신문, 잡지, 일지	
	☐ journalist	**n** 기자	
	☐ magazine	**n** 잡지	
	☐ newspaper	**n** 신문	
	☐ newsstand	**n** 신문 가판대	
	☐ parade	**n** 퍼레이드, 행렬	
	☐ publisher	**n** 출판사, 발행자	
	☐ reader	**n** 독자	
	☐ reporter	**n** 보도 기자, 리포터	
	☐ sales trend	**phr** 판매 추세	
RC	☐ comforting	**adj** 위로가 되는	
	☐ excellently	**adv** 뛰어나게	
	☐ export	**v** 수출하다; **n** 수출	
	☐ former	**adj** 예전의	
	☐ govern	**v** 통치하다, 지배하다	
	☐ government	**n** 정부	
	☐ import	**v** 수입하다; **n** 수입	
	☐ politician	**n** 정치인	
	☐ politics	**n** 정치, 정치학	
	☐ shortly	**adv** 얼마 안 되어	
	☐ start	**v** 시작하다; **n** 시작	
	☐ supplier	**n** 공급자	
	☐ unlikely	**adj** ~일 것 같지 않은	

800점 완성 단어

LC

☐ back away from	**phr**	~에서 뒷걸음치다, 물러나다
☐ be closed for the day	**phr**	(영업시간이 끝나) 문을 닫다
☐ be determined to do	**phr**	~하기로 결심하다
☐ business day	**phr**	영업일
☐ commercial space	**phr**	상업 공간
☐ day after tomorrow	**phr**	모레
☐ front-page story	**phr**	1면 기사
☐ give a good price	**phr**	좋은 가격에 주다
☐ headline	**n**	기사 제목
☐ in stock	**phr**	재고가 있는
☐ lead (up/down) to	**phr**	~로 이어지다, ~로 통하다
☐ make a recording	**phr**	녹음하다, 녹화하다
☐ normal operating hours	**phr**	정상 영업시간
☐ on sale	**phr**	판매되고 있는
☐ on the market	**phr**	시판 중인
☐ out of print	**phr**	절판된
☐ out of stock	**phr**	재고가 없는
☐ overcharge	**v**	바가지 씌우다, 부당한 값을 요구하다
☐ payment option	**phr**	결제 방법
☐ place an order	**phr**	주문하다
☐ put A out for sale	**phr**	A를 판매하기 위해 내놓다
☐ retail store	**phr**	소매점
☐ run out of	**phr**	~을 다 써 버리다, ~이 바닥나다
☐ sales presentation	**phr**	제품 소개
☐ salesperson	**n**	판매원, 외판원
☐ sold out	**phr**	매진된
☐ stay open late	**phr**	늦게까지 영업하다
☐ stockroom	**n**	물품 보관소
☐ storage facility	**phr**	창고 시설
☐ storeroom	**n**	저장실
☐ take inventory	**phr**	재고 목록을 만들다

Part 5, 6

☐ accordingly	**adv**	그에 알맞게, 따라서
☐ adaptable	**adj**	적응할 수 있는

	☐ along with	phr	~와 함께
	☐ at the latest	phr	늦어도
	☐ compliant	adj	준수하는
	☐ correspond	v	일치하다, 부합하다
	☐ cultivation	n	우호 증진, 양성
	☐ do business with	phr	~와 거래하다
	☐ had better do	phr	~하는 편이 낫다, ~해야 한다
	☐ honorable	adj	고결한, 정직한
	☐ perceptive	adj	통찰력 있는
	☐ reasonably	adv	합리적으로, 적당하게
	☐ transformation	n	변화, 변신
Part 7	☐ attain	v	(목표를) 달성하다
	☐ barter	v	물물 교환하다; n 물물 교환
	☐ boycott	v	불매하다; n 불매 운동
	☐ capitalize on	phr	~을 이용하다, 기회로 삼다
	☐ council	n	이사회, 의회
	☐ Department of Commerce	phr	상무부
	☐ depot	n	창고, 저장소
	☐ diminish	v	감소하다
	☐ duty-free	adj	관세가 없는, 면세의
	☐ election	n	선거
	☐ exercise one's right	phr	권리를 행사하다
	☐ federal	adj	연방의
	☐ hold power	phr	권력을 쥐다
	☐ inclination	n	의향, 뜻
	☐ inevitable	adj	불가피한
	☐ loyal customer	phr	단골 고객
	☐ outside provider	phr	외부 공급자
	☐ poll	n	여론 조사
	☐ possession	n	소유물, 소유
	☐ scarce	adj	부족한
	☐ status	n	지위
	☐ switch A to B	phr	A를 B로 바꾸다
	☐ wholesaler	n	도매업자
	☐ withstand	v	견디다, 이겨내다

900점 완성 단어

LC		
☐ be closed to the public	phr	일반인의 출입이 금지되다
☐ breaking news	phr	속보
☐ run an article	phr	기사를 게재하다
☐ step down	phr	물러나다
☐ write up	phr	(사건을) 기록하다, 쓰다

Part 5, 6		
☐ diversified	adj	다양한, 여러 가지의
☐ engrave	v	(문자·도안 등을) ~에 새기다
☐ facilitator	n	조력자, 협력자
☐ itemized	adj	항목별로 구분한
☐ keep track of	phr	~을 계속 알고 있다, ~을 기록하다
☐ predominantly	adv	대개, 대부분
☐ profoundly	adv	깊이

Part 7		
☐ barring	prep	~이 없다면
☐ bureaucracy	n	관료 제도
☐ cast a ballot	phr	투표하다
☐ come to power	phr	권력을 잡다
☐ constituency	n	단골, 고객층, 선거구, 유권자
☐ contend with	phr	~와 다투다
☐ drawback	n	약점, 문제점
☐ in place of	phr	~을 대신하여
☐ in the prepaid envelope	phr	우편 요금이 선납된 봉투에
☐ nationalize	v	국영화하다
☐ parliament	n	의회, 국회
☐ peddler	n	행상인
☐ price quote	phr	견적서
☐ protocol	n	의정서
☐ scarcity	n	부족
☐ summit	n	정상 회담
☐ surrender	v	양도하다, 항복하다
☐ take an action against	phr	~를 고소하다
☐ third party	phr	제삼자
☐ unsuccessful candidate	phr	불합격자, 낙선 후보

▶ 토익완성단어의 Daily Quiz를 www.Hackers.co.kr에서 다운로드 받아 풀어보세요.

<해커스 토익 기출 보카> 어플로 DAY 16 단어를 재미있게 외워보세요.

DAY 17 | 토익 보카 30일 완성
특급배송
무역·배송

주제를 알면 토익이 보인다!

무역·배송 주제에서는 주로 물품 수령 일정 논의, 송장 관련 일정 문의 등이 출제되고 있어요. 무역·배송 주제에서 자주 출제되는 단어를 함께 알아볼까요?

▲ 무료 MP3 바로 듣기

중요한 물건(?) 조심해서 빨리 배달해 주세요

¹ fragile*

[미 frǽdʒəl]
[영 frǽdʒail]

adj 깨지기 쉬운

Fragile items are wrapped in protective packaging.
깨지기 쉬운 물품들은 보호용 포장재에 포장되어 있다.

² perishable**

[périʃəbl]

파 perish v. 부패하다
perishing adj. 죽는
반 imperishable 부패하지
않는

adj 부패하기 쉬운

Perishable goods are shipped in insulated containers.
부패하기 쉬운 제품들은 단열 컨테이너에 담겨 수송된다.

 토익 이렇게 나온다

빈출 perishable + goods/items 부패하기 쉬운 제품
어구
perishable은 goods, item 등 제품을 의미하는 명사와 어울려 주로 출제된다.

³ deliver***

[미 dilívər]
[영 dilívə]

파 delivery n. 배달

v 배달하다; (연설을) 하다

All packages are **delivered** by the next morning.
모든 소포들은 다음 날 아침까지 배달된다.

The president **delivered** an address on the international financial crisis.
대통령은 국제 금융 위기에 대해 연설을 했다.

⁴ ensure***

[미 inʃúər]
[영 inʃɔ́ː]

파 sure adj. 확실한, 틀림없는
동 assure 보증하다
make certain 확실히 하다

v 확실하게 하다, 보장하다

The receptionist called to **ensure** the message was delivered.
메시지가 전달되었는지 확실히 하기 위해 접수원이 전화했다.

 토익 이렇게 나온다

동의어 어떤 일이 확실히 일어나도록 한다는 문맥에서 ensure는 assure 또는
make certain으로 바꾸어 쓸 수 있다.

⁵ courier**

[미 kúriər]
[영 kúriə]

n 급송 택배

The customer will send the package by **courier**.
그 고객은 소포를 급송 택배로 보낼 것이다.

---

⁶ carton *

[미] kɑ́ːrtn]
[영] kɑ́ːtən]

○ **n (큰) 판지 상자**

The **carton** of goods was shipped by sea.
물품을 담은 판지 상자가 배편으로 수송되었다.

---

⁷ address ***

n. [미] ǽdres]
　[영] ədrés]
v. [ədrés]

○ **n 주소**

The **address** is stored in our database.
그 주소는 우리 데이터베이스에 저장되어 있다.

v (어려운 문제 등을) 처리하다, 다루다

A solution was found to **address** the clients' needs.
고객의 요구를 처리하기 위해 해결책을 찾았다.

---

⁸ shipment ***

[ʃípmənt]

동 freight, cargo 화물

○ **n 선적, (화물의) 발송; 수송품, 적하물**

Freightline specializes in the **shipment** of food
products. Freightline사는 식료품 선적을 전문으로 한다.

The **shipment** was sent to the wrong port.
그 수송품은 다른 항구로 잘못 발송되었다.

---

⁹ particularly ***

[미] pərtíkjulərli]
[영] pətíkjuləli]

파 particular adj. 특정한

● **adv 특히**

The new trade agreement will hurt local business,
particularly farmers.
새 무역 협정은 지역 경제, 특히 농민들에게 타격을 줄 것이다.

 토익 이렇게 나온다

[문법] particularly(adv. 특히)와 particular(adj. 특정한)의 품사 구별하기.

---

¹⁰ adequately ***

[미] ǽdikwətli]
[영] ǽdəkwətli]

파 adequate adj. 충분한, 알맞은
동 properly, appropriately
　적절히
반 inadequately 부적당하게

● **adv 적절히**

The workers ensure that glassware is **adequately**
wrapped. 작업자들은 유리 제품이 적절히 포장되었는지를 확인한다.

 토익 이렇게 나온다

[동의어] 정해진 기준이나 방법에 맞다는 문맥에서 adequately는 properly 또는
appropriately로 바꾸어 쓸 수 있다.

11 article***

[미 á:rtikl]
[영 á:tikl]

 n 물품, 물건; 기사, 논설

Several **articles** of clothing are missing from the shipment.
몇몇 의류 물품들이 선적으로부터 사라졌다.

There was an **article** about tariffs in *World Business Magazine*.
*World Business*지에 관세에 대한 기사가 있었다.

12 efficient***

[ifíʃənt]

파 efficiency n. 능률
efficiently adv. 능률적으로
동 effective 효과적인
반 inefficient 비효율적인

adj (기계·방법 등이) 효과적인, 능률적인

Seal-wrap is an **efficient** means of packaging.
밀봉 포장은 효과적인 포장 수단이다.

🗣 토익 이렇게 나온다

빈출어구 **efficient + processing/administration** 효율적인 처리/경영
efficient는 processing, administration 등 업무 공정이나 운영과 관련된 명사와 주로 어울려 출제된다.

혼동어 **efficient**(adj. 능률적인)와 **efficiently**(adv. 능률적으로)의 품사 구별하기.

13 agency***

[éidʒənsi]

n 대행 회사, 대리점

The government hired an **agency** to inspect all grain imports. 정부는 모든 곡물 수입품들을 점검하도록 대행 회사를 고용했다.

 토익 이렇게 나온다

빈출어구 a real estate **agency** 부동산 중개소
a travel **agency** 여행사
an employment **agency** 직업 소개소
an advertising **agency** 광고 대행사
a car rental **agency** 자동차 임대점

agency를 사용한 토익 빈출 업체 종류를 알아 두자.

14 enclose***

[미 inklóuz]
[영 inklóuz]

파 enclosure n. 동봉물, 둘러쌈

v ~을 동봉하다; ~을 둘러싸다, 에워싸다

Please find a copy of the invoice **enclosed**.
동봉된 송장 사본을 확인하세요.

The café is beside a courtyard **enclosed** by art shops.
그 카페는 미술품 상점들로 둘러싸인 안뜰 옆에 위치해 있다.

★★★ = 출제율 최상   ★★ = 출제율 상   ★ = 출제율 중
● = Part 5·6 정답 단어   ○ = Part 7 빈출 단어

토익 이렇게 나온다

[동의어] enclose : encase : encircle
'둘러싸다'를 뜻하는 단어들의 용례 차이를 구별하는 문제로 출제된다.

- enclose 둘러싸다, 동봉하다
  벽이나 담 같은 것으로 둘러싸여 사면이 막힐 때 쓰이거나, 편지 등을 봉투 안에 넣을 때 쓰인다.

- encase (상자·포장 등에) ~을 넣다
  상자 등에 넣어 완전히 밀봉할 때 쓰인다.
  The picture comes encased in a protective acrylic sleeve.
  그 그림은 보호용 아크릴 케이스에 넣어져 들어온다.

- encircle 에워싸다
  어떤 대상이 둥글게 에워싸는 행위 자체를 말할 때 쓰인다.
  A network of expressways encircles the city center.
  고속도로망이 도심을 에워싸고 있다.

---

15 careful***

[미 kέərfəl]
[영 kέəfəl]

[파] carefully adv. 조심스럽게, 신중하게

adj 조심스러운, 주의 깊은

Dock workers were extra careful with the crates containing sculptures.
부두 근로자들은 조각들을 담고 있는 상자들을 특별히 더 조심했다.

---

16 pick up***

phr. 발전하다, 성장하다

phr ~을 찾다; (사람·물건 등을) 도중에서 태우다

Packages can be picked up from the reception desk.
소포들은 접수처에서 찾을 수 있습니다.

Joan drove to school to pick up her daughter.
Joan은 딸을 태우러 차를 몰고 학교에 갔다.

---

17 carry**

[kǽri]

v 지니다; (물품을) 팔다, 가게에 놓다

All delivery drivers are required to carry at least one piece of identification.
모든 배달 운전수들은 적어도 한 개의 신분증을 지녀야 한다.

The store carries shipping containers in six different sizes.
그 상점은 여섯 가지 다른 크기의 배송 상자를 판다.

---

¹⁸ **attach** ★★

[ətǽtʃ]

파 attached adj. 첨부된
attachment n. 부착, 부속물
동 affix 붙이다
반 detach 떼어내다

v 붙이다, 접착하다, 첨부하다

Carefully **attach** the address label to the package.
주소 라벨을 소포에 조심스럽게 붙이세요.

 토익 이렇게 나온다

1. **attach A to B** A를 B에 붙이다
   attach와 함께 쓰이는 전치사 to를 묶어서 기억해 두자.

2. **attached + schedule/document/file** 첨부된 일정표/문서/파일
   형용사 attached는 schedule, document 등 일정 또는 문서와 관련된
   명사를 주로 수식한다.

¹⁹ **formerly** ★★

[미 fɔ́ːrmərli]
[영 fɔ́ːməli]

adv 이전에

Mr. Lee was **formerly** in charge of the entire
shipping department.
Mr. Lee는 이전에 배송 부서 전체를 담당했었다.

²⁰ **package** ★★

[pǽkidʒ]

n 소포, 꾸러미

Packages are delivered daily at 4 P.M.
소포는 매일 오후 4시에 배달된다.

²¹ **react** ★★

[riǽkt]

파 reaction n. 반응, 반발

v 반응하다, 대응하다

Local businesspeople **reacted** negatively to news of
stricter import regulations.
지역 사업가들은 보다 엄격한 수입 규제에 대한 소식에 부정적으로 반응했다.

²² **content** ★★

[미 kántent]
[영 kɔ́ntent]

v. 만족시키다
adj. 만족하는

n 내용물

Please make sure that the **contents** of your package
are not damaged.
귀하의 소포 내용물이 파손되지 않았음을 확인해 주십시오.

23 convenience ★★

[미 kənvíːnjəns]
[영 kənvíːniəns]

파 convenient adj. 편리한
반 inconvenience 불편

n 편의, 편리

For your **convenience**, a tracking number is provided.
귀하의 편의를 위해 추적 번호가 발급됩니다.

Please reply at your earliest **convenience**.
형편 닿는 대로 빨리 답장해 주십시오.

 토익 이렇게 나온다

> 빈출 for your convenience 귀하의 편의를 위해
> at your earliest convenience 형편 닿는 대로 빨리
>
> at your earliest convenience는 편지글에서 형편 닿는 대로 빨리 답장해
> 달라는 표현에 사용된다.

24 acknowledge ★★

[미 əknálidʒ]
[영 əknɔ́lidʒ]

파 acknowledgement
n. 인정

v 인정하다; (편지 등의) 수령을 알리다

The government **acknowledged** the need for
reduced trade tariffs.
정부는 무역 관세 인하의 필요성을 인정했다.

I am writing to **acknowledge** receipt of your letter
of November 23.
귀하의 11월 23일 자 편지를 수령했음을 알려 드리고자 편지를 씁니다.

25 caution ★★

[kɔ́ːʃən]
v. ~에게 주의시키다

파 cautious adj. 조심성 있는
반 carelessness 부주의

n 주의, 조심

Please use **caution** when unpacking your order.
귀하의 주문품을 소포에서 꺼내실 때 주의하십시오.

 토익 이렇게 나온다

> 빈출 with caution 조심하여, 신중히
> 어구
> caution은 관용 표현으로 주로 출제되므로 꼭 기억해 두자.

26 correspondence ★★

[미 kɔ̀ːrəspándəns]
[영 kɔ̀ːrispɔ́ndəns]

파 correspond v. 교신하다
correspondent n. 통신원,
특파원

n 편지, 통신문

Please send all **correspondence** to this address.
모든 편지를 이 주소로 보내주시기 바랍니다.

토익 이렇게 나온다

correspondence 편지, 통신문
correspondent 통신원, 특파원

사물 명사인 correspondence와 사람 명사인 correspondent를 구별하는
문제로 주로 출제된다.

---

27 separate★★

[미 sépərèit]
[영 sépərət]

파 separately adv. 별도로, 각자
separation n. 분리, 구분

v 분리하다; 분류하다

Liquids must be **separated** from other materials
being shipped.
액체는 배송되는 다른 재료들로부터 분리되어야 한다.

The shipping department **separates** international
orders from domestic ones.
배송 부서는 국내 주문과 해외 주문을 분류한다.

adj 분리된, 따로 떨어진, 독립된

Each product will be wrapped in a **separate** box.
각 제품은 분리된 상자에 포장될 것이다.

---

28 remarkable★★

[미 rimá:rkəbl]
[영 rimá:kəbl]

파 remarkably adv. 현저하게

adj 현저한, 두드러진

Epic Corporation underwent a **remarkable**
transformation in its export strategy.
Epic사는 수출 전략에 있어 현저한 변화를 겪었다.

---

29 handle★★

[hǽndl]

파 handling n. 취급
동 take care of (문제 등을)
처리하다
treat 다루다, 취급하다
manage 처리하다

v 취급하다, 다루다

The hazardous substances must be **handled** with
care.
위험 물질들은 조심스럽게 취급되어야 한다.

토익 이렇게 나온다

동의어 **handle**은 어떤 문제나 사안을 처리하는 것을 의미할 때는 **take care of**
로, 물건을 다루다라는 의미일 때는 **treat**으로, 업무, 문제 등을 처리하
다라는 뜻으로 사용될 때는 **manage**로 바꾸어 쓸 수 있다.

---

30 warehouse** 　　 n 창고, 저장소

[미 wɛ́ərhàus]
[영 wéəhaus]

Crates go to the **warehouse** before being delivered to their respective companies.

나무 상자들은 각각의 회사로 배송되기 전에 창고로 간다.

---

31 impose** 　　 v (세금 등을) 부과하다

[미 impóuz]
[영 impə́uz]

The government plans to **impose** taxes on imported steel.

정부는 수입 철강에 대해 세금을 부과할 계획이다.

파 imposition n. 부과
동 levy 부과하다

 토익 이렇게 나온다

빈출어구 **impose A on B** A를 B에 부과하다

impose와 함께 쓰이는 전치사 on을 묶어서 외워 두자.

동의어 세금이나 벌금을 부과하다라는 의미일 때 impose는 levy로 바꾸어 쓸 수 있다.

---

32 storage** 　　 n 보관소, 저장소

[stɔ́:ridʒ]

Unclaimed packages will be placed in **storage** for six months.

소유주 불명의 소포들은 6개월 동안 보관소에 놓여질 것이다.

파 store v. 저장하다, 보관하다
n. 상점

---

33 detach** 　　 v 분리하다, 떼다

[ditǽtʃ]

Please **detach** and send in the completed form.

작성된 양식을 분리해서 송부해 주십시오.

동 separate 분리하다

 토익 이렇게 나온다

동의어 두 개 이상의 것을 서로 '떼어놓다'라는 뜻으로 사용될 때 detach는 separate로 바꾸어 쓸 수 있다.

---

34 envelope** 　　 n 봉투

[미 énvəlòup]
[영 énvələup]

A return address must be stamped on each **envelope**.

각각의 봉투에 반송 주소가 인쇄되어야 한다.

파 envelop v. 봉하다, 감싸다

35 exclusion★★
[ikskl·lú:ʒən]

파 exclude v. 제외하다, 배제하다
exclusive adj. 배타적인, 독점적인
exclusively adv. 독점적으로, 오로지

n 제외, 배제

The **exclusion** of shipping fees is offered for orders exceeding $500.

배송료 제외는 500달러를 초과하는 주문품에 대해 제공된다.

36 recipient★
[risípiənt]

반 sender 발신자

n 수신자

Please enter the **recipient**'s shipping address below.

아래에 수신자의 배송 주소를 기입하세요.

37 affix★
[əfíks]
n. 첨부(물)

v (우표 등을) 붙이다

Please **affix** this label to the package before sending it out.

소포를 보내기 전에 이 라벨을 붙여주시기 바랍니다.

 토익 이렇게 나온다

빈출 affix A to B A를 B에 붙이다
어구

affix와 함께 쓰이는 전치사 to를 한데 묶어서 외워 두자.

38 incorrect★
[ìnkərékt]

파 incorrectly adv. 부정확하게
동 inaccurate 부정확한

adj 부정확한

Incorrect mailing information will slow the order process.

부정확한 우편 정보는 주문 처리를 느리게 할 것이다.

토익 이렇게 나온다

동의어 정보나 계산이 틀림을 설명하는 문맥에서 incorrect는 inaccurate로 바꾸어 쓸 수 있다.

³⁹ oblige*

[əbláidʒ]

파 obligation n. 의무
obligatory adj. 의무적인

v 어쩔 수 없이 ~하게 하다, ~에게 강요하다

The importers were **obliged** to destroy 20,000 boxes of apples.

수입업자들은 어쩔 수 없이 사과 2만 상자를 폐기해야 했다.

 토익 이렇게 나온다

oblige A to do A로 하여금 어쩔 수 없이 ~하게 하다
be obliged to do 어쩔 수 없이 ~해야 하다

oblige는 목적어 다음에 to 부정사가 오는 형태나 수동형으로 많이 사용된다.

⁴⁰ step*

[step]

v. 걷다, 나아가다

n 단계; 조치, 수단

The importer completed the final **step** of customs formalities.

그 수입업자는 통관 절차의 마지막 단계를 마쳤다.

America will take **steps** to expand bilateral trade.

미국은 양자 간 무역을 확대하기 위한 조치를 취할 것이다.

 토익 이렇게 나온다

take steps 조치를 취하다

step은 조치의 의미일 때 take와 짝을 이루어 주로 출제된다.

⁴¹ distinctive*

[distíŋktiv]

파 distinction n. 뛰어남, 우수성; 구별
distinctively adv. 특징적으로, 독특하게

adj 독특한

Maple syrup is Canada's most **distinctive** export product.

메이플 시럽은 캐나다의 가장 독특한 수출품이다.

 토익 이렇게 나온다

distinctive(adj. 독특한)와 **distinctively**(adv. 특징적으로)의 품사 구별하기.

⁴² discreet*

[diskrí:t]

파 discreetly adv. 신중하게, 사려 깊게

adj 신중한, 조심스러운, 분별력 있는

Delivery companies must be **discreet** with customers' personal information.

배송 회사들은 고객들의 개인 정보에 대해 신중해야 한다.

DAY 17 Daily Checkup

토익에 출제되는 단어의 뜻을 오른쪽 보기에서 찾아 연결하세요.

01 article

02 shipment

03 attach

04 particularly

05 adequately

ⓐ 선적

ⓑ 적절히

ⓒ 이전에

ⓓ 특히

ⓔ 붙이다

ⓕ 물품

토익에 출제되는 문장의 문맥에 맞는 단어를 고르세요.

토익 이렇게 나온다
명사 safety는 ensure, guarantee와
같은 동사와 함께 자주 쓰여요.

06 Please find the receipt ___ in the envelope.

07 To ___ the safety, all products are packed very well.

08 The company will ___ outside of Asia for an additional fee.

09 Please open the packages with ___ as they contain fragile items.

| ⓐ address | ⓑ deliver | ⓒ enclosed | ⓓ ensure | ⓔ caution |

10 The fastest way to send this package is by ___.

11 The latest ___ was a letter from the shipping company.

12 A ___ of online shopping is that purchases are brought to your door.

13 The Department of Agriculture inspects all animals, with the ___ of pets.

| ⓐ exclusion | ⓑ courier | ⓒ agency | ⓓ correspondence | ⓔ convenience |

➔ Daily Checkup 해석과 추가 Daily Quiz, 보기 태스트기 www.Hackers.co.kr에서 제공됩니다.

토익 기초 단어

LC	☐ butcher's shop	phr	정육점
	☐ cargo	n	화물, 짐
	☐ clinic	n	진료소, 상담소
	☐ crate	n	나무 상자
	☐ flow	n	(공급·생산품의) 흐름, 이동; v 흐르다
	☐ following week	phr	다음 주
	☐ get a ticket	phr	표를 구하다
	☐ in storage	phr	보관 중인
	☐ load	n	짐, 작업량
	☐ mail	n	우편물; v 우편으로 보내다
	☐ museum	n	박물관
	☐ parcel	n	소포
	☐ pick up packages	phr	소포를 찾아가다
	☐ pottery	n	도자기
	☐ public park	phr	공원
	☐ stamp	v	~에 도장을 찍다; n 우표
	☐ van	n	대형 밴
	☐ venue	n	장소
	☐ weight	n	무게, 중량
RC	☐ barrier	n	장애, 장벽
	☐ base	n	기반
	☐ due date	phr	만기일
	☐ fashion	n	방법, 방식
	☐ instructor	n	강사
	☐ offload	v	짐을 내리다
	☐ parking pass	phr	주차권
	☐ shipping	n	배송, 운송, 선적
	☐ trade	n	무역

800점 완성 단어

LC

☐ as of now	phr	현재로서는
☐ broker	n	중개인
☐ canal	n	운하, 수로
☐ carry a large parcel	phr	큰 짐을 운반하다
☐ closing	n	폐쇄; adj 폐회의, 마감하는
☐ courier service	phr	택배 회사
☐ door-to-door delivery	phr	택배
☐ drive off	phr	(차를) 출발시키다, 몰아내다
☐ drop off	phr	갖다 주다, 내려놓다
☐ drycleaner (= drycleaner's)	n	세탁소
☐ floor manager	phr	매장 감독
☐ hold onto the handrail	phr	난간을 붙잡다
☐ in transit	phr	운송 중에
☐ inn	n	여관
☐ lab report	phr	실험 보고서
☐ lab technician	phr	연구실 기술자
☐ lace	n	끈; v 끈을 묶다
☐ legal department	phr	법률 부서
☐ load A onto B	phr	A를 B에 싣다
☐ load a truck	phr	트럭에 짐을 싣다
☐ loaded with	phr	(짐을) 실은
☐ loading	n	적재, 선적
☐ lost in delivery	phr	배송 중에 분실된
☐ mailing list	phr	우편물 수취인 명부
☐ make a delivery	phr	배달하다
☐ packing tape	phr	포장 테이프
☐ pass over	phr	~의 위를 지나가다
☐ pavement	n	포장 도로, 인도
☐ people on foot	phr	보행자들
☐ pick up passengers	phr	승객을 태우다
☐ pier	n	부두, 방파제, 선창
☐ pile up	phr	~을 쌓다
☐ postal	adj	우편의

	☐ strap	**v**	끈(줄)으로 묶다; **n** 끈, 띠
	☐ time limit	**phr**	기한
	☐ waterway	**n**	(배가 다닐 수 있는) 수로, 항로
	☐ weigh	**v**	무게가 ~이다
	☐ weight limit	**phr**	중량 제한
	☐ wrap up	**phr**	~을 싸다, ~을 포장하다
Part 5, 6	☐ correction	**n**	정정, 수정
	☐ delivery option	**phr**	배송 선택 사항
	☐ discard	**v**	버리다
	☐ express mail	**phr**	급행 우편
	☐ fortunately	**adv**	다행스럽게도, 운 좋게도
	☐ ideally	**adv**	이상적으로, 완벽하게
	☐ load size	**phr**	적재 수하물 크기
	☐ marginally	**adv**	아주 조금, 미미하게
	☐ ordered	**adj**	정돈된, (질서) 정연한
	☐ ordering	**n**	정리, 배치
	☐ ordinarily	**adv**	보통은, 정상적으로는
	☐ packaging	**n**	포장, 포장재
	☐ provided (that)	**conj**	(만약) ~라면
	☐ respond to	**phr**	~에 응답하다
	☐ separation	**n**	분리, 구분
	☐ sizable	**adj**	상당한 크기의, 꽤 큰
	☐ society	**n**	사회, 협회
Part 7	☐ accelerate	**v**	촉진하다, 가속화하다
	☐ additional charge	**phr**	추가 요금
	☐ ahead of schedule	**phr**	예정보다 일찍
	☐ at the last minute	**phr**	막판에
	☐ by hand	**phr**	인편으로, 손으로
	☐ car maintenance	**phr**	자동차 정비
	☐ city official	**phr**	시 공무원
	☐ free of charge	**phr**	무료
	☐ postage	**n**	우편 요금
	☐ trade negotiation	**phr**	무역 협상
	☐ trade show	**phr**	무역 박람회
	☐ without delay	**phr**	지연되지 않고

LC	☐ freight	n 운송 화물, 화물 운송
	☐ heritage	n 전통, 유산
	☐ janitor	n (건물) 관리인
	☐ loading dock	phr 하역장
	☐ logistics	n 물류, 실행 계획
	☐ realtor (= real estate agent)	n 부동산 중개업자
	☐ registered mail	phr 등기 우편
	☐ wheelbarrow	n 손수레
Part 5, 6	☐ classified	adj 기밀의
	☐ consulate	n 영사관
	☐ decidedly	adv 확실히, 명백히, 단호히
	☐ inaugurate	v 정식으로 ~을 개시하다
	☐ institute	n 협회, 연구소
	☐ institution	n 기관, (학교·병원 등의) 시설
	☐ openly	adv 터놓고, 솔직하게
	☐ oversight	n 부주의, 감독
	☐ province	n 지방
	☐ selective	adj 선택적인, 까다로운
	☐ transportable	adj 수송 가능한, 운반 가능한
Part 7	☐ alumni association	phr 동창회
	☐ bilateral	adj 쌍방의
	☐ diplomat	n 외교관
	☐ embargo	n (특정 상품의) 무역 금지, 통상 금지
	☐ expatriate	n 국적을 상실한 사람; v 고국을 떠나다
	☐ expedite	v 신속히 처리하다, 진척시키다
	☐ handling	n 처리, 조작; adj 취급의
	☐ import license	phr 수입 허가(서)
	☐ intended recipient	phr 해당 수취인
	☐ progression	n 진행, 진전
	☐ reciprocal	adj 상호의, 서로의
	☐ stow	v (짐을) 넣다, 싣다
	☐ surplus	n 잉여, 흑자

➡ 토익완성단어의 Daily Quiz를 www.Hackers.co.kr에서 다운로드 받아 풀어보세요.

<해커스 토익 기출 보카> 어플로 DAY 17 단어를 재미있게 외워보세요.

DAY 18

특선요리

숙박·식당

주제를 알면 토익이 보인다!

숙박·식당 주제에서는 주로 숙박 및 식당 시설 광고와 예약 문의, 예약 변경 및 취소 등이 출제되고 있어요. 숙박·식당 주제에서 자주 출제되는 단어를 함께 알아볼까요?

▲ 무료 MP3 바로 듣기

식당에서 나오는 물은 마시는 것만이 아니군요

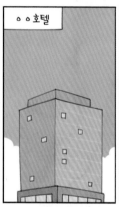

1 check in *

[반] check out (계산을 치르고) 호텔에서 나오다

phr 체크인하다, 숙박 수속을 하다

Please be sure to **check in** by 7 P.M.

오후 7시까지 반드시 체크인하십시오.

---

2 compensate **

[미 kámpənsèit]
[영 kɔ́mpənseit]

[파] compensation n. 보상, 보상금
compensatory adj. 보상의

v 보상하다

The hotel **compensated** the guest for the erroneous charge.

그 호텔은 그 손님에게 잘못된 청구액에 대해 보상했다.

 토익 이렇게 나온다

[빈출어] **compensate A for B** A에게 B에 대해 보상하다

compensate와 함께 쓰이는 전치사 for를 한데 묶어서 외워 두자.

---

3 complimentary **

[미 kàmpləméntəri]
[영 kɔ̀mpliméntəri]

[동] free 무료의

adj 무료의, 우대의

Guests are given a **complimentary** light breakfast.

손님들은 가벼운 무료 아침 식사를 제공받는다.

 토익 이렇게 나온다

[빈출어] **complimentary + breakfast/service** 무료 아침 식사/서비스

complimentary는 breakfast나 service와 같이 서비스와 관련된 명사와 주로 같이 쓰인다.

[혼동어] **complimentary** 무료의
complementary 상호 보완적인

형태가 유사하지만 뜻이 다른 두 단어를 구별해 두자.

Color and style are **complementary** aspects of interior design. 색상과 스타일은 인테리어 디자인의 상호 보완적인 요소이다.

---

4 chef *

[ʃef]

n 주방장

The restaurant's head **chef** is famous across Europe.

그 식당의 수석 주방장은 유럽 전역에서 유명하다.

---

5 container **

[미 kəntéinər]
[영 kəntéinə]

[파] contain v. 담다

n 용기, 그릇

Food may be kept for longer periods by storing it in airtight **containers**.

음식은 밀폐 용기에 보관함으로써 더 오래 기간 동안 보존될 수 있다.

★★★ = 출제율 최상 ★★ = 출제율 상 ★ = 출제율 중
● = Part 5·6 정답 단어 ○ = Part 7 빈출 단어

⁶ elegant*
[éligənt]

파 elegance n. 우아, 기품

adj 우아한, 고상한

The recently renovated lobby boasts **elegant** decor.
최근에 개조된 로비는 우아한 장식을 자랑한다.

⁷ flavor*
[미 fléivər]
[영 fléivə]

동 savor 맛, 풍미

n 맛, 풍미

The shop sells ice cream in a variety of **flavors**.
그 가게는 다양한 맛의 아이스크림을 판다.

⁸ accommodate
★★★
[미 əkámədèit]
[영 əkɔ́mədeit]

파 accommodation n. 숙박
시설
동 lodge ~을 숙박시키다

v (건물 등이) ~을 수용하다, 숙박시키다; (조건·요구 등을)
만족시키다

The hotel can **accommodate** 350 guests.
그 호텔은 350명의 손님을 수용할 수 있다.

The new security system will **accommodate** the
government regulations.
새로운 보안 시스템은 정부 규제를 만족시킬 것이다.

⁹ available***
[əvéiləbl]

파 availability n. 유효성
반 unavailable 이용할 수 없는

adj (사물이) 이용 가능한; (사람이) 시간이 있는

The sauna is **available** to all registered guests.
사우나는 등록된 모든 손님들이 이용할 수 있습니다.

The dining hall is **available** for private functions.
식당은 개인 행사용으로 이용할 수 있습니다.

I will be **available** after 6 P.M.
저는 오후 6시 이후에 시간이 있습니다.

¹⁰ reception***
[risépʃən]

파 receive v. 받다
receptionist n. 접수원

n 환영회; (호텔·회사·병원 등의) 접수처

The college held a welcome **reception** for the guest
speaker. 그 대학은 객원 연사를 위한 환영회를 개최했다.

Visitors must register at the **reception** desk upon
arrival. 방문객들은 도착하는 대로 접수처에서 등록해야 한다.

 토익 이렇게 나온다

 ┌ reception 환영회; 접수처
└ receptionist 접수원

사물 명사 reception과 사람 명사 receptionist를 구별하는 문제로 출제된다.

11 in advance*** ●

phr 미리, 사전에

Guests must notify the front desk **in advance** to reserve an airport shuttle.

투숙객들은 공항 정기 왕복 버스를 예약하려면 프런트에 미리 알려야 한다.

12 refreshments*** ○
[rifréʃmənts]

n 다과, 가벼운 음식물

Before leaving the resort, the group was served some **refreshments**.

리조트를 떠나기 전에, 그 단체는 약간의 다과를 제공받았다.

13 make*** ●
[meik]

v ~을 하다, ~을 만들다

To **make** telephone calls from your room, dial 9 first.

객실에서 전화를 거시려면, 9번을 먼저 누르세요.

🙂 토익 이렇게 나온다

make a decision 결정하다
make a request 요청하다
make a reservation 예약하다
make a telephone call 전화하다
make progress 진보하다

make의 짝 표현에 make를 채워 넣는 문제로 출제된다.

14 cater*** ○
[미 kéitər]
[영 kéitə]

v (연회 등의) 음식물을 공급하다

The Stovepipe Grill charges reasonable rates to **cater** large events.

Stovepipe Grill사는 규모가 큰 행사의 음식을 공급하는 데 합리적인 요금을 청구한다.

15 reservation*** ●
[미 rèzərvéiʃən]
[영 rèzəvéiʃən]

파 reserve v. 예약하다
reserved adj. 예약된, 지정의
동 booking 예약

n 예약, 지정; 보호 구역

Once you receive confirmation by e-mail, the **reservation** has been made.

확인 이메일을 받으면, 예약이 이루어진 것입니다.

St. Louis has been **designated** as a **reservation** for wildlife since 1985.

St. Louis는 1985년부터 야생 동물 보호 구역으로 지정되어 왔다.

*** = 출제율 최상 ** = 출제율 상 * = 출제율 중
● = Part 5·6 정답 단어 ○ = Part 7 빈출 단어

¹⁶ beverage***
[bévəridʒ]

n 음료

Snacks and **beverages** are available in the business-class lounge.
비즈니스 클래스 라운지에서 간식과 음료를 이용할 수 있다.

¹⁷ confirm***
[미 kənfə́ːrm]
[영 kənfə́ːm]

[파] confirmation n. 확인
confirmative adj. 확인의
[동] verify 확인하다

v 확인하다

Please **confirm** your seating reservation prior to arrival. 도착 전에 귀하의 좌석 예약을 확인하세요.

 토익 이렇게 나온다

[빈출어구] **confirm a reservation** 예약을 확인하다
confirm은 reservation과 어울려 출제된다.

[동의어] 예약 또는 변경 사항을 확인하다라는 의미로 쓰일 때 confirm은 verify로 바꾸어 쓸 수 있다.

¹⁸ cancel***
[kǽnsəl]

v 취소하다

Those wishing to **cancel** a booking are asked to do so at least a day in advance.
예약을 취소하고 싶은 사람들은 적어도 하루 전에 취소해야 한다.

¹⁹ rate***
[reit]
v. 평가하다, 여기다

[동] fee 요금

n 요금

The inn offers fine rooms at affordable **rates**.
그 여관은 좋은 방들을 알맞은 요금에 제공한다.

²⁰ conveniently***
[미 kənvíːnjəntli]
[영 kənvíːniəntli]

[파] convenient adj. 편리한
convenience n. 편리

adv 편리하게

Our hotel is **conveniently** located in downtown Sydney. 우리 호텔은 시드니 중심가에 편리하게 위치해 있습니다.

 토익 이렇게 나온다

[빈출어구] **conveniently + located/placed** 편리하게 위치한
conveniently는 located 등 위치와 관련된 단어들과 어울려 주로 출제된다.

[문법] **conveniently**(adv. 편리하게)와 **convenient**(adj. 편리한)의 품사 구별하기.

21 **decorate*****
[dékərèit]

파 decorative adj. 장식의, 장식적인

v 장식하다

The restaurant owner **decorated** its interior with paintings of Italy.

그 식당 주인은 식당 내부를 이탈리아를 그린 그림들로 장식했다.

22 **information*****
[미 ìnfərméiʃən]
[영 ìnfəméiʃən]

파 inform v. 알리다, 통지하다

n 정보, 자료

Further **information** about the resort can be found on its Web site.

그 리조트에 대한 자세한 정보는 웹사이트에서 찾을 수 있습니다.

 토익 이렇게 나온다

빈출 어구 additional/further + information 추가/자세한 정보

information은 additional, further 등의 형용사와 어울려 자주 출제된다.

23 **retain*****
[ritéin]

파 retention n. 유지, 보유
동 maintain 유지하다, 지속하다
　　keep 유지하다

v 유지하다, 보유하다

The cafeteria **retains** customers by offering inexpensive, flavorful food.

그 식당은 저렴하면서도 맛있는 음식을 제공함으로써 고객을 유지한다.

24 **atmosphere*****
[미 ǽtməsfìər]
[영 ǽtməsfìə]

동 mood 분위기

n 분위기, 환경

The hotel provides a comfortable **atmosphere**.

그 호텔은 편안한 분위기를 제공한다.

25 **cuisine*****
[kwizíːn]

n (독특한) 요리

Jacque will prepare an exquisite selection of international **cuisine**.

Jacque는 훌륭하고 엄선된 세계 요리를 준비할 것이다.

26 **sequence*****
[síːkwəns]
v. 차례로 배열하다

n 순서, 차례

The head chef makes sure every dinner order is prepared in the correct **sequence**.

수석 주방장은 모든 저녁 식사 주문이 정확한 순서대로 준비되었는지 확인한다.

 ★★★ = 출제율 최상　★★ = 출제율 상　★ = 출제율 중
● = Part 5·6 정답 단어　○ = Part 7 빈출 단어

27 extensive**
[iksténsiv]

파 extend v. 넓히다, 연장하다
extension n. 연장, 확장
extended adj. 장기간에 걸친
extensively adv. 널리
동 comprehensive 넓은
diverse 다양한

adj 광범위한, 넓은

The restaurant offers an **extensive** range of Chinese dishes. 그 식당은 광범위한 종류의 중국요리를 제공한다.

 토익 이렇게 나온다

동의어 어떤 일에 필요한 것이나 관련된 것을 모두 포함하다라는 의미로 사용될 때
extensive를 **comprehensive**로 바꾸어 쓸 수 있다.

28 prior**
[미 práiər]
[영 praiə]

파 priority n. 우선 사항, 우선(권)

adj 전의, 먼저의

Prior to checkout, guests are asked to fill out a survey. 체크아웃에 앞서, 투숙객들은 설문 조사를 작성해 달라는 요청을 받는다.

 토익 이렇게 나온다

빈출어구 **prior to** ~에 앞서, 먼저
prior는 to와 같이 쓰여야 전치사 역할을 할 수 있음을 꼭 기억하자.

29 book**
[buk]
n. 책, 서적, 도서

v 예약하다

The restaurant is busy on weekends, so **booking** a table is necessary.
그 식당은 주말에 붐벼서, 테이블을 예약하는 것은 필수다.

30 amenity**
[미 əménəti]
[영 əmíːniti]

n 편의 시설

The hotel **amenities** include a health center and a swimming pool.
그 호텔의 편의 시설은 보건소와 수영장을 포함한다.

31 belongings**
[미 bilə́ŋiŋz]
[영 bilɔ́ŋiŋz]

n 소지품, 소유물

Safety boxes are available in every room for the storage of valuable **belongings**.
귀중품 보관을 위해 모든 방에서 귀중품 보관함을 이용하실 수 있습니다.

32 entirely**
[미 intáiərli]
[영 intáiəli]

파 entire adj. 전체의

adv 완전히

The Eatery is known to cook **entirely** with organic produce.
Eatery사는 완전히 유기농 농작물로만 조리하는 것으로 알려져 있다.

33 ease** ○
[iːz]

파 easy adj. 쉬운, 편안한
easily adv. 쉽게, 용이하게

v 완화시키다

Jennifer **eased** the temperature of the oven to avoid burning her dish.

Jennifer는 요리를 태우지 않기 위해 오븐의 온도를 완화시켰다.

n 쉬움, 용이함

Customers appreciate the **ease** with which they can make reservations online.

고객들은 그들이 온라인으로 예약을 쉽게 할 수 있다는 점을 높이 평가한다.

34 ingredient** ○
[ingríːdiənt]

n 재료, 성분

The chef shops for fresh **ingredients** each morning at the local market.

그 요리사는 매일 아침 현지 시장에서 신선한 재료들을 산다.

35 sip** ○
[sip]

v 음미하며 마시다, 홀짝거리다

Sip your beverages at the café's new outdoor area!

카페의 새로운 야외 공간에서 음료를 음미하세요!

36 stir* ●
[미 stəːr]
[영 stəː]

v 휘젓다, 뒤섞다

Stir the sauce to prevent it from sticking.

소스가 달라붙는 것을 방지하기 위해 휘저어 주세요.

37 choice* ●
[tʃɔis]

파 choose v. 선택하다

n 선택물, 선택 사항, 선택

Today's special comes with the **choice** of soup or a salad.

오늘의 특선 메뉴는 수프나 샐러드 중 선택하신 것과 함께 제공됩니다.

 토익 이렇게 나온다

혼동 choice : option
'선택'을 의미하는 단어들의 용례 차이를 구별하는 문제로 출제된다.

┌ **choice** 선택물, 선택
│ choice는 여러 가지 중에서 선택된 사람이나 물건을 뜻한다.
└ **option** 선택권, 선택
여러 가지 중에 가능한 선택 사항을 의미한다.
Diners have the option of eating at the bar.
식사하시는 분들은 바에서 드실 수 있는 선택권이 있습니다.

38 complication* ⭘

[미] [kàmpləkéiʃən]
[영] [kɔ̀mplikéiʃən]

[파] complicate v. 복잡하게 하다

n 복잡한 문제

We encountered several **complications** with our reservation.

우리는 예약과 관련해 몇몇 복잡한 문제에 맞닥뜨렸다.

39 freshness* ●

[미] [fréʃnis]
[영] [fréʃnəs]

[파] fresh adj. 신선한,
(아이디어 등이) 참신한

n 신선함

Wrapping produce in paper helps prolong its **freshness**.

농산물을 종이로 포장해 두면 신선함을 오래 지속시켜 준다.

 토익 이렇게 나온다

혼동 ⎡ **freshness** 신선함
어휘 ⎣ **refreshment** 원기 회복, (-s) 다과

형태가 유사하지만 뜻이 다른 두 단어를 구별해야 한다. refreshment는 단수, 복수형이 각각 다른 뜻으로 쓰인다는 것에도 유의해 두자.

Snacks and liquid **refreshments** are sold at the kiosk.
매점에서 간식과 음료 다과가 판매된다.

40 occupancy* ●

[미] [ɑ́kjupənsi]
[영] [ɔ́kjupənsi]

[파] occupy v. 점유하다
occupant n. 점유자, 임차인
occupation n. 점유; 직업

n (호텔 등의) 이용률

The ski resort's **occupancy** peaks in January.

그 스키 리조트의 이용률은 1월에 최고조에 달한다.

41 spot* ⭘

[미] [spɑːt]
[영] [spɔt]

[동] notice 알아채다

v 발견하다, 찾다, 알아채다

When preparing to pay for the meal, Marie **spotted** a mistake on the bill.

식사비를 지불할 준비를 할 때, Marie는 계산서에서 오류를 발견했다.

n (특정한) 장소

Midland Park is a good **spot** for a company picnic.

Midland 공원은 회사 야유회에 좋은 장소이다.

 토익 이렇게 나온다

동의어 알아내기 쉽지 않은 것을 알아챈다는 의미로 쓰일 때 spot은 notice로 바꾸어 쓸 수 있다.

DAY 18 Daily Checkup

토익에 출제되는 단어의 뜻을 오른쪽 보기에서 찾아 연결하세요.

01 reception

02 information

03 ingredient

04 refreshments

05 sequence

ⓐ 재료

ⓑ 순서

ⓒ 신선함

ⓓ 다과

ⓔ 환영회

ⓕ 정보

토익에 출제되는 문장의 문맥에 맞는 단어를 고르세요.

06 The hotel will ___ its lobby with elegant furnishings.

07 The restaurant's event room can ___ up to 150 diners.

08 A light seasoning was used to ___ the meat's natural flavor.

09 The company can ___ any type of private or business occasion.

| ⓐ accommodate | ⓑ decorate | ⓒ confirm | ⓓ retain | ⓔ cater |

10 Guests are treated to a ___ drink upon arrival.

11 A business center is ___ located on the facility's second floor.

12 Check the details of your reservation ___ to making payment.

13 The 50-year old Gerano Resort will undergo ___ renovations next month.

> **토익 이렇게 나온다**
> 동사 locate는 conveniently, centrally
> 와 같은 부사와 함께 자주 쓰여요.

| ⓐ conveniently | ⓑ extensive | ⓒ available | ⓓ complimentary | ⓔ prior |

→ Daily Checkup 해석과 추가 Daily Quiz, 보기 리스트가 www.Hackers.co.kr에서 제공됩니다.

토익완성단어 숙박·식당

토익 기초 단어

LC	☐ bite	**v** 물다; **n** 한 입
	☐ buffet	**n** 뷔페
	☐ cafeteria	**n** (회사·학교의) 구내식당
	☐ cereal	**n** 시리얼
	☐ cookbook	**n** 요리책
	☐ delicious	**adj** 맛있는
	☐ dessert	**n** 후식
	☐ dine	**v** 식사를 하다
	☐ dining room	**phr** 식당
	☐ dish	**n** 접시, 요리
	☐ dishwasher	**n** 식기세척기
	☐ dry dishes	**phr** 접시를 닦다
	☐ garlic	**n** 마늘
	☐ meal	**n** 식사
	☐ plate	**n** 접시, 그릇
	☐ pot	**n** (깊은) 냄비
	☐ prepare a meal	**phr** 식사 준비를 하다
	☐ seafood	**n** 해산물
	☐ spicy	**adj** 매운
	☐ spill	**v** 엎지르다
	☐ tasty	**adj** 맛있는
	☐ whipped cream	**phr** 휘핑크림
RC	☐ blend	**v** 섞다, 혼합하다
	☐ clean	**adj** 깨끗한; **v** 청소하다, 깨끗하게 하다
	☐ fresh	**adj** 신선한
	☐ recipe	**n** 요리법, 조리법
	☐ spice	**n** 양념, 향신료
	☐ taste	**v** ~의 맛을 보다, 시식하다

800점 완성 단어

LC

☐ a glass of	**phr**	~ 한 잔
☐ appetizer	**n**	전채 요리, 애피타이저
☐ bottle	**v**	병에 담다
☐ chop	**v**	잘게 썰다
☐ countertop	**n**	계산대, 조리대
☐ diner	**n**	식사하는 사람
☐ dining area	**phr**	식당
☐ dining supplies	**phr**	주방용품
☐ dust off	**phr**	먼지를 털다
☐ food supplier	**phr**	음식 공급업체
☐ frosting	**n**	설탕을 입힘
☐ frozen food product	**phr**	냉동식품
☐ gather up	**phr**	주워 모으다
☐ get the food ready	**phr**	음식을 준비하다
☐ grain	**n**	곡물
☐ grill	**n**	석쇠
☐ gusty	**adj**	(바람이) 세찬
☐ have a light dinner	**phr**	저녁을 가볍게 먹다
☐ have a meal	**phr**	식사하다
☐ kettle	**n**	주전자
☐ kitchen appliance	**phr**	주방용품
☐ lost and found	**phr**	분실물 보관소
☐ order a meal	**phr**	식사를 주문하다
☐ patio	**n**	테라스, 베란다
☐ patron	**n**	고객
☐ peel off	**phr**	~의 껍질을 벗기다
☐ potholder	**n**	뜨거운 냄비를 들 때 쓰는 천
☐ pour	**v**	~을 붓다, ~을 따르다
☐ serving (= helping, portion)	**n**	음식 시중, 한 끼분의 음식
☐ set the table	**phr**	식탁을 차리다
☐ snack shop	**phr**	매점
☐ specialty	**n**	전공, 전문
☐ spoil	**v**	상하다, 못쓰게 되다

	☐ starving	adj	배고픈
	☐ stove	n	(요리용) 스토브
	☐ tablecloth	n	식탁보
	☐ take an order	phr	주문을 받다
	☐ teapot	n	찻주전자
	☐ trial	n	재판, 공판
	☐ unpack	v	(짐을) 풀다
	☐ valuables	n	귀중품
	☐ wait for a table	phr	테이블에 자리가 나기를 기다리다
Part 5, 6	☐ agreeably	adv	쾌적하게, 기분 좋게
	☐ amazed	adj	놀란
	☐ competitiveness	n	경쟁력
	☐ explain to	phr	~에게 설명하다
	☐ organizer	n	조직자, 창시자
	☐ progressively	adv	계속해서
	☐ recognized	adj	인정된, 알려진
	☐ refer	v	참조하게 하다, 조회하다
	☐ seemingly	adv	외견상으로, 겉보기에는
	☐ thickly	adv	두껍게, 두툼하게
Part 7	☐ accommodation	n	거처, 숙소, 시설
	☐ booking	n	예약
	☐ brew	v	끓이다, 양조하다
	☐ caterer	n	요리 조달자
	☐ catering service	phr	출장 요리 서비스
	☐ eat up	phr	다 먹다
	☐ gently	adv	다정하게, 부드럽게
	☐ overnight stay	phr	1박
	☐ parking facility	phr	주차 시설
	☐ polish	v	~을 닦다, ~의 윤을 내다
	☐ squeeze	v	짜다
	☐ suite	n	(호텔의) 스위트룸
	☐ utensil	n	(부엌에서 쓰는) 도구, 기구
	☐ vegetarian	n	채식주의자
	☐ vinegar	n	식초
	☐ wake-up call	phr	모닝콜

900점 완성 단어

LC	☐ cloakroom	**n** (식당·극장의) 휴대품 보관소
	☐ gourmet	**n** 미식가
	☐ grab a bite	**phr** 간단히 먹다
	☐ help oneself to the food	**phr** 자유로이 먹다, 가져다 먹다
	☐ meal pass	**phr** 식권
	☐ pick up the check	**phr** 돈을 내다
	☐ preheat	**v** (오븐을) 예열하다
	☐ scoop	**v** 퍼내다, 퍼올리다
	☐ slurp	**v** 소리 내어 마시다
	☐ wait on	**phr** 시중을 들다
Part 5, 6	☐ as a courtesy (= as a favor)	**phr** 호의를 담아, 무료로
	☐ forfeit	**v** (벌로써 권리·재산 등을) 몰수당하다
	☐ garner	**v** 얻다, 모으다
	☐ themed	**adj** 특정한 테마의 분위기를 살린
	☐ thriving	**adj** 번성하는, 잘 자라는
Part 7	☐ assorted	**adj** 여러 가지 종류의, 다채로운
	☐ atrium	**n** 중앙 홀
	☐ batch	**n** 무리, 집단
	☐ batter	**n** 반죽
	☐ concierge	**n** (호텔의) 안내인
	☐ corridor	**n** 복도
	☐ culinary	**adj** 요리의
	☐ decaffeinated	**adj** 카페인을 제거한
	☐ double occupancy	**phr** 2인실 사용
	☐ garnish	**v** (음식을) 장식하다
	☐ indigenous	**adj** 지역 고유의, 토착의
	☐ palate	**n** 미각
	☐ parlor	**n** 가게
	☐ room attendant	**phr** 객실 청소부
	☐ sanitary	**adj** 위생의
	☐ shut down	**phr** 폐점하다
	☐ sift	**v** 체로 치다

➡ 토익친생편이회 Daily Quiz를 www.Hackers.co.kr에서 다운로드 받아 풀어보세요

<해커스 토익 기출 보카> 어플로 DAY 18 단어를 재미있게 외워보세요.

DAY 19

토익 보카 30일 완성

보너스는..?
수익

주제를 알면 토익이 보인다!

수익 주제에서는 주로 회사의 이익과 손실 관련 기사, 영업 및 판매 실적에 대한 회의 등이 출제되고 있어요. 수익 주제에서 자주 출제되는 단어를 함께 알아볼까요?

▲무료 MP3 바로 듣기

과연 로봇보다 높은 수익을 낼 수 있을까?

> 지난 한 해 동안 지출은 decline한 반면, markedly increase한 revenue를 기록하였습니다.

> 올해에는 projection보다 성과가 좋네! substantial한 보너스를 anticipate해볼 수 있겠는걸!

며칠 후

> 이 로봇은 5명분의 일을 해내는 로봇으로, 앞으로 회사 수익을 significantly 높일 것입니다.

> 로봇이 대체하면 우리 잘리는 거 아냐?

> 로봇보다 열심히 일해야겠다.

> 일하러 가자...

> 룰루~ 보너스는 언제 나오지?

나사원만 모르는 해고 위기

¹ decline***
[dikláin]

图 decrease, reduction 감소
reject 거절하다

n 감소, 하락

A sharp **decline** in the number of buyers has lowered this year's profits.
구매자 수의 급격한 감소가 금년도 수익을 떨어뜨렸다.

v (초대·신청을) 거절하다; 감소하다, 줄다

The investor **declined** our invitation to lunch.
그 투자자는 우리의 점심 식사 초대를 거절했다.

The sales rate **declined** in recent years due to the recession.
경기 침체로 최근 몇 년간 판매율이 감소했다.

 토익 이렇게 나온다

the rate of decline 감소율
decline in ~의 감소
명사 decline과 함께 쓰이는 전치사 in을 묻는 문제가 출제된다.

² markedly*
[미 má:ɾkidli]
[영 má:kidli]

파 marked adj. 현저한, 두드러진

adv 현저하게, 눈에 띄게

Corporate profits continue to increase **markedly**.
기업 이윤이 계속해서 현저하게 증가하고 있다.

³ increase***
n. [ínkri:s]
v. [inkrí:s]

파 increasing adj. 증가하는
increasingly adv. 더욱더
반 decrease 감소, 감소하다

n 인상, 증가

All employees will receive a five percent pay **increase** next year.
모든 직원들은 내년에 5퍼센트의 임금 인상을 받을 것이다.

v 증가하다

The number of delivery requests for the new product has **increased** significantly.
신제품에 대한 배달 요청 수가 크게 증가했다.

⁴ revenue**
[révənjù:]

图 income, earnings 수입
반 expenditure 지출, 경비

n 수입

The company's **revenue** was boosted by higher album sales.
회사 수입이 더 늘어난 앨범 판매로 인해 증대되었다.

⁵ projection***

[prədʒékʃən]

파 project v. 추정하다
동 estimate 견적, 추정

n 예상(치)

This month's income **projections** are higher than last month's were.
이번 달 수입 예상치는 지난달 것보다 높다.

🗣 토익 이렇게 나온다

[빈출어구] **spending and income projections** 지출 및 수입 예상치
projection의 출제 표현을 익혀 두자.

⁶ substantial***

[səbstǽnʃəl]

파 substantially adv. 상당히
동 considerable 상당한

adj 상당한

The company made **substantial** investments in several emerging markets.
그 회사는 몇몇 신흥 시장에 상당한 투자를 했다.

🗣 토익 이렇게 나온다

[빈출어구] **substantial ￮ amount/increase/reduction**
상당한 양/증가/감소
substantial은 amount, increase, reduction 등 양이나 증감과 관련된 명사와 자주 어울려 출제된다.

[동의어] 양, 크기, 정도 등이 상당하여 주목할 만하다는 문맥일 때 substantial은 considerable로 바꾸어 쓸 수 있다.

⁷ anticipate***

[미 æntísəpèit]
[영 æntísipeit]

파 anticipation n. 예상, 기대
동 expect 예상하다, 기대하다

v 예상하다, 기대하다

We **anticipate** a 40 percent increase in sales next year. 우리는 내년에 40퍼센트의 매출 증대를 예상한다.

🗣 토익 이렇게 나온다

[혼동어휘] anticipate : hope
'기대하다'를 뜻하는 단어들의 용례 차이를 구별하는 문제로 출제된다.

┌ **anticipate** ~을 기대하다
│ 전치사 없이 바로 목적어가 온다.
└ **hope for** ~을 바라다
　hope는 전치사 for가 있어야 명사가 목적어로 올 수 있다.
　The financiers **hope for** a high return on their investment.
　자본가들은 그들의 투자에 대한 높은 수익을 바란다.

[동의어] 어떤 일이 일어나기를 기대하는 의미로 쓰일 때 anticipate는 expect로 바꾸어 쓸 수 있다.

8 significantly***

[signífikəntli]

派 significant adj. 상당한
significance n. 중요성

adv 상당히, 두드러지게

The layoffs will reduce expenses **significantly**.
직원 감축은 경비를 상당히 감소시켜 줄 것이다.

9 estimate***

v. [미 éstəmèit]
[영 éstimeit]
n. [미 éstəmət]
[영 éstimət]

v 추정하다, 추산하다

The laptops were **estimated** to bring in over $50 million.
그 노트북 컴퓨터는 5천만 달러 이상의 이익을 가져올 것으로 추정되었다.

n 추정(치), 추산

Profits for the second quarter failed to meet **estimates** made in April.
이사분기 수익은 4월에 세운 추정치에 이르지 못했다.

10 shift***

[ʃift]

v 옮기다, 이동하다

The firm **shifted** some capital into its newest investment project.
그 회사는 가장 최근의 투자 프로젝트로 약간의 자금을 옮겼다.

n 변화; 교대 근무

A **shift** in government policy could affect the company's profitability.
정부 정책의 변화는 회사의 수익성에 영향을 미칠 수 있다.

The night **shift** is from midnight to 8 A.M.
야간 교대 근무는 자정부터 오전 8시까지다.

11 fee***

[fiː]

同 rate 요금

n 요금; 수수료

The merchant may charge a small **fee** to process credit card payments.
그 상인은 신용 카드 결제를 처리하기 위해 소액의 요금을 청구할지도 모른다.

The **fee** for installing cable television will go up next month.
케이블 텔레비전 설치 수수료는 다음 달에 오를 것이다.

★★★ = 출제율 최상 ★★ = 출제율 상 ★ = 출제율 중
● = Part 5·6 정답 단어 ○ = Part 7 빈출 단어

12 production ★★★

[prədʌ́kʃən]

파 produce v. 생산하다
　 n. 농산물
반 consumption 소비

n 생산량, 생산

Production will rise drastically with the addition of a third shift.

3교대의 추가로 생산량이 급격하게 늘어날 것이다.

13 sale ★★★

[seil]

n (-s) 매출액, 매상고; (할인) 판매

Domestic **sales** have recently begun to drop.

국내 매출액이 최근에 하락하기 시작했다.

All items are 50 percent off during the clearance **sale**.

모든 품목은 재고 정리 판매 동안 50퍼센트 할인된다.

 토익 이렇게 나온다

빈출
어휘　retail sales figures 소매 매출액

'매출액'을 의미할 때는 항상 복수형 sales를 사용한다는 것에 유의해 두자.

14 impressive ★★★

[imprésiv]

파 impressed adj. 감명을 받은
　 impression n. 인상
　 impress v. ~에게 인상을 주다
　 impressively adv. 인상 깊게

adj 굉장한, 인상적인

NeuWear made **impressive** gains in the sportswear market.

NeuWear사는 스포츠웨어 시장에서 굉장한 이익을 거두었다.

 토익 이렇게 나온다

혼동
어휘　⎡ impressive 인상적인
　　 ⎣ impressed 감명을 받은

impressive는 사람이나 사물이 인상적일 때, impressed는 사람이 무언가에 감명을 받았을 때 사용한다. 혼동하지 않도록 차이를 구별해 두자.

문법 impressive(adj. 인상적인)와 impression(n. 인상)의 품사 구별하기.

15 representative ★★★

[rèprizéntətiv]

adj. 대표하는, 대리의

파 represent v. ~을 대표하다

n 직원, 외판원; 대표자

The sales **representative** developed an impressive client base.

그 영업 사원은 굉장한 고객 기반을 구축했다.

The committee will be comprised of **representatives** from each division.

위원회는 각 부서의 대표자들로 구성될 것이다.

토익 이렇게 나온다

빈출 어휘 **sales representative** 영업 사원

representative는 sales와 자주 어울려 출제된다.

혼동 어법 **representative**(n. 직원; 대표)와 **represent**(v. ~을 대표하다)의 품사 구별하기.

---

16 recent***

[ríːsnt]

파 recently adv. 최근에

adj 최근의

Additional costs are reflected in the supplier's most **recent** price quote.

추가 비용은 공급자의 가장 최근의 견적서에 반영되어 있다.

 토익 이렇게 나온다

혼동 어휘 **recent : modern**

'최근의'를 뜻하는 단어들의 용례 차이를 구별하는 문제로 출제된다.

┌ **recent** 최근의

│ 시간상으로 최근에 발생한 사건이나 사물을 말할 때 쓰인다.

└ **modern** 현대적인

현대적인 경향을 따르고 있다는 뜻이다.

Our **modern** designs are popular with customers.
우리의 현대적인 디자인은 고객들에게 인기가 있다.

혼동 어법 **recent**(adj. 최근의)와 **recently**(adv. 최근에)의 품사 구별하기.

---

17 exceed***

[iksíːd]

파 excess n. 초과
excessive adj. 과도한
exceedingly adv. 대단히, 매우
동 surpass ~을 초과하다
반 fall short of ~에 미치지 못하다

v ~을 초과하다

The new restaurant's profits **exceeded** initial projections.

새 레스토랑의 수익은 초기 예상치를 초과했다.

 토익 이렇게 나온다

동의어 기대치 또는 다른 비교 대상을 능가하다라는 문맥일 때 exceed는 surpass 로 바꾸어 쓸 수 있다.

---

18 improvement***○

[imprúːvmənt]

n 향상

The **improvements** to the chair designs led to increased sales.

의자 디자인의 향상은 판매량 증대로 이어졌다.

---

19 employer***
[미 implɔ́iər]
[영 implɔ́iə]

n 고용주

The largest **employer** in the city is the automotive factory. 그 도시의 최대 고용주는 자동차 공장이다.

20 regular***
[미 régjulər]
[영 régjulə]

파 regularly adv. 정기적으로
반 irregular 불규칙한, 고르지 못한

adj 정기적인; 단골의

Regular assessments of profitability occur throughout the fiscal year. 정기적인 수익성 평가가 회계 연도 내내 이루어진다.

Special events were held to reward **regular** customers. 단골 고객들에게 보답하기 위한 특별 행사들이 개최되었다.

 토익 이렇게 나온다

빈출어구 regular + meeting/schedule/assessment
정기 회의 / 스케줄 / 평가

regular는 정기적으로 발생하는 meeting, schedule, assessment 등과 주로 어울려 출제된다.

문법 regular(adj. 정기적인)와 regularly(adv. 정기적으로)의 품사 구별하기.

21 summarize***
[sʌ́məràiz]

파 summary n. 요약

v 요약하다

EquityCorp **summarized** its business operations in the annual report.
EquityCorp사는 연례 보고서에 자사의 운영 현황을 요약했다.

22 typically***
[típikəli]

adv 보통, 일반적으로

Cell phones **typically** go on sale before new models are released. 휴대 전화는 보통 새로운 모델이 출시되기 전에 할인 판매된다.

23 whole***
[미 houl]
[영 həul]

adj 전체의, 온전한

The **whole** amount of the loan must be paid in 60 days. 대출금 전액은 60일 내로 상환해야 한다.

24 growth**
[미 grouθ]
[영 grəuθ]

파 grow v. 성장하다
growing adj. 증대하는

n 성장, 발전

The company will be unable to maintain its present rate of **growth**.
그 회사는 현재의 성장률을 유지할 수 없을 것이다.

25 figure ★★

[미 fígjər]
[영 fígə]
v. ~라고 여기다

동 number 수

n 총액, 합계 수

Last quarter's sales **figures** need to be sent to the main office. 지난 분기 매출 총액은 본사로 보내져야 한다.

 토익 이렇게 나온다

동의어 figure : digit

'수'를 의미하는 단어들의 용례 차이를 구별하는 문제로 출제된다.

figure 수량
수치로 나타낸 양, 특히 통계치를 뜻한다.

digit 숫자
0에서 9까지의 숫자를 의미한다.
The number 215 contains three **digits**.
숫자 215는 세 개의 숫자로 이루어져 있다.

26 steady ★★

[stédi]

adj 꾸준한; 안정된

Furniture sales have seen a **steady** rise since March.
가구 판매는 3월 이후 꾸준한 증가를 보여 왔다.

The **steady** stock market has given investors more confidence. 안정된 주식 시장은 투자자들에게 더 많은 자신감을 주었다.

27 frequent ★★

[frí:kwənt]

adj 빈번한, 잦은

The company was able to adapt quickly despite **frequent** market changes.
그 회사는 빈번한 시장 변화에도 불구하고 재빨리 적응할 수 있었다.

28 achieve ★★

[ətʃí:v]

파 achievement n. 달성, 성취
achiever n. 달성자, 우수자
동 reach 이루다, 도달하다

v 달성하다, 성취하다

The corporation **achieved** its sales goals for the year.
그 기업은 금년도 매출 목표를 달성했다.

29 assumption ★★

[əsʌ́mpʃən]

n 추정, 산정

DonCo's **assumption** that consumers value quality over price proved correct.
소비자들이 가격보다 품질을 중시한다는 DonCo사의 추정은 옳은 것으로 밝혀졌다.

30 share**
[미] [ʃɛəʳ]
[영] [eə]

[동] discuss 상의하다

v 공유하다, 함께 쓰다; (생각 · 경험 · 감정을 남과) 함께 나누다

The CEO **shared** some excess profits with employees through bonuses.
그 최고 경영자는 상여금을 통해 직원들과 초과 수익의 일부를 공유했다.

n 몫, 지분

Each partner will receive an equal **share** of profits from the sale of the company.
각 동업자는 회사의 매각으로 인한 이익의 균등한 몫을 받을 것이다.

31 encouraging**
[미] inkə́:ridʒiŋ]
[영] inkʌ́ridʒiŋ]

[파] encourage v. 격려하다
encouragement n. 격려
[반] discouraging 낙담시키는

adj 고무적인, 힘을 북돋아 주는

The figures for this quarter were **encouraging**.
이번 분기의 수치는 고무적이었다.

 토익 이렇게 나온다

[문법] encouragement(n. 격려)와 encourage(v. 격려하다)의 품사 구별하기.

32 incur**
[미] inkə́:ʳ]
[영] inkə́:]

[파] incurrence n. (손해 따위를) 입음

v (손실을) 입다, (빚을) 지다

We have **incurred** significant operating losses since our inception a decade ago.
우리는 10년 전 개업한 이래 심각한 운영 손실을 입어 왔다.

33 slightly**
[sláitli]

[파] slight adj. 약간의

adv 약간

Inquiries regarding purchases are expected to decrease **slightly**. 구매에 관한 문의가 약간 감소할 것으로 예상된다.

 토익 이렇게 나온다

[문법] slightly(adv. 약간)와 slight(adj. 약간의)의 품사 구별하기.

34 profit**
[미] práfit]
[영] prɔ́fit]

[파] profitable adj. 이윤이 많은
(= lucrative)
profitability n. 수익성

n 수익, 이익

The **profits** from the auction will go to charity.
경매 수익은 자선 단체로 보내질 것이다.

35 **reliant**★★
[riláiənt]

[파] reliance n. 의존

adj 의존하는, 의지하는

Much of the business is **reliant** on sales from returning customers. 사업의 대부분은 재방문 고객들의 매출에 의존한다.

36 **illustrate**★★
[íləstrèit]

[파] illustration n. 설명, 삽화
illustrator n. 삽화가

v 분명히 보여 주다, 설명하다

The line graph **illustrates** the rise in expenses.
선 그래프가 비용의 상승을 분명히 보여 준다.

🗣 토익 이렇게 나온다

[혼동어] ┌ **illustration** 설명, 삽화
         └ **illustrator** 삽화가

사물 명사인 illustration과 사람 명사인 illustrator를 구별하는 문제로 출제된다.

37 **inaccurate**★
[inǽkjurət]

[반] accurate 정확한

adj 부정확한

The calculations in the report were **inaccurate**.
보고서의 계산은 부정확했다.

🗣 토익 이렇게 나온다

[빈출어] **inaccurate information** 부정확한 정보

inaccurate는 명사 information과 자주 어울려 출제된다.

38 **percentage**★
[미 pərséntidʒ]
[영 pəséntidʒ]

n 비율, 백분율

The **percentage** of people buying digital music players has decreased somewhat.
디지털 음악 재생기를 구매하는 사람의 비율이 다소 감소했다.

🗣 토익 이렇게 나온다

[혼동어] **percentage : percent**
'백분율'을 의미하는 단어들의 용례 차이를 구별하는 문제로 출제된다.

┌ **percentage** 백분율
│ 수사와 함께 쓰지 못하므로 10 percentage는 틀린 표현이다.
└ **percent** 퍼센트, 백분율
  수사와 함께 사용할 수 있다.

The company sold 10 **percent** more oats than in the previous month.
그 회사는 지난달보다 10퍼센트 더 많은 귀리를 판매했다.

³⁹ reduce [★]

[ridʒúːs]

파 reduction n. 감소
reductive adj. 감소하는

동 diminish, decrease 줄이다, 감소시키다

v 줄이다, 감소시키다

Management **reduced** the travel budget in an effort to cut costs.
경영진은 비용을 절감하고자 출장 예산을 줄였다.

 토익 이렇게 나온다

빈출어구 **reduce + costs/budget** 비용/예산을 줄이다

reduce는 cost, budget 등 비용을 나타내는 명사들과 어울려 출제된다.

혼동어휘 **reduce : dispose**

'없애다'를 의미하는 단어들의 용례 차이를 구별하는 문제로 출제된다.

reduce 줄이다, 감소시키다
줄여서 없애는 것을 말할 때 쓴다.

dispose of ~을 처분하다, 치우다
dispose는 전치사 of가 있어야 폐기할 것을 처리하여 없앤다는 의미가 된다.

The company **disposed of** old equipment it no longer needed. 그 회사는 더 이상 필요하지 않은 오래된 장비들을 처분했다.

⁴⁰ tend [★]

[tend]

파 tendency n. 경향

v ~하는 경향이 있다, ~하기 쉽다

Corporate profits **tend** to rise in line with national income. 회사 수익은 국민 소득과 함께 증가하는 경향이 있다.

 토익 이렇게 나온다

빈출어구 **tend to do** ~하는 경향이 있다

tend는 to 부정사와 주로 함께 사용된다.

⁴¹ beyond [★]

[미 bijάːnd]
[영 bijɔ́nd]

prep ~을 넘어서, ~이상으로

The monthly sales figures were far **beyond** the company's expectations.
월 매출액은 회사의 예상을 훨씬 넘어섰다.

DAY 19 Daily Checkup

토익에 출제되는 단어의 뜻을 오른쪽 보기에서 찾아 연결하세요.

01 shift

02 projection

03 fee

04 improvement

05 achieve

ⓐ 향상

ⓑ 요금, 수수료

ⓒ 달성하다, 성취하다

ⓓ 옮기다, 이동하다

ⓔ 예상(치)

ⓕ 분명히 보여주다

토익에 출제되는 문장의 문맥에 맞는 단어를 고르세요.

> 토익 이렇게 나온다
> 동사 remain의 주격 보어 자리에는
> 형용사나 to 부정사가 자주 와요.
> 매출이 어떠했을지 생각해 보세요

06 The department ___ its product ideas with the designers.

07 Sales of heaters have remained ___ due to the cold weather.

08 The ___ department worked on the product launch together.

09 Unusually high expenses this year caused a temporary ___ in profitability.

| ⓐ whole | ⓑ steady | ⓒ reliant | ⓓ decline | ⓔ shared |

10 The company ___ a budget shortfall of $2 million on the project.

11 Sales improved ___ this year, with profits higher than ever before.

12 People ___ spend more during the holidays than at any other time of the year.

13 The manager's ___ about the next trend in fashion industry was correct.

| ⓐ typically | ⓑ assumption | ⓒ estimates | ⓓ increase | ⓔ significantly |

Answer 1.ⓓ 2.ⓔ 3.ⓑ 4.ⓐ 5.ⓒ 6.ⓔ 7.ⓑ 8.ⓐ 9.ⓓ 10.ⓒ 11.ⓔ 12.ⓐ 13.ⓑ

➡ Daily Checkup 해석과 추가 Daily Quiz, 보카 테스트가 www.Hackers.co.kr에서 제공됩니다.

토익완성단어 수익

토익 기초 단어

LC	☐ booklet	**n**	소책자
	☐ by telephone	**phr**	전화로
	☐ from now	**phr**	지금부터, 앞으로
	☐ frying pan	**phr**	프라이팬
	☐ go shopping	**phr**	쇼핑하다
	☐ goods	**n**	상품
	☐ lesson	**n**	수업, 교훈
	☐ midday	**n**	정오
	☐ miss	**v**	놓치다, 그리워하나
	☐ rent	**n**	임대료; **v** 빌리다
	☐ save	**v**	구조하다, 모으다, 저축하다
	☐ unbelievable	**adj**	믿을 수 없는
	☐ upset	**adj**	당황한; **v** 당황하게 하다
	☐ win	**v**	이기다, (상품 등을) 받다
	☐ work on	**phr**	~을 수행하다
RC	☐ change	**n**	잔돈
	☐ decrease	**n**	감소; **v** 감소하다
	☐ gain	**v**	얻다
	☐ height	**n**	높이
	☐ income	**n**	소득
	☐ liquid	**n**	액체; **adj** 액체의
	☐ loss	**n**	손실
	☐ model	**n**	원형, 모범; **v** ~의 모형을 만들다
	☐ pace	**n**	(일·생활 등의) 속도, 페이스
	☐ range	**n**	범위, 구역; **v** 늘어놓다, 배치하다
	☐ refrigerator	**n**	냉장고
	☐ rely on	**phr**	~에 의존하다
	☐ send	**v**	보내다

800점 완성 단어

LC			
	☐ be shaded	**phr** 그늘져 있다, 가려져 있다	
	☐ bring about	**phr** 야기하다	
	☐ cut costs	**phr** 비용을 줄이다	
	☐ figures	**n** 액수, 값	
	☐ harsh	**adj** 거친, 가혹한	
	☐ have the best rates	**phr** 요금이 가장 저렴하다	
	☐ harm	**v** 해를 끼치다; **n** 피해, 손상	
	☐ link together	**phr** 연결시키다	
	☐ make money	**phr** 돈을 벌다	
	☐ meet one's goal	**phr** 목표를 달성하다	
	☐ misread	**v** 잘못 읽다, 오해하다	
	☐ sales report	**phr** 매출 보고서	
	☐ situated	**adj** 위치해 있는	
	☐ slight chance	**phr** 희박한 가능성	
	☐ take a course	**phr** 강의를 듣다	
	☐ to be honest with you	**phr** 솔직히 말하자면	

Part 5, 6		
☐ allot	**v** 할당하다	
☐ allotment	**n** 할당, 분배	
☐ charity	**n** 자선 단체	
☐ continued	**adj** 지속적인	
☐ desperate	**adj** 필사적인, 절망적인	
☐ doubtful	**adj** 확신이 없는, 의심스러운	
☐ downfall	**n** 몰락	
☐ enhancement	**n** 상승, 향상	
☐ factor	**n** 요소, 원인	
☐ fortune	**n** 부, 운	
☐ gross income	**phr** 총소득	
☐ impossible	**adj** 불가능한	
☐ linguistics	**n** 언어학	
☐ loosely	**adv** 대략	
☐ make up for	**phr** ~을 만회하다, 보상하다	
☐ moderate	**adj** 적당한; **v** 완화하다, 사회를 보다	
☐ optimal	**adj** 최적의, 최선의	

□ possess	v	소유하다, 갖고 있다
□ profitable (↔ unprofitable)	adj	이익이 되는, 유익한
□ put A in jeopardy	phr	A를 위험에 빠뜨리다
□ quite	adv	꽤, 상당히
□ sales figure	phr	매출액
□ seek to do	phr	~하려 애쓰다
□ split	v	쪼개다, 분리시키다; n 균열, 분열
□ submission	n	제출
□ sufficient	adj	충분한
□ surrounding	adj	주위의, 주변의
□ to that end	phr	그 목적을 위해
□ transition	n	변화, 이행
□ unusually	adv	유난히, 비정상적으로

Part 7

□ added benefits	phr	부가적인 이점
□ additional fee	phr	추가 비용
□ at a rapid rate	phr	빠른 속도로
□ commercial value	phr	상업적 가치
□ dean	n	학장
□ disappointing	adj	실망스러운, 실망시키는
□ do damage	phr	손상하다, 손해를 입히다
□ engineering	n	공학
□ file for bankruptcy	phr	파산 신청을 하다
□ growth potential	phr	성장 잠재력
□ highlight	n	가장 중요한 부분; v 강조하다
□ long-term stability	phr	장기 안정(성)
□ non-profit organization	phr	비영리 조직
□ on the rise	phr	상승하는
□ piece by piece	phr	조금씩
□ proportion	n	부분, 몫
□ raised	adj	높인, 높아진
□ rising cost	phr	비용 상승
□ semester	n	학기
□ timeline	n	일정표
□ undergraduate	n	대학생
□ up to	phr	~까지

900점 완성 단어

LC		
	☐ coil	v 똘똘 감다; n 고리
	☐ make forecast	phr 예측하다
	☐ retrieve	v 되찾다
	☐ uncover	v 알아내다
Part 5, 6	☐ distributor	n 분배자, 판매자
	☐ estimated	adj 견적의, 추측의
	☐ financier	n 재정가, 재무관
	☐ gratified	adj 만족한, 기뻐하는
	☐ hollow	adj 속이 빈, 오목한, 공허한
	☐ immeasurably	adv 헤아릴 수 없을 정도로
	☐ indicated	adj 계기에 표시된
	☐ indicative	adj 나타내는, 암시하는
	☐ literally	adv 문자 그대로, 실제로
	☐ minimally	adv 극히 작게, 최소한으로
	☐ outpace	v 앞지르다
	☐ outsell	v ~보다 많이 팔다
	☐ proportionate	adj 비례하는
	☐ rewarding	adj 보답을 받는, 보상으로서의
	☐ signify	v 의미하다
	☐ steeply	adv 가파르게
	☐ subside	v 가라앉다, 진정되다
	☐ swell	v 부풀다
	☐ terminology	n 전문 용어
	☐ variably	adv 변하기 쉽게, 일정치 않게
	☐ vitally	adv 절대적으로, 중대하게
Part 7	☐ agile	adj 기민한
	☐ deviate	v 빗나가다, 일탈하다
	☐ even out	phr ~을 고르게 하다, ~을 균등하게 나누다
	☐ infusion	n 주입, 혼합
	☐ insolvent	adj 지불 불능의, 파산의
	☐ offset	v 상쇄하다, 벌충하다
	☐ profit margin	phr 이윤 차액

➔ 토익완성단어의 Daily Quiz를 www.Hackers.co.kr에서 나눈도트 빈이 풀이보세요.

<해커스 토익 기출 보카> 어플로 DAY 19 단어를 재미있게 외워보세요.

DAY 20

토익 보카 30일 완성

경비 절감

회계

주제를 알면 토익이 보인다!

회계 주제에서는 주로 직원 급여 관련 공지, 출장 경비 관련 문의, 사무기기 구입 예산 논의 등이 출제되고 있어요. 회계 주제에서 자주 출제되는 단어를 함께 알아볼까요?

▲무료 MP3 바로 듣기

회사의 경비 절감을 위해 자원을 잘 활용합시다

〈공고〉
연말에 실시된 audit 이후,
accounting 부서로부터
회사의 budget 낭비를
줄이라는 공문이 왔습니다.

financial 안정을 위해
불필요한 사무용품 사용을
curtail하고,

종이를
아껴 씁시다

에너지 절약을 습관화하여
예산 deficit을 막는 운동에
동참해 주시기 바랍니다.

비용절감

물품을 불필요하게
사용하는 것이 발견되면
엄격히 처벌할 것이니
직원 여러분은 꼭 필요한 것만
사용하시기 바랍니다.

회사 물품을 잘
활용해야지!

아뜨..

회사에서 먹는 군고구마가 제맛!

¹ audit★
[ɔ́:dit]
v. (회계를) 감사하다

파 auditor n. 회계 감사원

n 회계 감사, 심사

An internal **audit** of financial records will be conducted.

재무 기록에 대한 내부 감사가 실시될 것이다.

² accounting★★★
[əkáuntiŋ]

n 회계

The **accounting** department reports directly to the CEO.

회계 부서는 최고 경영자에게 곧장 보고한다.

³ budget★★★
[bʌ́dʒit]

n 예산

The community center was given an annual operations **budget** of $120,000.

지역 문화 회관에 12만 달러의 연간 운영 예산이 주어졌다.

⁴ financial★★★
[fainǽnʃəl]

파 finance n. 재정 v. 자금을 조달하다
financing n. 자금 조달

adj 재정의, 금전상의

A consultant's **financial** advice is helpful for major projects.

컨설턴트의 재정 상담은 주요 프로젝트에 도움이 된다.

 토익 이렇게 나온다

문법 **financial**(adj. 재정의)과 **finance**(n. 재정; v. 자금을 조달하다)의 품사 구별하기.

⁵ curtail★
[미 kərtéil]
[영 kətéil]

파 curtailment n. 삭감
동 reduce 줄이다

v ~을 줄이다, 삭감하다

The manager made an effort to **curtail** office expenses.

그 관리자는 사무 비용을 줄이기 위해 노력했다.

⁶ deficit★
[미 défəsit]
[영 défisit]

동 shortfall 부족액
반 surplus 흑자, 잉여금

n 적자, 부족액

Reserve funds will be used to make up for the **deficit**.

예비 자금이 적자를 만회하기 위해 사용될 것이다.

★★★ = 출제율 최상   ★★ = 출제율 상   ★ = 출제율 중
● = Part 5·6 정답 단어   ○ = Part 7 빈출 단어

⁷ recently***

[ríːsntli]

[파] recent adj. 최근의
[동] lately 최근에

adv 최근에

Bookkeeping costs have **recently** risen considerably.
부기 비용이 최근에 상당히 증가했다.

 토익 이렇게 나온다

[빈출어구] **have + recently + p.p.** 최근에 ~했다
recently는 최근의 동향을 말할 때 쓰이므로 주로 현재 완료 시제와 어울려 시험에 출제된다.

⁸ substantially***

[səbstǽnʃəli]

[파] substantial adj. 상당한
substance n. 물질, 실질
[동] significantly,
considerably 상당히

adv 크게, 상당히

The marketing team was **substantially** expanded to help boost sales.
마케팅팀은 판매 증대에 도움이 되도록 크게 확장되었다.

 토익 이렇게 나온다

[빈출어구] **substantially + expand/exceed** 크게 확장하다/초과하다
substantially는 expand, exceed 등 팽창과 관련된 동사들과 주로 함께 사용된다.

[동의어] 수치의 증감이 크다는 문맥일 때 substantially는 significantly 또는 considerably로 바꾸어 쓸 수 있다.

⁹ committee***

[kəmíti]

n 위원회

The **committee** submitted a report on donations.
위원회가 기부금에 관한 보고서를 제출했다.

¹⁰ frequently***

[fríːkwəntli]

adv 자주, 흔히

Clients who **frequently** pay on time may receive favorable terms.
자주 돈을 제때 납부하는 고객들은 유리한 조건을 제공받을 수 있다.

¹¹ capability***

[미 kèipəbíləti]
[영 kèipəbíliti]

n 능력, 역량

The firm has the **capability** to advise clients on a range of financial decisions.
그 회사는 다양한 재정적인 결정에 대해 고객에게 조언할 능력이 있다.

12 proceeds***
[미 próusi:dz]
[영 próusi:dz]

n 수익금

All **proceeds** from the auction will go to local charities. 경매의 모든 수익금은 지역 자선 단체로 보내질 것이다.

13 reimburse***
[미 rì:imbə́:rs]
[영 rì:imbə́:s]

파 reimbursement n. 변제, 상환

v 변제하다, 상환하다

The company will fully **reimburse** any travel expenses incurred. 회사가 지출된 모든 여행 경비를 전액 변제할 것이다.

 토익 이렇게 나온다

빈출 어구
reimburse 비용 (비용)을 변제하다
reimburse 사람 for 비용 (사람)에게 (비용)을 변제하다
reimburse는 '~을 변제하다', '~에게 변제하다'라는 뜻을 모두 갖고 있으므로 목적어 자리에 비용과 사람이 모두 올 수 있다.

혼동어휘
reimburse : reward : compensate
'보상하다'를 뜻하는 단어들의 용례 차이를 구별하는 문제로 출제된다.

- reimburse 변제하다
  미리 돈을 사용하고 후에 다시 돌려받는 것을 뜻한다.
- reward 보답하다
  좋은 일을 한 사람에게 그에 대해 보답하는 것을 의미한다.
  We **reward** employees with benefits commensurate with their contributions.
  우리는 공로에 상응하는 수당으로 직원들에게 보답한다.
- compensate 보상하다
  손실에 대해 보상하는 경우에 사용한다.
  The insurance company **compensated** the firm for fire damage. 보험 회사는 그 기업에게 화재 피해에 대해 보상해 주었다.

14 considerably***
[kənsídərəbli]

adv 상당히, 많이

The new software program makes computing taxes **considerably** easier.
새 소프트웨어는 세금 산출을 상당히 더 쉽게 해준다.

15 adequate***
[미 ǽdikwət]
[영 ǽdəkwət]

파 adequacy n. 적절함, 타당
adequately adv. 충분히, 적절히

adj 충분한, 적절한

Pelton Manufacturing lacks **adequate** funds for the purchase of new equipment.
Pelton Manufacturing사는 새로운 장비를 구입할 충분한 자금이 없다.

★★★ = 출제율 최상   ★★ = 출제율 상   ★ = 출제율 중
● = Part 5·6 정답 단어   ○ = Part 7 빈출 단어

16 total***

[미 tóutl]
[영 tə́utl]

n. 합계, 총액
v. 합산하다, 총계가 ~ 이 되다

[파] totally adv. 전적으로, 아주

adj 총계의, 전부의

Total revenues for the year have yet to be added up.
연간 총수입이 아직 합산되지 않았다.

 토익 이렇게 나온다

[문법] total(adj. 총계의)과 totally(adv. 전적으로)의 품사 구별하기.

17 allocate***

[ǽləkèit]

[파] allocation n. 배당, 배급
[동] assign 할당하다

v 할당하다, 배분하다

Funds were **allocated** for the charity benefit.
자선 행사를 위해 자금이 할당되었다.

 토익 이렇게 나온다

[빈출어구] allocate A for B B를 위해 A를 할당하다
allocate A to B A를 B에게 배분하다

allocate와 함께 쓰이는 전치사 for 뒤에는 '사용 목적'이, to 뒤에는 '사람'이 온다는 것을 함께 알아 두자.

[동의어] 자원이나 업무를 나누어 배정하다라는 의미일 때 allocate는 assign으로 바꾸어 쓸 수 있다.

18 inspector***

[미 inspéktər]
[영 inspéktə]

n 조사관, 감독관

The **inspector** reviewed all the receipts submitted last year.
그 조사관은 작년에 제출된 모든 영수증을 검토했다.

19 preferred***

[미 prifə́:rd]
[영 prifə́:d]

[파] prefer v. 선호하다
preference n. 선호

adj 선호되는, 우선의

Our **preferred** method of online payment is through Pay Safe.
우리가 선호하는 온라인 지불 방법은 Pay Safe를 통하는 것이다.

 토익 이렇게 나온다

[빈출어구] 1. preferred + means/method 선호하는 수단/방법
preferred는 보통 means, method 등 수단을 의미하는 명사와 자주 어울려 출제된다.

2. prefer A to B B보다 A를 선호하다
동사 prefer와 함께 쓰이는 전치사 to를 묶어서 외워 두자.

20 quarter **
[미 kwɔ́:rtər]
[영 kwɔ́:tə]

[파] quarterly adj. 분기별의, 연 4회의 adv. 분기별로

n 사분기; 4분의 1

Profits this **quarter** are 20 percent higher than the last one.
이번 분기의 수익은 지난 분기보다 20퍼센트 더 높다.

Expenses dropped by a **quarter** after Milton Autos changed suppliers.
Milton Autos사가 공급업체를 바꾼 후 지출이 4분의 1만큼 줄었다.

21 interrupt **
[ìntərʌ́pt]

v 중단시키다, 방해하다

Poor cash management forced the company to **interrupt** payments to its contractors.
형편없는 현금 관리로 인해 회사는 하청업체에 지불을 중단할 수밖에 없었다.

22 browse **
[brauz]

v 훑어보다, 둘러보다

Investors may **browse** through the firm's financial statements before making a decision.
투자자들은 결정을 내리기 전에 회사의 재무제표를 훑어봐도 된다.

23 prompt **
[미 prɑmpt]
[영 prɔmpt]

adj 즉각적인; 신속한

The CEO demanded a **prompt** response to her questions about the budget.
그 최고 경영자는 예산에 대한 질문에 즉각적인 답변을 요구했다.

Sheffing Co. was **prompt** in paying its bill.
Sheffing사는 어음을 결제하는 데 있어 신속했다.

v 촉발하다, 유도하다

Mark's success at buying stocks **prompted** interest from other investors.
Mark의 주식 매매 성공은 다른 투자자들의 관심을 촉발했다.

24 deduct **
[didʌ́kt]

[파] deduction n. 공제

v 공제하다, 빼다

Michael **deducted** his business expenses from his gross income.
Michael은 자신의 총수입에서 업무 경비를 공제했다.

★★★ = 출제율 최상　★★ = 출제율 상　★ = 출제율 중
● = Part 5·6 정답 단어　○ = Part 7 빈출 단어

25 measurement★★

[미 méʒərmənt]
[영 méʒəmənt]

n 측정, 측량; 치수

Close **measurement** of the company's operating expenses helped the accountants spot inefficiencies.
회사 운영비의 철저한 측정은 회계사들이 비능률을 찾는 데 도움이 되었다.

26 shorten★★

[미 ʃɔ́ːrtn]
[영 ʃɔ́ːtn]

v 단축하다, 짧게 하다

Tracking expenses online **shortens** the time needed to calculate expenditures.
온라인상으로 지출을 추적하는 것은 비용을 계산하는 데 필요한 시간을 단축한다.

To improve its cash position, the firm **shortened** its payment terms to 30 days.
현금 유동성을 향상시키기 위해, 그 회사는 결제 기한을 30일로 단축했다.

27 amend★★

[əménd]

[파] amendment n. 개정, 수정
amendable adj. 수정할 수 있는
[동] revise, modify 수정하다

v 수정하다

Ms. Ford **amended** the budget to account for the increased prices of goods.
Ms. Ford는 인상된 물품 가격을 설명하기 위해 예산안을 수정했다.

 토익 이렇게 나온다

[동의어] 문서의 항목 등을 수정하다라는 의미로 쓰일 때 amend는 revise 또는 modify로 바꾸어 쓸 수 있다.

28 calculate★★

[kǽlkjulèit]

[파] calculation n. 계산

v 계산하다, 산출하다

The contractors **calculated** the cost of rebuilding to be around $2 million.
하청업체들은 재건 비용을 약 2백만 달러로 계산했다.

29 exempt★★

[igzémpt]

[파] exemption n. 면제

adj 면제된, ~이 없는

Certain goods are **exempt** from import taxes.
특정 물품들은 수입세를 면제받는다.

 토익 이렇게 나온다

[빈출어구] **be exempt from** ~을 면제받다
exempt는 주로 전치사 from과 함께 어울려 사용됨을 알아 두자.

가입비 면제 ✔
수수료 면제 ✔
연회비 면제 ✔

30 deficient★★
[difíʃənt]

파 deficiency n. 부족
반 sufficient 충분한

adj 부족한, 불충분한

Funding for the office renovations is **deficient**.
사무실 개조 자금이 부족하다.

31 compare★★
[미 kəmpɛ́ər]
[영 kəmpéə]

파 comparison n. 비교
comparable adj. 필적하
는, 비길 만한

v 비교하다

This software automatically **compares** profits for
each year in a chart.
이 소프트웨어는 표에 있는 연간 수익금을 자동적으로 비교한다.

 토익 이렇게 나온다

빈출 어구 **compared to** ~와 비교해서
compare A with B A를 B와 비교하다

compare는 숙어인 compared to나 compare A with B 형태로 출제된다.

32 fortunate★★
[미 fɔ́ːrtʃənət]
[영 fɔ́ːtʃənət]

파 fortunately adv. 다행히,
운 좋게도

adj 운 좋은

Some stockholders were **fortunate** to invest in the
company early.
몇몇 주주들은 운 좋게 그 회사에 일찍 투자할 수 있었다.

33 expenditure★
[미 ikspénditʃər]
[영 ikspénditʃə]

파 expend v. 지출하다
동 expense 지출, 비용
반 income, revenue 수입

n 지출, 비용

This month's sales outweigh **expenditures**.
이달 매출은 지출보다 훨씬 많다.

 토익 이렇게 나온다

동의어 지출 비용을 의미할 때 expenditure는 expense로 바꾸어 쓸 수 있다.

34 accurately★
[ǽkjurətli]

파 accurate adj. 정확한
accuracy n. 정확성
반 inaccurately 부정확하게

adv 정확하게

To prevent later confusion, record transactions
accurately.
추후의 혼동을 예방하기 위해, 거래를 정확히 기록하세요.

동의어 accurately : assuredly

'틀림없이'를 의미하는 단어들의 용례 차이를 구별하는 문제로 출제된다.

┌ accurately 정확하게

세부적인 일에 있어서 명확하고 옳다는 뜻이다.

└ assuredly 틀림없이, 확실히

의심할 여지없이 확실하다는 의미이다.

Launching a Web site will **assuredly** increase your customer base.

웹사이트를 개설하면 틀림없이 귀사의 고객층이 늘어날 것입니다.

---

35 worth *

[미 wəːrθ]

[영 wəːθ]

파 worthy adj. 가치 있는
worthwhile adj. ~할 가치가 있는

adj ~의 가치가 있는

It is **worth** the cost to upgrade our machinery.

기계를 업그레이드하는 것은 비용만큼의 가치가 있다.

n (얼마) 어치, 가치

$200,000 **worth** of inventory was added last month alone.

지난달에만 20만 달러어치의 재고가 추가되었다.

 토익 이렇게 나온다

빈출어구 worth + 비용 ~의 가치가 있는
worth -ing ~할 가치가 있는

형용사 worth는 뒤에 금액을 나타내는 명사나 동명사가 오는 형태로 주로 사용된다.

동의어 worth : value

'가치'를 뜻하는 단어들의 용례 차이를 구별하는 문제로 출제된다.

┌ worth 가치, (얼마)어치

'가치'라는 뜻 외에 '얼마어치'라는 의미로도 사용된다.

(가격 + worth of + 물건: ~어치의 물건)

└ value 가격, 가치

물건의 가격이나 가치를 의미한다.

Shirley inquired about the **value** of the antique bookcase.

Shirley는 골동품 책장의 가격에 대해 문의했다.

36 excess★
[ékses]

파 exceed v. 초과하다
excessive adj. 과도한
excessively adv. 매우
반 shortage 부족, 부족량

n 초과, 초과량

Spending controls led to an **excess** of funds.
지출 억제는 자금의 초과로 이어졌다.

 토익 이렇게 나온다

빈출어 in excess of ~을 초과하여

excess는 숙어인 in excess of 형태로 출제되므로 꼭 기억해 두자.

37 fiscal★
[fískəl]

adj 회계의, 재정상의

Results for the past **fiscal** year will be announced in
August. 지난 회계 연도의 성과는 8월에 발표될 것이다.

 토익 이렇게 나온다

빈출어 fiscal year 회계 연도
fiscal operations 회계 업무

fiscal year는 예산 편성, 집행 및 결산을 하기 위해 회계상으로 설정해 놓은
한 해의 기간을 뜻한다.

38 incidental★
[미 ìnsədéntl]
[영 ìnsidéntl]

파 incident n. 우발적 사건
incidentally adv. 우연히

adj 부수적인

Total all **incidental** expenses for the journey and
submit the form to accounting.
여행 중에 발생한 모든 부대 비용을 합산해서 해당 서식을 경리과에 제출하세요.

 토익 이렇게 나온다

빈출어 incidental expenses 부대 비용

incidental expenses는 부수적으로 발생하는 비용, 즉 부대 비용을 뜻한다.

39 inflation★
[infléiʃən]

파 inflate v. 팽창하다, 인플레
가 일어나다
inflationary adj. 인플레를
일으키는

n 물가 상승, 인플레이션, 통화 팽창

A high **inflation** rate affected the company's net
gains. 높은 물가 상승률은 회사의 순수익에 영향을 미쳤다.

 토익 이렇게 나온다

빈출어 lead to inflation 인플레이션을 초래하다
inflation rate 물가 상승률
the cause of inflation 인플레이션의 원인

inflation의 토익 출제 표현을 익혀 두자.

40 liable*

[láiəbl]

파 liability n. 책임; 채무
동 responsible 책임져야 할
likely ~하기 쉬운

adj 책임져야 할; ~하기 쉬운

The guarantor is **liable** for any unpaid debts.
보증인은 모든 미납된 채무에 대한 책임이 있다.

Expense accounts are **liable** to be misused.
지출 계좌는 오용되기 쉽다.

 토익 이렇게 나온다

빈출
어구   **be liable for** ~에 대한 책임이 있다 (= be responsible for)
       be liable to do ~하기 쉽다 (= be likely to do)
       liable은 전치사 for 및 to 부정사와 어울려 사용된다.

41 spend*

[spend]

파 spending n. 지출, 소비

v ~을 쓰다, 소비하다

The firm **spent** a lot of money on reinventing its products.
그 회사는 제품을 처음부터 다시 만드는 데 많은 돈을 썼다.

 토익 이렇게 나온다

빈출
어구   1. **spend A on B** B에 A를 쓰다
          spend와 on이 모두 문제로 출제된다.

       2. **research and development spending** 연구 개발 지출
          명사 spending 자리에 동사 spend를 쓰지 않도록 주의하자.

42 turnover*

[미 tə́ːrnòuvər]
[영 tə́ːnə̀uvə]

n 총 매상고, 거래액; 이직률

The company's **turnover** exceeded $2.8 million.
회사의 총 매상고가 280만 달러를 넘어섰다.

Poor work conditions lead to high employee **turnover**.
열악한 근로 조건은 높은 직원 이직률을 야기한다.

DAY 20 Daily Checkup

토익에 출제되는 단어의 뜻을 오른쪽 보기에서 찾아 연결하세요.

01 frequently

02 capability

03 quarter

04 substantially

05 accurately

ⓐ 사분기; 4분의 1

ⓑ 크게, 상당히

ⓒ 정확하게

ⓓ 예산

ⓔ 능력, 역량

ⓕ 자주, 흔히

토익에 출제되는 문장의 문맥에 맞는 단어를 고르세요.

06 Financial planners ___ funds to each department.

07 Auditors checked the annual report for ___ errors.

08 Construction noises may ___ employees as they work.

09 The ___ from this auction will benefit the children's hospital.

ⓐ interrupt   ⓑ allocate   ⓒ proceeds   ⓓ amend   ⓔ accounting

10 The assistant ensured that there was ___ food for the banquet.

11 Customers usually ___ for 15 minutes before choosing a product.

12 The president will ___ work hours to see how it affects productivity.

13 Increased sales have improved the company's ___ situation considerably.

> 토익 이렇게 나온다
> usually, always와 같은 빈도
> 부사는 일반동사 앞에 자주 와요.
> 고객들이 제품을 고르기 전에 대개
> 무엇을 할지 생각해 보세요.

ⓐ browse   ⓑ shorten   ⓒ adequate   ⓓ incidental   ⓔ financial

➡ Daily Checkup 해석과 추가 Daily Quiz, 보카 테스트가 www.Hackers.co.kr에서 제공됩니다.

토익 기초 단어

LC	□ abundant	**adj**	풍부한, 많은
	□ contest	**n**	대회, 시합
	□ glass cabinet	**phr**	유리 장식장
	□ picture	**n**	그림
	□ powerful	**adj**	영향력 있는, 유력한
	□ shore	**n**	(바다·강·호수의) 물가, 강기슭
	□ tie	**v**	묶다, 매다
RC	□ addition	**n**	추가, 추가물
	□ advisor	**n**	조언자, 고문
	□ attack	**v**	공격하다
	□ expressive	**adj**	(생각·감정을) 나타내는
	□ fund	**n**	자금
	□ funding	**n**	자금 제공
	□ generate	**v**	창출하다, 야기하다
	□ however	**adv**	하지만, 그러나
	□ in the coming year	**phr**	다가오는 해에
	□ in the direction of	**phr**	~ 방향으로
	□ model number	**phr**	모델 번호
	□ overcome	**v**	극복하다
	□ proper	**adj**	적절한
	□ question	**n**	질문; **v** 질문하다
	□ rare	**adj**	드문
	□ score	**n**	득점, 점수, 악보; **v** 득점을 올리다
	□ senior	**n**	상급자; **adj** 상급의
	□ shortcoming	**n**	결점, 단점
	□ temporary	**adj**	일시적인
	□ theme	**n**	주제, 테마
	□ traditional	**adj**	전통의

LC	☐ a copy of	**phr** (책·서류) 한 부	
	☐ at a fast pace	**phr** 빠른 속도로	
	☐ be assigned to	**phr** ~로 배정되다	
	☐ be similar to	**phr** ~과 유사하다	
	☐ bring together	**phr** 불러 모으다	
	☐ certainly	**adv** 확실히	
	☐ charge for	**phr** ~에 대한 대금	
	☐ cut down	**phr** ~을 줄이다	
	☐ decide on	**phr** ~으로 결정하다	
	☐ flat	**adj** 일률적인, 바람이 빠진; **n** 아파트	
	☐ flawless	**adj** 결점 없는	
	☐ handbook	**n** 안내서	
	☐ handwritten	**adj** 손으로 쓴	
	☐ phenomenon	**n** 현상	
	☐ record high	**phr** 최고 기록	
	☐ reset	**v** (기계를) 다시 맞추다	
	☐ see if	**phr** ~인지 여부를 확인하다	
	☐ sequel	**n** 속편, 결과	
	☐ set up a date	**phr** 날짜를 잡다	
	☐ sharpen	**v** 날카롭게 만들다, (기술을) 향상시키다	
	☐ side by side	**phr** 나란히	
Part 5, 6	☐ A and B alike	**phr** A와 B 모두 마찬가지로	
	☐ accountant	**n** 회계사	
	☐ by contrast	**phr** 그와 대조적으로	
	☐ chief financial officer (CFO)	**phr** 최고 재무 책임자	
	☐ corrective	**adj** (이전에 잘못된 것을) 바로잡는	
	☐ displace	**v** 대신하다, 옮겨 놓다	
	☐ far from	**phr** 결코 ~이 아닌	
	☐ frequency	**n** 빈도	
	☐ impressively	**adv** 인상적으로, 인상 깊게	
	☐ keep to oneself	**phr** 비밀로 하다, 독차지하다	
	☐ overly	**adv** 지나치게, 몹시	
	☐ reasonable	**adj** 적당한, 너무 비싸지 않은	

	☐ take after	phr	~를 닮다
	☐ unfamiliar	adj	익숙지 않은, 낯선
Part 7	☐ A be followed by B	phr	A 다음에 B가 오다
	☐ a string of	phr	일련의, 한 줄의
	☐ activate	v	작동시키다
	☐ add up to	phr	합계가 ~이 되다
	☐ annual budget	phr	연간 예산
	☐ annual report	phr	연례 보고서
	☐ badly	adv	심하게, 불친절하게, 몹시
	☐ barely	adv	가까스로, 거의 ~하지 않는
	☐ be owned by	phr	~의 소유이다
	☐ be suited for	phr	~에 적합하다
	☐ bookkeeper	n	경리
	☐ bound for	phr	(기차 · 배가) ~행인
	☐ calculation	n	계산
	☐ cancellation	n	취소
	☐ capital	n	자본
	☐ category	n	범주, 부분
	☐ claim refund	phr	환불을 요구하다
	☐ collectively	adv	집합적으로, 총괄하여
	☐ combine A with B	phr	A를 B와 결합시키다
	☐ commercial use	phr	상업적 이용
	☐ common interest	phr	공동의 이익, 공동 관심사
	☐ compose	v	작성하다
	☐ consulting firm	phr	자문 회사
	☐ conversion	n	전환
	☐ digit	n	숫자
	☐ monetary	adj	금전의, 재정적인
	☐ outlay	n	지출, 경비
	☐ place of origin	phr	원산지
	☐ purchase order	phr	구입 주문(서)
	☐ rigorously	adv	엄격히
	☐ shipping and handling fee	phr	(운임 · 포장료 등) 배송 취급 요금
	☐ unplug device	phr	기계의 플러그를 뽑다
	☐ well in advance	phr	훨씬 앞서서

LC	☐ cut one's losses	**phr**	(악화되기 전에) 손을 떼다
	☐ in place	**phr**	제자리에
	☐ whereabout	**n**	소재, 행방
Part 5, 6	☐ implicate	**v**	연루되었음을 시사하다
	☐ inconsistency	**n**	불일치
	☐ relevance	**n**	적절, 타당성, 관련성
	☐ reliably	**adv**	신뢰할 수 있게, 확실하게
	☐ substantively	**adv**	사실상, 실제로
	☐ vary from A to B	**phr**	상황에 따라 다르다
Part 7	☐ adjournment	**n**	연기, 휴회
	☐ amply	**adv**	풍부하게, 충분히
	☐ back order	**phr**	이월 주문
	☐ be in the black	**phr**	흑자 상태에 있다
	☐ be in the red	**phr**	적자 상태에 있다
	☐ break-even point	**phr**	손익 분기점
	☐ by a considerable margin	**phr**	큰 차이로
	☐ cash reserves	**phr**	현금 보유고
	☐ classification	**n**	분류, 등급
	☐ discrepancy	**n**	불일치, 차이
	☐ incrementally	**adv**	증가하여
	☐ ledger	**n**	회계 장부
	☐ levy	**n**	부과금
	☐ liability	**n**	책임, (-ties) 부채, 채무
	☐ operation budget	**phr**	운영 예산
	☐ plus tax	**phr**	세금 별도
	☐ precedent	**n**	전례
	☐ preclude	**v**	막다
	☐ pretax	**adj**	세금 공제 전의
	☐ pros and cons	**phr**	찬반양론, 이해득실
	☐ statistics	**n**	통계학
	☐ stringently	**adv**	엄격히, 엄중하게
	☐ year-end	**adj**	연말의

➔ 토익윈샘들의 Daily Quiz를 www.Hackers.co.kr에서 다운로드 받아 풀어보세요.

<해커스 토익 기출 보카> 어플로 DAY 20 단어를 재미있게 외워보세요.

토익 실전 문제 2

01 The company provides regular safety training to ------- workplace accidents.

(A) decline
(B) prevent
(C) refuse
(D) oblige

02 Several building tenants visited the administration office and filed ------- about the lack of visitor parking.

(A) complaints
(B) inventories
(C) disputes
(D) commitments

03 The engineers at Sunshine Electronics designed the cable to be ------- with most types of computers available on the market today.

(A) manual
(B) broad
(C) successful
(D) compatible

04 The restaurant asks customers to ------- they have been given the correct takeout orders before making payment.

(A) calculate
(B) combine
(C) contact
(D) confirm

05 Ms. Anderson's ------- presentation was a great success, bringing in two very lucrative clients.

(A) unlimited
(B) absolute
(C) impressive
(D) argumentative

06 Employees must submit receipts from their business trips in order to be ------- for expenses.

(A) amended
(B) deducted
(C) prompted
(D) reimbursed

07 The latest trend in home interiors is ------- furniture pieces that can be folded in order to save space.

(A) defective
(B) innovative
(C) perishable
(D) unavailable

08 Although the company showed a ------- last quarter, it is expected to make money from cell phone sales this fall.

(A) deficit
(B) market
(C) budget
(D) commodity

Questions 09-12 refer to the following article.

Bolton Sets Profit Record

Figures recently released by popular clothing retailer Bolton show that last year's profit margin ------- that of any previous year. Spokesperson for Bolton, **09**
Rochelle DeVries, said there was dramatic growth in sales last year for its men's clothing collections. -------, only 20 percent of the store chain's sales **10**
come from men's clothes. Last year, that number was up by 12 percent, and gross sales also rose by nearly 28 percent. According to DeVries, the company now ------- its sales staff with cash bonuses based on their sales performances. **11**
DeVries claims that this commission system is the primary reason for the rise in profitability. -------. Without a doubt, it has benefited the entire company. **12**

09 (A) totals   (B) curtails
    (C) represents   (D) exceeds

10 (A) Typically   (B) Markedly
    (C) Accurately   (D) Fortunately

11 (A) improves   (B) replaces
    (C) compensates   (D) produces

12 (A) This is the first time Bolton's stores have offered men's clothing.
    (B) Another clothing sale will be announced in the very near future.
    (C) The company is planning to add more stores to its chain.
    (D) Management intends to continue this arrangement indefinitely.

Question 13 refers to the following information.

All modifications customers make to their orders will immediately be reflected in their online account. Additionally, if the quantity of any item is changed, an e-mail will be sent to inform the customer that their order has been altered.

13 The word "reflected" in paragraph 1, line 1, is closest in meaning to

    (A) implied   (B) directed   (C) signaled   (D) indicated

DAY
21

토익 보카 30일 완성

사내 공모전

회사동향

주제를 알면 토익이 보인다!

회사동향 주제에서는 주로 새로운 회사의 설립, 인수 합병, 새로운 사업 분야 진출 등이
출제되고 있어요. 회사동향 주제에서 자주 출제되는 단어를 함께 알아볼까요?

▲무료 MP3 바로 듣기

자유로운 분위기 속에서 일하고 싶어요

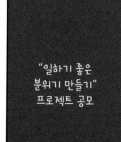

"일하기 좋은
분위기 만들기"
프로젝트 공모

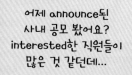

어제 announce된
사내 공모 봤어요?
interested한 직원들이
많은 것 같던데...

나도 의견을 내볼까?
회사 일에 active하게
참여하는 게 좋겠지?

누구든 내 아이디어를
들으면 내 제안이
accept되리라고
foresee할 걸?

사내복장 자율화!

¹ announce***

[ənáuns]

파 announcement n. 발표

v 발표하다

The chairperson **announced** plans to increase overseas production.
그 의장은 해외 생산을 증가시킬 계획을 발표했다.

 토익 이렇게 나온다

announce : inform : display
정보 제공과 관련된 단어들의 용례 차이를 구별하는 문제로 출제된다.

┌ announce + 내용 ~을 발표하다
목적어로 발표 내용이 온다.

├ inform + 사람 + of 내용/that절 ~에게 ~을 알리다
inform 뒤에 사람 목적어가 와서 '~에게 알리다'라는 의미로 사용된다.
The manager informed her staff of the corporate change.
그 관리자는 그녀의 직원들에게 회사의 변화에 대해 알렸다.

└ display 보이다, 눈에 잘 띄게 하다
필요한 정보를 눈으로 볼 수 있도록 보여 준다는 의미이다.
The sign displays the departure and arrival of every flight.
그 표지판은 모든 비행편의 출발과 도착을 보여 준다.

² interested***

[미 íntərəstid]
[영 íntrəstid]

파 interest n. 관심
interesting adj. 흥미로운

adj 관련 있는; 관심이 있는

Interested parties met to discuss the investment proposal.
관련 당사자들이 투자 제의를 논의하기 위해 만났다.

He is **interested** in the offer to buy the travel agency.
그는 여행사를 매입하겠다는 제안에 관심이 있다.

 토익 이렇게 나온다

 be interested in ~에 관심이 있다
interested와 전치사 in이 모두 문제로 출제된다.

³ active*

[ǽktiv]

파 activation n. 활성화
actively adv. 적극적으로

adj 적극적인, 활발한

Mr. Jones decided to take a more **active** role in the operations of his company.
Mr. Jones는 회사 운영에 있어 보다 적극적인 역할을 하기로 결정했다.

⁴ accept**

[əksépt]

파 acceptable adj. 받아들일 수 있는

acceptance n. 수락

accepting adj. 쾌히 받아들이는, 솔직한

acceptably adv. 받아들일 수 있게

반 reject 거절하다

v 수락하다, 승낙하다

The managers voted to **accept** the new building proposal.

그 관리자들은 새로운 건물 건립안을 수락하기로 표결했다.

 토익 이렇게 나온다

빈출어구 **accept responsibility for** ~에 대한 책임을 인정하다

accept는 responsibility와 어울려 많이 출제된다.

혼동어휘 **accept : admit**

'받아들이다'라는 뜻을 가진 단어들의 용례 차이를 구별해 두자.

accept 수락하다
제안 등을 받아들일 때 사용한다.

admit 시인하다
어떤 일이 사실임을 인정할 때 쓰인다.

The company **admitted** that it had concealed information from trustees.

그 회사는 수탁자들로부터 정보를 감추었던 것을 시인했다.

⁵ foresee*

[미 fɔːrsíː]
[영 fəsíː]

파 foreseeable adj. 예견할 수 있는

unforeseen adj. 예측하지 못한, 뜻밖의

동 predict 예측하다

v 예견하다, 예감하다

Food companies try to **foresee** future trends in agriculture.

식품 회사들은 농업 분야의 미래 동향을 예견하려고 노력한다.

 토익 이렇게 나온다

동의어 앞으로 일어날 일을 미리 짐작한다는 의미로 쓰일 때 foresee는 predict 로 바꾸어 쓸 수 있다.

⁶ expansion***

[ikspǽnʃən]

파 expand v. 확장하다

expansive adj. 포괄적인, 광범위한

n 확장, 팽창

The firm is seeking opportunities for **expansion** into new markets.

그 회사는 새로운 시장으로의 확장 기회를 찾고 있다.

 토익 이렇게 나온다

빈출어구 **expansion project** 확장 계획

building expansion 건물 확장

refinery expansion 제련소 확장

expansion은 복합 명사 형태로 자주 시험에 나오므로 표현을 익혀 두자.

7 relocate ***

[미 rìːloukéit]
[영 rìːloukéit]

[파] relocation n. 재배치, 이전

v (공장 등을) 이전하다

The board decided to **relocate** the plant's main base of operations.
이사회는 공장의 주요 운영 기지를 이전하기로 결정했다.

8 competitor ***

[미 kəmpétətər]
[영 kəmpétitə]

n 경쟁업체, 경쟁자

The company's closest **competitor** is catching up in sales. 그 회사의 가장 치열한 경쟁업체가 판매에서 그들을 따라잡고 있다.

 토익 이렇게 나온다

혼동어 ┌ competitor 경쟁자
└ competitiveness 경쟁력

어근이 같지만 뜻이 다른 두 단어를 구별하는 문제로 출제된다.

To maintain the company's **competitiveness**, it is downsizing some departments.
회사의 경쟁력을 유지하기 위해, 일부 부서들을 축소하고 있다.

9 asset ***

[ǽset]

[동] estate, property 재산, 자산

n 자산

Wilcox Inc. regards its employees as its most valuable **assets.** Wilcox사는 직원들을 가장 가치 있는 자산으로 여긴다.

10 contribute ***

[kəntríbjuːt]

[파] contribution n. 기여, 공헌
contributor n. 기여자

v 기여하다, 공헌하다

Various factors **contributed** to the company's success.
다양한 요소들이 회사의 성공에 기여했다.

11 dedicated ***

[dédikèitid]

[파] dedicate v. 바치다
dedication n. 헌신, 전념
[동] devoted, committed 헌신적인

adj (목표 등에) 전념하는, 헌신적인

The new director is **dedicated** to improving the firm's public image.
신임 이사는 회사의 대외 이미지를 개선하는 데 전념한다.

 토익 이렇게 나온다

빈출어 be dedicated to ~에 전념하다, 헌신하다
a dedicated and talented team 헌신적이고 유능한 팀

dedicated는 함께 쓰이는 전치사 to와 묶어서 외워 둬야 한다.

★★★ = 출제율 최상 ★★ = 출제율 상 ★ = 출제율 중
● = Part 5·6 정답 단어 ○ = Part 7 빈출 단어

12 misplace***
[mispléis]

v 잃어버리다, 위치를 잘못 잡다

Marsha accidentally **misplaced** several sensitive company documents.

Marsha는 뜻하지 않게 회사 기밀문서 몇 장을 잃어버렸다.

13 considerable***
[kənsídərəbl]

[파] consider v. 고려하다
consideration n. 고려
considerably adv. 상당히
[동] substantial (양·가치·중요
성이) 상당한
[반] insignificant 사소한,
미미한

adj (정도나 양이) 상당한

The developer raised the capital after **considerable effort.** 그 개발 회사는 상당한 노력 끝에 자금을 마련했다.

 토익 이렇게 나온다

[동의어] considerable 상당한
considerate 사려 깊은

어근이 같지만 뜻이 다른 두 단어를 구별하는 문제로 출제된다.

The president is very **considerate** to his employees.
그 회장은 직원들을 매우 사려 깊게 대한다.

[품사] considerable(adj. 상당한)과 consideration(n. 고려)의 품사 구별하기.

14 last***
[미 læst]
[영 lɑ:st]
adj. 지난, 최근의; 마지막의
adv. 최근에; 마지막으로

v 지속되다

The recession **lasted** longer than most governments had expected.

경기 침체는 대부분의 국가들이 예상했던 것보다 더 오래 지속되었다.

15 emerge***
[미 imə́:rdʒ]
[영 imə́:dʒ]

[파] emergence n. 출현
emergent adj. 신생의,
신흥의

v 부상하다, 나타나다

Macrotech Software **emerged** as the leader in the industry. Macrotech Software사는 업계의 선도업체로 두각을 나타냈다.

 토익 이렇게 나온다

[빈출어구] **emerge as** ~로서 두각을 나타내다

emerge는 emerge as 형태로 시험에 출제되므로 꼭 기억해 두자.

16 grow***
[미 grou]
[영 grəu]

[파] growth n. 성장
[동] develop 성장하다, 발달하다

v 성장하다, 성장시키다, 증가시키다

The market for electric vehicles is **growing** slowly but steadily.

전기 자동차 시장은 느리지만 꾸준히 성장하고 있다.

¹⁷ select★★★

[silékt]

adj. 엄선된, 고급의

[파] selection n. 선발, 선정

v 선발하다, 선택하다

The board of Chambers Corp. **selected** a new chairperson last week.

Chambers사의 이사회는 지난주에 새로운 회장을 선발했다.

 토익 이렇게 나온다

select : decide : nominate

'결정하다'를 뜻하는 단어들의 용례 차이를 구별하는 문제로 출제된다.

- select 선발하다, 선택하다

  주의를 기울여 선발한다는 의미이다.

- decide 결정하다

  결과를 결정하다, 결정을 내린다는 의미이다.

  The marketing manager **decided** to accept the position of vice president of sales.

  그 마케팅 팀장은 영업 부사장직을 수락하기로 결정했다.

- nominate 지명하다, 추천하다

  후보로 지명하거나 추천한다는 의미이다.

  The committee **nominated** Mr. Watson to be their leader.

  위원회는 Mr. Watson을 위원장으로 지명했다.

¹⁸ merge★★★

[미 mə:rdʒ]
[영 mə:dʒ]

[파] merger n. 합병
[동] amalgamate 합병하다

v 합병하다, 병합하다

The private firm **merged** with a corporate giant.

그 사기업은 대기업과 합병했다.

 토익 이렇게 나온다

mergers and acquisitions (M&A) 인수 합병

명사 merger도 자주 출제되므로 꼭 기억해 둬야 한다.

¹⁹ imply★★★

[implái]

[동] suggest 암시하다, 시사하다

v 암시하다, 넌지시 나타내다, 의미하다

A rise in the company's stock price **implies** investor confidence in its future performance.

그 회사의 주가 상승은 회사의 장래 성과에 대한 투자자들의 신뢰를 암시한다.

²⁰ vital★★★

[váitl]

[파] vitally adv. 필수적으로, 지극히

adj 필수적인

Understanding customers' needs is **vital** to growing a business.

고객의 요구를 이해하는 것은 사업을 성장시키는 데 필수적이다.

★★★ = 출제율 최상   ★★ = 출제율 상   ★ = 출제율 중
● = Part 5·6 정답 단어   ○ = Part 7 빈출 단어

21 persist★★★

[미 pərsíst]
[영 pəsíst]

派 persistent adj. 집요한
persistence n. 끈기, 고집,
지속성

v (집요하게) 계속하다, 계속되다, 지속되다

The firm must **persist** in its attempts to prosecute copyright violators.
그 회사는 저작권 위반자들을 기소하기 위한 시도를 계속해야 한다.

22 independent★★★

[ìndipéndənt]

反 dependent 의존하는

adj 독립적인, 독자적인

An **independent** review board was formed to evaluate business proposals.
사업 제안들을 평가하기 위해 독립적인 평가 위원회가 구성되었다.

 토익 이렇게 나온다

빈출
어구 independent agency 독립 기관

independent의 출제 표현을 기억해 두자.

23 force★★★

[미 fɔːrs]
[영 fɔːs]
v. 강요하다

n 세력

Johnson Homes has become a major **force** in the real estate sector.
Johnson Homes사는 부동산 업계의 주요 세력이 되었다.

24 establish★★

[istǽbliʃ]

派 establishment n. 설립
established adj. 확립된,
정평이 있는

v 설립하다

The businessman is planning to **establish** an offshore company.
그 사업가는 해외에 회사를 설립하려고 계획 중이다.

25 initiate★★

[iníʃièit]

派 initial adj. 초기의 n. 머리글
자, (이름의) 이니셜
initially adv. 처음에
同 start, launch, commence
착수하다

v (사업 등을) 착수하다, 시작하다

The CEO **initiated** plans for continued business growth.
그 최고 경영자는 지속적인 사업 성장을 위한 계획에 착수했다.

 토익 이렇게 나온다

동의어 사업이나 계획 등을 시작하다라는 문맥일 때 initiate는 start, launch, commence 등으로 바꾸어 쓸 수 있다.

²⁶ enhance^{★★}

[미 inhǽns]
[영 inhάːns]

파 enhancement n. 상승, 향상, 증대

동 improve 증진하다
reinforce, strengthen 강화하다

v (질 등을) 향상시키다, 높이다, 강화하다

Support of nonprofit organizations can **enhance** a company's image.

비영리 단체를 후원하는 것은 회사 이미지를 향상시킬 수 있다.

 토익 이렇게 나온다

동의어 **enhance**는 질, 가치, 외관 등을 개선하다라는 문맥일 때는 **improve**로, 기능이나 효율을 높이다라는 문맥일 때는 **reinforce**나 **strengthen**으로 바꾸어 쓸 수 있다.

²⁷ renowned^{★★}

[rináund]

adj 저명한, 유명한, 명성이 있는

Several **renowned** economists spoke at this year's national business conference.

몇몇 저명한 경제학자들이 올해 열린 국내 경영 회담에서 연설했다.

²⁸ informed^{★★}

[미 infɔ́ːrmd]
[영 infɔ́ːmd]

파 inform v. 알리다
informative adj. 유익한
information n. 정보

adj 정보에 근거한

Seeking legal advice will help you make an **informed** decision.

법률 자문을 구하는 것은 현명한 결정을 하는 데 도움이 될 것이다.

 토익 이렇게 나온다

빈출어구 **informed + decision/choice** 정보에 근거한 결정/선택

informed decision은 좋은 정보에 근거한 결정, 즉 현명한 결정을 뜻한다.

²⁹ minutes^{★★}

[mínitʃ]

n 회의록

Janine took **minutes** from the meeting and will send everyone a copy.

Janine은 그 회의에서 회의록을 작성했고 모두에게 사본을 보낼 것이다.

³⁰ waive^{★★}

[weiv]

v (규칙 등을) 적용하지 않다, (권리·청구 등을) 포기하다

The Revenue Department **waives** tax requirements in exceptional circumstances.

국세청은 예외적인 경우에 세금을 면제해 준다.

31 reach ★★

[riːtʃ]

n. 세력 범위; (팔이) 미치는 범위

[파] reachable adj. 닿을 수 있는, 도달 가능한
[동] achieve 달성하다, 성취하다

 v (치수·양 등이) ~에 달하다; ~에 도착하다

Sales figures for Sameco phones have **reached** 15 million units.
Sameco사 전화의 판매 실적이 1,500만 대에 달했다.

The bus **reached** Camberton three hours after leaving Hazelwood.
그 버스는 Hazelwood를 떠난 지 3시간 후 Camberton에 도착했다.

🗣 **토익 이렇게 나온다**

[동의어] 매출, 수익 등이 목표치나 기준에 달하다라는 의미일 때 reach는 achieve로 바꾸어 쓸 수 있다.

32 authority ★★

[미 əθɔ́ːrəti]
[영 ɔːθɔ́riti]

[파] authorize v. ~을 허가하다

 n 권한; 당국

Ms. Franklin has the **authority** to revoke the agent's license. Ms. Franklin은 중개인 면허를 취소할 수 있는 권한이 있다.

The stock transaction was investigated by the **authorities.** 주식 거래가 당국에 의해 조사되었다.

🗣 **토익 이렇게 나온다**

[혼동어] authority : authorization : authorship
'권한'과 관련된 단어들의 뜻과 쓰임을 구별하는 문제로 출제된다.

- authority 권한
사람들에게 지시하고 통제할 수 있는 권한을 의미한다.

- authorization 인가
공식적인 허락을 뜻한다.
She obtained **authorization** to access the classified data.
그녀는 기밀 자료를 이용할 수 있는 인가를 받았다.

- authorship (원)저자
저작물의 원작자를 뜻한다.
The **authorship** of the anonymously published study proved to be Mr. Tate.
익명으로 발표된 연구의 원저자는 Mr. Tate로 밝혀졌다.

33 acquire ★★

[미 əkwáiər]
[영 əkwáiə]

[파] acquired adj. 획득한; 후천적인
acquisition n. 매수, 획득

v 매입하다, 취득하다

The company will **acquire** property near the financial district.
그 회사는 금융가 근처의 부동산을 매입할 것이다.

34 surpass★★

[미 sərpǽs]
[영 səpáːs]

파 surpassingly adv. 뛰어나
게, 빼어나게

v ~을 능가하다, 넘어서다

Profits for the last fiscal year **surpassed** $300 million.

지난 회계 연도의 수익이 3억 달러를 능가했다.

35 run★★

[rʌn]

통 operate, manage ~을 경
영하다

v ~을 운영하다, 경영하다; (공연, 영화 등이) 상연되다,
계속되다

The organization is **run** by retired executives.

그 단체는 은퇴한 임원들에 의해 운영된다.

The talented director's first musical **ran** for three years on Broadway.

그 유능한 감독의 첫 번째 뮤지컬은 브로드웨이에서 3년 동안 상연되었다.

 토익 이렇게 나온다

동의어 사업체, 조직 등을 운영하다는 문맥일 때 run은 operate 또는 manage
로 바꾸어 쓸 수 있다.

36 improbable★★

[미 imprάbəbl]
[영 imprɔ́bəbl]

adj 사실이라고 생각할 수 없는, 일어날 것 같지 않은

Mr. Jenkins is an **improbable** candidate for the job, as he lacks experience.

Mr. Jenkins는 경험이 부족하기 때문에 그 자리의 후보로 생각할 수 없다.

37 edge★★

[edʒ]

통 advantage 우위, 유리함
border 가장자리

n 우위, 유리함; 가장자리, 끝

Mr. Paulson's vast experience gives him an **edge** on the other job candidates.

Mr. Paulson의 방대한 경험은 그를 다른 입사 지원자들보다 우위에 둔다.

Property prices are far cheaper on the **edge** of town than in the center.

부동산 가격은 중심부보다 도시 가장자리 쪽이 훨씬 더 싸다.

 토익 이렇게 나온다

동의어 edge가 상대적으로 우위에 있다는 문맥일 때 advantage로, 가장자리를
의미할 때에는 border로 바꾸어 쓸 수 있다. 참고로, an edge 또는 the
edge로 쓰일 때에는 '날카로움'이라는 뜻도 있어서 sharpness로 바꾸어 쓸
수도 있다.

38 simultaneously*

[미] sàiməltéiniəsli]
[영] sìməltéiniəsli]

파 simultaneous adj. 동시의

adv 동시에

The company is attempting to enter both Asia and Europe **simultaneously**.

그 회사는 아시아와 유럽으로 동시에 진출하려고 시도하고 있다.

39 reveal*

[riví:l]

파 revelation n. 폭로
반 conceal 감추다

v 밝히다, 누설하다

The companies **revealed** their plan to set up a joint venture.

그 회사들은 합작 사업을 시작하려는 계획을 밝혔다.

40 productivity*

[미] prὰdəktívəti]
[영] prɔ́dʌktíviti]

파 productive adj. (상품·작물을 특히 대량으로) 생산하는, 결실 있는

n 생산성

Brewster Manufacturing has raised **productivity** at its Jakarta plant.

Brewster Manufacturing사는 자카르타 공장의 생산성을 높였다.

 토익 이렇게 나온다

빈출
어구 staff/employee + productivity 직원 생산성

명사 productivity 자리에 형용사인 productive를 쓰지 않도록 주의해야 한다.

혼동
어휘 ┌ productivity 생산성
└ product 제품

어근이 같지만 뜻이 다른 두 단어를 혼동하지 않도록 한다.

41 uncertain*

[미] ʌ̀nsə́:rtn]
[영] ʌnsə́:tn]

파 uncertainly adv. 불확실하게
반 certain 확신하는

adj 확신이 없는, 불확실한

The company is **uncertain** about the cost of operating a factory in China.

그 회사는 중국에서 공장을 운영하는 비용에 대해 확신을 갖지 못한다.

 토익 이렇게 나온다

빈출
어구 be uncertain about ~에 대해 확신을 갖지 못하다

uncertain과 함께 쓰이는 전치사 about을 묶어서 기억해 두자.

42 premier*

[미] prí:miər]
[영] prémiə]

adj 으뜸의, 첫째의

Harrison Software quickly became the nation's **premier** game manufacturer.

Harrison Software사는 빠르게 국내 으뜸의 게임 제조업체가 되었다.

DAY 21 Daily Checkup

토익에 출제되는 단어의 뜻을 오른쪽 보기에서 찾아 연결하세요.

01 acquire

02 interested

03 vital

04 emerge

05 persist

ⓐ 필수적인

ⓑ 부상하다, 나타나다

ⓒ 계속되다, 지속되다

ⓓ 관련 있는, 관심이 있는

ⓔ 확립된, 정평이 있는

ⓕ 매입하다, 취득하다

토익에 출제되는 문장의 문맥에 맞는 단어를 고르세요.

> **토익 이렇게 나온다**
> contribute가 '기여하다, 공헌하다'라는 뜻으로 쓰이려면 목적어를 갖기 위해 전치사 to가 필요해요

06 Employee loyalty ___ a lot to the company's success.

07 Economic slump has ___ longer than economists expected.

08 Allistair Finance is ___ for investing clients' money wisely.

09 The decline of the national economy is ___ due to a strong export sector.

| ⓐ improbable | ⓑ initiated | ⓒ contributed | ⓓ lasted | ⓔ renowned |

10 The report was ___ and not found in time for the meeting.

11 Some financial planners ___ the economic crisis in advance.

12 Sales at Magnus Media ___ their highest levels in a decade last year.

13 The company has outperformed all of its ___ in the technology industry.

| ⓐ reached | ⓑ competitors | ⓒ authority | ⓓ misplaced | ⓔ foresaw |

➔ Daily Checkup 해석과 추가 Daily Quiz, 보카 테스트가 www.Hackers.co.kr에서 제공됩니다.

토익완성단어 회사동향

토익 기초 단어

LC			
	□ branch	n	지사, 분점, 나뭇가지
	□ critic	n	비평가
	□ end up	phr	결국 ~이 되다
	□ in the past	phr	과거에
	□ indoors	adv	실내에서
	□ inward	adv	안으로
	□ lean	v	기울이다, 숙이다
	□ lift	v	들어 올리다
	□ partnership	n	제휴, 협력
	□ plaza	n	광장
	□ relax	v	긴장을 풀다
	□ staff	n	직원; v 직원을 배치하다
	□ stretch	v	펴다, 잡아당기다; n (연속된) 길, 기간
	□ switch	v	바꾸다
RC	□ as long as	phr	~하는 한
	□ correctly	adv	바르게, 정확하게
	□ expressly	adv	분명히, 명확히
	□ fever	n	열
	□ founder	n	창립자, 설립자
	□ in spite of	phr	~에도 불구하고
	□ individual	n	개인; adj 개인의
	□ ironing	n	다림질
	□ minor	adj	사소한
	□ poorly	adv	저조하게, 형편없이
	□ region	n	지역
	□ sharply	adv	날카롭게
	□ surface	n	표면
	□ unit	n	한 개, 단위

800점 완성 단어

LC			
	☐ bankrupt	adj	파산한
	☐ bankruptcy	n	파산
	☐ be in a position to do	phr	~할 입장에 있다
	☐ celebratory	adj	기념하는, 축하하는
	☐ converse	v	대화하다
	☐ crack	v	금 가게 하다; n 금, 틈
	☐ gathering space	phr	모임 장소
	☐ have a good view	phr	전망이 좋다
	☐ last-minute	adj	막바지의, 마지막 순간의
	☐ look into	phr	~을 조사하다
	☐ look out	phr	조심하다
	☐ luxury goods	phr	사치품
	☐ newsletter	n	(회사 · 단체 등의) 회보
	☐ occupy	v	차지하다
	☐ quality service	phr	고급 서비스
	☐ renown	n	명성
	☐ reputation	n	평판
	☐ set a record	phr	기록을 세우다
	☐ side effect	phr	부작용
	☐ spokesperson	n	대변인
	☐ spread the word	phr	말을 퍼뜨리다
Part 5, 6	☐ alteration	n	변화, 개조
	☐ anticipated (↔ unanticipated)	adj	기대하던, 대망의
	☐ disguise	v	가장하다, 숨기다
	☐ go through	phr	(고난 · 경험을) 겪다
	☐ incline	v	기울다, 기울이다
	☐ indefinitely	adv	불명확하게, 무기한으로
	☐ innovation	n	혁신, 쇄신
	☐ outdated	adj	구식의, 진부한
	☐ perspective	n	시각, 관점; adj 원근 화법의
	☐ progressive	adj	진보적인
	☐ public hearing	phr	공청회
	☐ pursue	v	추구하다, 쫓다

☐ sensible	**adj**	분별 있는, 합리적인
☐ strategic	**adj**	전략적인
☐ turn over	**phr**	~을 뒤집다, 방향을 바꾸다
☐ a great deal of	**phr**	다량의, 많은
☐ advisory	**adj**	자문의
☐ bump into	**phr**	~을 우연히 만나다
☐ commemorative	**adj**	기념하는
☐ correlation	**n**	상호 관계
☐ corruption	**n**	부정, 부패
☐ era	**n**	시대
☐ exaggerate	**v**	과장하다
☐ fast-growing	**adj**	급성장하는
☐ hinder	**v**	막다, 방해하다
☐ inhabitant	**n**	거주자
☐ inhabitation	**n**	거주
☐ instinctive	**adj**	본능적인
☐ isolated	**adj**	고립된, 격리된
☐ landfill	**n**	쓰레기 매립지
☐ market share	**phr**	시장 점유율
☐ meditate	**v**	숙고하다
☐ merger	**n**	합병
☐ on strike	**phr**	파업 중인
☐ outreach	**n**	봉사 활동
☐ oversized	**adj**	너무 큰
☐ overstaffed	**adj**	필요 이상의 직원을 둔
☐ rashly	**adv**	경솔하게
☐ regional	**adj**	지역의
☐ rule out	**phr**	배제하다
☐ scholar	**n**	학자
☐ spotless	**adj**	아주 깨끗한, 흠잡을 데 없는
☐ stand for	**phr**	~을 상징하다, ~을 대표하다
☐ strike	**n**	동맹 파업, 노동 쟁의
☐ struggle	**v**	애쓰다, 분투하다
☐ succession	**n**	연속
☐ takeover	**n**	인수

Part 7

900점 완성 단어

LC	☐ make the first move	phr	개시하다, 발단을 만들다
	☐ take a turn for the better	phr	호전되다
	☐ warm-up	n	준비 운동, 예행연습
Part 5, 6	☐ be contingent upon	phr	~에 따라 결정되다, ~에 달려 있다
	☐ established	adj	확립된, 정평이 있는
	☐ favorable	adj	호의적인
	☐ front-runner	n	가장 유력한 우승 후보
	☐ intermittently	adv	간헐적으로
	☐ momentarily	adv	잠깐
	☐ narrative	n	(소설 속 사건들에 대한) 기술, 묘사
	☐ neutral	adj	중립적인
	☐ retreat	v	후퇴하다, 물러가다
	☐ stance	n	태도, 입장
Part 7	☐ allegedly	adv	주장하는 바에 따르면
	☐ be oriented to	phr	~에 중점을 두다
	☐ beware	v	조심하다
	☐ clout	n	영향력, 권력
	☐ craftsmanship	n	솜씨
	☐ detector	n	탐지기, 측정기
	☐ exemplify	v	예증하다, ~의 좋은 예가 되다
	☐ exert pressure on	phr	~에 압력을 행사하다
	☐ interfere with	phr	~을 방해하다
	☐ keep on top of	phr	~의 선두를 유지하다
	☐ latent	adj	잠재된, 잠복성의
	☐ liquidate	v	(회사를) 정리하다, 해산하다
	☐ lucid	adj	명쾌한, 명료한
	☐ makeshift	adj	임시방편의
	☐ roll out	phr	(신상품을) 출시하다
	☐ shrink	v	줄어들다, 오그라들다
	☐ squeaky	adj	삐걱대는
	☐ subsidize	v	~에 보조금을 지급하다
	☐ succumb to	phr	~에 굴복하다, ~에 지다

➜ 토익완성단어의 Daily Quiz를 www.Hackers.co.kr에서 다운로드 받아 풀어보세요.

<해커스 토익 기출 보카> 어플로 DAY 21 단어를 재미있게 외워보세요.

DAY 22 | 긴급 회의

토익 보카 30일 완성

미팅

주제를 알면 토익이 보인다!

미팅 주제에서는 주로 새롭게 진행하는 프로젝트 업무 논의 및 각종 행사 관련 의견 조정 등이 출제되고 있어요. 미팅 주제에서 자주 출제되는 단어를 함께 알아볼까요?

▲무료 MP3 바로 듣기

회의로 해결되지 않는 핫이슈

논란이 되고 있는 agenda의 해결책을 찾기 위해 회의를 convene합니다.

제게 좋은 방법이 있습니다.

그 방법, 저는 refute합니다.

계획을 다시 coordinate해 봅시다. unanimous한 의견이 나오면 좋겠는데, convince하기가 어렵네요.

도저히 consensus를 못 찾을 것 같으니 회의 defer합니다.

휴... 커피머신 위치 정하기가 이렇게 힘들어서야...

사무실 가운데 놔요.

내 자리 옆이 좋다니깐?

¹ agenda***
[ədʒéndə]

n 의제, 의사일정

Mr. Jones planned the **agenda** for the stockholders' meeting.
Mr. Jones는 주주 총회의 의제를 구상했다.

 토익 이렇게 나온다

[빈출 어구] **printed agenda** 인쇄된 회의 의제
on the agenda 의제에 올라 있는

agenda의 토익 출제 표현을 기억해 두자.

² convene***
[kənvíːn]

[파] convention n. 회의, 대회

v (회원 등이) 모이다, (회의가) 개최되다

The CEOs will **convene** tomorrow to review joint investment initiatives.
최고 경영자들은 공동 투자 계획을 재검토하기 위해 내일 모일 것이다.

³ refute*
[rifjúːt]

[파] refutation n. 반박, 논박

v 부인하다, 반박하다

Mr. Geiger did not **refute** the allegations made against him.
Mr. Geiger는 그를 상대로 제기된 혐의를 부인하지 않았다.

⁴ coordination**
[미 kouɔ̀ːrdənéiʃən]
[영 kəuɔ̀ːdinéiʃən]

[파] coordinate v. 조정하다
coordinator n. 진행자, 조정자

n 조정

Mr. Dane has taken on the **coordination** of the seminar.
Mr. Dane이 세미나 조정 업무를 맡았다.

⁵ unanimous*
[미 juːnǽnəməs]
[영 juːnǽniməs]

[파] unanimously adv. 만장일치로

adj 만장일치의, 동의하는

The plans gained **unanimous** support from board members.
그 계획은 이사진으로부터 만장일치의 지지를 얻었다.

 토익 이렇게 나온다

[빈출 어구] **express unanimous support** 만장일치의 지지를 표명하다

unanimous는 support 등 지지를 의미하는 명사와 어울려 출제된다.

★★★ = 출제율 최상   ★★ = 출제율 상   ★ = 출제율 중
● = Part 5·6 정답 단어   ○ = Part 7 빈출 단어

6 convince ★★
[kənvíns]

[파] convincing adj. 설득력 있는
convinced adj. 확신하는

v 납득시키다, 확신시키다

The broker **convinced** the investors that the scheme was commercially viable.

중개인은 투자자들에게 그 계획이 상업적으로 성공할 수 있다고 납득시켰다.

 토익 이렇게 나온다

> [빈출어구] **convince A of B** A에게 B를 납득시키다
> **convince A that절** A에게 ~을 납득시키다
>
> convince는 사람 목적어 다음에 전치사 of나 that절이 온다.

7 consensus ★★
[kənsénsəs]

[파] consent v. 동의하다
n. 동의, 승낙
[동] agreement 일치, 합의

n 여론, 일치된 의견

The general **consensus** seems to be that selling is the best option.

매각이 최선의 선택이라는 것이 전반적인 여론인 듯하다.

 토익 이렇게 나온다

> [빈출어구] **general consensus** 전반적인 여론
> **reach a consensus on** ~에 합의를 보다, 합의에 도달하다
>
> consensus는 general의 수식을 받거나 동사 reach와 어울려 주로 출제된다.

> [동의어] 어떤 안건에 대한 의견이 일치함을 의미할 때 consensus는 agreement 로 바꾸어 쓸 수 있다.

8 defer ★
[미 difə́:r]
[영 difə́:]

[동] postpone, delay 연기하다

v 연기하다, 미루다

The registration deadline has been **deferred** for one week.

등록 마감일이 일주일 연기되었다.

9 usually ★★★
[júːʒuəli]

[파] usual adj. 보통의, 평상시의
[반] unusually 보통과는 달리, 유별나게

adv 보통, 일반적으로

Team members **usually** discuss the schedule each Monday.

팀원들은 보통 매주 월요일에 일정을 논의한다.

 토익 이렇게 나온다

> [문법] **usually + 현재 시제** 보통 ~하다
>
> usually는 일반적인 사실을 말할 때 쓰이므로 현재 시제와 함께 많이 사용된다.

10 reschedule★★★
[미] rìːskédʒuːl]
[영] rìːʃédjuːl]

v 일정을 바꾸다

The conference may be **rescheduled** if Mr. Bellman is unavailable.
Mr. Bellman이 참석할 수 없다면 회의 일정이 바뀔 수 있습니다.

11 meeting★★★
[míːtiŋ]

n 회의

The **meeting** will begin at 10 A.M., so please be on time.
회의는 오전 10시에 시작될 예정이오니, 제시간에 와 주십시오.

12 determine★★★
[미] ditə́ːrmin]
[영] ditə́ːmin]

[파] determination n. 결심, 결정
determined adj. 단호한, 확정된

v 알아내다; 결정하다, 확정하다

The team met to **determine** the cause of the chemical leak. 그 팀은 화학 물질 유출의 원인을 알아내기 위해 모였다.

The project participants gathered briefly to **determine** their next course of action.
프로젝트 관계자들은 다음 절차를 결정하기 위해 잠시 모였다.

 토익 이렇게 나온다

[빈출어] **determine the cause of** ~의 원인을 알아내다
determine은 '알아내다'라는 뜻으로 쓰일 때 cause 등 원인이나 진상을 의미하는 명사와 함께 자주 사용된다.

13 report★★★
[미] ripɔ́ːrt]
[영] ripɔ́ːt]

[파] reportable adj. 보고할 수 있는, 보도 가치가 있는
reportedly adv. 전하는 바에 따르면, 소문에 따르면
[동] come 오다

v 보고하다; 출두하다, (직장·회의 등에 도착을) 알리다

The head researcher **reported** his findings to the department leaders.
수석 연구원은 부서장들에게 그의 연구 결과를 보고했다.

All new employees need to **report** to the orientation upon arrival.
모든 신입 사원들은 도착하는 대로 오리엔테이션으로 와야 한다.

n 보고서; 보도, 기록

Frank presented a **report** on his consumer study findings. Frank는 소비자 연구 결과에 대한 보고서를 제출했다.

One discussion topic was a news **report** about rising gas prices.
한 토론 주제는 증가하는 휘발유 가격에 대한 뉴스 보도였다.

토익 이렇게 나온다

> 빈출어구 **report A (directly) to B** A를 B에게 (직접) 보고하다
>
> 동사 report는 report A to B 형태로 자주 사용되며 directly의 수식을 받기도 한다.

> 동의어 특정 대상이 회의나 행사 장소 등으로 오다라는 의미로 사용되는 **report to**는 **come to**로 바꾸어 쓸 수 있다.

---

14 comment ***
[미 kάment]
[영 kɔ́ment]
n. 비평, 의견

v 논평하다, 언급하다

The spokesperson refused to **comment** on the budget cuts. 대변인은 예산 삭감에 대해 말하길 거부했다.

 토익 이렇게 나온다

> 빈출어구 **comment + about/on** ~에 대해 말하다
>
> comment는 전치사 about, on과 자주 어울려 쓰인다.

---

15 phase ***
[feiz]

n 단계

Mr. Baker made a detailed plan for the building project's third **phase**.
Mr. Baker는 건축 프로젝트의 세 번째 단계에 대한 상세한 계획을 세웠다.

---

16 approve **
[əprúːv]

파 approved adj. 승인받은
(= confirmed)

v 승인하다, 찬성하다

The head architect **approved** the proposal for changing the design process.
수석 건축가는 설계 과정을 바꾸자는 기획안을 승인했다.

 토익 이렇게 나온다

> 빈출어구 **approve the request** 요청을 승인하다
> **approve the plan** 계획에 찬성하다
>
> approve는 request, plan 등 어떤 일을 하겠다는 요청이나 계획을 의미하는 명사와 함께 주로 출제된다.

---

17 enclosed **
[미 inklóuzd]
[영 inkláuzd]

파 enclose v. 동봉하다, 에워싸다

adj 동봉된

A program is **enclosed** in the conference's information packet.
일정표는 회의 자료 묶음에 동봉되어 있습니다.

---

¹⁸ easy★★

[íːzi]

파 ease n. 쉬움, 용이함
easily adv. 쉽게
동 smooth 순조로운

 adj 쉬운, 용이한

The decision to sell the shopping mall was not **easy** to make.

그 쇼핑몰을 매각하겠다는 결정은 내리기 쉽지 않았다.

🦁 토익 이렇게 나온다

빈출 어구 **easy to do** ~하기 쉽다

easy는 주로 to 부정사와 어울려 시험에 출제된다.

¹⁹ record★★

n. [미 rékərd]
　[영 rékɔːd]
v. [미 rikɔ́ːrd]
　[영 rikɔ́ːd]

동 register (계기가 특정한 양을) 기록하다

 n 기록; 경력, 이력

Managers reviewed the accounts **record** before making a final decision.

관리자들은 최종 결정을 내리기 전에 회계 기록을 검토했다.

v 기록하다

The secretary **recorded** everything that was said at the gathering.

그 비서는 모임에서 이야기된 모든 것을 기록했다.

🦁 토익 이렇게 나온다

빈출 어구 **transaction records** 거래 내역

record의 토익 출제 표현을 기억해 두자.

혼동 어휘 ┌ **record** 기록
　　　 └ **recording** 녹화, 녹음

정보 등을 기록함을 의미하는 명사 record와 '녹화, 녹음'이라는 뜻의 명사 recording을 혼동하지 않도록 유의한다.

video **recordings** 영상 녹화
recording equipment 녹음 장비, 녹화 장비
a **recording** session 녹음 시간

²⁰ suggestion★★

[미 səgdʒéstʃən]
[영 sədʒéstʃən]

파 suggest v. ~을 제안하다

n 제안

Mr. Kumar made a useful **suggestion** to help improve profit margins.

Mr. Kumar는 수익 개선에 도움이 되는 유용한 제안을 했다.

토익 이렇게 나온다

suggestion : proposal
'제안'을 의미하는 단어들의 용례 차이를 구별해 두자.

- suggestion 제안
  일반적인 제안의 의미이며 소극적인 제안일 때 쓰인다.
- proposal (기획)안, 계획
  적극적으로 추진하고자 하는 업무적 제안일 때 쓰인다.
  Antoine translated the business proposal into French.
  Antoine은 그 사업 기획안을 프랑스어로 번역했다.

21 attention **

[əténʃən]

파 attentive adj. 경청하는
attentively adv. 주의 깊게

n 주의, 경청

The officials paid attention to the incoming president's formal address.
임원들은 후임 회장의 공식 연설에 주의를 기울였다.

 토익 이렇게 나온다

pay attention to ~에 주의를 기울이다
call attention to ~에 대해 타인의 주의를 환기시키다
catch one's attention ~의 주의를 끌다
attentive to ~을 경청하는

attention은 pay, call, catch 등의 동사와 숙어를 이룬 형태로 자주 사용된다. 형용사 attentive는 전치사 to와 묶어서 기억해 두자.

22 object **

[əbdʒékt]

n. 목표, 대상
[미 ábdʒikt, 영 ɔ́bdʒikt]

파 objection n. 반대, 이의
objective adj. 객관적인

v 반대하다

No one objected to taking a short coffee break.
아무도 짧은 휴식 시간을 갖는 것에 반대하지 않았다.

 토익 이렇게 나온다

object to -ing ~에 반대하다

object와 함께 쓰는 to는 전치사이므로 뒤에 동명사가 와야 한다. to 다음에 동사원형을 쓰지 않도록 유의하자.

23 coincidentally **

[미 kouìnsidéntli]
[영 kəuìnsidéntli]

adv 우연히, 일치하게, 동시 발생적으로

The new managers introduced at the meeting were both coincidentally from Taiwan.
회의에서 소개된 신임 관리자들은 둘 다 우연히도 대만 출신이었다.

24 crowded**
[kráudid]

○

adj 붐비는, 복잡한

Conference attendees have complained about the small venue being too **crowded**.

회의 참석자들은 작은 회의장이 너무 붐비는 것에 대해 불평했다.

25 undergo**
[미 ʌndərgóu]
[영 ʌndəgə́u]

●

v 겪다, 거치다, 경험하다

The meeting room is unavailable because it is **undergoing** renovation.

회의실은 보수 중이기 때문에 이용할 수 없다.

 토익 이렇게 나온다

> **undergo construction/renovations** 공사/보수를 치르다
> **undergo extensive training** 폭 넓은 훈련을 받다
> **undergo improvement** 개선을 거치다

undergo와 함께 토익에 자주 출제되는 표현들을 알아 두자.

26 outcome**
[áutkʌm]

●

n 결과

The **outcome** of the study was a topic for debate.

그 연구 결과는 토론해 볼 만한 주제였다.

27 narrowly**
[미 nǽrouli]
[영 nǽrəuli]

파 narrow v. 좁히다

●

adv 주의 깊게, 좁게; 가까스로, 간신히, 겨우

The keynote speech was **narrowly** focused on trends in the industry.

기조연설은 그 업계의 경향에 주의 깊게 집중했다.

 토익 이렇게 나온다

> **be narrowly focused on** ~에 주의 깊게 집중하다

narrowly의 토익 출제 표현을 익혀 두자.

28 differ**
[미 dífər]
[영 dífə]

파 difference n. 차이점
different adj. 다른
differently adv. 다르게

●

v 의견을 달리하다, 다르다

Executives **differ** in their opinions on the issue of telecommuting.

임원들은 재택근무에 대해 의견을 달리한다.

토익 이렇게 나온다

差別
어휘 **differ + in/from** ~ 면에서/~와 다르다
differentiate A from B (differentiate between A and B)
A를 B와 구별하다

²⁹ **discuss**＊＊

[diskʌ́s]

派 discussion n. 토론, 토의
동 share (생각·경험·감정 등
을 남과) 나누다, 공유하다

v 논의하다, 토론하다

Jeremy Stevens **discussed** the design proposal with his colleagues.

Jeremy Stevens는 그의 동료들과 함께 디자인 안을 논의했다.

 토익 이렇게 나온다

文法 **discuss + 목적어** ~을 논의하다

discuss는 타동사이므로 뒤에 전치사 없이 바로 목적어가 온다는 것에 유의
하자.

同義語 어떤 일이나 주제에 대한 생각을 서로 공유하다라는 의미일 때 **discuss**는
share로 바꾸어 쓸 수 있다.

³⁰ **give**＊＊

[giv]

派 given adj. 주어진, 특정한
(= particular)
prep. ~을 고려해 볼 때

v (연설·수업 등을) 하다

The former president of Gascom will **give** a speech.

Gascom사의 전 회장이 연설할 것이다.

 토익 이렇게 나온다

頻出
어휘 **give a speech** 연설하다
give a presentation 발표하다
give A one's support A를 지지하다

give의 짝 표현에 give를 채워 넣는 문제로 출제된다.

³¹ **brief**＊

[briːf]

adj. 간결한, 짧은

派 briefly adv. 간결하게, 짧게

v ~에게 간단히 설명하다, 브리핑하다

The manager **briefed** the staff on the policy change.

부장은 직원들에게 방침 변화에 대해 간단히 설명했다.

 토익 이렇게 나온다

頻出
어휘 **brief A on B** A에게 B에 대해 간단히 설명하다

brief와 함께 쓰이는 전치사 on을 한데 묶어서 외워 두자.

32 distract *

[distrǽkt]

파 distraction n. 정신이 흩어짐

v (주의를) 산만하게 하다, 빗기게 하다

The meeting's participants were constantly **distracted** by noise.

회의 참석자들은 소음 때문에 끊임없이 주의가 산만해졌다.

33 emphasis *

[émfəsis]

파 emphasize v. 강조하다
　　emphatic adj. 강조하는
동 stress 강조

n 강조, 중점

The speaker placed an **emphasis** on economic development strategies.

발표자는 경제 개발 전략을 강조했다.

토익 이렇게 나온다

빈출
어구 **place an emphasis on** ~을 강조하다
　　with emphasis 강조하여, 힘주어

emphasis의 짝 표현에 emphasis를 채워넣는 문제로 출제된다.

34 press *

[pres]

파 pressure n. 압박(감), 곤경
동 media 대중 매체

n 언론(계), 보도기관

The **press** covered the merger talks closely.

언론은 합병 회담을 심도 있게 다루었다.

v 누르다

The lecturer **pressed** the button to lower the screen.

강연자는 스크린을 내리기 위해 버튼을 눌렀다.

토익 이렇게 나온다

빈출
어구 **press release** 보도 자료
　　press conference 기자 회견

시험에 자주 출제되는 press의 복합 명사를 알아 두자.

35 organize *

[미 ɔ́ːrgənàiz]
[영 ɔ́ːgənaiz]

파 organization n. 조직, 구성
　　organizer n. 주최자, 조직자

v 준비하다, 조직하다, 정리하다

Roy Dell **organized** a series of marketing seminars.

Roy Dell이 일련의 마케팅 세미나를 준비했다.

토익 이렇게 나온다

빈출
어구 **organize a committee** 위원회를 조직하다
　　organize one's thoughts 생각을 정리하다

organize는 단체를 조직하거나 생각 등을 정리하는 경우에도 사용한다.

★★★ = 출제율 최상　★★ = 출제율 상　★ = 출제율 중
● = Part 5·6 정답 단어　○ = Part 7 빈출 단어

핵심빈출단어

21
DAY 22
23
24
25
26
27
28
29
30

Hackers TOEIC Vocabulary

36 mention *

[ménʃən]

n. 언급

v 언급하다

Karl **mentioned** his concern about the low attendance levels.

Karl은 낮은 출석률에 대한 우려를 언급했다.

37 persuasive *

[미 pərswéisiv]

[영 pəswéisiv]

파 persuade v. 설득하다
persuasion n. 설득
persuasively adv. 설득력
있게
반 unconvincing 설득력이 없는

adj 설득력 있는

Julia Accord's offer was refused despite her **persuasive** arguments.

Julia Accord의 제안은 그녀의 설득력 있는 주장에도 불구하고 거절되었다.

 토익 이렇게 나온다

출제어구 1. persuasive + argument/evidence 설득력 있는 주장/증거
persuasive는 argument 등 주장을 나타내는 명사와 어울려 출제된다.

2. persuade 사람 to do ~가 ~하도록 설득하다
동사 persuade는 목적어 다음에 to 부정사가 오는 형태로 주로 사용된다.

38 understanding *

[미 ʌndərstǽndiŋ]

[영 ʌndəstǽndiŋ]

n. 이해

파 understand v. 이해하다
understandable adj. 이
해할 수 있는

adj 이해심 있는

The negotiator assumed an **understanding** attitude throughout the discussion.

그 협상자는 논의 내내 이해심 있는 태도를 보였다.

 토익 이렇게 나온다

혼동어 understanding 이해심 있는
understandable 이해할 수 있는

어근이 같지만 뜻이 다른 두 단어를 구별해 두자. understanding은 상대방을 이해하고 포용할 때 쓰이는 반면, understandable은 다른 사람의 행동이나 기분을 이해할 수 있는 경우에 사용한다.

It is **understandable** that the director was so upset.
그 임원이 그렇게 화가 났던 것은 이해할 만하다.

39 adjourn *

[미 ədʒə́ːrn]

[영 ədʒə́ːn]

v (회의 등을) 휴회하다

The meeting was **adjourned** an hour after it began.

회의는 시작된 지 한 시간 후에 휴회되었다.

40 constructive*
[kənstrʌ́ktiv]

파 construct v. 건설하다
construction n. 건설
constructively adv. 건설
적으로, 구조상으로

반 destructive 파괴적인

adj 건설적인

Supervisors should give **constructive** criticism to employees.

관리자는 직원들에게 건설적인 비판을 해 주어야 한다.

41 preside*
[prizáid]

파 president n. 사회자, 의장
presidency n. 회장직

v (회의의) 사회를 보다, ~의 의장을 맡아보다

The chief of human resources will **preside** over the annual staff gathering.

인사부장이 연례 직원 모임의 사회를 볼 것이다.

🗣 토익 이렇게 나온다

[빈출어구] **preside over** ~의 사회를 보다, 통솔하다

preside와 함께 쓰이는 전치사 over 뒤에는 주로 회의, 모임 등을 나타내는 명사가 온다.

[혼동어] ┌ **a president** 회장
└ **presidency** 회장직

사람 명사 president와 추상 명사 presidency의 뜻을 구별하는 문제로 출제된다. president는 가산 명사이지만, presidency는 불가산 명사이므로 부정관사 a를 쓸 수 없다는 것도 기억해 두자.

42 irrelevant*
[미 irélǝvǝnt]
[영 irélivǝnt]

반 relevant 관련된

adj 관계가 없는, 무관한

The argument was **irrelevant** to the topic.

그 주장은 논제와 관계가 없었다.

🗣 토익 이렇게 나온다

[혼동어] irrelevant : irrespective

'관계가 없는'이란 의미를 가진 단어들의 용례 차이를 구별하는 문제로 출제된다.

┌ **irrelevant to** ~와 관계없는

irrelevant는 대상과 관련성이 없다는 뜻이며 전치사 to와 함께 쓴다.

└ **irrespective of** ~와 상관없이

irrespective는 어떤 대상에 영향을 주지도 받지도 않는다는 의미이며 전치사 of와 같이 다닌다.

Internet conferencing allows communication **irrespective of** location.

인터넷 회의는 장소와 상관없이 의사소통을 할 수 있게 한다.

★★★ = 출제율 최상 ★★ = 출제율 상 ★ = 출제율 중
● = Part 5·6 정답 단어 ○ = Part 7 빈출 단어

43 constraint*
[kənstréint]

파 constrain v. 제한하다

n 제한

Due to time **constraints**, the policy change was not discussed.
시간제한으로 인해, 정책 변경은 논의되지 못했다.

토익 이렇게 나온다

동의 constraint : inhibition
'억제'를 의미하는 단어들의 용례 차이를 구별하는 문제로 출제된다.

┌ constraint 제한
│ 하고자 하는 바가 상황에 의해 통제될 때 쓰인다.
└ inhibition (감정의) 거리낌, 억압
두려움 등의 감정이 행동이나 욕망을 억제할 때 쓰인다.

With training, Roy lost all his **inhibitions** about public speaking.
훈련을 통해, Roy는 대중 연설에 대한 거리낌을 없앴다.

44 condensed*
[kəndénst]

파 condense v. 요약하다, 압축하다
condensation n. 요약, 압축

adj 요약한, 응축한, 압축한

A **condensed** version of the report was read aloud at the meeting.
그 보고서의 요약본은 회의에서 낭독되었다.

45 endorse*
[미 indɔ́:rs]
[영 indɔ́:s]

파 endorsement n. (공개적인) 지지
endorser n. 양도인, 배서인

v (공개적으로) 지지하다, 보증하다

The businessman publicly **endorsed** Ms. Kim for mayor.
그 사업가는 공개적으로 Ms. Kim을 시장으로 지지했다.

46 punctually*
[pʌ́ŋktʃuəli]

파 punctual adj. 시간을 엄수하는
punctuality n. 시간 엄수

adv 제시간에, 늦지 않게

Some participants failed to arrive **punctually** for the workshop.
몇몇 참가자들은 워크숍에 제시간에 도착하지 못했다.

DAY 22 Daily Checkup

토익에 출제되는 단어의 뜻을 오른쪽 보기에서 찾아 연결하세요.

01 outcome

02 approve

03 consensus

04 crowded

05 object

ⓐ 여론, 일치된 의견

ⓑ 반대하다

ⓒ 결과

ⓓ 승인하다, 찬성하다

ⓔ 만장일치의, 동의하는

ⓕ 붐비는, 복잡한

토익에 출제되는 문장의 문맥에 맞는 단어를 고르세요.

토익 이렇게 나온다
agenda, list와 같은 명사는 전치사 on과 함께 자주 쓰여요.

06 The first item on the ___ is assigning projects.

07 Both speakers had ___ attended the same university.

08 Jeff ___ to the production team on the survey results.

09 The second ___ was completed faster than the first stage was.

| ⓐ phase | ⓑ reported | ⓒ narrowly | ⓓ agenda | ⓔ coincidentally |

10 Please return the ___ form by the end of the month.

11 Managers will ___ the meeting to a more convenient time.

12 The representatives will ___ together to discuss sales strategy.

13 The organizer must ___ how many invitations should be mailed.

| ⓐ reschedule | ⓑ irrelevant | ⓒ determine | ⓓ convene | ⓔ enclosed |

Answer 1.ⓒ 2.ⓓ 3.ⓐ 4.ⓕ 5.ⓑ 6.ⓓ 7.ⓔ 8.ⓑ 9.ⓐ 10.ⓔ 11.ⓐ 12.ⓓ 13.ⓒ

◆ Daily Checkup 해석과 추가 Daily Quiz 보카 테스트가 www.Hackers.co.kr에서 제공됩니다.

토익완성단어 미팅

토익 기초 단어

LC	☐ annual meeting	**phr**	연례 회의
	☐ conference room	**phr**	회의실
	☐ guest speaker	**phr**	초청 연사
	☐ hand out	**phr**	~을 나누어 주다
	☐ holiday	**n**	휴가, 방학
	☐ let's end	**phr**	끝냅시다
	☐ meeting time	**phr**	회의 시간
	☐ scan	**v**	살피다, 자세히 조사하다
	☐ shake hands	**phr**	악수하다
	☐ speech	**n**	연설
	☐ teammate	**n**	팀 동료
	☐ water	**n** 물; **v** 물을 주다	
	☐ write down	**phr**	적다
RC	☐ advise A of B	**phr**	A에게 B를 알리다
	☐ be held	**phr**	(행사가) 열리다
	☐ be scheduled for	**phr**	~로 예정되어 있다
	☐ business talk	**phr**	사업 이야기
	☐ conversation	**n**	대화
	☐ debate	**v**	토론하다
	☐ express	**v**	표현하다
	☐ gathering	**n**	모임
	☐ judge	**v**	판단하다, 평가하다
	☐ local time	**phr**	현지 시간
	☐ result in	**phr**	~을 야기하다
	☐ seating chart	**phr**	좌석 배치도
	☐ seminar	**n**	세미나
	☐ vote	**v** 투표하다; **n** 투표	
	☐ weekly	**adj** 매주의; **adv** 매주	

800점 완성 단어

LC	☐ a large attendance	phr	많은 참석자들
	☐ attend a conference	phr	학술 발표회에 참석하다
	☐ business attire	phr	비즈니스 정장
	☐ conference call	phr	전화 회담
	☐ convention	n	회의
	☐ face to face	phr	서로 얼굴을 맞대고
	☐ film footage	phr	자료 화면
	☐ get an appointment	phr	약속을 잡다
	☐ get back in touch	phr	다시 연락이 되다
	☐ get in touch with	phr	~와 연락을 취하다
	☐ give a presentation	phr	발표를 하다
	☐ have a discussion	phr	토론하다
	☐ keynote address	phr	기조연설
	☐ keynote speaker	phr	기조연설자
	☐ make a speech	phr	연설하다
	☐ make adjustments	phr	조정하다
	☐ pass around	phr	~을 차례로 돌리다
	☐ pass out	phr	~을 나누어 주다
	☐ put in an offer	phr	제안하다
	☐ run a meeting	phr	회의를 진행하다
	☐ schedule an appointment	phr	약속을 잡다
	☐ speak up	phr	(큰 소리로) 말하다
	☐ stare into	phr	~을 응시하다
	☐ take down	phr	~을 적다, 내리다
	☐ take notes	phr	기록하다
	☐ take part in	phr	~에 참가하다
	☐ visual aid	phr	(그림 · 도표 · 비디오 등의) 시각 보조 자료
Part 5, 6	☐ conventional	adj	흔히 있는, 전통적인
	☐ custom	n	관습, 풍습
	☐ hold back	phr	자제하다, 억제하다
	☐ intense	adj	극심한, 강렬한
	☐ misprint	n	오식
	☐ occupied	adj	바쁜, 사용 중인, 사람이 있는

☐ participate in	phr	~에 참가하다
☐ to start with	phr	우선, 첫째로

Part 7

☐ arrange a conference	phr	회의를 준비하다
☐ be supposed to do	phr	~하기로 되어 있다
☐ biweekly	adj	격주의; adv 격주로
☐ bring up	phr	(문제를) 제기하다
☐ clash	n	(의견의) 충돌, 불일치
☐ come to a decision	phr	결정을 내리다
☐ come to an agreement	phr	합의에 도달하다
☐ controversial	adj	논쟁의 여지가 있는
☐ develop into	phr	~으로 발전하다
☐ get the point	phr	요점을 이해하다
☐ in conclusion	phr	결론적으로
☐ in support of	phr	~을 지지하여
☐ in the middle of	phr	~ 도중에
☐ insist	v	주장하다
☐ insult	v	모욕하다
☐ inviting	adj	매력적인, 솔깃한
☐ luncheon	n	오찬, 점심
☐ make a conclusion	phr	결론을 내리다
☐ make a decision	phr	결정하다
☐ offer an apology to A	phr	A에게 사과하다
☐ official arrangement	phr	공식적인 합의
☐ OJT (on-the-job training)	n	사내 교육, 현장 직무 교육
☐ opponent	n	반대자, 적수
☐ postpone until	phr	~까지 연기하다
☐ public speaking	phr	강연, 연설
☐ reach a conclusion	phr	결론에 이르다
☐ reach unanimous agreement	phr	만장일치로 합의하다
☐ reassure	v	안심시키다
☐ recess	n	휴회
☐ slot	n	시간, 틈
☐ to the point	phr	적절한, 핵심을 찌르는
☐ turn out	phr	~으로 판명되다
☐ without the consent of	phr	~의 동의 없이

900점 완성 단어

LC	□ chair	v 의장을 맡다, 사회를 맡다
	□ conflict of interest	phr 이해관계의 충돌
	□ excerpt	n 발췌, 인용구
	□ prop against	phr ~에 받쳐 놓다
	□ run late	phr 늦게 하다, 늦게 도착하다
	□ sit through	phr 끝까지 자리를 지키다
	□ stand on	phr ~에 기초하다, ~에 의거하다
	□ symposium	n 토론회, 심포지엄
Part 5, 6	□ consenting	adj 동의하는, 승낙하는
	□ conversationally	adv 담화로, 회화체로
	□ eloquent	adj 웅변을 잘 하는, (연설 등이) 감명을 주는
	□ faction	n 파벌, 당파
	□ illegible	adj 읽기 어려운
	□ presumably	adv 아마, 생각건대
Part 7	□ abbreviate	v 요약하다, 단축하다
	□ abridgment	n 요약본, 요약
	□ coherent	adj (이야기가) 조리 있는, 일관성 있는
	□ confine	v 제한하다, ~에 한정시키다
	□ counteroffer	n 수정 제안, 대안
	□ disperse	v (군중 등이) 흩어지다
	□ distinguished	adj 뛰어난, 저명한
	□ elaborate	v 상세하게 설명하다; adj 공들인, 정교한
	□ enthuse	v 열변을 토하다
	□ moderate a meeting	phr 회의의 사회를 보다
	□ off chance	phr 요행, 희박한 가능성
	□ presiding	adj (회의를) 주재하는
	□ put off	phr 연기하다, 미루다
	□ stand up for	phr ~을 옹호하다
	□ succinct	adj 간결한
	□ summit meeting	phr 정상 회담
	□ summon	v 소환하다
	□ uphold	v 지지하다, 떠받들다

→ 토익완성단어의 Daily Quiz를 www.Hackers.co.kr에서 다운로드 받아 풀어보세요.

[해커스 토익 기출 보카] 어플로 DAY 22 단어를 재미있게 외워보세요.

DAY 23 | 역지사지

사원 복지

주제를 알면 토익이 보인다!

사원 복지 주제에서는 주로 새로운 사내 복지 제도 이용에 대한 공지, 기존 복지 제도 변경 안내 등이 출제되고 있어요. 사원 복지 주제에서 자주 출제되는 단어를 함께 알아볼까요?

▲ 무료 MP3 바로 듣기

입장 바꿔 생각해 본 워크숍

내일부터 1박 2일 동안 회사에서 host하는 annual 워크숍 다녀올게. 집 잘 지키고 있어.

이번 교육은 노사 관계 강화의 purpose를 가지고 진행되는 프로그램입니다. 아직 enroll 안 하신 분 계신가요?

lecture 시작 전에, participants 모두 두 명씩 짝을 지어 주세요. 부하 직원과 상사 한 명씩 팀을 만드셔야 해요.

자, 그럼 attend한 모든 분들, 지금부터 '입장 바꾸어 보기' 역할극을 해 볼게요.

자네! 오늘 또 조나? 그러려면 월급은 왜 받나?

내가 저렇게까지...

....

¹ host*

[미 houst]
[영 həust]

n. 주최자; 사회자

v (대회 등을) 주최하다

Wilmar Industries will **host** this year's convention.

Wilmar Industries사가 금년도 컨벤션을 주최할 것이다.

 토익 이렇게 나온다

[빈출어구] host + a display/a lecture/a celebration
전시/강의/축하 행사를 주최하다

host는 행사를 의미하는 명사들과 어울려 출제된다.

² annual***

[ǽnjuəl]

[파] annually adv. 매년, 해마다

adj 매년의

This year's **annual** conference was held in Atlanta.

올해의 연례 회의는 애틀랜타에서 열렸다.

 토익 이렇게 나온다

[빈출어구] annual growth rate 연간 성장률
annual conference 연례 회의
annual safety inspection 연례 안전 검사

annual의 토익 출제 표현을 기억해 두자.

[혼동어휘] ┌ biannual 반년마다의
└ biennial 2년마다의

biannual은 토익 지문에 자주 출제되는 단어로 twice a year와 같은 의미이다. 철자가 비슷한 biennial과 혼동하지 않도록 유의하자.

³ purpose**

[미 pə́:rpəs]
[영 pə́:pəs]

[파] purposely adv. 고의로, 일부러
[동] aim 목적

n 목적, 의도

The **purpose** of the training is to familiarize the staff with the new networking system.

그 교육의 목적은 직원들이 새 네트워크 시스템에 익숙해지도록 하는 것이다.

⁴ enroll**

[미 inróul]
[영 inrə́ul]

[파] enrollment n. 등록
[동] register, sign up 등록하다

v 등록하다

Employees must **enroll** in at least one program.

직원들은 적어도 한 개의 프로그램에 등록해야 한다.

 토익 이렇게 나온다

[빈출어구] enroll in ~에 등록하다

enroll과 함께 쓰이는 전치사 in을 묶어서 기억해 두자.

★★★ = 출제율 최상   ★★ = 출제율 상   ★ = 출제율 중
● = Part 5·6 정답 단어   ○ = Part 7 빈출 단어

⁵ lecture**

[미] lέktʃər]
[영] lέktʃə]

[파] lecturer n. 강연자

n 강의, 강연

The course will offer weekly guest **lectures**.
그 강좌는 매주 초청 강의를 제공할 것이다.

⁶ participant***

[미] pɑːrtísəpənt]
[영] pɑːtísipənt]

[파] participate v. 참가하다
participation n. 참가
[동] attendee 참가자

n 참가자

Many **participants** in the training program showed some improvement.
교육 프로그램의 많은 참가자들이 약간의 발전을 보였다.

⁷ attend***

[əténd]

[파] attendance n. 참석, 출석
attendee n. 참석자
attendant n. 시중드는 사람, 안내원

v 참석하다, 출석하다

Staff were urged to **attend** weekend software courses. 직원들은 주말 소프트웨어 강좌에 참석하도록 권고받았다.

 토익 이렇게 나온다

[동·어휘] **attend : participate**
'참석하다'를 뜻하는 단어들의 용례 차이를 구별하는 문제로 출제된다.

┌ **attend** ~에 참석하다
│ 타동사이므로 뒤에 바로 목적어가 온다.
└ **participate in** ~에 참석하다
participate는 자동사이므로 전치사 in이 있어야 목적어가 올 수 있다.
Employees participated in company-sponsored sporting **events.** 직원들은 회사가 후원한 스포츠 행사에 참석했다.

[반 토·어] **attend to** ~을 처리하다, ~를 돌보다
자동사 attend는 전치사 to와 함께 쓰이고, 이때 take care of와 같은 의미이다.

⁸ encourage***

[미] inkə́ːridʒ]
[영] inkʌ́ridʒ]

[동] promote 증진하다, 촉진하다

v 장려하다, 북돋아 주다

The CEO **encouraged** managers to allow flextime for workers.
그 최고 경영자는 부장들에게 직원들의 탄력 근무 시간제를 허용하도록 장려했다.

 토익 이렇게 나온다

[반 토·어] **encourage A to do** A에게 ~하도록 장려하다
be encouraged to do ~하도록 장려되다
encourage는 주로 to 부정사와 어울려 시험에 출제된다. to 뒤의 동사원형 자리에 명사를 쓰지 않도록 주의해야 한다.

9 leave***

[liːv]

동 absence 부재, (사람이) 없음

n 휴가

Employees can take up to 10 days annually for emergency **leave**. 직원들은 연간 최대 10일의 청원 휴가를 낼 수 있다.

v 떠나다; 남기다

The sales manager **left** for Singapore to conduct the orientation for sales staff.
영업부장은 영업 사원 오리엔테이션을 진행하기 위해 싱가포르로 떠났다.

 토익 이렇게 나온다

> **on leave** 휴가로
> **leave for** + 목적지 ~을 향해 떠나다
> **leave A for B** B에게 A를 남기다
>
> leave는 명사, 동사로 모두 사용된다. 함께 쓰이는 전치사와 묶어서 기억해 두자.

10 recommendation***

[rèkəmendéiʃən]

n 추천 사항, 추천

Staff were asked for **recommendations** on improving the break room.
직원들은 휴게실 개선에 대한 추천 사항을 요청받았다.

11 conference***

[미 kánfərəns]
[영 kɔ́nfərəns]

n 회의, 회담

This year's **conference** focuses on developments in the field of human resources.
올해 회의는 인적 자원 분야의 개발에 중점을 두고 있다.

12 schedule***

[미 skédʒuːl]
[영 ʃédjuːl]

n. 일정, 스케줄, (가격·요금 등을) 나열한 표

v ~을 예정하다

Orientation is **scheduled** for the morning.
오리엔테이션은 오전으로 예정되어 있다.

 토익 이렇게 나온다

> 1. **be scheduled for** + 시점 (언제)로 예정되어 있다
>   **be scheduled to do** ~할 예정이다
>   동사 schedule은 보통 수동형으로 전치사 for나 to 부정사와 어울려 출제된다.
>
> 2. **ahead of/behind** + **schedule** 예정보다 먼저/늦게
>   명사 schedule과 함께 쓰이는 전치사 ahead of, behind를 묶어서 기억해 두자.

¹³ include***

[inklú:d]

파 inclusion n. 포함, 함유
inclusive adj. 포괄적인
동 contain 포함하다
반 exclude 제외하다

v 포함하다

The workshop curriculum **includes** special digital media classes.
워크숍 교육 과정은 디지털 미디어 특강을 포함한다.

 토익 이렇게 나온다

동의어 **include : consist**
'포함하다'와 관련된 단어들의 용례 차이를 구별해 두자.

┌ **include** ~을 포함하다
include는 어떤 것을 한 부분으로 '포함하다'라는 뜻이며, 뒤에 바로 목적어가 온다.
└ **consist of** ~으로 구성되다
consist는 여러 부분들로 '구성되다'라는 의미이며, 전치사 of와 함께 사용한다.
The company benefits package **consists of** health, dental, and vision insurance.
그 회사의 복지 제도는 건강 보험, 치과 보험, 안과 보험으로 구성된다.

동의어 정보나 물건 등이 함께 들어있다라는 의미일 때 include는 contain으로 바꾸어 쓸 수 있다.

¹⁴ result***

[rizʌ́lt]

n 결과

As a **result** of increased sales, the marketing team was rewarded with a vacation.
늘어난 매출의 결과로 마케팅팀은 포상 휴가를 받았다.

v (~의 결과로) 되다

Positive responses to the prototype **resulted** in more funding for it.
시제품에 대한 긍정적인 반응은 그것을 위한 더 많은 자금 지원을 야기했다.

 토익 이렇게 나온다

빈출 **as a result of** ~의 결과로
as a result 결과적으로
result in + 결과 ~을 야기하다, ~로 끝나다
result from + 원인 ~에서 유래하다
result는 관용 표현으로 자주 출제되므로 묶어서 기억해 두자.

15 register***

[미 rédʒistər]
[영 rédʒistə]

파 registration n. 등록
(= enrollment)
동 enroll in ~에 등록하다

v 등록하다

Employees must **register** for unemployment insurance with the state government.
직원들은 주 정부 주관의 실업 보험에 등록해야 한다.

 토익 이렇게 나온다

빈출 **register for** ~에 등록하다
어구

register와 함께 쓰이는 전치사 for를 묶어서 기억해 두자.

16 require***

[미 rikwáiər]
[영 rikwáiə]

파 requirement n. 요구
required adj. 필수의
동 call for ~을 필요로 하다
entail 수반하다

v 요구하다

Staff are **required** to attend the insurance provider's presentation on benefits.
직원들은 보험금에 대한 보험 회사의 발표회에 참석하도록 요구된다.

 토익 이렇게 나온다

빈출 **require A to do** A에게 ~하라고 요구하다
어구 **be required to do** ~하도록 요구되다
be required for ~을 위해 요구되다
required documents 구비 서류

동사 require는 to 부정사 또는 전치사 for와 함께 주로 사용되므로 묶어서 기억해 두자. 형용사 required는 required documents 형태로 주로 출제된다.

17 grateful***

[gréitfəl]

adj 고마워하는, 감사하는

Ms. Warren was **grateful** for her recent raise in salary. Ms. Warren은 최근의 급여 인상에 대해 고마워했다.

18 overtime***

[미 óuvərtaim]
[영 óuvətaim]
adv. 규정 시간 외에

n 초과 근무, 야근

Employees are paid $20 for every hour of **overtime**.
직원들은 초과 근무에 대해 시간당 20달러를 받는다.

19 responsibility***

[미 rispànsəbíləti]
[영 rispɔ̀nsibíliti]

파 responsible adj. 책임 있는

n 부담, 책임, 의무

Conference fees will be paid by Direxco, but dining expenses are the participants' **responsibility**.
총회 참가비는 Direxco사에서 지불할 것이지만 식비는 참가자 부담입니다.

★★★ = 출제율 최상   ★★ = 출제율 상   ★ = 출제율 중
● = Part 5·6 정답 단어   ○ = Part 7 빈출 단어

토익 이렇게 나온다

20 assent ***
[əsént]

v 찬성하다

The managers **assented** to giving everyone a small raise. 관리자들은 모두에게 약간의 봉급 인상을 해 주는 것에 찬성했다.

n 승인, 동의

The company's president gave her **assent** for a planned construction project.
그 회사의 사장은 계획된 건설 프로젝트를 승인했다.

21 regard **
[미 rigá:rd]
[영 rigá:d]

파 regarding prep. ~에 관하여 (= concerning, about)
동 view ~라고 여기다

v ~을 ‒으로 간주하다, 여기다

Workers **regard** prompt salary payment as a basic right. 근로자들은 신속한 임금 지급을 기본 권리로 간주한다.

n 관심, 배려

The company showed little **regard** for employee welfare. 그 회사는 직원 복지에 거의 관심을 보이지 않았다.

 토익 이렇게 나온다

regard A as B A를 B로 간주하다
show little regard for ~에 대해 거의 관심을 보이지 않다
send one's regards 안부를 전하다

regard의 토익 출제 표현을 기억해 두자.

22 tentative **
[téntətiv]

파 tentatively adv. 잠정적으로, 임시로
동 temporary 임시의
indefinite (시간·기한 등이) 정해지지 않은

adj 임시적인, 잠정적인

The plan to increase paternity leave is still **tentative**.
남성 육아 휴직을 늘리겠다는 계획은 여전히 임시적일 뿐이다.

 토익 이렇게 나온다

be tentatively scheduled for + 시점 잠정적으로 (언제)로 예정되다

tentatively는 일정이나 계획의 수립이 잠정적인 경우에 사용된다.

²³ welcome**

[wélkəm]

파 welcoming adj. 반갑게 맞이하는, 안락해 보이는

adj 반가운, 기꺼이 받아들여지는

The extra microwave was a **welcome** addition to the staff kitchen. 추가 전자레인지는 직원용 주방에서 환영받는 물건이었다.

v 환영하다, 맞이하다

Audrey was **welcomed** warmly by her new colleagues on her first day at work.
Audrey는 첫 출근 날 새로운 동료들로부터 따뜻하게 환영받았다.

 토익 이렇게 나온다

빈출 어구 **a welcome addition to** ~에 환영받는 물건/사람
be welcome to do ~을 자유로이 할 수 있다

welcome의 토익 출제 표현을 기억해 두자.

²⁴ function**

[fʌ́ŋkʃən]
v. 작동하다

파 functional adj. 기능적인, 편리한
functionality n. (상품의) 목적, 기능성

n 행사, 연회

The dining hall seats 100 people for private and business **functions**.
그 식당은 개인 및 비즈니스 행사용으로 100명의 인원을 수용할 수 있다.

²⁵ commence**

[kəméns]

파 commencement n. 시작
동 begin 시작되다

v 시작되다

The new shifts will **commence** next week.
새 교대 근무가 다음 주에 시작될 것이다.

²⁶ objective**

[əbdʒéktiv]
adj. 객관적인

파 object v. 반대하다 n. 대상; 물건
objection n. 이의, 반대
objectivity n. 객관성
동 purpose 목적

n 목표, 목적

The learning **objectives** of the program are outlined in the brochure. 프로그램의 학습 목표가 소책자에 요약되어 있다.

 토익 이렇게 나온다

빈출 어구 **object to** ~에 반대하다

동사 object와 함께 쓰이는 전치사 to를 묶어서 외워두자.

동의어 ┌ **objective** 목적
├ **objection** 반대
└ **objectivity** 객관성

어구이 같지만 뜻이 다른 단어들의 의미 차이를 구별하는 문제로 출제된다.

---

27 excited**
[iksáitid]

[파] excite v. 흥분시키다
exciting adj. 신나는, 흥미
진진한

adj 신이 난, 들뜬

Fred was **excited** about the opportunities his promotion would give him.

Fred는 자신의 승진으로 제공받을 기회들에 신이 났다.

28 reimbursement**
[미 rìːimbə́ːrsmənt]
[영 rìːimbə́ːsmənt]

[파] reimburse v. 변제하다

n 상환, 변제, 배상

Employees will receive **reimbursement** for accommodations on business trips.

직원들은 출장 시 숙박 비용에 대해 상환 받을 것이다.

 토익 이렇게 나온다

[문법] reimbursement(n. 상환)와 reimburse(v. 상환하다)의 품사 구별하기.

29 treatment**
[tríːtmənt]

[파] treat v. (특정한 태도로)
대하다, 처리하다, 논의하다
(= deal with)
n. 특별한 대접

n 대우, 처우

Every staff member, regardless of position, receives the same level of **treatment** from Mr. Scanlyn.

모든 직원들은 직위와 관계없이 Mr. Scanlyn으로부터 동일한 수준의 대우를 받는다.

30 honor**
[미 ánər]
[영 ɔ́nə]
v. 존경하다, 명예를 주다

n 존경, 명예

A banquet was held in **honor** of our director's retirement.

우리 이사님의 은퇴를 기념하는 연회가 개최되었다.

 토익 이렇게 나온다

[표현] in honor of ~을 기념하여, ~에게 경의를 표하여

honor은 숙어인 in honor of로 출제되므로 꼭 기억해야 한다.

31 emphasize**
[émfəsàiz]

[파] emphasis n. 강조, 중점
[동] stress 강조하다

v 강조하다

Lindall Inc. **emphasizes** the importance of employees to its success.

Lindall사는 자사의 성공에 있어 직원들의 중요성을 강조한다.

32 entry★★

[éntri]

파 enter v. 참가하다
entrance n. 입구, 입장
동 submission (서류·제안서 등의) 제출

n (경기 등의) 참가자, 출품물

The competition organizers will not accept late **entries.** 대회 주최 측은 늦게 신청하는 참가자들을 받지 않을 것이다.

 토익 이렇게 나온다

혼동어 ┌ entry 참가자
└ entrance 입구

어근이 같지만 뜻이 다른 두 단어를 구별하는 문제로 출제된다.

동의어 경기나 대회 등에 제출하는 참가 신청서나 출품물을 의미할 때 entry는 submission으로 바꾸어 쓸 수 있다.

33 bonus★★

[미 bóunəs]
[영 bə́unəs]

n 상여금, 보너스

Those who perform well receive a higher **bonus** at year's end.
좋은 성과를 내는 사람들은 연말에 보다 높은 상여금을 받는다.

34 salary★★

[sǽləri]

n 급여

The base **salary** at Serpar is much higher than the industry norm.
Serpar사의 기본 급여는 업계 표준보다 훨씬 더 높다.

35 earn★

[미 əːrn]
[영 əːn]

파 earnings n. 소득, 수익

v (금전 등을) 벌다; (평판을) 받다, 얻다

Jane **earns** $3,000 a month.
Jane은 한 달에 3천 달러를 번다.

He **earned** recognition as a loyal and hardworking employee. 그는 충실하고 근면한 직원으로 인정을 받았다.

 토익 이렇게 나온다

혼동어 earn : gain
'얻다'를 의미하는 단어들의 용례 차이를 구별하는 문제로 출제된다.

┌ earn (금전 등을) 벌다, (명성을) 얻다
│ 명성을 얻는다는 의미 외에 '금전을 벌다'라는 뜻으로도 사용된다.
└ gain 획득하다, (노력해서) 얻다
인기나 승리 등을 획득할 때 사용한다.

Ms. Howard **gained** fame as the company's first female CEO. Ms. Howard는 그 회사 최초의 여성 최고 경영자로서 명성을 얻었다.

36 arise *

[əráiz]

동 happen 일어나다

v (문제 등이) 발생하다, 일어나다

A number of employee complaints have **arisen**.

직원들의 불만이 많이 발생했다.

---

37 labor *

[미 léibər]
[영 léibə]

n 노동

The new contract sparked a **labor** dispute.

새 계약은 노동 쟁의를 일으켰다.

v 일하다, 노동하다

Construction workers **labor** outdoors, often regardless of weather conditions.

공사장 인부들은 종종 기상 조건과 관계없이 야외에서 일한다.

---

38 union *

[미 júːnjən]
[영 júːniən]

n 노동조합

All the employees belong to the labor **union**.

모든 직원이 노동조합에 소속되어 있다.

---

39 existing *

[igzístiŋ]

파 exist v. 존재하다, 실재하다
existence n. 존재

adj 기존의, 현행의

The company is restructuring the **existing** benefits package.

회사는 기존의 복지 제도를 개혁하고 있다.

 토익 이렇게 나온다

빈출
어구 existing + equipment/product 기존 설비/제품

existing은 equipment, product 등의 명사를 수식하는 형태로 출제된다.

---

40 exploit *

[iksplɔ́it]

파 exploitation n. 착취, (부당한) 이용

v 착취하다, 부당하게 이용하다

Workers Forward is dedicated to preventing employees from being **exploited**.

Workers Forward사는 직원들이 착취당하는 것을 막는 일에 전념한다.

DAY 23 Daily Checkup

토익에 출제되는 단어의 뜻을 오른쪽 보기에서 찾아 연결하세요.

01 regard

02 grateful

03 salary

04 leave

05 recommendation

ⓐ 고마워하는, 감사하는

ⓑ 급여

ⓒ 관심, 배려

ⓓ 추천 사항

ⓔ 노동조합

ⓕ 휴가; 떠나다

토익에 출제되는 문장의 문맥에 맞는 단어를 고르세요.

06 The CEO made a ___ decision on the urgent issue.

> 토익 이렇게 나온다
> 명사 decision은 tentative, important 와 같은 형용사와 함께 자주 쓰여요.

07 The team will have to work ___ to meet the deadline.

08 Caprice Inc. ___ team-building activities to build morale.

09 Staff can ___ online to receive benefits for family members.

ⓐ annual	ⓑ tentative	ⓒ overtime	ⓓ emphasizes	ⓔ register

10 Expense ___ will be made at the end of the month.

11 The team leader is popular for his fair ___ of employees.

12 The stricter attendance policy has ___ in fewer absences.

13 The manager ___ staff to volunteer to clean the conference room.

ⓐ reimbursements	ⓑ encouraged	ⓒ treatment	ⓓ resulted	ⓔ earned

➡ Daily Checkup 해석과 추가 Daily Quiz 보카 테스트가 www.Hackers.co.kr에서 제공됩니다.

토익완성단어   사원 복지

토익 기초 단어

LC	☐ application	**n**	지원, 신청
	☐ award ceremony	**phr**	시상식
	☐ chat	**n**	담소; **v** 담소를 나누다
	☐ clap	**n**	박수; **v** 손뼉 치다
	☐ get paid	**phr**	급여를 받다
	☐ grab	**v**	잡다, 움켜쥐다
	☐ group	**v**	(그룹으로) 나누다
	☐ hook	**n**	걸이; **v** ~에 걸다
	☐ introduction	**n**	도입, 소개
	☐ learning center	**phr**	교육 센터
	☐ loudspeaker	**n**	확성기
	☐ lounge	**n**	대합실
	☐ management seminar	**phr**	경영 세미나
	☐ smoking section	**phr**	흡연 구역
	☐ take a vacation	**phr**	휴가를 얻다
	☐ wallpaper	**n**	벽지
RC	☐ bold	**adj**	대담한, 용감한
	☐ finely	**adv**	곱게, 정교하게
	☐ friendly	**adj**	친절한
	☐ gentle	**adj**	온화한, 점잖은
	☐ in charge of	**phr**	~을 맡아서, 담당해서
	☐ lively	**adj**	활기찬, 활발한
	☐ pharmacy	**n**	약국
	☐ precise	**adj**	정확한, 정밀한
	☐ prize	**n**	상품; **v** 소중하게 여기다
	☐ registration	**n**	등록
	☐ vacation	**n**	휴가

800점 완성 단어

LC			
	☐ a letter of gratitude	**phr**	감사 편지
	☐ check out	**phr**	(책을) 대출하다, 빌리다
	☐ childcare	**n**	육아, 보육
	☐ don't have the nerve to do	**phr**	~할 용기가 없다
	☐ give a raise	**phr**	임금을 인상해 주다
	☐ going away party	**phr**	송별회
	☐ it's about time	**phr**	~할 때이다
	☐ it's no use -ing	**phr**	-해 봤자 소용없다
	☐ job satisfaction	**phr**	업무 만족도
	☐ just in case	**phr**	~할 경우를 대비해, 만일을 위해서
	☐ keep A up to date	**phr**	A에게 최근 소식을 계속 알려 주다
	☐ know A like the back of one's hand	**phr**	A를 아주 잘 알고 있다
	☐ miserable	**adj**	비참한, 슬픈
	☐ paid leave	**phr**	유급 휴가
	☐ pick up one's paycheck	**phr**	급여를 수령하다
	☐ pity	**n**	유감, 동정
	☐ privately	**adv**	개인적으로
	☐ psychological	**adj**	정신적인
	☐ put in some overtime	**phr**	초과 근무를 하다
	☐ safety drill	**phr**	안전 훈련
	☐ sensitivity	**n**	감수성
	☐ show around	**phr**	안내하다, 관광시키다
	☐ stacks of books	**phr**	서고, 서가
	☐ surprisingly	**adv**	놀랍게도
	☐ take place	**phr**	일어나다, 발생하다
	☐ take some time off	**phr**	휴식을 취하다, 일을 쉬다
	☐ terribly	**adv**	몹시, 형편없이
	☐ terrific	**adj**	훌륭한
	☐ the next best	**phr**	차선(次善)
	☐ thrilling	**adj**	짜릿한, 흥분되는
Part 5, 6	☐ credit A with B (= credit B to A)	**phr**	B를 A의 공으로 믿다
	☐ intentionally	**adv**	고의로, 의도적으로
	☐ meanwhile	**adv**	그동안에, 한편

☐ respectfully	**adv** 공손하게, 정중하게
☐ sign up	**phr** 등록하다, 참가하다
☐ unused	**adj** 사용하지 않은
☐ be tired of	**phr** ~에 싫증이 나다
☐ biannual	**adj** 연 2회의
☐ charitable	**adj** 자선의
☐ course of study	**phr** 교육 과정
☐ depressed	**adj** 낙담한
☐ extra pay	**phr** 추가 급여
☐ featured speaker	**phr** 특별 연사
☐ generous	**adj** 관대한
☐ laugh away	**phr** ~을 웃음으로 넘기다
☐ merit	**n** 장점
☐ night shift	**phr** 야간 근무
☐ occupational safety and health	**phr** 직장 안전 및 건강
☐ overtime allowance	**phr** 초과 근무 수당
☐ overtime rate	**phr** 초과 근무 수당
☐ paid vacation	**phr** 유급 휴가
☐ pay increase	**phr** 임금 인상
☐ pension	**n** 연금
☐ poorly paid	**phr** 박봉의
☐ preservation area	**phr** 보호 구역
☐ reference number	**phr** 조회 번호
☐ regional allowance	**phr** 특별 근무지 수당
☐ regular working hours	**phr** 정규 근무 시간
☐ retirement party	**phr** 은퇴 기념 파티
☐ retirement plan	**phr** 퇴직 연금 제도
☐ salary and benefits	**phr** 급여와 복리 후생
☐ sheltered housing	**phr** (노인·장애인) 보호 시설
☐ sick leave	**phr** 병가
☐ strong-willed	**adj** 의지가 강한, 완고한
☐ time-off	**n** 결석, 휴가
☐ welfare	**n** 복지
☐ work environment	**phr** 작업 환경, 근무 환경
☐ working condition	**phr** 근무 조건

Part 7 (label to the left of "be tired of" row)

900점 완성 단어

LC	☐ get reimbursed for	**phr** ~을 환급받다
	☐ hearty	**adj** 마음에서 우러난, (음식의 양이) 풍부한
	☐ kindhearted	**adj** 친절한
	☐ knock off	**phr** 업무를 마치다
	☐ maternity leave	**phr** 출산 휴가
	☐ misuse	**n** 오용, 악용
	☐ nursery	**n** 유아원, 놀이방, 보육
	☐ nursing	**n** 간호, 간호학
Part 5, 6	☐ chronological	**adj** 시간순의, 연대순의
	☐ exhibitor	**n** (전시회의) 출품자
	☐ flatter	**v** 아첨하다, 듣기 좋은 칭찬을 하다
	☐ give in	**phr** 굴복하다, 양보하다
	☐ second	**v** 찬성하다, 지지하다
Part 7	☐ citation	**n** 인용구, 인용, 표창장
	☐ commemorate	**v** 기념하다
	☐ conjunction	**n** 연합, 공동
	☐ cut benefits	**phr** 복리 후생을 줄이다, 수당을 줄이다
	☐ discriminate	**v** 차별하다
	☐ distort	**v** 왜곡하다
	☐ flextime	**n** 자율 근무 시간제
	☐ fringe benefits	**phr** 부가 급부
	☐ goodwill	**n** 호의
	☐ labor costs	**phr** 인건비
	☐ labor dispute	**phr** 노동 쟁의, 노사 분규
	☐ off-peak	**adj** 한산할 때의, 비수기의
	☐ pique	**n** 화, 불쾌, 불쾌감
	☐ sabotage	**n** (고의적인) 방해 행위
	☐ salary review	**phr** 연봉 심사
	☐ severance pay	**phr** 퇴직금
	☐ spry	**adj** 기운찬, 활발한
	☐ straightforward	**adj** 정직한, 간단한
	☐ yearn	**v** 열망하다

➜ 토익완성단어의 Daily Quiz를 www.Hackers.co.kr에서 다운로드 받아 풀어보세요.

<해커스 토익 기출 보카> 어플로 DAY 23 단어를 재미있게 외워보세요.

DAY 24

토익 보카 30일 완성

승진 첫 날

인사이동

주제를 알면 토익이 보인다!
인사이동 주제에서는 주로 새로운 관리자의 취임과 기존 관리자의 정년퇴직 공고 등이
출제되고 있어요. 인사이동 주제에서 자주 출제되는 단어를 함께 알아볼까요?

▲무료 MP3 바로 듣기

승진이란 남용할 수 있는 권력을 가지게 되는 것

김 과장님 휴직 기간 동안
나사원 씨를 임시 마케팅
팀장으로 appoint합니다.

그동안 나사원 씨의 실적
appraisal을 통해
promote된 것이니,
skilled한 리더십을
보여 주세요.

네

며칠 후

최근 발생한 팀 내 문제에 대해
이렇게 radical한 해결책을
생각해내다니! 역시 난
exceptional한 재능이 있다니까!
다들 나에게 appreciate하겠지?

후-

자, 지금부터
사무실의 커피메이커는
제 책상에 두겠습니다.

해결됐군!

그렇게 어딨어...

너무하네...

1 appoint★★★

[əpɔ́int]

[파] appointment n. 임명, 지명

v 임명하다, 지명하다

President Davis **appointed** Roger Lance as head of finance.

Davis 회장은 Roger Lance를 재무부장으로 임명했다.

2 appraisal★★★

[əpréizəl]

[파] appraise v. ~을 평가하다
[동] assessment, evaluation 평가

n 평가

Supervisors carry out performance **appraisals** every three months.

관리자들은 석 달마다 실적 평가를 시행한다.

 토익 이렇게 나온다

[빈출어구] **performance appraisals** 실적 평가, 고과

인사고과를 뜻하는 말로서 performance evaluation과 의미가 같다.

3 promote★★★

[미 prəmóut]
[영 prəmə́ut]

[파] promotion n. 승진, 진급, 판촉
promotional adj. 홍보의, 판촉의
[반] demote 강등시키다

v 승진시키다; 촉진하다

Ms. Wilson was **promoted** in April to the position of marketing director.

Ms. Wilson은 4월에 마케팅 부장직으로 승진되었다.

Managers need to **promote** better communication among employees.

관리자는 직원들 간의 더 나은 의사소통을 촉진할 필요가 있다.

4 skilled★★★

[skild]

[파] skill n. 숙련, 기술

adj 숙련된, 노련한

Several production plants are short of **skilled** workers.

일부 생산 공장들은 숙련된 근로자가 부족하다.

 토익 이렇게 나온다

[빈출어구] **be skilled at** ~에 노련하다, 능숙하다

skilled는 전치사 at과 함께 자주 사용된다.

5 radically★

[rǽdikəli]

[파] radical adj. 철저한, 근본적인

adv 완전히, 철저히

Several divisions will be **radically** restructured.

일부 부서들이 완전히 개편될 것이다.

6 exceptional*
[iksépʃənl]

파 exceptionally adv. 유난히
동 remarkable 뛰어난

adj 뛰어난, 예외적인

Paul Lang showed **exceptional** talent in computer programming. Paul Lang은 컴퓨터 프로그래밍에 뛰어난 재능을 보였다.

🗣 토익 이렇게 나온다

문법 exceptional(adj. 매우 뛰어난)과 exceptionally(adv. 유난히)의 품사 구별하기.

7 appreciation**
[əpriːʃiéiʃən]

파 appreciate v. 감사하다

n 감사

The director gave a short speech to express his **appreciation**. 그 이사는 감사를 표하기 위해 짧은 연설을 했다.

8 evaluate***
[ivǽljuèit]

파 evaluation n. 평가
동 judge 판단하다, 평가하다

v 평가하다

Workers' performance should be **evaluated** annually. 직원들의 실적은 매년 평가되어야 한다.

9 suggest***
[미 səɡdʒést]
[영 sədʒést]

v 제안하다, 추천하다

Charles **suggested** posting a job advertisement. Charles는 채용 광고를 올리는 것을 제안했다.

10 preference***
[préfərəns]

피자 vs 치킨!

n 선호

Rita has no **preference** for working the night shift or the day shift. Rita는 야간 근무나 주간 근무 중 선호하는 것이 없다.

 토익 이렇게 나온다

비등 어휘 meal preference 선호하는 메뉴

meal preference는 비행기나 연회 등에서 제공되는 메뉴 중 개인이 선호하는 것을 표시하는 양식 등에서 자주 사용된다.

11 management***
[mǽnidʒmənt]

n 경영진, 경영

Management announced a new hiring plan this month. 경영진은 이번 달에 새로운 고용 계획을 발표했다.

12 predict★★★
[pridíkt]

파 prediction n. 예언

v 예측하다

Many **predict** that the CEO will retire soon.

많은 사람들이 최고 경영자가 곧 은퇴할 것으로 예측한다.

13 transfer★★★
[미 trænsfə́ːr]
[영 trænsfə́ː]

n. 전근, 이전
[미 trǽnsfər, 영 trǽnsfəː]

동 move 옮기다

v 보내다; 전근시키다

The technology department will **transfer** the old files to the new server.

기술 부서는 오래된 파일들을 새 서버로 보낼 것이다.

The administrator has been **transferred** to England.

그 관리자는 영국으로 전근되었다.

 토익 이렇게 나온다

빈출 어 transfer A to B A를 B로 보내다, A를 B로 전근시키다

transfer와 함께 쓰이는 전치사 to를 묶어서 기억해 두자.

14 award★★★
[미 əwɔ́ːrd]
[영 əwɔ́ːd]

n 상

The best-employee **award** is given every year.

최고 직원상은 매년 수여된다.

v (상 등을) 수여하다

The company **awards** a prize to the most dedicated employee.

그 회사는 가장 헌신적인 직원에게 상을 수여한다.

15 mandatory★★★
[미 mǽndətɔ̀ːri]
[영 mǽndətəri]

adj 의무적인

Attendance to the weekly staff meeting is **mandatory**.

주간 직원회의 출석은 의무적이다.

16 competent★★★
[미 kámpətənt]
[영 kɔ́mpitənt]

adj 유능한, 능숙한

Eileen is very **competent** at her job and is well-liked by her staff.

Eileen은 일에 있어서 매우 유능하고 그녀의 직원들에게 매우 사랑받는다.

17 performance ★★★

[미] [pərfɔ́ːrməns]
[영] [pəfɔ́ːməns]

파 perform v. ~을 수행하다,
공연하다
performer n. 연주자
동 execution n. 연주, 연기

n 실적, 성과; 공연, 연주, 연기

The CEO attributed the company's outstanding **performance** to the staff.
최고 경영자는 회사의 뛰어난 실적을 직원들 덕분으로 돌렸다.

The director's welcoming ceremony included a **performance** by a string quartet.
이사 환영식은 현악 4중주단의 공연을 포함했다.

 토익 이렇게 나온다

[빈출어구] **performance review** 실적 평가, 인사 고과
performance evaluation 실적 평가, 성능 평가

performance는 평가를 의미하는 명사와 함께 복합 명사로 시험에 자주 출제된다.

[혼동어휘] ┌ **performance** 실적, 공연
└ **performer** 연주자

추상 명사 performance와 사람 명사 performer를 구별하는 문제로 출제된다.

18 reward ★★★

[미] [riwɔ́ːrd]
[영] [riwɔ́ːd]

파 rewarding adj. 가치가 있는,
보답받는

v ~에 보답하다, 보상하다

Management plans to **reward** employees' efforts with wage increases.
경영진은 임금 인상으로 직원들의 노력에 보답할 계획이다.

n 포상, 보상

He was given the job as a **reward** for meeting his sales quota.
판매 할당량을 달성한 것에 대한 포상으로 그에게 그 업무가 주어졌다.

19 search ★★★

[미] [səːrtʃ]
[영] [səːtʃ]
v. 찾다

n 찾기, 수색, 조사

We have been in **search** of a new president ever since Mr. Rowles resigned.
우리는 Mr. Rowles가 사임한 후로 계속해서 새 회장을 찾고 있다.

20 inexperienced ★★★

[ìnikspíəriənst]

adj 경험 없는, 미숙한

Robert is too **inexperienced** to be promoted to manager.
Robert는 부장으로 승진되기에 너무 경험이 없다.

21 early***

[미 ə́:rli]
[영 ə́:li]
adv. 일찍

반 late 늦은

adj 시간상 이른, 조기의

Ms. Jones opted for an **early** retirement.

Ms. Jones는 조기 퇴직을 선택했다.

 토익 이렇게 나온다

혼동어휘 early : previous

'시간상으로 앞선'을 뜻하는 단어들의 용례 차이를 구별하는 문제로 출제된다.

early 시간상 이른
시간상으로 보통보다 이르다는 의미이다.

previous 이전의
지금보다 이전에 발생한 사건 등을 말할 때 사용한다.
Her **previous** post was sales manager.
그녀의 이전 직책은 영업부장이었다.

22 designate**

[dézignèit]
파 designation n. 지명, 지정

v 지명하다, 지정하다

Ms. Carling **designated** Owen to be the project's team leader.

Ms. Carling은 Owen을 그 프로젝트의 팀장으로 지명했다.

23 executive**

[igzékjutiv]

adj 경영의, 관리의

Mr. Fulton holds an **executive** position at Greenway Bank. Mr. Fulton은 Greenway 은행에서 경영직을 맡고 있다.

24 dedication**

[dèdikéiʃən]
파 dedicate v. ~에 전념하다
dedicated adj. 헌신적인, 전념하는

n 헌신

Ms. Hayes was recognized for her **dedication** to the company.

Ms. Hayes는 회사에 대한 헌신으로 인정받았다.

 토익 이렇게 나온다

빈출어구 dedication to ~에 대한 헌신

dedication과 함께 쓰이는 전치사 to를 묶어서 기억해 두자.

25 unanimously**

[미 ju:nǽnəməsli]
[영 ju:nǽniməsli]

adv 만장일치로

The board voted **unanimously** to replace the underperforming CEO.

이사회는 실적이 저조한 최고 경영자를 교체하는 데 만장일치로 찬성했다.

★★★ = 출제율 최상   ★★ = 출제율 상   ★ = 출제율 중
● = Part 5·6 정답 단어   ○ = Part 7 빈출 단어

26 progress**

[미 prágres]
[영 próugres]
v. 진행되다, 진척시키다
[prəgrés]

[파] progressive adj. 전진하는

n 진행, 진척, 진전

Daily reports are good tools for measuring employees' work **progress**.

일일 보고서는 직원의 업무 진행 상황을 측정하는 데 좋은 도구이다.

27 congratulate**

[미 kəngrǽtʃulèit]
[영 kəngrǽtjuleit]

[파] congratulation n. 축하

v 축하하다

The president personally **congratulated** the assistant on her promotion.

그 사장은 보좌관의 승진을 직접 축하해 주었다.

 토익 이렇게 나온다

[빈출어구] **congratulate A on B** A에게 B에 대해 축하하다

congratulate와 함께 쓰이는 전치사 on이 문제로 출제된다.

28 dismiss**

[dismís]

[파] dismissal n. 해고

v 해임하다, 해고하다

Those staff found in violation of company regulations may be **dismissed**.

회사 규정을 위반한 것으로 확인된 직원들은 해임될 수도 있다.

29 independence**

[ìndipéndəns]

n 독립성

Branch managers are given the **independence** to make some decisions.

지점장들은 일부 결정을 내릴 수 있도록 독립성을 부여받는다.

30 participation**

[미 pɑːrtìsəpéiʃən]
[영 pɑːtìsipéiʃən]

[파] participate v. 참여하다
participant n. 참가자
[동] involvement 참여

n 참여, 참가, 가입

Workers gained valuable knowledge through **participation** in the program.

직원들은 프로그램 참여를 통해 귀중한 지식을 얻었다.

 토익 이렇게 나온다

[혼동어휘] ┌ **participation** 참여
└ **participant** 참가자

추상 명사인 participation과 사람 명사인 participant를 구별하는 문제로 출제된다.

31 praise ★★
[preiz]
v. 칭찬하다

동 compliment 칭찬

n 칭찬

Stacey Randall received **praise** for her outstanding sales record.
Stacey Randall은 뛰어난 판매 실적으로 칭찬을 받았다.

32 accomplishment ★★
[미 əkámpliʃmənt]
[영 əkʌ́mpliʃmənt]

n 성과, 업적

The team was given a bonus for its **accomplishments** last quarter.
그 팀은 지난 분기 성과에 대한 상여금을 받았다.

33 deliberation ★★
[dilìbəréiʃən]

n 토의, 심의

The **deliberation** about hiring new staff lasted for nearly two hours.
새로운 직원들을 고용하는 것에 대한 토의는 거의 두 시간 동안 지속되었다.

34 leadership ★★
[미 líːdərʃip]
[영 líːdəʃip]

n 리더십, 지도력

Ms. Robinson's display of **leadership** has earned her the respect of her staff.
Ms. Robinson이 발휘한 리더십은 그녀에게 직원들의 존경심을 가져다주었다.

35 retire ★★
[미 ritáiər]
[영 ritáiə]

파 retirement n. 퇴직, 은퇴

v 퇴직하다, 은퇴하다

Peter Oswald **retires** in May after 40 years with the firm.
Peter Oswald는 그 회사에 40년 근무한 끝에 5월에 퇴직한다.

36 nomination ★★
[미 nàmənéiʃən]
[영 nɔ̀minéiʃən]

파 nominate v. 지명하다
    nominee n. 지명된 사람
동 appointment 임명

n 임명, 지명

Sue Blaine's **nomination** to the board was a surprise.
Sue Blaine이 이사회에 임명된 것은 놀라운 일이었다.

 토익 이렇게 나온다

동의어 사람을 직책에 임명하다라는 문맥일 때 nomination은 appointment로 바꾸어 쓸 수 있다.

37 reorganize**

[미 rìːɔ́ːrɡənaiz]
[영 riːɔ́ːɡənaiz]

파 reorganization n. 재편성
(= restructuring)

v 재편성하다, 재조직하다

The marketing team will be **reorganized** after the merger.

마케팅팀은 합병 이후에 재편성될 것이다.

38 serve*

[미 səːrv]
[영 səːv]

파 service n. 봉사, 서비스
동 act 역할을 하다

v 일하다, 근무하다

The marketing director will **serve** as the acting director of consumer relations for now.

마케팅부장이 당분간 고객 서비스 부장 대행으로서 일할 것이다.

 토익 이렇게 나온다

빈출어구 **serve as** ~로서 일하다

전치사 as를 선택하는 문제로 출제된다.

39 encouragement*

[미 inkə́ːridʒmənt]
[영 inkʌ́ridʒmənt]

파 encourage v. 격려하다
encouraging adj. 힘을 북돋아주는

n 격려

Mr. Vance offers regular **encouragement** to his employees.

Mr. Vance는 직원들에게 주기적으로 격려를 해 준다.

40 resignation*

[rèziɡnéiʃən]

파 resign v. 사임하다
(= step down)

n 사임, 사직, 사직서

The company announced the **resignation** of its head of development.

회사는 개발부장의 사임을 발표했다.

41 strictly*

[stríktli]

파 strict adj. 엄격한
동 severely, sternly 심하게, 엄하게

adv 엄격히

International transfer opportunities are **strictly** limited.

해외 전근 기회는 엄격히 제한된다.

 토익 이렇게 나온다

빈출어구 **strictly + limited/prohibited** 엄격히 제한된/금지된

strictly는 limit, prohibit 등 제한을 의미하는 동사와 주로 사용된다.

DAY 24 Daily Checkup

토익에 출제되는 단어의 뜻을 오른쪽 보기에서 찾아 연결하세요.

01 mandatory　　　　　　　　ⓐ 숙련된

02 competent　　　　　　　　ⓑ 만장일치로

03 early　　　　　　　　　　　ⓒ 엄격히

04 skilled　　　　　　　　　　ⓓ 시간상 이른, 조기의

05 unanimously　　　　　　　ⓔ 의무적인

　　　　　　　　　　　　　　　ⓕ 유능한, 능숙한

토익에 출제되는 문장의 문맥에 맞는 단어를 고르세요.

06 Ms. Verano ___ for three years as the branch director.

07 Mr. Dubois was ___ to Chicago from the Toronto office.

08 The employee of the year was ___ with a week of paid vacation.

09 Beth was ___ to a higher position after just eight months with the firm.

> ⓐ transferred　　ⓑ rewarded　　ⓒ served　　ⓓ designated　　ⓔ promoted

10 Only ___ has the authority to change company policy.

11 Ms. Wang was recognized for her exemplary ___ over the past year.

12 Employees have a measure of ___ with regard to their work schedule.

13 Burton Ltd. showed its ___ for the employees by handing out bonuses.

> ⓐ appreciation　ⓑ preference　ⓒ management　ⓓ independence　ⓔ performance

토익 이렇게 나온다
be recognized for는
'~으로 인정받다'라는 뜻이에요.
for 뒤에는 인정받는 이유를
나타내는 명사가 와요.

✦ Daily Checkup 해석과 추가 Daily Quiz, 보카 테스트가 www.Hackers.co.kr에서 제공됩니다. ✦

토익완성단어 인사이동

토익 기초 단어

LC	☐ accept an award	**phr**	상을 받다
	☐ anniversary celebration	**phr**	기념일 축하 행사
	☐ fire	**v**	해고하다
	☐ flash	**n**	번쩍임, 섬광
	☐ go downstairs	**phr**	아래층으로 내려가다
	☐ greenhouse	**n**	온실
	☐ gymnasium	**n**	체육관
	☐ job title	**phr**	직함
	☐ knob	**n**	손잡이
	☐ ladder	**n**	사다리
	☐ lengthy	**adj**	(시간이) 긴, 오랜
	☐ move around	**phr**	돌아다니다
	☐ plan	**n**	계획; **v** 계획을 세우다
	☐ point at	**phr**	~을 가리키다
	☐ scale	**n**	규모, 저울
	☐ scatter	**v**	흩뿌리다
	☐ send out	**phr**	배부하다
	☐ yell	**v**	소리치다
RC	☐ appointment	**n**	약속, 임명
	☐ characteristic	**n**	특징, 특성
	☐ helping	**adj**	도움의; **n** (음식물) 한 그릇
	☐ hopeful	**adj**	희망에 찬, 기대하는
	☐ level	**n**	(사회적) 지위, 수준
	☐ resign	**v**	사직하다, 물러나다
	☐ role	**n**	역할
	☐ safeguard	**n**	예방 수단, 안전장치
	☐ throughout the day	**phr**	하루 종일
	☐ view	**n**	견해; **v** ~이라고 여기다

800점 완성 단어

LC

☐ arm in arm	**phr**	팔짱을 끼고, 제휴하여
☐ experienced employee	**phr**	경력이 있는 직원
☐ face away from	**phr**	~으로부터 고개를 돌리다
☐ fill in for	**phr**	~를 대신하다, ~의 일을 대신 봐주다
☐ get a promotion	**phr**	승진하다
☐ give A an advance	**phr**	A에게 가불해 주다
☐ kneel	**v**	무릎을 꿇다
☐ language acquisition	**phr**	언어 습득
☐ move over one seat	**phr**	자리를 한 칸 옮기다
☐ move up	**phr**	승진하다
☐ newly arrived	**phr**	새로 부임한
☐ obviously qualified	**phr**	명백히 자격을 갖춘
☐ pavilion	**n**	전시관
☐ personnel management	**phr**	인사 관리
☐ rear	**n**	뒤
☐ regional director	**phr**	지사장
☐ reposition	**v**	~의 위치를 바꾸다
☐ retiree	**n**	퇴직자
☐ retirement	**n**	은퇴, 퇴직
☐ senior executive	**phr**	고위 간부
☐ spare key	**phr**	여분의 열쇠
☐ take early retirement	**phr**	조기 퇴직하다
☐ take note	**phr**	주목하다
☐ take one's place	**phr**	~의 자리를 차지하다
☐ take over	**phr**	인수하다

Part 5, 6

☐ achiever	**n**	크게 성공한 사람
☐ admired	**adj**	존경받는
☐ as a result of	**phr**	~의 결과로서
☐ elect	**v**	선출하다
☐ incompetent	**adj**	무능한
☐ knowledgeable	**adj**	아는 것이 많은
☐ namely	**adv**	즉, 다시 말해
☐ nearby	**adj**	인근의

□ nominate	**v**	지명하다, 추천하다
□ promotion	**n**	승진
□ put in for	**phr**	~을 신청하다
□ recommendable	**adj**	추천할 수 있는
□ specially	**adv**	특별히
□ stand in for	**phr**	~의 대리를 맡다, ~를 대신하다
□ state	**n**	상태; **v** 진술하다
□ tech-savvy	**adj**	최신 기술을 잘 아는
□ undoubtedly	**adv**	의심할 여지 없이, 틀림없이

Part 7

□ aspire to	**phr**	~을 갈망하다
□ dismissal	**n**	해고
□ empower	**v**	~에게 권한을 부여하다
□ go forward	**phr**	앞으로 나아가다
□ heighten	**v**	높이다
□ immigrant	**n**	이주자
□ initiative	**n**	계획, 진취성
□ inter-department	**adj**	부서 간의
□ job cutback	**phr**	인력 감축
□ lay off	**phr**	해고하다
□ named representative	**phr**	지명된 대표자
□ new appointment	**phr**	새로 임명함, 신임
□ official title	**phr**	공식 직함
□ on the recommendation of	**phr**	~의 추천으로
□ pass up	**phr**	(기회 등을) 거절하다, 포기하다
□ preach	**v**	설교하다, 충고하다
□ predecessor	**n**	전임자
□ provincial	**adj**	지방의
□ push back	**phr**	연기하다
□ ritual	**n**	(정규) 행사, 반드시 지키는 일
□ run for	**phr**	~에 입후보하다
□ speck	**n**	작은 얼룩
□ supervisory	**adj**	감독의, 관리의
□ turn away	**phr**	내쫓다
□ underestimate	**v**	과소평가하다
□ understaffed	**adj**	인원 부족의

900점 완성 단어

LC	☐ plunge	v 떨어지다
	☐ salute	v 경례하다, 인사하다
	☐ scheme	n 계획
Part 5, 6	☐ cordially	adv 진심으로, 성심성의껏
	☐ delicate	adj 민감한, 세심한 주의가 필요한
	☐ designation	n 지정, 지명
	☐ intent	n 의지, 목적; adj 열심인
	☐ irreversible	adj 되돌릴 수 없는
	☐ lingering	adj 오래 끄는, 오래 가는
	☐ lose oneself in	phr ~에 몰두하다
	☐ perpetual	adj 끊임없이 계속되는
	☐ tolerant	adj 관대한, 아량 있는
Part 7	☐ degrade	v (품위·지위 등을) 떨어뜨리다
	☐ demote	v 강등시키다
	☐ deploy	v 배치하다
	☐ dignitary	n 고위 인사
	☐ disorient	v 혼란스럽게 하다
	☐ extraordinary feat	phr 놀랄 만한 업적
	☐ forage	v 찾아다니다
	☐ gratis	adv 무료로
	☐ hurdle	n 곤란한 문제, 장애
	☐ immensity	n 광대함, 엄청난 크기
	☐ in defiance of	phr ~에 반항하여
	☐ in one's grasp	phr ~의 수중에
	☐ incumbent	adj 현직의
	☐ miscellaneous	adj 다양한
	☐ reinstate	v 복직시키다
	☐ scuff	v 마모시키다
	☐ shred	v 갈기갈기 찢다
	☐ underpass	n 지하도
	☐ unwind	v (감긴 것을) 풀다, (긴장을) 풀다
	☐ upbeat	adj 낙관적인

➡ 토익완성단어의 Daily Quiz를 www.Hackers.co.kr에서 다운로드 받아 풀어보세요.
<해커스 토익 기출 보카> 어플로 DAY 24 단어를 재미있게 외워보세요.

DAY 25

토익 보카 30일 완성

드라이브
교통

주제를 알면 토익이 보인다!

교통 주제에서는 주로 교통 정체나 도로 공사를 알리는 안내, 대중교통 노선의 변경 공지 등이 출제되고 있어요. 교통 주제에서 자주 출제되는 단어를 함께 알아볼까요?

▲ 무료 MP3 바로 듣기

심각한 교통 문제도 데이트를 막을 순 없다

날씨도 좋고, 오랜만에 드라이브 갈까?

응

전방 교통사고로 인해 congestion이 심합니다. 교통 체증을 alleviate하기 위해 차량을 divert하고 있으니, 저쪽 길로 detour해 주세요.

어? 이거 왜 이러지? fuel이 없나..? 기어가 malfunction하네...

탈탈

어때? 추억에 남을 만한 멋진 드라이브지 않아?

· · · ·

비비뽀—

1 congestion**

[kəndʒéstʃən]

파 congest v. 혼잡하게 하다
동 traffic jam 교통 체증

n (교통의) 체증, 혼잡

Traffic **congestion** on the highway is heaviest between 5 P.M. and 7 P.M.
고속도로의 교통 체증은 오후 5시부터 7시 사이에 가장 심하다.

2 alleviate**

[əlíːvièit]

파 alleviation n. 경감, 완화
동 ease 완화하다
반 exacerbate 악화시키다

v 완화하다

The new freeway lane **alleviated** traffic congestion.
새 고속도로 차선은 교통 체증을 완화했다.

 토익 이렇게 나온다

빈출 어구 alleviate + congestion/concern 교통 체증을/고민을 완화하다
alleviate는 congestion, concern 등의 명사들과 자주 어울려 출제된다.

동의어 고통이나 고민 등을 덜다라는 의미로 쓰일 때 alleviate는 ease로 바꾸어 쓸 수 있다.

3 divert*

[미 divə́ːrt]
[영 daivə́ːt]

파 diversion n. 전환

v 우회시키다, 다른 곳으로 돌리다

Traffic was **diverted** during construction.
공사 기간 동안 차량이 우회되었다.

4 detour*

[미 díːtuər]
[영 díːtɔː]
v. 우회하다

n 우회

The express bus had to take a **detour** to avoid heavy traffic.
그 고속버스는 교통 혼잡을 피하기 위해 우회해야만 했다.

5 fuel*

[fjuəl]

n 연료

Our car ran out of **fuel** on the highway.
우리 차는 고속도로에서 연료가 떨어졌다.

6 malfunction*

[mælfʌ́ŋkʃən]
v. (장기·기계 등이) 제대로
작동하지 않다

n 오작동, 기능 불량

The car's problems stemmed from a brake **malfunction**.
그 자동차의 문제들은 브레이크 오작동에서 비롯되었다.

★★★ = 출제율 최상   ★★ = 출제율 상   ★ = 출제율 중
● = Part 5·6 정답 단어   ○ = Part 7 빈출 단어

7 permit ★★★

v. [미 pərmít]
　[영 pəmít]
n. [미 pə́ːrmit]
　[영 pə́ːmit]

파 permission n. 허락
　permissive adj. 허가하는
　permissibly adv. 허용
　되어, 무방하여
동 allow 허락하다
반 forbid, prohibit 금하다

 v 허락하다

The store **permits** only shoppers to park in the lot.
그 상점은 오직 쇼핑객들만 주차장에 주차하도록 허락한다.

n 허가증

Residents must purchase a parking **permit** every year.
거주자들은 매년 주차 허가증을 구입해야 한다.

🗣️ **토익 이렇게 나온다**

혼동
어휘 **permit : permission**
'허가'와 관련된 단어들의 뜻 차이를 구별하는 문제로 출제된다.

- **permit** 허가증
  허가하는 사실을 표시한 증서를 의미한다.
- **permission** 허가
  청하거나 바라는 바를 들어주는 것을 뜻한다.
  The pilot requested **permission** for the aircraft to land.
  기장은 항공기 착륙 허가를 요청했다.

동의어 '허락하다'라는 의미의 **permit**은 **allow**로 바꾸어 쓸 수 있다.

8 transportation ★★★

[미 trǽnspərtéiʃən]
[영 trǽnspɔːtéiʃən]

파 transport v. 수송하다

n 교통 (수단), 운송 수단

All of the city's major tourist attractions are reachable by public **transportation**.
그 도시의 모든 주요 관광지들은 대중교통으로 갈 수 있다.

9 opportunity ★★★

[미 ὰpərtjúːnəti]
[영 ɔ̀pətjúːnəti]

n 기회

The bus tour provides visitors with an **opportunity** to explore the city in one day.
버스 투어는 방문객들에게 하루 만에 도시를 둘러볼 기회를 제공한다.

 토익 이렇게 나온다

빈출
어구 **opportunity to do** ~할 기회
　opportunity는 to 부정사와 함께 자주 시험에 출제된다.

¹⁰ clearly***

[미] klíərli]
[영] klíəli]

파 clear adj. 명백한, 명확한
adv. 완전히, 또렷하게; 멀리
떨어져서
동 evidently 분명히, 명백히

adv 명확히

The reporter's use of animated graphics **clearly** showed the flow of traffic during rush hour.

그 기자의 동영상 그래픽 사용은 출퇴근 시간의 교통 흐름을 명확히 보여주었다.

 토익 이렇게 나온다

빈출어구 **be clearly displayed** 명확히 제시되다
speak clearly 명확하게 말하다

clearly는 display, speak 등의 동사들과 자주 어울려 출제된다.

혼동어구 ┌ **clearly** 명확히, 분명하게
        └ **clear** 완전히; 멀리 떨어져서

어근과 품사가 같지만 용례가 다른 두 단어를 구별하는 문제로 출제된다. clearly 는 말이나 설명이 명확하거나 분명하여 이해하기 쉬운 경우에 사용한다. clear 는 부사로 쓰일 때 무엇이 '완전하게, 또렷하게' 보이는 것 또는 '멀리 떨어져 서' 있는 것을 의미하고, 주로 자동사 뒤에 쓰인다.

When the weather is good, you can see **clear** across the lake from one side to the other.

날씨가 좋을 때, 한쪽에서 건너편으로 호수를 가로질러 완전히 볼 수 있다.

¹¹ ongoing***

[미] ángòuiŋ]
[영] ɔ́ŋgɔ̀uiŋ]

adj 계속 진행 중인

Ongoing roadwork is causing delays through the city center.

계속 진행 중인 도로 공사가 도심 여기저기에 지체를 일으키고 있다.

¹² detailed***

[díːteild]

파 detail n. 세부

adj 상세한

The tourist information counter provides **detailed** local maps for visitors.

관광 안내 창구는 방문객들에게 상세한 지역 지도를 제공한다.

 토익 이렇게 나온다

빈출어구 **detailed information** 상세한 정보
explain/know + in detail 상세히 설명하다/알다

detailed는 information과 어울려 출제된다. 부사 역할을 하는 in detail은 explain, know 등의 동사를 주로 수식한다.

13 alternative***

[미 ɔːltə́ːrnətiv]
[영 ɔltə́ːnətiv]

파 alternatively adv. 그 대신에, 그렇지 않으면
alternate v. 번갈아 일어나다
alternation n. 교대, 하나씩 거름

n 대안, 대체

Consider walking to work as a healthy **alternative** to driving.

운전에 대한 건강한 대안으로 도보 출근을 고려해 보세요.

adj 다른, 대신의

Due to a flight cancellation, Samuel had to fly on an **alternative** air carrier.

비행편 취소 때문에, Samuel은 다른 항공사를 이용해야 했다.

 토익 이렇게 나온다

빈출어구 **a feasible alternative to** ~에 대한 현실성 있는 대안

명사 alternative와 함께 쓰이는 전치사 to를 묶어서 기억해 두자.

14 obtain***

[əbtéin]

파 obtainable adj. 입수할 수 있는
동 secure 확보하다

v 획득하다, 얻다

Driver's licenses can be **obtained** from the Department of Motor Vehicles.

운전 면허증은 차량 관리국에서 획득할 수 있습니다.

15 designated**

[dézignèitid]

파 designate v. 지정하다
designation n. 지정, 지명
동 appointed 지정된, 정해진

adj 지정된

Parking is restricted to **designated** spots.

주차는 지정된 장소로 제한되어 있다.

 토익 이렇게 나온다

빈출어구 **designated + spots/hotels** 지정된 장소/호텔

designated는 spot, hotel 등 장소를 뜻하는 명사와 어울려 주로 출제된다.

동의어 '정해진'이라는 의미로 사용될 때 **designated**는 **appointed**로 바꾸어 쓸 수 있다.

16 intersection**

[미 ìntərsékʃən]
[영 ìntəsékʃən]

n 교차로, 교차 지점

A traffic light is being installed at the **intersection** of Fifth Avenue and Main Street.

신호등이 5번가와 Main가의 교차로에 설치되고 있다.

17 equip ★★
[ikwíp]

파 equipment n. 장비, 용품

v 갖추다, 설비하다

Newer cars come **equipped** with emergency kits.
최신 자동차들은 비상 도구 세트가 갖추어져 나온다.

토익 이렇게 나온다

빈출 어휘 equip A with B A에게 B를 갖추어 주다
be equipped with ~이 갖추어져 있다

equip과 함께 쓰이는 전치사 with를 묶어서 기억해 두자.

18 commute ★★
[kəmjúːt]

n. 통근

파 commuter n. 통근자

v 통근하다

Many workers **commute** into the city daily by bus.
많은 근로자들이 버스를 타고 매일 시내로 통근한다.

19 downtown ★★
[dàuntáun]

n. 시내, 도심지

adv 시내에서, 도심지로

It is difficult to find free parking **downtown**.
시내에서 무료 주차장을 찾는 것은 어렵다.

20 automotive ★★
[미 ɔ̀ːtəmóutiv]
[영 ɔ̀ːtəməútiv]

adj 자동차의

Automotive repair service is offered for free on new
vehicles. 신차에는 자동차 수리 서비스가 무료로 제공된다.

21 closure ★★
[미 klóuʒər]
[영 klóuʒə]

n 폐쇄

Road **closures** occur frequently during the winter.
도로 폐쇄는 겨울에 빈번하게 발생한다.

22 vehicle ★★
[víːikl]

n 차량, 운송 수단

All **vehicles** must be officially registered upon
purchase. 모든 차량은 구매 직후 정식으로 등록되어야 한다.

23 platform ★★
[미 plǽtfɔːrm]
[영 plǽtfɔːm]

n 승강장

All trains to Denver will now be departing from
platform two.
모든 데버행 열차는 지금 2번 승강장에서 출발할 것입니다.

²⁴ official ★★

[əfíʃəl]

파 officially adv. 공식적으로
동 formal 공식적인

n 공무원, 관리

Transportation **officials** announced plans to construct a city bypass.

교통부 공무원은 도시 우회로 건설 계획을 발표했다.

adj 공식적인

The **official** report showed that automobile accidents have recently increased.

그 공식 보고서는 최근에 자동차 사고가 증가하고 있음을 나타냈다.

²⁵ transit ★★

[미 trǽnsit]
[영 trǽnzit]

n 교통, 수송

The travel card can be used for all public **transit**.

그 교통 카드는 모든 대중교통에 이용할 수 있습니다.

 토익 이렇게 나온다

빈출 어구 | **public transit** 대중교통
in transit 수송 중, 이동 중

transit은 '교통'이란 의미로 많이 알고 있지만 토익에서는 '수송', '이동'이란 뜻으로도 자주 출제된다.

²⁶ fare ★★

[미 fɛər]
[영 feə]

n 교통 요금

Bus **fares** increased in line with gasoline prices.

버스 요금이 휘발유 가격에 맞추어 인상되었다.

 토익 이렇게 나온다

동의어 | **fare : fee : toll**
'요금'을 뜻하는 단어들의 용례 차이를 구별하는 문제로 출제된다.

fare 교통 요금
버스, 기차, 배 등의 교통수단 이용 요금을 뜻한다.

fee 각종 수수료, 무형의 봉사에 대한 요금
입장료, 수업료 등의 각종 수수료에 사용한다.
The parking lot's entry **fee** is higher on weekends.
주차장 입장료는 주말에 더 비싸다.

toll 통행료
도로나 다리를 이용할 때 지불하는 요금을 의미한다.
The transit department voted to double the **toll** for the bridge.
교통부는 다리 통행료를 두 배 인상하기로 표결했다.

27 expense★★
[ikspéns]

파 expensive adj. 값비싼
동 charge, cost 비용
expenditure 지출

n 비용, 지출

Residents agreed that the new highway was worth the **expense**.
주민들은 새로운 고속도로가 비용을 들인 만큼 가치 있다는 데 동의했다.

Illegally parked vehicles will be removed at the owner's **expense**.
불법 주차 차량은 소유주 부담으로 견인될 것입니다.

 토익 이렇게 나온다

빈출 어
at one's expense ~의 부담으로, ~의 비용으로
travel expenses 여행 경비
expense receipts 지출영수증
outstanding expenses 미결제 비용

expense의 토익 출제 표현을 알아 두자.

28 trust★★
[trʌst]

파 trusting adj. (사람을) 의심하지 않는, 잘 믿는
trustful adj. 믿음직하게 여기는
trustworthy adj. 믿을 수 있는

n 신뢰, 신임

Car owners who earn the **trust** of insurers are eligible for discounts.
보험 회사의 신뢰를 얻은 차주들은 할인 혜택을 받을 자격이 있다.

v 믿다, 신뢰하다

Drivers **trust** that the police will keep roadways safe. 운전자들은 경찰이 도로를 안전하게 유지할 것이라고 믿는다.

29 head★★
[hed]

v (~의 방향으로) 나아가다, 향하게 하다

The motorcyclists **headed** west toward the mountains.
오토바이 운전자들은 산을 향해 서쪽으로 나아갔다.

30 drive★★
[draiv]

v (차 등을) 운전하다, 타고 가다, 조종하다

Vehicles with multiple passengers are allowed to **drive** in the carpool lane.
다수의 탑승자가 있는 차량은 다인승 전용 차선에서 운전하는 것이 허용된다.

31 fine**

[fain]

v. ~에게 벌금을 과하다
adj. 훌륭한; 맑은

[동] penalty, forfeit 벌금

n 벌금

Drivers speeding in a school zone are subject to a substantial **fine**.

어린이 보호 구역에서 과속하는 운전자들에게는 상당한 벌금이 부과된다.

 토익 이렇게 나온다

[동의어] fine : tariff : price : charge

'비용'을 의미하는 단어들의 용례 차이를 구별하는 문제로 출제된다.

┌ **fine** 벌금

법을 어겼을 때 부과되는 요금이다.

├ **tariff** 관세

세관을 통과하는 상품에 대해 부과하는 세금을 뜻한다.

The government reduced **tariffs** on imported vehicles by 25 percent. 정부는 수입 자동차 관세를 25퍼센트 인하했다.

├ **price** 가격

물건을 살 때 지불하는 비용을 의미한다.

The yacht's retail **price** is set at $1 million.
그 요트의 소매가격은 백만 달러로 매겨졌다.

└ **charge** 요금, 수수료

특정 서비스의 대가로 지불하는 비용을 뜻한다.

The guest asked about a mistaken **charge** for car maintenance. 그 손님은 자동차 정비 비용 오류에 대해 문의했다.

32 pass**

[미 pæs]
[영 pɑːs]

[파] passable adj. 쓸 만한, 통행할 수 있는
passage n. 통로, 통행

v 지나가다, 통과하다

For safety reasons, motorists should not **pass** other cars on the right.

안전상의 이유로, 자동차 운전자들은 다른 차량의 오른쪽으로 지나가면 안 된다.

33 securely*

[미 sikjúər li]
[영 sikjúəli]

[파] secure adj. 안전한
security n. 안전, 안심
[반] insecurely 불안하게, 위태롭게

adv (매듭 등이) 단단하게, 튼튼하게

Passengers are required to fasten seatbelts **securely**.

승객들은 안전벨트를 단단히 고정시켜야 한다.

 토익 이렇게 나온다

[동의어] securely + fastened/attached/anchored

단단하게 조여진/부착된/정박된

securely는 사물이 안정적으로 연결되어 있을 때 사용하며 fasten, attach 등의 동사를 주로 수식한다.

³⁴ prominently*

[미 prámənəntli]
[영 prɔ́minəntli]

파 prominent adj. 현저한
동 noticeably 두드러지게

adv 눈에 잘 띄게, 두드러지게

Traffic control signs are **prominently** displayed along the highway. 교통 표지판이 고속도로를 따라 눈에 잘 띄게 설치되어 있다.

🗨 토익 이렇게 나온다

혼동 prominently : markedly : explicitly
어휘 '뚜렷하다'와 관련된 단어들의 용례 차이를 구별하는 문제로 출제된다.

- **prominently** 눈에 잘 띄게, 두드러지게
  표시 등이 눈에 잘 보인다는 뜻이다.
- **markedly** 현저하게, 두드러지게
  변화나 차이가 눈에 띄게 드러날 때 사용된다.
  The traffic conditions were **markedly** better after the roadwork was completed.
  도로 공사가 완료된 후에 교통 상황은 현저하게 좋아졌다.
- **explicitly** 명백히, 명시적으로
  의도나 목적이 모호하지 않고 분명함을 의미한다.
  The government **explicitly** forbids unauthorized importation of automotive parts.
  정부는 인가 받지 않은 자동차 부품 수입을 명백히 금지한다.

³⁵ reserved*

[미 rizə́ːrvd]
[영 rizə́ːvd]

파 reserve v. 예약하다
reservation n. 예약

adj 예약된, 예약한; 지정된

The rail service allows passengers to book **reserved** seats online. 철도청은 승객들이 온라인으로 좌석을 예약할 수 있게 한다.

Reserved parking for tenants is available at the rear of the building.
거주자들을 위한 지정 주차 공간은 건물 뒤쪽에서 이용 가능하다.

🗨 토익 이렇게 나온다

빈출 reserved parking 지정 주차
어구 '지정된'이라는 의미로 사용될 때 자주 출제되는 표현을 알아 두자.

혼동 reserved : preserved
어휘 '보존된'을 뜻하는 단어들의 용례 차이를 구별하는 문제로 출제된다.

- **reserved** 예약된
  특정 목적을 위해 미리 예약을 해 놓을 때 쓰인다.
- **preserved** 보존된
  오염이나 파괴되는 것을 막아서 그 상태를 손상되지 않게 유지함을 뜻한다.
  Many tourists are attracted to Stewart Island's **preserved** wildlife habitat.
  수많은 관광객들이 Stewart 섬의 보존된 야생 동물 서식지로 몰려온다.

36 average*
[ǽvəridʒ]
adj. 평균의

n 평균치, 평균

Compared to last year's **average**, road accidents have significantly decreased.

작년 평균치와 비교해 볼 때, 교통사고가 현저하게 감소했다.

37 collision*
[미 kəlíʒən]
[영 kəlíʒən]

n 충돌

Fortunately, no one was hurt in the four-car **collision**.

다행스럽게도, 4중 차량 충돌 사고에서 아무도 다치지 않았다.

38 tow*
[미 tou]
[영 təu]

v (차를) 견인하다

All unauthorized vehicles will be **towed**.

허가되지 않은 모든 차량은 견인될 것입니다.

39 reverse*
[미 rivə́ːrs]
[영 rivə́ːs]
n. 반대, 뒷면
v. 반대로 하다; 번복하다

adj 뒤의, 반대의

Jim accidentally put the truck into **reverse** gear.

Jim은 실수로 트럭을 후진 기어에 놓았다.

40 obstruct*
[əbstrʌ́kt]

파 obstruction n. 방해, 방해물
obstructive adj. 방해하는
동 block 막다

v (전망 등을) 가리다, 차단하다; (도로 등을) 막다

Passengers must not **obstruct** the driver's view.

승객들은 운전자의 시야를 가리지 말아야 한다.

The road was **obstructed** by a fallen tree.

그 도로는 쓰러진 나무에 의해 막혔다.

 토익 이렇게 나온다

동의어 장애물로 인해 시야나 길이 막히다라는 문맥에서 obstruct는 block으로 바꾸어 쓸 수 있다.

DAY 25 Daily Checkup

토익에 출제되는 단어의 뜻을 오른쪽 보기에서 찾아 연결하세요.

01 collision

02 commute

03 automotive

04 fare

05 closure

ⓐ 자동차의

ⓑ 폐쇄

ⓒ 벌금

ⓓ 교통 요금

ⓔ 통근하다

ⓕ 충돌

토익에 출제되는 문장의 문맥에 맞는 단어를 고르세요.

06 The cruise ship is ___ for Jamaica.

> 토익 이렇게 나온다
> economical은 '경제적인, 절약되는'이라는 뜻이지만,
> economic은 '경제의, 경제와 관련된'이라는 뜻이에요.

07 Buses are an economical form of public ___.

08 Commuters can avoid traffic ___ by taking the subway.

09 Train passengers must stand behind the yellow line on the ___.

| ⓐ transit | ⓑ alleviated | ⓒ platform | ⓓ headed | ⓔ congestion |

10 There was an accident at the ___ beside the park.

11 Buses going ___ are convenient for office workers.

12 There are ___ discussions about expanding the train system.

13 Allen reduced his commuting hours by an hour with the ___ route.

| ⓐ downtown | ⓑ intersection | ⓒ alternative | ⓓ ongoing | ⓔ detour |

✦ Daily Checkup 해석과 추가 Daily Quiz, 보카 테스트가 www.Hackers.co.kr에서 제공됩니다.

토익완성단어 교통

토익 기초 단어

LC

☐ bus stop	phr	버스 정류장
☐ busy street	phr	붐비는 거리
☐ cab	n	택시
☐ car rental	phr	자동차 대여
☐ crosswalk	n	횡단보도
☐ free parking	phr	무료 주차
☐ gas station	phr	주유소
☐ get off	phr	떠나다, 출발하다
☐ hang	v	걸다, 걸리다
☐ heavy traffic	phr	교통 혼잡
☐ highway	n	고속도로
☐ on foot	phr	걸어서, 도보로
☐ park	v	주차하다
☐ path	n	통행로
☐ subway station	phr	지하철역
☐ tour bus	phr	관광버스
☐ traffic light	phr	교통 신호(등)
☐ wall	n	벽
☐ wash the car	phr	세차하다
☐ wheel	n	바퀴

RC

☐ access to	phr	~에의 접근
☐ cite	v	언급하다
☐ hood	n	(자동차의) 보닛, 덮개
☐ inside	prep	~의 안에, 이내에
☐ route	n	노선
☐ sharp	adj	뾰족한, 예리한
☐ solve	v	해결하다
☐ stand	v	서다

800점 완성 단어

LC			
	□ across the street	phr	길을 가로질러
	□ around the corner	phr	길모퉁이에, 임박한, 매우 가까이에 있는
	□ be closed to traffic	phr	왕래를 금하다
	□ be held up in traffic	phr	교통 체증에 걸리다
	□ be lined with	phr	줄지어 있다
	□ broadcast	v	방송하다; n 방송
	□ bypass	n	우회로
	□ carpool	v	승용차 함께 타기를 하다
	□ come to a standstill	phr	멈추다, 정지하다
	□ commuter	n	통근자
	□ cross the street	phr	길을 건너다
	□ direct traffic	phr	교통정리를 하다
	□ driver's license	phr	운전 면허증
	□ driveway	n	차도, (집, 차고까지의) 진입로
	□ driving direction	phr	주행 방향
	□ footrest (= footstool)	n	발받침
	□ get a ride	phr	차를 얻어 타다
	□ get lost	phr	길을 잃다
	□ get to	phr	~에 도착하다
	□ give A a ride	phr	A를 태워 주다
	□ have a flat tire	phr	타이어에 바람이 빠지다
	□ headlight	n	전조등
	□ land at the dock	phr	부두에 정박하다
	□ lane	n	차선
	□ lean over the railing	phr	난간 위로 기대다
	□ license plate number	phr	차량 번호
	□ lock the key in the car	phr	열쇠를 차 안에 두고 잠그다
	□ make a stop	phr	정지하다
	□ make a transfer	phr	(차를) 갈아타다, 바꾸다
	□ march	v	행진하다
	□ mileage	n	주행 거리
	□ navigation	n	항해, 운항
	□ one way ticket	phr	편도 차표

	□ parking garage	phr	차고
	□ pathway	n	통행로
	□ push one's way through	phr	~을 뚫고 지나가다
	□ ride away	phr	타고 가다
	□ road sign	phr	도로 표지
	□ roadwork (= road construction)	n	도로 공사
	□ shortcut	n	지름길
	□ stop at a light	phr	신호등에서 정지하다
	□ stop for fuel	phr	주유소에 들르다
	□ storage compartment	phr	짐 싣는 곳
	□ street sign	phr	도로 표지판
	□ toll price	phr	통행료
	□ traffic jam	phr	교통 정체
	□ walk through	phr	~을 통과해 걷다
	□ walking distance	phr	걸어서 갈 수 있는 거리
	□ walkway	n	통로
	□ windshield	n	바람막이 창
Part 5, 6	□ creation	n	창조
	□ motivate	v	동기를 부여하다, 자극하다
	□ normal	n	정상, 표준
	□ still	adj	조용한, 정지한; adv 여전히
	□ traffic signal	phr	교통 신호
	□ valuable	adj	소중한, 귀중한
	□ volunteer	n	자원봉사자
Part 7	□ at full speed	phr	전속력으로
	□ clear A from B	phr	A를 B에서 치우다
	□ collide	v	충돌하다
	□ congested	adj	(사람·교통이) 붐비는, 혼잡한
	□ encounter	v	(우연히) 만나다, (문제에) 부닥치다
	□ move forward	phr	앞으로 나아가다
	□ principal	adj	주요한, 주된; n (단체의) 장, 교장
	□ public transportation	phr	대중교통
	□ standing room	phr	입석
	□ steering wheel	phr	핸들
	□ traffic congestion	phr	교통 체증

900점 완성 단어

LC			
	☐ be towed away	**phr**	(차가) 견인되다
	☐ bicycle rack	**phr**	자전거 보관대
	☐ carriage	**n**	차량, 객차
	☐ fuel-efficient	**adj**	연료 효율이 높은
	☐ navigate	**v**	길을 찾다
	☐ overnight express	**phr**	심야 고속
	☐ pass by	**phr**	지나가다
	☐ passerby	**n**	행인
	☐ pave	**v**	(도로를) 포장하다
	☐ pedestrian	**n**	보행자
	☐ pull into	**phr**	(배가 항구에) 서다
	☐ sidewalk	**n**	보도
	☐ specialist	**n**	전문가, 전공자
	☐ spoke	**n**	바퀴살
	☐ streetcar	**n**	전차
	☐ towing service	**phr**	견인 서비스
	☐ wagon	**n**	화물 기차
Part 5, 6	☐ bear (= carry)	**v**	~을 몸에 지니다
	☐ emphatic	**adj**	단호한, 강한
	☐ hastily	**adv**	급히, 서둘러서
	☐ inconveniently	**adv**	불편하게
	☐ necessitate	**v**	~을 필요하게 만들다
	☐ opposition	**n**	반대, 대항
	☐ ridership	**n**	(공공 교통 기관의) 이용자 수, 승객 수
	☐ surround	**v**	둘러싸다, 에워싸다
Part 7	☐ compact car	**phr**	소형차
	☐ conform to	**phr**	(규칙 등에) 부합하다, 따르다
	☐ drawbridge	**n**	도개교 (위로 들어올리는 다리)
	☐ give off	**phr**	방출하다
	☐ gratuity	**n**	팁, 봉사료
	☐ ramp	**n**	경사로
	☐ refurbish	**v**	개조하다, 새로 꾸미다

➜ 토익완성단어의 Daily Quiz를 www.Hackers.co.kr에서 다운로드 받아 풀어보세요.

<해커스 토익 기출 보카> 어플로 DAY 25 단어를 재미있게 외워보세요.

DAY 26

토익 보카 30일 완성

잔고와 효도

은행

주제를 알면 토익이 보인다!

은행 주제에서는 주로 대금 입금, 공과금 납부, 계좌 이체 문의, ATM 기기 이용 안내 등
이 출제되고 있어요. 은행 주제에서 자주 출제되는 단어를 함께 알아볼까요?

▲무료 MP3 바로 듣기

은행 잔고와 효도는 반비례한다

¹ delinquent*
[dilíŋkwənt]

파 delinquency n. 체납, 미불
delinquently adv. 지불 기일이 넘어서
동 overdue 기한이 지난

adj (세금 등이) 연체된, 미불의

The **delinquent** account has been suspended.
그 연체된 계좌는 정지되었다.

 토익 이렇게 나온다

동의어 지불 기한이 넘었다는 의미로 사용될 때 delinquent는 overdue로 바꾸어 쓸 수 있다.

² overdue*
[미 òuvərdjúː]
[영 ə̀uvədjúː]

동 outstanding, delinquent
미결제의, 미불의

adj (지불·반납 등의) 기한이 지난, 지불 기한이 넘은

The bill for October is **overdue** and must be paid soon.
10월 청구서는 지불 기한이 지났으므로 곧 납부되어야 한다.

 토익 이렇게 나온다

혼동어휘 overdue : outdated
'시간이 지난'을 뜻하는 단어들의 용례 차이를 구별하는 문제로 출제된다.

┌ overdue 기한이 지난, 미납의
공과금 등의 청구요금이 미납되었을 때 사용한다.
└ outdated 구식의
시대에 뒤져 더 이상 쓸모가 없을 만큼 구식이 되어버렸을 때 사용한다.
Our billing forms are far too **outdated**.
우리 청구서 서식은 너무 구식이다.

³ regrettably*
[rigrétəbli]

파 regret v. 유감으로 생각하다
regrettable adj. 유감스러운
regretfully adv. 애석한 듯,
유감스럽게도

adv 유감스럽게도

We are **regrettably** unable to approve your loan.
저희는 유감스럽게도 귀하의 대출을 승인할 수 없습니다.

⁴ balance**
[bǽləns]
v. ~의 균형을 잡다

동 remainder 잔여, 잔고

n 잔고, 차감 잔액

Urban Bank's Web site allows customers to check their account **balance** online.
Urban 은행의 웹사이트는 고객들이 계좌 잔고를 온라인으로 확인할 수 있게 한다.

 토익 이렇게 나온다

동의어 잔고, 잔액이라는 의미로 사용될 때 balance는 remainder로 바꾸어 쓸 수 있다.

⁵ deposit***

[미 dipázit]
[영 dipɔ́zit]

n. 예금; 보증금

[반] withdraw (예금을) 인출하다

v 입금하다, 예금하다

Steve **deposited** his paycheck at the bank this morning.

Steve는 오늘 아침에 자신의 급료를 은행에 입금했다.

⁶ investigation**

[미 invèstəgéiʃən]
[영 invèstigéiʃən]

[파] investigate v. 조사하다
investigative adj. 조사의

n 조사

The government's **investigation** into Harp Financial revealed no signs of illegal activity.

Harp Financial사에 대한 정부의 조사는 불법적인 활동의 흔적을 밝히지 못했다.

🐶 토익 이렇게 나온다

[빈출어] **conduct an investigation** 조사하다
under investigation 조사 중인

investigation과 어울려 쓰이는 동사 conduct와 전치사 under를 함께 기억해 두자.

⁷ account**

[əkáunt]

[파] accounting n. 회계
accountant n. 회계사
[동] description 설명

n 계좌; 설명; 고려

More than $100 must be put in the **account** to keep it active. 계좌가 유효하도록 유지하기 위해서는 100달러 이상이 계좌에 있어야 한다.

The report gave an **account** of the financial negotiations. 그 보고서는 금융 협상에 대해 설명을 했다.

Banks always take security into **account**.
은행은 항시 보안을 고려한다.

v (~의 이유를) 밝히다, 설명하다; (~의 비율을) 차지하다

The teller could not **account** for the error.
창구 직원은 오류에 대한 이유를 밝히지 못했다.

Mail-in orders **account** for most of the company's gross revenue. 우편 주문이 그 회사 총수입의 대부분을 차지한다.

 토익 이렇게 나온다

[빈출어] 1. **take ~ into account** ~을 고려하다
on account of ~ 때문에
account for (~의 이유를) 밝히다, (~의 비율을) 차지하다
명사 account는 take ~ into account나 on account of 형태로 자주 출제된다. 동사 account는 전치사 for와 함께 쓰여 '(~의 이유를) 밝히다', '(~의 비율을) 차지하다'란 두 가지 뜻으로 주로 사용된다.

2. bank account 은행 예금 계좌
   account number 계좌 번호
   checking account 당좌 예금 계좌
   savings account 보통 예금 계좌
   account는 '계좌'의 의미일 때 복합 명사 형태로 시험에 많이 나온다.

   동의어 명사 account가 '설명'이라는 의미로 사용될 때 description으로 바꾸어 쓸 수 있다.

---

8 statement**
[stéitmənt]

파 state v. 진술하다 n. 상태

○ n 명세서, 성명서

Bank **statements** are sent out monthly.
예금 명세서는 매달 발송됩니다.

---

9 amount***
[əmáunt]

v. 총계가 ~에 이르다

○ n 액수, 양

The **amount** of money needed to open a savings account is $50. 예금 계좌를 개설하는 데 필요한 액수는 50달러이다.

---

10 withdrawal*
[wiðdrɔ́ːəl]

파 withdraw v. 인출하다
반 deposit 입금

○ n (예금의) 인출

Withdrawals can be made anytime at the cash machine.
예금 인출은 현금 자동 지급기에서 언제든지 가능합니다.

---

11 previously***
[príːviəsli]

파 previous adj. 앞의, 이전의
동 before, earlier 이전에

● adv 이전에

The SC card application requires proof of a **previously** opened credit card account.
SC 카드 신청에는 이전에 개설했던 신용카드 계좌가 증거로 필요하다.

---

12 due***
[dʲuː]

● adj 만기가 된, 지불 기일이 된; (금전 등이) ~에게 마땅히 지급되어야 할

Payment must be received by the **due** date.
대금은 만기일까지 수납되어야 한다.

Remittance is **due** to the contractor.
송금액은 그 계약자에게 마땅히 지급되어야 한다.

 토익 이렇게 나온다

빈출
어구 due to ~ 때문에, ~로 인해
토익에 자주 나오는 전치사 due to를 외워 두자.

---

13 receive***

[risíːv]

파 receipt n. 영수증; 받기, 수령
reception n. (호텔 등의)
접수처; 환영(회)

v 받다, 수취하다

Carmen **received** a statement for her credit card in the mail.

Carmen은 우편으로 그녀의 신용 카드 명세서를 받았다.

14 expect***

[ikspékt]

파 expectation n. 예상, 기대
expected adj. 예상되는
expectedly adv. 예상한 바
와 같이
동 anticipate 예상하다, 기대
하다

v 예상하다, 기대하다

Interest rates are **expected** to increase by 2 percent.

금리가 2퍼센트 증가할 것으로 예상된다.

 토익 이렇게 나온다

빈출어구 **expect A to do** A가 ~할 것을 예상하다
be expected to do ~할 것으로 예상되다

expect는 목적어 다음에 to 부정사가 오는 형태로 많이 사용된다. 수동형으
로도 자주 등장하므로 함께 기억해 두자.

동의어 어떤 일이 일어나기를 예상하는 의미로 쓰일 때 expect는 anticipate로
바꾸어 쓸 수 있다.

15 certificate***

[미 sərtífikət]
[영 sətífikət]

파 certification n. 증명, 보증
certify v. 증명하다, 보증하다
certified adj. 증명(보증)된

n 증명서, 증서

The bank requires a **certificate** of employment to approve the loan.

그 은행은 대출을 승인하는 데 고용 증명서를 요구한다.

16 document***

n. [미 dάkjumənt]
[영 dɔ́kjumənt]
v. [미 dάkjumènt]
[영 dɔ́kjumənt]

파 documentary n. 기록물,
다큐멘터리
documentation n. 증거
자료

n 서류, 문서

Please submit the required tax **documents** by this Friday.

이번 금요일까지 필요한 세무 서류들을 제출해 주세요.

v 기록하다, 문서를 작성하다

The secretary must **document** all of the office's costs.

비서는 사무실 경비를 모두 기록해야 한다.

17 spending***

[spéndiŋ]

파 spend v. (에너지, 시간 등을) 소비하다

동 expense 비용; 지출
expenditure 지출; 소비

n 소비; 지출

The Vantage Checking Account is ideal for your daily **spending** needs.

Vantage 당좌 예금 계좌는 여러분의 일상적인 소비 요구에 가장 알맞습니다.

18 successfully***

[səksésfəli]

파 succeed v. 성공하다; 뒤를 잇다

success n. 성공
successful adj. 성공한

adv 성공적으로

James **successfully** transferred $5,000 to his overseas account.

James는 성공적으로 5천 달러를 그의 해외 계좌로 이체했다.

19 bill***

[bil]

동 charge (대금을) 청구하다
check 계산서

v ~에게 청구서를 보내다

Residents will be **billed** separately for gas and electricity charges.

거주자들은 가스와 전기 요금에 대한 청구서를 따로 받을 것이다.

n 청구서, 계산서

The times and dates of all calls made appear on the **bill**.

모든 통화의 시간과 날짜는 청구서에 나타난다.

20 pleasure***

[미 pléʒər]
[영 pléʒə]

파 please v. 남을 즐겁게 하다, 기쁘게 하다

pleased adj. 기쁜
pleasant adj. (사람·태도가) 싹싹한, (사물·일이) 즐거운 (↔ unpleasant)

n 즐거움, 기쁨, 영광

Fast and friendly service makes it a **pleasure** to bank with Township Capital.

빠르고 친절한 서비스는 Township Capital사와 거래하는 것을 즐겁게 한다.

21 study***

[stʌ́di]
v. 연구하다

동 research 연구

n 연구

This **study** investigates the feasibility of the proposed tax cuts.

이 연구는 제시된 세금 감면안의 실현 가능성을 조사한다.

토익 이렇게 나온다

some studies + indicate/suggest + that절
연구 결과는 ~을 나타내고 있다

study는 indicate, suggest 등 '나타내다'를 의미하는 동사와 어울려 시험에 자주 등장한다.

---

22 summary***

[sʌ́məri]

 summarize v. 요약하다

n 요약, 개요

The statement gives a **summary** of Cantor's financial activities. 그 보고서는 Cantor사의 재정 활동에 대한 요약을 해준다.

---

23 temporary**

[미 témpərèri]
[영 témpərəri]

 temporarily adv. 임시로, 일시적으로

adj 임시의

A **temporary** password is given to bank clients until they choose a new one. 임시 비밀번호는 은행 고객들이 새로운 비밀번호를 선택할 때까지 제공된다.

---

24 lower**

[미 lóuər]
[영 ĺəuə]

 low adj. 낮은
반 raise 상승시키다

v (양·가격을) 줄이다

The new tax break **lowers** costs for large businesses. 새로운 세금 우대 조치는 대기업의 지출을 줄인다.

 토익 이렇게 나온다

┌ lower the price 가격을 낮추다
└ the lower price 더 낮은 가격

동사 lower는 형용사 low의 비교급과 형태가 같으므로 문맥에 따라 뜻을 구별해야 한다.

---

25 transaction**

[trænzǽkʃən]

 transact v. (업무·교섭 등을) 행하다

n 거래, 업무

The first five **transactions** will not be charged a service fee. 처음 다섯 번의 거래에는 서비스 비용이 청구되지 않을 것입니다.

---

26 double**

[dʌbl]
n. 두 배
adj. 두 배의

v 두 배로 만들다

All of the investors who purchased MAGG's stock a month ago **doubled** their money. 한 달 전에 MAGG사의 주식을 구입한 모든 투자자는 자신들의 돈을 두 배로 만들었다.

27 identification**　

[미 aidèntəfikéiʃən]
[영 aidèntifikéiʃən]

[파] identify v. (신원 등을) 확인
하다
identity n. 신원, 정체

n 신분증, 신분 증명서

Two forms of **identification** are required to open
an account. 계좌를 개설하려면 두 가지 신분증이 필요하다.

🗣️ **토익 이렇게 나온다**

혼동
어휘 ┌ **identification** 신분증, 신분 증명서
　　 └ **identity** 신원, 정체

어근이 같지만 뜻이 다른 두 단어를 구별하는 문제로 출제된다.
The bank clerk requested proof of **identity**.
은행 직원은 신원 증명을 요구했다.

28 dissatisfaction○
★★

[dissǽtisfǽkʃən]

[파] dissatisfy v. 불만을 느끼게
하다
[반] satisfaction 만족

n 불만, 불평

Clients registered their **dissatisfaction** with the
bank at the Consumer Protection Office.
고객들은 은행에 대한 그들의 불만을 소비자 보호원에 등록했다.

29 in common** 　

[파] commonly adv. 흔히,
보통

phr 공통으로, 공동으로

Credit unions and banks have much **in common**.
신용 협동조합과 은행은 많은 공통점이 있다.

30 interest**　●

[미 íntərəst]
[영 íntrəst]

[파] interested adj. 관심이 있는,
(이해)관계가 있는
interesting adj. 흥미로운

n 관심; 권리; 이자

Investors have shown great **interest** in shares of
Speedy Motors.
투자자들은 Speedy Motors사 주식에 큰 관심을 보여 왔다.

PlusTech has a particular **interest** in developing the
local cellular phone market.
PlusTech사는 그 지역 휴대 전화 시장을 개발하는 데 특권을 갖고 있다.

Bay Bank offers the most competitive **interest** rates.
Bay 은행은 가장 경쟁력 있는 이자율을 제공한다.

🗣️ **토익 이렇게 나온다**

빈출
어휘 **interest in** ~에 대한 관심, 흥미
in one's best interest ~의 최대 이익을 도모하여
in the interest of ~을 위하여
a vested interest 기득권

interest와 전치사 in이 모두 문제로 출제된다.

31 reject**
[ridʒékt]

파 rejection n. 거절, 거부

v 거절하다, 거부하다

Sarah was **rejected** for a mortgage application at Singer Bank.

Sarah는 Singer 은행에서 융자 신청을 거절당했다.

32 relation**
[riléiʃən]

파 related adj. 관련된

n 관계

Relations between the financial corporation and investors became strained.

금융 기업과 투자자들 사이의 관계가 불편해졌다.

33 tentatively**
[téntətivli]

파 tentative adj. 임시의, 시험적인

adv 임시로, 시험적으로

Helen **tentatively** agreed to invest $10,000 in Jim's company.

Helen은 1만 달러를 Jim의 회사에 투자하는 것에 임시로 동의했다.

34 alternatively**
[미 ɔ:ltə́:rnətivli]
[영 ɔltə́:nətivli]

파 alternative adj. 대체 가능한, 대안이 되는
alternate adj. 번갈아 생기는 v. 대체하다, 번갈아 하다
alternation n. 교대, 교체

adv 그렇지 않으면, 그 대신에

The money can go in a savings account; **alternatively**, it can be placed into an investment fund.

그 돈은 예금 계좌로 들어갈 수 있으며, 그렇지 않으면 투자 펀드에 투자될 수도 있습니다.

35 attentive**
[əténtiv]

파 attend v. 주의를 기울이다; 참석하다
attention n. 주의 (집중)
반 inattentive 주의를 기울이지 않는, 신경 쓰지 않는

adj 주의 깊은, 세심한

Martin was very **attentive** while he discussed investment options with the advisor.

Martin은 투자 선택권에 대해 고문과 논의하는 동안 매우 주의 깊었다.

36 convert**
[미 kənvə́:rt]
[영 kənvə́:t]

파 conversion n. 전환, 변환

v 전환하다, 변환하다

Savings accounts can be **converted** into mutual funds at no charge.

보통 예금 계좌는 무료로 뮤추얼 펀드로 전환될 수 있습니다.

토익 이렇게 나온다

빈출어 **convert A into B** A를 B로 전환하다

convert와 함께 쓰이는 전치사 into를 묶어서 기억해 두자.

---

37 heavily★★

[hévili]

파 heavy adj. 무거운, 격렬한

adv 몹시, 심하게

The institution **heavily** relies on capital gained from lending.

그 기관은 대출로 얻은 자금에 지나치게 의존하고 있다.

 토익 이렇게 나온다

빈출어 **heavily rely on** ~에 지나치게 의존하다
rain heavily 비가 매우 많이 오다

heavily는 감당하기 어려울 정도로 많다는 의미의 강조 부사로 rely on, rain 등의 동사와 어울려 출제된다.

---

38 loan★

[미 loun]
[영 ləun]

n 대출, 대출금

The couple took out a **loan** to finance their child's college education.

그 부부는 자녀의 대학 교육비를 대기 위해 대출을 받았다.

---

39 unexpected★

[ʌ̀nikspéktid]

파 unexpectedly adv. 뜻밖에

adj 예기치 않은

Price drops were an **unexpected** side effect of the economic reform policy.

물가 하락은 경제 개혁 정책의 예기치 않은 부작용이었다.

---

40 cash★

[kæʃ]

n. 현금

v 현금으로 바꾸다

The bank refuses to **cash** the check without proper identification.

은행은 적절한 신분증이 없으면 수표를 현금으로 바꾸어 주기를 거부한다.

---

41 mortgage★

[미 mɔ́:rɡidʒ]
[영 mɔ́:ɡidʒ]

n (담보) 대출

Higher **mortgage** rates will hurt homeowners.

더 높은 담보 대출 금리는 주택 소유자들에게 손해를 입힐 것이다.

★★★ = 출제율 최상   ★★ = 출제율 상   ★ = 출제율 중
● = Part 5·6 정답 단어   ○ = Part 7 빈출 단어

42 payable*
[péiəbl]

파 pay v. 지불하다
payment n. 지불

adj 지불해야 하는

Make all checks **payable** to Everson Ltd.

모든 수표가 Everson사에 지불되도록 해 주십시오.

 토익 이렇게 나온다

빈출 표현 1. payable to + 사람/회사 ~에게 지불해야 하는

payable 다음에 오는 전치사 to를 묻는 문제로 출제된다.

2. account payable 지급 계정, 외상 매입금

43 personal*
[미 pə́ːrsənl]
[영 pə́ːsənəl]

파 person n. 사람
personality n. 성격, 개성
personify v. 의인화하다,
~을 전형적으로 보여주다
personally adv. 친히, 몸소

adj 개인의

Jane visited the bank to cash a **personal** check.

Jane은 개인 수표를 현금으로 바꾸기 위해 은행에 들렀다.

 토익 이렇게 나온다

빈출 표현 personal check 개인 수표
personal belongings 개인 물품
personally welcome 친히 환영하다

부사 personally 자리에 형용사인 personal을 쓰지 않도록 유의하자.

44 practice*
[præktis]

n 관행, 관례

The investment bank is known for its responsible business **practice**.

그 투자 은행은 책임감 있는 사업 관행으로 알려져 있다.

v 연습하다, 실습하다

Freddie **practiced** playing guitar until he was good enough to perform on stage.

Freddie는 무대에서 공연할 정도로 잘할 때까지 기타 치는 것을 연습했다.

DAY 26 Daily Checkup

토익에 출제되는 단어의 뜻을 오른쪽 보기에서 찾아 연결하세요.

01 successfully

02 attentive

03 temporary

04 alternatively

05 previously

ⓐ 그렇지 않으면

ⓑ 임시의

ⓒ 이전에

ⓓ 시험적으로

ⓔ 성공적으로

ⓕ 주의 깊은

토익에 출제되는 문장의 문맥에 맞는 단어를 고르세요.

토익 이렇게 나온다
명사 bank는 statement, account와
함께 복합 명사로 자주 쓰여요.

06 Sharon's bank savings ___ after a few months.

07 Customers receive bank ___ at the end of each month.

08 Researchers monitored people's ___ habits in the store.

09 Investors ___ a seven percent return on their investment.

ⓐ spending ⓑ statements ⓒ doubled ⓓ interest ⓔ expected

10 Coreland has been under several ___ into financial fraud.

11 Customers may ___ cash using an automated teller machine.

12 A ___ of employment is required when requesting a mortgage.

13 The bank ___ the loan application, because the financial risk was great.

ⓐ rejected ⓑ dissatisfaction ⓒ investigations ⓓ deposit ⓔ certificate

Answer 1.ⓔ 2.ⓕ 3.ⓑ 4.ⓐ 5.ⓒ 6.ⓒ 7.ⓑ 8.ⓐ 9.ⓔ 10.ⓒ 11.ⓓ 12.ⓔ 13.ⓐ

→ Daily Checkup 해석과 추가 Daily Quiz, 보카 테스트가 www.Hackers.co.kr에서 제공됩니다

토익 기초 단어

LC	☐ at the earliest	phr	아무리 빨라도
	☐ at the same time	phr	동시에
	☐ at this point	phr	이 시점에서
	☐ audition	n	심사, 오디션
	☐ automatic payment	phr	자동 납부
	☐ banker	n	은행원
	☐ banking	n	은행 업무, 은행업
	☐ be used to -ing	phr	−에 익숙하다
	☐ by the end of the year	phr	연말까지
	☐ by this time	phr	지금쯤
	☐ clerk	n	사원, 점원
	☐ cozy	adj	아늑한
	☐ credit card number	phr	신용 카드 번호
	☐ float	v	(물에) 뜨다
	☐ for a short time	phr	잠깐 동안
	☐ gesture	n	몸짓
	☐ next to	phr	~ 옆에
	☐ password	n	비밀번호
RC	☐ coin	n	동전
	☐ evening news	phr	저녁 뉴스
	☐ generously	adv	관대하게
	☐ in addition	phr	게다가
	☐ in addition to	phr	~에 더하여
	☐ in short	phr	요컨대
	☐ thankful	adj	고맙게 생각하는, 감사하는
	☐ unnecessary	adj	불필요한
	☐ useful	adj	유용한

800점 완성 단어

LC			
	☐ alternate	**adj**	대신인, 교대의, 상호 간의
	☐ awfully	**adv**	대단히, 정말
	☐ bank loan	**phr**	은행 대출금
	☐ bank teller	**phr**	은행 출납원
	☐ be amazed at	**phr**	~에 놀라다
	☐ be caught in	**phr**	~에 붙잡히다, ~에 걸리다
	☐ be spread out	**phr**	펼쳐져 있다
	☐ every other day	**phr**	격일로, 이틀에 한 번
	☐ flawed	**adj**	결함이 있는
	☐ foreign currency	**phr**	외화
	☐ gaze into	**phr**	~을 뚫어지게 보다
	☐ get a loan	**phr**	대출을 받다
	☐ give out	**phr**	나눠주다
	☐ glance at	**phr**	~을 힐끗 보다
	☐ go wrong with	**phr**	~이 잘못되다
	☐ hang out	**phr**	시간을 보내다
	☐ have around	**phr**	~을 가지고 다니다
	☐ if possible	**phr**	가능하다면
	☐ if you insist	**phr**	굳이 원하신다면
	☐ I'll bet	**phr**	장담하건대
	☐ locally	**adv**	장소상으로
	☐ pay off	**phr**	빚을 다 갚다, 이익이 되다
	☐ perhaps	**adv**	아마, 어쩌면
	☐ put in	**phr**	예금하다, 투자하다
	☐ savings	**n**	저축
	☐ short-term deposit	**phr**	단기 예금
	☐ the following day	**phr**	그 다음 날
	☐ until the first of next month	**phr**	다음 달 1일까지
Part 5, 6	☐ across from	**phr**	~의 바로 맞은편에
	☐ alarming	**adj**	걱정스러운, 두려운
	☐ anymore	**adv**	이제는, 더 이상은
	☐ at a time	**phr**	한 번에, 동시에
	☐ indeed	**adv**	실로, 정말

□ otherwise	**adv** 다르게, 달리; 만약 그렇지 않으면	
□ owing to	**phr** ~로 인하여	
□ partial	**adj** 부분적인, 편파적인	
□ pay out	**phr** 지불하다, 치르다	
□ receptive	**adj** 수용적인	
□ simplify	**v** 간소화하다	
□ someday	**adv** 언젠가, 머지않아	
□ turn down	**phr** 거절하다	
□ twofold	**adv** 두 배로, 이중으로; **adj** 두 배의, 이중의	

Part 7

□ account payable	**phr** 지급 계정
□ bank account	**phr** 계좌
□ be highly regarded	**phr** 높이 평가되다
□ be of particular interest to	**phr** ~가 특별히 관심을 가질만하다
□ billing information	**phr** 청구서 정보
□ credit	**n** 신용
□ creditor	**n** 채권자
□ currency	**n** 통화
□ debit card	**phr** (은행) 직불 카드
□ debt	**n** 빚
□ expiration date	**phr** 만기일
□ financial history	**phr** 신용 거래 실적
□ for the sake of	**phr** ~을 위하여
□ forge	**v** 위조하다
□ forgery	**n** 위조
□ forthcoming	**adj** 다가오는
□ midtown	**n** (도심지와 시 외곽 사이의) 중간 지대
□ owe	**v** 빚지고 있다
□ paid with	**phr** (특정한 결제수단으로) 지불된
□ PIN (personal identification number)	**n** 개인 식별 번호
□ pop up	**phr** 불쑥 나타나다
□ public holiday	**phr** 공휴일
□ reluctant	**adj** 마음이 내키지 않는
□ requisition	**n** 요구, 요구서
□ scrutinize	**v** 세밀히 조사하다
□ sustain	**v** 지속하다

900점 완성 단어

LC			
	☐ be held up	**phr**	잡히다, 지연되다
	☐ crash	**n**	(주가의) 폭락, 추락, 충돌
	☐ make a withdrawal	**phr**	돈을 인출하다
	☐ on loan	**phr**	대부하여
	☐ overdrawn	**adj**	잔액이 부족한
	☐ take out a loan	**phr**	융자를 받다
	☐ take out insurance on	**phr**	~에 보험을 들다

Part 5, 6			
	☐ accrue	**v**	축적하다, 모으다
	☐ credible	**adj**	신용할 수 있는, 확실한
	☐ curb	**v**	억제하다; **n** 억제, 구속
	☐ redemption	**n**	구원, 구함
	☐ remit	**v**	송금하다, 면제해 주다
	☐ secured	**adj**	보증된

Part 7			
	☐ belatedly	**adv**	뒤늦게
	☐ bounce	**v**	(수표 등이) 부도가 나 되돌아오다
	☐ cluster	**n**	무리, 집단, 송이
	☐ collateral	**n**	담보, 저당물
	☐ confiscate	**v**	압수하다, 몰수하다
	☐ contender	**n**	도전자, 경쟁자
	☐ counterfeit	**n**	가짜, 모조품
	☐ credit money to one's account	**phr**	~의 계좌에 돈을 입금하다
	☐ deposit slip	**phr**	예금 전표
	☐ deterrent	**n**	제지하는 것, 방해물
	☐ direct deposit	**phr**	은행 자동 이체
	☐ draw a check	**phr**	수표를 발행하다
	☐ fortnight	**n**	2주간
	☐ on standby	**phr**	대기 중인
	☐ spurious	**adj**	허위의, 잘못된
	☐ trust company	**phr**	신탁 회사, 신탁 은행
	☐ trustee	**n**	피(被)신탁인, 수탁자
	☐ wire money to	**phr**	~에게 송금하다
	☐ wire transfer	**phr**	전신 송금

➔ 토익완성단어의 Daily Quiz를 www.Hackers.co.kr에서 다운로드 받아 풀어보세요.

<해커스 토익 기출 보카> 어플로 DAY 26 단어를 재미있게 외워보세요.

DAY 27

친구와 주식

투자

주제를 알면 토익이 보인다!

투자 주제에서는 주로 새로운 제품에 대한 투자 안내, 새로운 사업에 대한 투자 유치 기사 등이 출제되고 있어요. 투자 주제에서 자주 출제되는 단어를 함께 알아볼까요?

▲ 무료 MP3 바로 듣기

우정에 금이 간 투자

사원아! investment로 lucrative한 수익을 낼 수 있는 투자 정보 하나 줄까?

투자 정보? 근데 주식 시장은 그 자체가 inherently secure하지 않잖아.

야! 내가 주식 시장 foresee하는 innate한 능력 있는 거 몰라? 친구라서 너만 특별히 알려 주는 거야~

그래! '나가리 타이어' 이게 유망주란 말이지... property를 팔아서 왕창 사 둘까?

며칠 후

날아다니는 자동차 개발로 타이어 주식이 끝을 모르고 폭락하고 있습니다.

타이어 주식

¹ investment***

[invéstmənt]

[파] investor n. 투자자

n 투자, 투자금

Development of a new laptop will require a minimum **investment** of $250,000.

새로운 노트북 컴퓨터의 개발은 25만 달러의 최소 투자금을 필요로 한다.

 토익 이렇게 나온다

[혼동어] ┌ **investment** 투자
        └ **investor** 투자자

추상 명사 investment와 사람 명사 investor를 구별하는 문제로 출제된다.

² lucrative*

[lú:krətiv]

adj 수익성 있는, 돈벌이가 되는

The company scanned the market for **lucrative** investment opportunities.

그 회사는 수익성 있는 투자 기회를 찾기 위해 시장을 탐색했다.

³ inherently*

[inhérəntli]

[파] inherent adj. 고유의, 타고난
[동] essentially 본질적으로

adv 본질적으로

Stock market investment is considered **inherently** risky. 주식 시장 투자는 본질적으로 위험하다고 여겨진다.

 토익 이렇게 나온다

[동의어] '본질적으로'를 의미하는 inherently는 essentially로 바꾸어 쓸 수 있다.

⁴ secure***

[미 sikjúər]
[영 sikjúə]

adj. 안전한; 튼튼한

[동] obtain 얻다, 구하다
     fasten 단단히 고정시키다

v 확보하다, 얻어 내다; 안전하게 지키다; 고정시키다

The retailer saved some money by **securing** favorable terms on a loan.

그 소매상인은 대출에 대해 유리한 조건을 확보함으로써 약간의 돈을 절약했다.

Whatever is placed in your vault will be **secured** by multiple security systems.

귀하의 금고에 놓여 있는 것은 무엇이든지 다중 보안 시스템에 의해 안전하게 지켜질 것입니다.

Please make sure that your seatbelt is **secured** at all times. 귀하의 안전벨트가 항상 고정되어 있도록 해주시기 바랍니다.

 토익 이렇게 나온다

[동의어] secure는 무엇인가를 얻어 낸다는 것을 의미할 때 obtain으로, 잠금장치 등을 사용하여 단단히 고정시키는 것을 말할 때 fasten으로 바꾸어 쓸 수 있다.

5 foreseeable**

[미] [fɔːrsíːəbl]
[영] [fɔːsíːəbl]

파 foresee v. 예견하다
동 predictable 예견할 수 있는

adj 예견할 수 있는

The recent financial losses were not **foreseeable**.
최근의 재정 손실은 예견할 수 없었다.

Oil companies have no expansion plans in the **foreseeable** future. 석유 회사들은 당분간 확장 계획을 가지고 있지 않다.

 토익 이렇게 나온다

in the foreseeable future 당분간, 가까운 장래에

foreseeable은 in the foreseeable future 형태로 자주 출제된다.

6 innate*

[inéit]

파 innately adv. 선천적으로

adj 타고난

Mr. Rogers has an **innate** ability to predict market fluctuations.
Mr. Rogers는 시장 변동을 예측하는 데 타고난 능력을 갖고 있다.

7 property***

[미] [prápərti]
[영] [prɔ́pəti]

n 재산

All real estate transactions are liable for **property** tax. 모든 부동산 거래들은 재산세를 납입할 의무가 있다.

8 on behalf of***

phr ~을 대신해서

The broker received authorization to sell shares **on behalf of** his client.
그 중개인은 고객을 대신해 주식을 매각할 수 있는 권한을 받았다.

9 lease***

[liːs]
v. 임대하다, 임차하다

n 임대차 (계약)

Investors agreed to a 25-year **lease** on the office building. 투자자들은 사무실 건물에 대한 25년 임대차 계약에 동의했다.

10 sponsor***

[미] [spánsər]
[영] [spɔ́nsə]

파 sponsorship n. 후원, 협찬

v 후원하다

Reed Bank **sponsored** a series of financial seminars.
Reed 은행은 일련의 재무 세미나를 후원했다.

n 후원자

The organizer kindly thanked the **sponsors** of the event. 주최자는 행사의 후원자들에게 진심으로 감사를 표했다.

11 propose***

[미] prəpóuz]
[영] prəpə́uz]

v 제안하다

Gould Capital **proposed** to fund Ms. Locke's venture.
Gould Capital사는 Ms. Locke의 벤처 사업에 자금을 대는 것을 제안했다.

12 support***

[미] səpɔ́:rt]
[영] səpɔ́:t]

[파] supporter n. 팬, 지지자,
후원자
supportive adj. 도와주는,
힘을 주는
[동] aid n. 원조, 도움; v. 돕다
[반] oppose 반대하다

n 후원, 원조, 지지

The small business owner is seeking the **support** of investors. 그 소규모 사업주는 투자자의 후원을 구하고 있다.

v 지원하다, 후원하다; 살게 하다, (생명·기력 등을) 유지하다

The museum is **supported** financially by several local companies.

그 박물관은 몇몇 지역 사업체들로부터 재정적으로 지원받는다.

Wildlife reserves **support** many different species of animals. 야생동물 보호구역은 여러 다양한 동물 종을 살게 한다.

 토익 이렇게 나온다

[빈출어구] **for one's continued support** ~의 지속적인 성원에 대해

support는 for one's continued support 형태로 지속적인 거래나 이용에 감사를 표하는 문맥으로 자주 출제된다.

13 distribution***

[미] dìstrəbjú:ʃən]
[영] dìstribjú:ʃən]

n 분배, 배급

The **distribution** of profits will be announced to shareholders next week.
수익 분배는 다음 주에 주주들에게 공표될 것이다.

14 consider***

[미] kənsídər]
[영] kənsídə]

[파] considerate adj. 신중한
consideration n. 고려

v 고려하다

Before buying a property, it's important to **consider** the hidden expenses involved.
부동산을 매입하기 전에 관련된 잠재 비용을 고려하는 것이 중요하다.

15 nearly***

[미] níərli]
[영] níəli]

[파] near adv. 가까이 adj. 가까운
[동] almost 거의

adv 거의, 대략

The firm was operated so well that investors **nearly** doubled their money.
회사가 매우 잘 운영되어서 투자자들은 투자금을 거의 두 배로 만들었다.

토익 이렇게 나온다

nearly + 수치 거의 ~인

nearly는 수치를 나타내는 표현과 어울려 시험에 자주 출제된다. 형태가 비슷하지만 뜻이 다른 near(가까이, 가까운)와 혼동하지 않도록 주의하자.

¹⁶ consent***

[kənsént]

v. 동의하다

[동] approval, permission 승인, 허락

[반] dissent, objection 이의, 반대

n 동의, 허락

A sale of the business will require the **consent** of shareholders. 사업체의 매각은 주주들의 동의를 필요로 한다.

토익 이렇게 나온다

consent of ~의 동의

consent와 함께 쓰이는 전치사 of를 묶어서 기억해 두자.

허가의 의미로 사용되는 consent는 approval이나 permission으로 바꾸어 쓸 수 있다.

¹⁷ gratitude***

[미 grǽtətʃùːd]

[영 grǽtitjuːd]

n 고마움, 감사

The CEO showed his **gratitude** to those who have stayed with the company from the beginning.

최고 경영자는 초창기부터 회사에 있었던 사람들에게 그의 고마움을 표했다.

¹⁸ consult**

[kənsʌ́lt]

v 상의하다, 상담하다

Unsure about whether to invest, Jacob **consulted** with his financial advisor.

투자할지 확실하지 않았기 때문에, Jacob은 자신의 재정 고문과 상의했다.

토익 이렇게 나온다

consult the manual 설명서를 참조하다

consult는 '상의하다', '상담하다'라는 뜻으로 많이 알고 있지만 '참조하다', '참고하다'라는 뜻으로도 토익에 나오므로 함께 외워 두자.

¹⁹ advice**

[ədváis]

[파] advise v. 조언하다

n 조언, 충고

The bank provides its clients with **advice** on how to save more money.

그 은행은 고객들에게 더 많은 돈을 저축할 수 있는 방법에 대한 조언을 제공한다.

20 partially ★★
[미 pɑ́:rʃəli]
[영 pɑ́:ʃəli]

adv 부분적으로, 일부분은

Indigo Inc. will be **partially** funded by the sale of bonds.
Indigo사는 채권의 매각을 통해 부분적으로 자금이 제공될 것이다.

21 evident ★★
[미 évədənt]
[영 évidənt]

adj 분명한, 명백한

The executives of Panta Ltd. are pleased at the **evident** interest shown in their public offering.
Panta사의 임원들은 회사 주식 공모에 보여진 분명한 관심에 기뻐했다.

22 reliability ★★
[미 rilàiəbíləti]
[영 rilàiəbíliti]

n 신뢰도, 믿음직함

KTR's success is dependent on the **reliability** of its financial research analysis.
KTR사의 성공은 회사의 재무 연구 분석에 대한 신뢰도에 달려 있다.

23 cautious ★★
[kɔ́:ʃəs]

파 cautiously adv. 조심스럽게
caution n. 조심, 주의
반 careless 부주의한

adj 조심하는, 신중한

Analysts are **cautious** about recommending the troubled company's stocks.
분석가들은 문제가 많은 회사의 주식을 추천하는 것에 대해 조심한다.

 토익 이렇게 나온다

빈출
어구 **cautiously optimistic** 조심스럽게 낙관하는
reenter the market cautiously 조심스럽게 시장에 재진출하다
cautiously는 cautiously optimistic 형태로 시험에 많이 출제된다.

24 insight ★★
[ínsàit]

n 식견, 통찰력

The feature article on Dunbar offered valuable **insight** into the company's operations.
Dunbar사에 대한 특집 기사는 그 회사 경영에 대한 귀중한 식견을 제공했다.

25 portfolio ★★
[미 pɔ:rtfóuliòu]
[영 pɔ̀:tfóuliəu]

n 포트폴리오, 투자 자산 구성

The advisor suggested that his client diversify her **portfolio**.
그 고문은 그의 고객에게 포트폴리오를 다양화해야 한다고 제안했다.

26 possible★★

[미 pásəbl]
[영 pɔ́səbl]

파 possibly adv. 혹시, 아마
    possibility n. 가능성
반 impossible 불가능한

adj 가능한, 있음 직한

Cautious investors take every **possible** measure to prevent losses.
신중한 투자가들은 손실을 막기 위해 모든 가능한 조치를 취한다.

 토익 이렇게 나온다

빈출표현 in any way possible 가능한 어떻게든
    possible은 명사를 뒤에서 꾸며 주는 형태로도 자주 사용된다.

문법 possible(adj. 가능한)과 possibility(n. 가능성)의 품사 구별하기.

27 speculation★

[spèkjuléiʃən]

파 speculate v. 추측하다

n 추측

Company shares fell amid growing **speculation** of bankruptcy.
파산에 대한 추측이 증가하는 가운데 회사 주식이 하락했다.

 토익 이렇게 나온다

빈출표현 widespread/growing + speculation 널리 퍼져 있는/증가하는 추측
    speculation은 widespread, growing 등의 형용사와 어울려 출제된다.

28 solely★

[미 sóulli]
[영 sə́ulli]

파 sole adj. 하나뿐인
동 exclusively 전적으로

adv 전적으로

Their interest was **solely** in foreign investment.
그들의 관심은 전적으로 해외 투자에만 있었다.

29 entrepreneur★

[미 à:ntrəprənə́:r]
[영 ɔ̀ntrəprənə́:]

파 enterprise n. 사업; 회사

n 사업가

Rosedale Investments offers venture capital to young **entrepreneurs**.
Rosedale Investments사는 젊은 사업가들에게 벤처 자금을 제공한다.

30 eventually★

[미 ivéntʃuəli]
[영 ivéntjuəli]

파 eventual adj. 최후의
동 finally, ultimately 결국, 마침내

adv 결국, 마침내

Stocks are expected to stabilize **eventually**.
주식이 결국에는 안정될 것으로 예측된다.

31 shareholder★

[미] [ʃέərhòuldər]
[영] [ʃéəhəuldə]

n 주주

Shareholders can now gain access to updated financial reports on the company's Web site.

주주들은 이제 회사 웹사이트에서 갱신된 재정 보고서를 볼 수 있다.

32 outlook★

[áutlùk]

동 prospect 전망

n 전망

The **outlook** for financial markets is positive.

금융 시장의 전망은 밝다.

33 stability★

[미] stəbíləti]
[영] stəbíliti]

파 stable adj. 안정된
stabilize v. 안정시키다

n 안정, 안정성

Sound economic policies are essential for long-term **stability**.

견고한 경제 정책들이 장기적인 안정을 위해 꼭 필요하다.

34 bond★

[미] bɑnd]
[영] bɔnd]

n 채권

The government issued public **bonds** to raise money for infrastructure projects.

정부는 기반 시설 사업 자금을 모으기 위해 공모 채권을 발행했다.

35 depreciation★

[diprì:ʃiéiʃən]

파 depreciate v. 가치가 떨어
지다

n 가치 하락, 화폐의 구매력 저하

Due to the currency **depreciation**, many investors experienced a loss.

화폐 가치 하락으로 인해 많은 투자가들이 손해를 입었다.

36 increasing★

[inkríːsiŋ]

파 increase v. 증가하다
increasingly adv. 점점

adj 증가하는

Increasing market pressure led banks to decrease lending rates.

증가하는 시장 압박은 은행들이 대출 금리를 인하하도록 만들었다.

 토익 이렇게 나온다

increasing amount of information 증가하는 정보량
increasing market pressure 증가하는 시장 압력

increasing은 amount, pressure 등 양과 관련된 명사와 주로 출제된다.

핵심빈출단어

21
22
23
24
25
26
DAY 27
28
29
30

Hackers TOEIC Vocabulary

★★★ = 출제율 최상   ★★ = 출제율 상   ★ = 출제율 중
● = Part 5·6 정답 단어   ○ = Part 7 빈출 단어

37 prevalent *
[prévələnt]

파 prevail v. 우세하다
prevalence n. 널리 퍼짐
동 widespread 널리 보급된
popular 인기 있는, 대중적인

adj 유행하고 있는, 널리 퍼진

Analysts watch the most **prevalent** trends in the market.

분석가들은 시장에서 가장 유행하고 있는 경향을 주시한다.

 토익 이렇게 나온다

혼동 어휘 **prevalent : leading**

'주도적인'을 뜻하는 단어들의 용례 차이를 구별하는 문제로 출제된다.

┌ **prevalent** 널리 퍼진
│ 어떤 상태나 관행 등이 널리 퍼져 유행하고 있다는 의미이다.
└ **leading** 주요한, 선도하는
　특정 분야에서 가장 주요하거나 뛰어나다는 뜻이다.

Corruption is a **leading** cause of economic instability in the region. 부패는 그 지역의 경제 불안정의 주요인이다.

동의어 널리 보급된 것을 의미할 때 prevalent는 widespread 또는 popular 와 바꾸어 쓸 수 있다.

38 rapid *
[rǽpid]

파 rapidly adv. 빨리, 급속히
rapidity n. 급속, 신속

adj 빠른, 신속한

Utility companies have been growing at a **rapid** rate in suburban areas.

공익 기업들이 교외 지역에서 빠른 속도로 성장하고 있다.

 토익 이렇게 나온다

빈출 어구 **rapid + rate/increase/decline/growth/change**
빠른 속도/증가/감소/성장/변화

rapid는 속도 및 증감을 나타내는 명사와 어울려 자주 출제된다.

39 unprecedented *
[미 ʌnprésədèntid]
[영 ʌnprésidentid]

adj 전례 없는

Housing prices in the region rose an **unprecedented** 50 percent in just six months.

그 지역의 주택 가격이 6개월 만에 50퍼센트라는 전례 없는 상승을 보였다.

40 yield *
[ji:ld]
n. 생산량; 이윤

v (이윤을) 가져오다, 산출하다

Our investments for the past fiscal year **yielded** returns exceeding 100 percent.

지난 회계 연도 동안의 우리의 투자는 100퍼센트를 넘는 이윤을 가져왔다.

DAY 27 Daily Checkup

토익에 출제되는 단어의 뜻을 오른쪽 보기에서 찾아 연결하세요.

01 secure   ⓐ 상의하다, 상담하다

02 support   ⓑ 재산

03 consult   ⓒ 임대차

04 yield   ⓓ (이윤을) 가져오다

05 property   ⓔ 확보하다

                            ⓕ 지원하다

토익에 출제되는 문장의 문맥에 맞는 단어를 고르세요.

> **토익 이렇게 나온다**
> 전치사 on은 '~에 관하여'라는 뜻으로 쓰일 수 있어요.
> 저축 계획에 관해 무엇을 제공했을지 생각해 보세요.

06 The facilitator provided excellent ___ on savings plans.

07 Companies cannot sell its properties without the ___ of shareholders.

08 The director ___ putting funds into new machinery and everyone agreed.

09 Because of the ___ of its data, *Stock Today* is popular with economists.

ⓐ advice	ⓑ reliability	ⓒ consent	ⓓ distribution	ⓔ proposed

10 Inexperienced amateurs need to be ___ when buying stocks.

11 It was ___ that the economy was improving after stock prices rose.

12 Experts predict real estate value in the city will drop in the ___ future.

13 Mr. Kerns invested in a ___ shipping company, which is now a success.

ⓐ foreseeable	ⓑ lucrative	ⓒ cautious	ⓓ evident	ⓔ innate

Answer 1.ⓔ 2.ⓕ 3.ⓐ 4.ⓓ 5.ⓑ 6.ⓐ 7.ⓒ 8.ⓔ 9.ⓑ 10.ⓒ 11.ⓓ 12.ⓐ 13.ⓑ

➔ Daily Checkup 해석과 추가 Daily Quiz, 보기 테스트가 www.Hackers.co.kr에서 제공됩니다.

토익완성단어 투자

토익 기초 단어

LC			
	☐ challenge	**n** 도전; **v** 도전하다	
	☐ comfort	**v** 위로하다; **n** 위로	
	☐ compact	**adj** 소형의	
	☐ data	**n** 자료	
	☐ distance	**n** 거리	
	☐ elementary	**adj** 기본이 되는, 초보의	
	☐ extra	**adj** 추가의	
	☐ fake	**adj** 위조의; **n** 모조품	
	☐ joint	**adj** 공동의	
	☐ listen to	**phr** ~을 듣다	
	☐ mentor	**n** 조언자	
	☐ network	**n** 망	
	☐ relaxing	**adj** 긴장을 풀어 주는	
	☐ rental car	**phr** 임대 자동차	
	☐ single	**adj** 단 하나의	
	☐ soon	**adv** 곧	

RC			
	☐ accuracy	**n** 정확도	
	☐ biased	**adj** 편향된	
	☐ goal	**n** 목표	
	☐ lose	**v** 분실하다	
	☐ owner	**n** 주인, 소유주	
	☐ risky	**adj** 위험한	
	☐ somewhat	**adv** 다소, 얼마간	
	☐ tight	**adj** 단단한, 꽉 조여 있는	
	☐ truly	**adv** 정말로, 진심으로	
	☐ usual	**adj** 흔히 있는, 보통의	
	☐ wait	**v** 기다리다; **n** 기다림	
	☐ worry	**v** 걱정하다	

800점 완성 단어

LC			
	☐ at one's disposal	phr	~ 마음대로, ~ 뜻대로
	☐ be reluctant to do	phr	~하기를 꺼리다
	☐ believe it or not	phr	믿거나 말거나
	☐ blame A on B	phr	A를 B의 탓으로 돌리다
	☐ call an urgent meeting	phr	비상 회의를 소집하다
	☐ call for some assistance	phr	도움을 청하다
	☐ circumstances	n	상황, 환경
	☐ cutback	n	삭감
	☐ emergency evacuation	phr	비상 대피
	☐ festive	adj	축제의
	☐ frustrate	v	좌절시키다
	☐ get rid of	phr	~을 제거하다
	☐ give it a try	phr	시도하다
	☐ have reason to do	phr	~할 이유가 있다
	☐ hazardous	adj	위험한
	☐ in private	phr	비밀리에
	☐ in the distant past	phr	훨씬 이전에
	☐ intake	n	(음식의) 섭취
	☐ leaky	adj	(액체 등이) 새는
	☐ look for	phr	~을 찾다
	☐ organize a picnic	phr	소풍을 준비하다
	☐ pair up with	phr	~와 짝이 되다
	☐ reflection	n	(거울 등에 비친) 상, 반영
	☐ self-esteem	n	자부심
	☐ show off	phr	과시하다
	☐ sponsored by	phr	~의 후원을 받은
	☐ stock market	phr	주식 시장
	☐ supporting	adj	지지하는, 후원하는
	☐ tear	v	찢다
	☐ unconditionally	adv	무조건적으로
Part 5, 6	☐ abundantly	adv	풍부하게, 많이
	☐ additionally	adv	게다가
	☐ ambitious	adj	야심 있는

□ cautiously	adv	조심스럽게
□ considerate	adj	사려 깊은, 배려하는
□ consultation	n	상담, 협의
□ effectively	adv	효과적으로
□ favored	adj	호의를 사고 있는
□ impractical	adj	비현실적인, 비실용적인
□ improper	adj	부당한, 부도덕한
□ insecure	adj	불안한, 확신이 안 가는
□ insecurely	adv	불안하여
□ justify	v	정당화하다
□ reduced	adj	축소한, 감소한
□ reluctance	n	마지못해 함
□ reviewer	n	논평가, 비평가
□ take pride in	phr	~을 자랑하다
□ threaten	v	위협하다, ~할 우려가 있다
□ venture	n	모험; v (위험을 무릅쓰고) 가다

Part 7

□ branch office (= satellite office)	phr	지점, 지사
□ confusion	n	혼란
□ controversy	n	논란
□ cost analysis	phr	비용 분석
□ faintly	adv	희미하게
□ input	n	투입
□ investor	n	투자가
□ legacy	n	유산, 유물
□ meet the expenses	phr	경비를 대다
□ on a regular basis	phr	정기적으로
□ on one's own account	phr	혼자서, 자신의 이익을 위해서
□ pioneer	n	개척자, 선구자
□ projected	adj	예상된
□ reexamine	v	재검사하다
□ repetitive	adj	반복적인
□ set up a business	phr	사업을 시작하다
□ strength	n	힘, 장점
□ take precautions	phr	조심하다
□ throw out (= throw away)	phr	버리다

900점 완성 단어

LC	□ cost estimate	phr 원가 견적
	□ dispatch	v (소포 등을) 발송하다
	□ faithfully	adv 충실하게, 정확히
	□ impair	v 손상시키다
	□ in the vicinity of	phr ~의 부근에
	□ outlying	adj 외진, 변경의
	□ play a role in	phr ~에 한몫하다
Part 5, 6	□ approximation	n 근사치
	□ attainable	adj 이룰 수 있는
	□ courteousness	n 예의 바름, 공손함
	□ devalued	adj 평가 절하된
	□ dividend	n 배당금
	□ fictitious	adj 허구의, 지어낸
	□ overhaul	n 점검, 정비; v 철저히 조사하다
	□ speculate	v 추측하다
	□ unbeatable	adj (가격·가치 등이) 더 이상 좋을 수 없는
	□ unbiased	adj 선입견 없는, 편견 없는
	□ untimely	adj 때 이른, 시기상조의
Part 7	□ accredit	v 승인하다
	□ deflate	v (물가를) 끌어내리다, (통화를) 수축시키다
	□ deliberately	adv 고의로
	□ devastate	v 황폐시키다
	□ disparately	adv 본질적으로 다르게
	□ evoke	v (기억 등을) 일깨우다
	□ manipulation	n 조작, 시장 조작
	□ outweigh	v (가치·중요성이) ~보다 크다
	□ property line	phr 토지 경계선
	□ set aside	phr 챙겨 두다
	□ start-up cost	phr 착수 비용
	□ take steps	phr 조치를 취하다
	□ well-balanced	adj 균형 잡힌
	□ wipe off	phr ~을 없애다

→ 토익완성단어의 Daily Quiz를 www.Hackers.co.kr에서 다운로드 받아 풀어보세요.

<해커스 토익 기출 보카> 어플로 DAY 27 단어를 재미있게 외워보세요.

클래식한 집
건물 · 주택

주제를 알면 토익이 보인다!

건물·주택 주제에서는 주로 새로운 주택 분양 공고, 건물 시설 보수 및 개조 문의 등이 출제되고 있어요. 건물·주택 주제에서 자주 출제되는 단어를 함께 알아볼까요?

▲무료 MP3 바로 듣기

클래식한 집 vs. 낡은 집 생각하기 나름

사원 씨, 수습 끝났다며? 그럼 다음 달부터 회사에서 제공해 주는 furnished residence에 입주하는 거야?

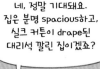

네, 정말 기대돼요. 집은 분명 spacious하고, 실크 커튼이 drape된 대리석 깔린 집이겠죠?

그.. 글쎄? 아마 오랫동안 unoccupied되어서 여러 가지로 renovation이 필요할지도 몰라..

괜찮아요! 전 클래식한 취향이라 오래된 것 좋아해요!

이사하는 날

이게 아닌데...

¹ furnished*

[미] fə́ː*r*niʃt]
[영] fə́ːniʃt]

패 furnish v. (가구를) 비치하다
furniture n. (집합적) 가구
furnishing n. 가구, 비품
반 unfurnished 가구가 비치
되지 않은

adj 가구가 비치된

Furnished apartments often cost more to rent than those that come empty.

가구가 비치된 아파트는 가구가 없는 곳들보다 대개 임대하는 데 비용이 더 든다.

² residence*

[미] rézədəns]
[영] rézidəns]

패 reside v. 거주하다
resident n. 거주자
residential adj. 주거의, 거
주에 관한

n 거주지, 주택

Students usually attend the school closest to their **residence**.

학생들은 보통 자신의 집에서 가장 가까운 학교에 다닌다.

 토익 이렇게 나온다

빈출 **an official residence** 관저

residence는 '거주지'나 '주택'을 뜻한다. an official residence에서처럼 주
요한 인물들이 사는 '저택'을 의미하기도 한다.

³ spacious*

[spéiʃəs]

패 spaciously adv. 넓게
동 roomy 넓은, 널찍한

adj (공간이) 넓은

The corporate offices are equipped with a **spacious** kitchen area.

그 회사 사무실에는 넓은 주방이 갖추어져 있다.

 토익 이렇게 나온다

동의어 공간이 넓다는 의미일 때 spacious는 roomy로 바꾸어 쓸 수 있다.

⁴ drape*

[dreip]

n. (-s) 커튼

v (방 등을 커튼 등으로) 장식하다

The decorator **draped** the living room windows with a silk curtain.

그 장식가는 거실 창문들을 실크 커튼으로 장식했다.

 토익 이렇게 나온다

빈출 어구 **drape A with B** A를 B로 장식하다

drape와 함께 쓰이는 전치사 with를 같이 기억해 두자.

★★★ = 출제율 최상 ★★ = 출제율 상 ★ = 출제율 중
● = Part 5·6 정답 단어 ○ = Part 7 빈출 단어

⁵ unoccupied*

[미 ʌnάkjupaid]
[영 ʌnάkjəpàid]

파 occupy v. (장소를) 차지하다
　occupant n. (가옥의) 임차인
동 vacant 사람이 살지 않는
반 occupied 거주하는, 사용되는

adj (집 등이) 비어 있는, 사람이 살지 않는

The top floor has been **unoccupied** for four months.
꼭대기 층은 넉 달간 비어 있었다.

 토익 이렇게 나온다

동의어 사용하는 사람이 없어서 집, 사무실, 좌석 등이 비어 있음을 의미할 때
unoccupied는 **vacant**로 바꾸어 쓸 수 있다.

⁶ renovation**

[rènəvéiʃən]

파 renovate v. 개조하다
　(= refurbish, remodel)

n 수리, 개조

The archives room will be closed for **renovation**.
자료 보관실은 수리를 위해 폐쇄될 예정이다.

⁷ appropriate***

[미 əpróupriət]
[영 əpróupriət]

adj 적당한, 적합한

The apartment's size is **appropriate** for a family of
four. 그 아파트의 규모는 4인 가족에게 적당하다.

⁸ delay***

[diléi]

n. 지연, 연기

v 연기하다, ~을 뒤로 미루다

The landlord repeatedly **delayed** repairing the roof.
집주인은 여러 차례 지붕 수리를 연기했다.

 토익 이렇게 나온다

빈출어 **without delay** 지체 없이, 곧바로
명사 delay는 전치사 without과 함께 자주 출제되므로 묶어서 외워 두자.

⁹ community***

[kəmjú:nəti]

n 지역 사회, 공동체

Plans for building a new airport were met with
strong **community** opposition.
새 공항을 건설하는 계획은 지역 사회의 강한 반대에 부딪혔다.

¹⁰ construction***

[kənstrʌ́kʃən]

파 construct v. 건설하다
　constructive adj. 건설적인
반 demolition, destruction
　파괴

n 건설, 건축

The **construction** of the bridge is progressing well.
교량 건설은 순조롭게 진행되고 있다.

![icon](토익 이렇게 나온다)

> 토익 이렇게 나온다

빈출 **under construction** 건설 중인, 공사 중인
어휘
construction 앞에 전치사 under를 채우는 문제로 출제된다.

11 repair★★★

[미 ripέər]
[영 ripéə]

파 repairable adj. 수리 가능한
repairman n. 수리공

v 수리하다

The plumber **repaired** the leaking pipe.
그 배관공이 새는 파이프를 수리했다.

12 currently★★★

[미 kə́ːrəntli]
[영 kʌ́rəntli]

파 current adj. 현재의, 지금의

과거   현재   미래

adv 현재

The museum is **currently** closed due to reconstruction.
박물관은 재건으로 인해 현재 폐쇄 중이다.

![icon](토익 이렇게 나온다) 토익 이렇게 나온다

빈출 **currently + available/closed** 현재 이용 가능한/폐쇄 중인
어휘
currently는 available 등 이용 가능 여부와 관련된 형용사들과 어울려 출제된다.

13 regularly★★★

[미 régjulərli]
[영 régjuləli]

adv 정기적으로

A gardener **regularly** does yard work in front of the home. 정원사는 정기적으로 그 집 앞에서 정원 일을 한다.

14 arrange★★★

[əréindʒ]

파 arrangement n. 배열, 정돈

v 배열하다, 정돈하다

Miranda **arranged** the boardroom furniture in a functional way.
Miranda는 중역 회의실 가구를 기능적으로 배열했다.

15 location★★★

[미 loukéiʃən]
[영 ləukéiʃən]

파 locate v. ~을 위치시키다

n 장소, 위치

The bay area is an ideal **location** for a house.
그 만 일대는 주거지로 이상적인 장소이다.

★★★ = 출제율 최상   ★★ = 출제율 상   ★ = 출제율 중
● = Part 5·6 정답 단어   ○ = Part 7 빈출 단어

토익 이렇게 나온다

[빈출어구] **strategic/perfect/convenient + location**
전략적인/완벽한/편리한 위치

location은 형용사 strategic, perfect, convenient 등과 어울려 자주 출제된다.

[문법] **location**(n. 장소)과 **locate**(v. ~을 위치시키다)의 품사 구별하기.

---

¹⁶ restore* **
[미 ristɔ́ːr]
[영 ristɔ́ː]
[파] restoration n. 복구

v 복구하다, 회복시키다

The historic sites were **restored** to their original appearance. 유적지들은 원래 모습으로 복구되었다.

 토익 이렇게 나온다

[빈출어구] **restore A to B** A를 B의 상태로 복구시키다

restore와 어울리는 전치사 to를 함께 알아 두자.

---

¹⁷ presently* **
[prézntli]
[파] present adj. 현재의 n. 현재

adv 현재

The entrance is **presently** under construction.
입구는 현재 공사 중입니다.

---

¹⁸ numerous* **
[njúːmərəs]
[파] number n. 수, 숫자
numerously adv. 수없이 많이
numerically adv. 숫자상으로
[동] multiple 다수의
countless 무수한

adj 많은

The condominium has been rented to **numerous** families in recent years.
그 아파트는 최근에 많은 가구에 임대되었다.

---

¹⁹ abandon* **
[əbǽndən]

v 그만두다; 버리다

The building project was **abandoned** when funds ran out. 건설 프로젝트는 자금이 고갈되자 중단되었다.

---

²⁰ contractor* **
[미 kántræktər]
[영 kəntrǽktə]

n 계약자, 도급업자

The **contractor** expects to finish all renovations in one month. 그 계약자는 모든 수리를 한 달 안에 끝낼 것으로 예상한다.

---

21 **develop**[★★★]
[divéləp]

v 개발하다

Asiawide is **developing** the property into a complex of townhouses.
Asiawide사는 그 땅을 연립 주택 단지로 개발하고 있다.

22 **maintain**[★★★]
[meintéin]

파 maintenance n. 관리
동 keep 유지하다

v 유지하다, 관리하다

Tenants must pay fees to **maintain** the building.
임차인들은 건물 유지를 위한 비용을 지불해야 한다.

 토익 이렇게 나온다

동의어 특정한 상태나 위치를 유지하다라는 문맥에서 maintain은 keep으로 바꾸어 쓸 수 있다.

23 **densely**[★★★]
[dénsli]

파 dense adj. 밀집한
density n. 밀도, 조밀도

adv 빽빽이, 밀집하여

Hong Kong is **densely** packed with apartment buildings.
홍콩은 아파트 건물들로 빽빽이 들어차 있다.

24 **prepare**[★★★]
[미 pripέər]
[영 pripéə]

v 준비하다, 채비를 갖추다

The custodian is **preparing** the apartment for the new tenants.
그 관리자는 새로운 세입자를 위해 아파트를 준비하고 있다.

25 **finally**[★★]
[fáinəli]

파 final adj. 최종의
finalize v. 결말을 짓다

adv 결국, 마침내

The vacant lot was **finally** sold for $1.2 million.
그 공터는 결국 120만 달러에 팔렸다.

26 **district**[★★]
[dístrikt]

동 area 지역

n 지역, 지구

The business **district** is the most expensive area of city. 그 상업 지구는 도시에서 가장 비싼 지역이다.

 토익 이렇게 나온다

동의어 특정 지역이나 지구를 의미하는 district는 area로 바꾸어 쓸 수 있다.

★★★ = 출제율 최상   ★★ = 출제율 상   ★ = 출제율 중
● = Part 5·6 정답 단어   ○ = Part 7 빈출 단어

27 renewal** ●
[rinjúːəl]

四 renew v. 재개하다; 재건하다

n 재개발

The city embarked on an urban **renewal** project.
그 도시는 도시 재개발 프로젝트에 착수했다.

 토익 이렇게 나온다

| 빈출 | a renewal of urban towns 도시의 재개발
renewal의 출제 표현을 기억해 두자.

28 compulsory** ○
[kəmpʌ́lsəri]

四 compel v. 강요하다
compulsion n. 강제
동 obligatory 의무적인

adj 의무적인

Obtaining permission for home renovations is
compulsory.
주택 개조를 위한 허가 취득은 의무적이다.

 토익 이렇게 나온다

| 동의어 | 법, 규칙 등에 따라 요구되는 것을 설명하는 문맥에서 compulsory는
obligatory로 바꾸어 쓸 수 있다.

29 interfere** ●
[미 ìntərfíər]
[영 ìntəfíə]

四 interference n. 간섭, 방해

v 방해하다, 해치다

Persistent bad weather **interfered** with construction
progress.
계속되는 악천후가 공사 진행을 방해했다.

 토익 이렇게 나온다

| 빈출 | interfere with ~을 방해하다, 해치다
interfere와 함께 쓰이는 전치사 with를 묶어서 외워 두자.

30 relocation** ○
[미 rìːloukéiʃən]
[영 rìːləukéiʃən]

n 이전, 재배치

Relocation of the company's offices can begin as
soon as the new building is completed.
그 회사 사무실의 이전은 새 건물이 준공되는 대로 시작할 수 있다.

31 totally** ●
[미 tóutəli]
[영 tə́utəli]

adv 완전히, 전적으로

The theater has been **totally** renovated and will
reopen soon.
그 극장은 완전히 개조되었고 곧 다시 개관할 것이다.

32 actually⋆⋆
[ǽktʃuəli]

adv 실제로, 사실은

Axiom Tower has fewer floors than the Wade Building, but it is **actually** taller.

Axiom Tower는 Wade Building보다 층수가 더 적지만, 실제로는 더 높다.

33 architect⋆⋆
[미 άːrkətèkt]
[영 άːkitekt]

n 건축가

Architects at the firm of McCall and Associates are busy working on a design for the building.

McCall and Associates사의 건축가들은 건물을 설계하느라 바쁘다.

 토익 이렇게 나온다

 ⌈ architect 건축가
⌊ architecture 건축물

사람 명사 architect와 사물 명사 architecture를 구별하는 문제로 출제된다.

34 enlarge⋆⋆
[미 inlάːrdʒ]
[영 inlάːdʒ]

v 확장하다, 확대하다

The parking area will need to be **enlarged** to accommodate more cars.

주차 구역은 더 많은 자동차를 수용하기 위해 확장되어야 할 것이다.

35 install⋆⋆
[instɔ́ːl]

[파] installation n. 설치
[동] set up 설치하다

v 설치하다, 장치하다

The Internet line will be **installed** on Monday.

인터넷 회선은 월요일에 설치될 것이다.

 토익 이렇게 나온다

[동의어] 기계나 장비를 사용할 수 있도록 설치하다라는 의미일 때 install은 set up 으로 바꾸어 쓸 수 있다.

36 suppose⋆⋆
[미 səpóuz]
[영 səpə́uz]

v 생각하다, 추측하다

The building project could take longer to finish than anyone **supposes**.

그 건축 프로젝트는 모두가 생각하는 것보다 완수하는 데 더 오래 걸릴 수도 있다.

★★★ = 출제율 최상   ★★ = 출제율 상   ★ = 출제율 중
● = Part 5·6 정답 단어   ○ = Part 7 빈출 단어

37 permanent *

[미 pə́ːrmənənt]
[영 pə́ːmənənt]

파 permanently adv. 영구적으로

반 temporary 일시적인

adj 영구적인

Please write your **permanent** address in the space provided. 제시된 공란에 본적을 기입해 주세요.

 토익 이렇게 나온다

문법 permanent(adj. 영구적인)와 permanently(adv. 영구적으로)의 품사 구별하기.

38 adjacent *

[ədʒéisnt]

adj 인접한

The storage room is **adjacent** to the administrative offices. 창고는 행정실에 인접해 있다.

 토익 이렇게 나온다

빈출어구 **adjacent to** ~에 인접한

adjacent와 함께 쓰이는 전치사 to를 묶어서 기억해 두자.

39 consist *

[kənsíst]

v 구성되다, 이루어지다

The center **consists** of two conference rooms. 그 센터는 두 개의 회의실로 구성되어 있다.

 토익 이렇게 나온다

빈출어구 **consist of** ~로 구성되다

consist와 함께 쓰이는 전치사 of를 묶어서 외워 두자.

40 utility *

[juːtíləti]

파 utilize v. 이용하다

n 공공시설; 공공요금

Ohio Water was named the best **utility** company in America. Ohio Water사는 미국 내 최고의 공공 기업으로 지명되었다.

This property's **utility** bills are very high. 이 건물의 공공요금은 상당히 비싸다.

 토익 이렇게 나온다

빈출어구 **utility company** (전기, 가스 등을 공급하는) 공공 기업
no utilities included 공과금 별도

utility는 전기, 가스, 수도 등의 공공시설을 의미하며 그에 대한 요금을 뜻하기도 한다. 출제 표현들과 함께 쓰임을 파악해 두자.

DAY 28 Daily Checkup

토익에 출제되는 단어의 뜻을 오른쪽 보기에서 찾아 연결하세요.

01 utility

02 currently

03 furnished

04 finally

05 renovation

ⓐ 현재

ⓑ 공공시설; 공공요금

ⓒ 빽빽이, 밀집하여

ⓓ 가구가 비치된

ⓔ 수리, 개조

ⓕ 결국, 마침내

토익에 출제되는 문장의 문맥에 맞는 단어를 고르세요.

> 토익 이렇게 나온다
> appropriate, responsible과 같은 형용사는 전치사 for와 함께 자주 쓰여요.

06 The lot makes an ideal ___ to build a gas station.

07 The studio unit is not ___ for more than two residents.

08 ___ tenants complained about the increase in maintenance fees.

09 ___ of the new house will start as soon as the weather improves.

ⓐ construction ⓑ location ⓒ appropriate ⓓ compulsory ⓔ numerous

10 The factory was ___ three years ago, and is still unoccupied.

11 Work crews ___ the construction site so that the project could begin.

12 Heating and air conditioning systems are ___ by the building custodian.

13 Ms. Thomas ___ her move as her new apartment was not ready for tenants.

ⓐ prepared ⓑ delayed ⓒ abandoned ⓓ developed ⓔ maintained

◆ Daily Checkup 해석과 추가 Daily Quiz, 보카 테스트가 www.Hackers.co.kr에서 제공됩니다.

토익완성단어 건물 · 주택

토익 기초 단어

LC			
	☐ armchair	n	안락의자
	☐ ceiling	n	천장
	☐ cleanup	n	대청소
	☐ decoration	n	장식, 장식물
	☐ fence	n	울타리
	☐ floor	n	바닥
	☐ frame	n	틀, 액자
	☐ furniture	n	가구
	☐ garage	n	차고
	☐ heating system	phr	난방 시스템
	☐ lobby	n	로비
	☐ remodeling	n	주택 개조
	☐ rooftop	n	지붕, 옥상
	☐ rope	n	밧줄, 로프
	☐ stick	n	막대기, 지팡이
	☐ tank	n	(물·가스 등의) 탱크
	☐ veranda	n	베란다
RC	☐ desktop	adj	탁상용의; n 데스크톱 컴퓨터
	☐ dwell	v	거주하다
	☐ fireplace	n	(벽)난로
	☐ heat	n	열기; v 뜨겁게 만들다
	☐ homemade	adj	집에서 만든
	☐ homeowner	n	주택 소유자
	☐ inhabit	v	거주하다
	☐ lighten	v	밝게 하다
	☐ neighbor	n	이웃
	☐ urban (↔ rural)	adj	도시의
	☐ washing machine	phr	세탁기

800점 완성 단어

LC

☐ architecture	**n**	건축물, 건축학
☐ canopy	**n**	덮개, 차양
☐ cast a shadow	**phr**	그림자를 드리우다
☐ column	**n**	기둥, 원주
☐ courtyard	**n**	안뜰
☐ cupboard	**n**	찬장
☐ cut the grass	**phr**	잔디를 깎다
☐ dedication ceremony	**phr**	준공식, 헌당식
☐ doorway	**n**	문간
☐ dresser	**n**	화장대, 서랍장
☐ emergency exit	**phr**	비상구
☐ erect	**adj**	똑바로 선; **v** 세우다
☐ every hour on the hour	**phr**	매 정시에
☐ faucet	**n**	수도꼭지
☐ floor plan	**phr**	(건물 등의) 평면도
☐ flooring	**n**	바닥재
☐ front door	**phr**	정문
☐ hallway	**n**	복도
☐ hammering	**adj**	쿵쾅거리는
☐ handrail	**n**	(계단 등의) 난간
☐ home-improvement	**adj**	주거 개선용의
☐ lamppost	**n**	가로등 기둥
☐ lean against the fence	**phr**	울타리에 기대다
☐ light bulb	**phr**	백열전구
☐ make repairs	**phr**	수리하다
☐ make the bed	**phr**	잠자리를 준비하다
☐ multistory	**adj**	다층의, 고층의
☐ outdoor wall	**phr**	외벽, 바깥벽
☐ plug in	**phr**	~의 플러그를 꽂다
☐ pole	**n**	기둥
☐ private residence	**phr**	개인 주택
☐ put away	**phr**	집어넣다, 치우다
☐ rebuild	**v**	재건하다

	□ repairperson	n 수리공
	□ spread on	phr ~ 위에 펴 바르다
	□ staircase	n (난간이 있는) 계단
	□ stairway	n 계단
	□ storage cabinet	phr 보관용 수납장
	□ switch on	phr ~의 스위치를 켜다
	□ turn on its side	phr 뒤집다, 옆으로 돌리다
	□ undergo renovation	phr 개조(보수) 중이다
	□ windowsill	n 창턱
Part 5, 6	□ construct	v 건설하다
	□ describe	v 말로 설명하다, 묘사하다
	□ desirable	adj 바람직한, 이상적인
	□ structure	n 구조물
Part 7	□ access road	phr 진입로
	□ arrange the furniture	phr 가구를 배치하다
	□ be arranged on the patio	phr 테라스에 정돈되어 있다
	□ built-in	adj 붙박이의
	□ carpentry	n 목수일
	□ fire alarm	phr 화재경보기
	□ fire extinguisher	phr 소화기
	□ fitting room	phr 탈의실
	□ fixture	n 붙박이 가구
	□ homebuilder	n 주택 건설업자
	□ housekeeping	n 가사
	□ housewares	n 가정용품
	□ housing development	phr 주택 개발
	□ in error	phr 실수로, 잘못한
	□ overprice	v 과하게 값을 매기다
	□ reinforce	v ~을 보강하다
	□ resident	n 거주자, 주민
	□ restoration	n 복원, 복구
	□ scrubbing	n 문지르기
	□ skyscraper	n 고층 빌딩
	□ space-saving	adj 공간 절약의
	□ tenant	n (가옥 등의) 임차인

LC	☐ archway	n	아치 길
	☐ be mounted on	phr	~에 설치되어 있다, 고정되어 있다
	☐ dig with a shovel	phr	삽으로 땅을 파다
	☐ drain	v	배수하다
	☐ hedge	n	울타리, 담
	☐ landlord	n	집주인
	☐ ledge	n	선반, 절벽에서 튀어나온 바위
	☐ lock oneself out of one's house	phr	열쇠를 집 안에 두고 문을 잠그다
	☐ plumber	n	배관공
	☐ porch	n	현관
	☐ run the tap	phr	수도꼭지를 틀다
	☐ saw	n	톱; v 톱질하다
	☐ scaffolding	n	(건축 공사장의) 비계, 발판
	☐ screw	n	나사; v (나사로) 죄다, 고정시키다
	☐ symmetrically	adv	대칭적으로
	☐ tear down	phr	(건물을) 헐다
	☐ uninhabited	adj	사람이 살지 않는
	☐ woodwork	n	(가옥 등의) 목조 부분
Part 5, 6	☐ complex	n	(건물 등의) 집합체, 단지; adj 복잡한
	☐ constructively	adv	건설적으로
	☐ locale	n	현장, (소설·영화 등의) 무대
	☐ maintenance	n	유지
	☐ reconfiguration	n	구조 변경
	☐ startle	v	깜짝 놀라게 하다
Part 7	☐ annex	n	별관, 증축 건물
	☐ demolish	v	파괴하다
	☐ demolition	n	파괴, 폭파
	☐ for lease	phr	(집을) 내놓은
	☐ insulation	n	단열재
	☐ premises	n	구내, 토지가 딸린 건물
	☐ rack	n	선반
	☐ shockproof	adj	충격에 견디게 만든

➡ 토익빈출단어의 Daily Quiz를 www.Hackers.co.kr에서 다운로드 받아 풀어보세요.

<해커스 토익 기출 보카> 어플로 DAY 28 단어를 재미있게 외워보세요.

DAY 29

일기예보

환경

주제를 알면 토익이 보인다!

환경 주제에서는 주로 일기예보, 친환경 신제품 개발 기사 등이 출제되고 있어요. 환경 주제에서 자주 출제되는 단어를 함께 알아볼까요?

▲무료 MP3 바로 듣기

좋은 곳에 가면 비가 와도 괜찮아?

자기야, 내일 〈초록산〉 등산가자.
자연 conservation 프로그램으로
숲을 잘 조성해 놨대.

일기예보에서
내일 비가 올 chance가
70퍼센트라고 forecast했어.
무리일 것 같은데...

일기예보 믿지마!
분명 화창할 테니 얼음물 싸와.
나는 간식이랑 waste를
dispose할 쓰레기봉투 챙겨갈게.
내려올 때 recycling하자.

다음 날

싸아

비 안 올 거라며...

¹ conserve*

[미 kənsə́ːrv]
[영 kənsə́ːv]

파 conservation n. 보존, 보호
conservative adj. 보수적인
(↔ progressive)

동 preserve 보존하다
maintain 유지하다

v 보존하다, 유지하다

Measures were introduced to **conserve** forests in the region.

그 지역의 숲을 보존하기 위한 조치가 도입되었다.

 토익 이렇게 나온다

동의어 낭비 또는 훼손되지 않도록 하다라는 문맥에서 conserve는 preserve 또는 maintain으로 바꾸어 쓸 수 있다.

² chance***

[미 tʃæns]
[영 tʃɑːns]

n 가능성, 기회

The morning weather report predicted a 30 percent **chance** of rain today.

아침 일기 예보에서는 오늘 비가 올 가능성이 30퍼센트라고 예상했다.

 토익 이렇게 나온다

혼동어 **chance : opportunity**
'기회'를 의미하는 단어들의 용례 차이를 구별하는 문제로 출제된다.

┌ **chance** 가능성, 기회
opportunity처럼 '기회'라는 의미로 사용하지만 chance는 '우연히 어떤 일이 일어날 가능성'을 뜻하기도 한다는 것이 차이점이다.
└ **opportunity** 기회
주변 상황과 조건이 받쳐 주어 어떤 일을 할 수 있는 기회가 있을 때 쓰인다.
The Green Earth Symposium provided a good **opportunity** to meet like-minded colleagues.
Green Earth 심포지엄은 같은 생각을 하는 동료들을 만나는 좋은 기회를 제공했다.

³ forecast*

[미 fɔ́ːrkæst]
[영 fɔ́ːkɑːst]
v. 예측하다 (= predict)

동 prediction 예보

n (날씨의) 예보

The news station gives hourly weather **forecasts**.

그 뉴스 방송국은 매시간 일기 예보를 제공한다.

 토익 이렇게 나온다

빈출어 **weather forecast** 일기 예보
market forecast 시장 전망

forecast는 복합 명사 형태로 자주 시험에 나오므로 표현을 익혀 두자.

동의어 미래에 발생할 일에 대한 예측을 뜻하는 forecast는 prediction으로 바꾸어 쓸 수 있다.

★★★ = 출제율 최상   ★★ = 출제율 상   ★ = 출제율 중
● = Part 5·6 정답 단어   ○ = Part 7 빈출 단어

4 waste *

[weist]

v. 낭비하다

파 wasteful adj. 낭비하는
동 garbage, trash, rubbish
쓰레기

n 쓰레기, 폐기물

Recyclable **waste** must be placed in the designated receptacles. 재활용 쓰레기는 지정된 용기에 넣어야 한다.

 토익 이렇게 나온다

동의어 쓰레기를 뜻하는 waste는 garbage, trash, rubbish 등으로 바꾸어
쓸 수 있다.

---

5 dispose **

[미 dispóuz]
[영 dispɔ́uz]

파 disposable adj. 일회용의,
처분할 수 있는
(↔ reusable)
disposal n. 폐기, 처분
(= dumping)

v 처분하다, 처리하다

Manufacturers must **dispose** of their waste appropriately. 제조업체들은 폐기물을 적절하게 처분해야 한다.

 토익 이렇게 나온다

빈출어구 1. dispose of ~을 처분하다
'(사물을) 처분하다'의 의미일 때 dispose는 전치사 of와 함께 사용되므로 묶어서 알아 둬야 한다.

2. disposable income 가처분 소득
disposable towel 일회용 타월
disposable income은 처분할 수 있는 소득, 즉 세금을 뺀 순수입을 의미한다.

---

6 recycling *

[rìːsáikliŋ]

파 recycle v. 재활용하다

n 재활용

Recycling saves energy and reduces acid rain.
재활용은 에너지를 절약하고 산성비를 감소시킨다.

---

7 clear ***

[미 kliər]
[영 kliə]

v. (장소를) 치우다, 비우다,
(장소에서 사람들을) 내보내다,
(보안 심사 등을) 통과하다
(= pass)

파 clearly adv. 명확히, 분명하게
clearable adj. 깨끗이 할 수
있는
동 obvious 명백한, 분명한

adj 맑게 갠; 명백한, 분명한

The picnic was held at the park on a **clear** day.
맑게 갠 날 공원에서 소풍이 열렸다.

adv 또렷하게, 완전히; 떨어져서

When the weather is good, you can see **clear** across the lake from one side to the other.
날씨가 좋을 때, 호수의 한쪽에서 건너편을 또렷하게 볼 수 있다.

 토익 이렇게 나온다

동의어 사실임이 명백한 경우를 설명하는 문맥에서 clear는 obvious로 바꾸어 쓸
수 있다.

⁸ damage★★★
[dǽmidʒ]

파 damaging adj. 손해를 끼치는
damaged adj. 손상된
동 harm 손해; 훼손하다

 n 피해, 손해

The thunderstorm caused extensive **damage** to the region. 폭풍우가 그 지역에 막대한 피해를 입혔다.

v (물건을) 손상시키다

The spilled chemicals **damaged** some factory machinery. 엎질러진 화학 물질이 몇몇 공장 기계를 손상시켰다.

토익 이렇게 나온다

빈출어구 cause damage to the machine 기계에 손상을 주다
damage the machine 기계를 손상시키다

명사 damage는 전치사 to와 어구를 이루어 자주 사용된다. 하지만 동사 damage는 타동사이므로 뒤에 전치사 to가 올 수 없다는 것을 꼭 기억해 두자.

동의어 물리적 손상, 정신적 피해 또는 이를 가하는 행위를 의미할 때 명사 또는 동사 damage는 harm으로 바꾸어 쓸 수 있다.

⁹ significant★★★
[signífikənt]

동 important 중요한

adj 상당한; 중대한, 중요한

Hurricane Aida produced **significant** winds in excess of 200 kilometers an hour.
허리케인 Aida는 시속 200킬로미터를 초과하는 상당한 바람을 만들어냈다.

Greenhouse gases have a **significant** impact on global temperatures.
온실가스는 지구 기온에 중대한 영향을 끼친다.

¹⁰ solution★★★
[səlúːʃən]

파 solve v. 해결하다

n 해결책

Solar power is one **solution** to energy problems.
태양력은 에너지 문제에 대한 하나의 해결책이다.

토익 이렇게 나온다

빈출어구 solution to ~에 대한 해결책

solution은 전치사 to와 함께 사용되므로 묶어서 알아 둬야 한다.

¹¹ occur★★★
[미 əkə́:r]
[영 əkə́:]

파 occurrence n. 사건, 발생
동 happen 발생하다

 v (일이) 발생하다, 생기다

Earthquakes **occur** frequently in several regions of Japan.
지진은 일본의 여러 지역에서 자주 발생한다.

토익 이렇게 나온다

동의어 어떤 일이 발생하다라는 의미일 때 occur는 happen으로 바꾸어 쓸 수 있다.

12 ideal ★★★
[미 aidíːəl]
[영 aidíəl]
n. 이상, 이상적인 것(사람)

동 perfect 이상적인

adj 이상적인

The weather this week has been **ideal** for a camping trip. 이번 주 날씨는 캠핑 여행을 가기에 이상적이었다.

 토익 이렇게 나온다

빈출어구 1. **ideal + venue/place** 이상적인 개최지/장소
ideal은 venue, place 등 장소를 뜻하는 명사들과 어울려 출제된다.

2. **be ideal for** ~에 이상적이다
ideal과 함께 쓰이는 전치사 for를 묻는 문제로 출제된다.

동의어 어떤 일을 하기에 좋은 조건을 설명하는 문맥에서 ideal은 perfect로 바꾸어 쓸 수 있다.

13 preserve ★★
[미 prizə́ːrv]
[영 prizə́ːv]

파 preserved adj, 보존된

v 보존하다, 보호하다

EnviroCore's mandate is to **preserve** natural habitats in North America.
EnviroCore의 임무는 북아메리카의 자연 서식지를 보존하는 것이다.

14 aid ★★
[eid]
v. 원조하다, 돕다

n 원조

The government pledged $15 million in **aid** to repair flood damage.
정부는 홍수 피해를 복구하는 데 1,500만 달러의 원조를 약속했다.

15 excessive ★★
[미 iksésiv]
[영 eksésiv]

adj 지나친, 과도한

Excessive garbage is a serious problem for many megacities. 지나친 쓰레기는 많은 대도시의 심각한 문제이다.

16 intensively ★★
[inténsivli]

adv 집중적으로

The wind blew **intensively** for hours during the storm. 폭풍이 칠 때 바람이 몇 시간 동안 집중적으로 불었다.

¹⁷ vary^{★★}

[미 vέəri]
[영 vέəri]

[파] variation n. 변형, 변화, 차이
varied adj. 여러 가지의,
다채로운

v 다르다, 다양하다

The level of water in the lake **varies** greatly from year to year. 그 호수의 수위는 해마다 크게 다르다.

¹⁸ pleasing^{★★}

[plíːziŋ]

adj 즐거운, 기분 좋은, 만족스러운

Trees in city parks are not only **pleasing** to see, but environmentally beneficial.

시립 공원의 나무들은 보기에 즐거울 뿐만 아니라, 환경적으로도 이롭다.

 토익 이렇게 나온다

┌ **pleasing** 즐거운, 만족스러운

pleasing은 즐거움의 원인이 되는 대상을 설명할 때 사용된다.

└ **pleased** 만족한, 즐거워하는

pleased는 만족감이나 즐거움을 느끼는 사람을 설명할 때 사용되며, 주로 be pleased with 형태로 출제된다.

Most residents were **pleased** with the city council's new environmental initiative.

대부분의 주민은 시의회의 새로운 환경 법안 발의에 만족했다.

¹⁹ mark^{★★}

[미 mɑːrk]
[영 mɑːk]

[동] rating 평가, 등급
celebrate 기념하다, 축하
하다

n 점수, 평점, 표시

Allor Corp. received an excellent **mark** from environment monitoring groups.

Allor사는 환경 감시 단체들로부터 우수한 점수를 받았다.

v 기념하다, 축하하다

The company **marked** Arbor Day by planting trees on its compound.

그 회사는 구내에 나무를 심는 것으로 식목일을 기념했다.

 토익 이렇게 나온다

mark는 평가를 통해 받은 점수를 의미하는 명사로 쓰일 때는 **rating**으로, 기념일을 축하하다라는 의미의 동사로 쓰일 때는 **celebrate**로 바꾸어 쓸 수 있다.

20 inaccessible ★★
[미 ìnəksésəbl]
[영 ìnəksésibl]

adj 접근이 불가능한, 이용이 불가능한

The wildlife park is **inaccessible** by car, so visitors have to take a ferry.
그 야생 공원은 자동차로 접근이 불가능해서, 방문객들은 페리를 타고 가야 한다.

 토익 이렇게 나온다

currently inaccessible 현재 접근/이용이 불가능한
inaccessible은 currently 등 시점을 나타내는 부사와 함께 주로 사용된다.

21 disturb ★★
[미 distə́:rb]
[영 distə́:b]

v 방해하다

The guests were **disturbed** by the noise from the construction site.
손님들은 건설 현장으로부터 나는 소리에 방해받았다.

22 pollutant ★★
[pəlú:tnt]

파 pollute v. 오염시키다
pollution n. 오염

n 오염 물질

Automotive exhaust introduces harmful **pollutants** into the air.
자동차 배기가스는 유해한 오염 물질을 대기 중으로 내보낸다.

토익 이렇게 나온다

pollutant 오염 물질
pollution 오염
물질 명사인 pollutant와 추상 명사인 pollution의 뜻을 구별하는 문제로 출제된다.

23 emission ★★
[imíʃən]

파 emit v. 배출하다

n 배기가스, 방출

New laws now limit **emissions** from cars.
새로운 법률이 이제부터 자동차 배기가스 양을 제한한다.

24 dense ★★
[dens]

adj 빽빽한, 밀집한

The Black Forest is so **dense** that it appears dark even at noon.
Black 숲은 너무 빽빽해서 한낮에도 어두워 보인다.

25 environmental ** ○

[미 invàiərənméntl]
[영 invàirənméntl]

[파] environment n. 환경
environmentalist n. 환경
운동가
environmentally adv. 환
경적으로

adj 환경적인

Climate change has become a major global
environmental issue.
기후 변화는 전 세계적으로 중요한 환경 문제가 되었다.

26 consistent * ○

[kənsístənt]

[파] consistently adv. 일관하여,
지속적으로

adj 일치하는, 지속적인, 한결같은

Factory construction must be **consistent** with
government environmental regulations.
공장 건설은 정부 환경 규정에 일치해야 한다.

27 leak * ○

[liːk]

n 누출, 누출량

A **leak** in an oil pipeline caused considerable
sickness in wildlife.
송유관의 누출이 야생 동물들에게 많은 질병을 야기했다.

v (물·빛이) 새게 하다

Improperly sealed tanks slowly **leaked** chemicals
into the water.
부적절하게 밀봉된 탱크가 화학 물질이 물속으로 천천히 새게 했다.

28 organization * ○

[미 ɔ̀ːrgənizéiʃən]
[영 ɔ̀ːgənaizéiʃən]

[파] organize v. 조직하다
[동] association 단체

n 단체

Many **organizations** have grouped together to
protect the African savanna.
많은 단체가 아프리카 사바나를 보호하기 위해 함께 뭉쳤다.

29 continually * ○

[kəntínjuəli]

[파] continue v. 계속되다
continual adj. 반복되는, 끊
임없는
continuous adj. 계속적인
continuity n. 연속성
continuation n. 지속,
연속되는 것

adv 계속해서

The processing plant **continually** polluted nearby
lakes.
그 가공 처리 공장은 계속해서 인근 호수들을 오염시켰다.

토익 이렇게 나온다

continually : lastingly

'계속해서'를 의미하는 단어들의 용례 차이를 구별하는 문제로 출제된다.

continually 계속해서

어떤 일이 발생했다 멈췄다 하며 거듭해서 계속 일어날 때 사용한다.

lastingly 지속적으로, 영속적으로

어떤 사항이 지속적으로 존재하거나 영향을 미치는 경우에 쓰인다.

The new environmental bill promises to **lastingly** protect the nation's waterways.

새로운 환경 법안은 그 나라의 수로를 지속적으로 보호하는 것을 보장한다.

---

³⁰ contaminate*

[미 kəntǽmənèit]
[영 kəntǽmineit]

[파] contamination n. 오염
[동] pollute 오염시키다

v 오염시키다

The water was **contaminated** with gasoline.

물이 휘발유로 오염되었다.

토익 이렇게 나온다

[동의어] 위험 또는 오염 물질을 더해 불순하게 하다라는 의미일 때 contaminate는 pollute로 바꾸어 쓸 수 있다.

---

³¹ disaster*

[미 dizǽstər]
[영 dizɑ́:stə]

n 재난

Emergency procedures are implemented in case of a natural **disaster**.

자연재해가 발생할 시에는 비상 절차가 시행된다.

---

³² discharge*

[미 distʃɑ́:rdʒ]
[영 distʃɑ́:dʒ]
n. 방출

v 방출하다

It is illegal to **discharge** industrial chemicals into the environment.

산업용 화학 물질을 자연환경으로 방출하는 것은 불법이다.

---

³³ resource*

[미 risɔ́:rs]
[영 risɔ́:s]

[파] resourceful adj. 자원이 풍부한

n 자원

Designating lands as national parks can help preserve natural **resources**.

토지를 국립 공원으로 지정하는 것은 천연자원을 보존하는 데 도움이 된다.

토익 이렇게 나온다

빈출어 ┌ **natural resources** 천연자원
└ **human resources** 인적 자원, 인사(부)

resource는 복합 명사 형태로 자주 시험에 나오므로 표현을 익혀 두자.

---

34 **prominent** ✱

[미 prámənənt]
[영 prɔ́minənt]

파 prominence n. 두드러짐, 걸출
prominently adv. 두드러지게, 현저하게
동 renowned 유명한

adj 유명한, 두드러진

Mr. Goldstein is a **prominent** expert in the energy industry. Mr. Goldstein은 에너지 업계에서 유명한 전문가이다.

토익 이렇게 나온다

동의어 잘 알려진 사람이나 단체를 설명하는 문맥에서 prominent는 renowned 로 바꾸어 쓸 수 있다.

---

35 **deplete** ✱

[diplíːt]

파 depletion n. 고갈, 파괴
동 exhaust 고갈시키다

v 고갈시키다

The area's water resources have been **depleted**, causing a drop in produce.
그 지역의 수자원이 고갈되면서 농산물 감소의 원인이 되었다.

토익 이렇게 나온다

동의어 자원이나 자금을 다 써서 거의 없게 하다라는 의미의 deplete는 exhaust 로 바꾸어 쓸 수 있다.

---

36 **purify** ✱

[미 pjúərəfài]
[영 pjúərifai]

파 purification n. 정화

v 정화시키다

The plant **purifies** the water before it is offered to the local population.
그 공장은 지역 주민들에게 제공되기 전에 물을 정화시킨다.

---

37 **endangered** ✱

[미 indéindʒərd]
[영 indéindʒəd]

동 threatened 멸종 위기에 처한

adj 멸종 위기에 처한

WildAid is fighting to protect **endangered** species.
WildAid는 멸종 위기에 처한 종들을 보호하기 위해 싸우고 있다.

토익 이렇게 나온다

동의어 멸종 위기에 처한 상태를 의미하는 endangered는 threatened로 바꾸어 쓸 수 있다.

★★★ = 출제율 최상 ★★ = 출제율 상 ★ = 출제율 중
● = Part 5·6 정답 단어 ○ = Part 7 빈출 단어

환경 | 479

핵심빈출단어 / 21 22 23 24 25 26 27 28 DAY 29 30 / Hackers TOEIC Vocabulary

38 extinction★
[ikstíŋkʃən]

파 extinct adj. 멸종된

n 멸종

Polar bears are now in danger of **extinction**.
북극곰은 현재 멸종 위기에 처해 있다.

39 drought★
[draut]

n 가뭄

The persistent **drought** affected the water supply.
계속되는 가뭄이 급수에 영향을 주었다.

40 inflict★
[inflíkt]

파 infliction n. (고통·피해를)
가함

v (고통·피해를) 입히다, 가하다

The new dam has **inflicted** considerable damage
on the local communities.
새로운 댐은 지역 사회에 상당한 피해를 입혔다.

41 migration★
[maigréiʃən]

파 migrate v. 이주하다

n 이동, 이주

The tank was isolated to prevent the **migration** of
contaminants. 탱크는 오염 물질의 이동을 막기 위해 격리되었다.

 토익 이렇게 나온다

◯❘◯ migration : immigration
'이동'을 뜻하는 단어들의 용례 차이를 구별해 두자.

┌ **migration** 이동, 이주
│ 한 지역에서 다른 지역으로 이동하거나 이주할 때 쓰인다.
└ **immigration** 이민 (↔ emigration)
　 외국으로부터 이주해 오는 것을 뜻한다.
　 The government adopted strict new controls on
　 immigration.
　 정부는 이민에 대해 강경한 신규 법적 규제를 채택했다.

42 ecology★
[미 ikɑ́lədʒi]
[영 ikɔ́lədʒi]

n 생태, 자연환경

Global warming alters the **ecology** of our planet.
지구 온난화는 지구의 생태를 변화시킨다.

43 habitat★
[hǽbitæt]

파 habitation n. 거주
inhabitant n. 주민, 거주자

n (동·식물의) 서식지

The plant rarely grows outside its natural **habitat**.
그 식물은 자연 서식지 밖에서는 거의 자라지 않는다.

DAY 29 Daily Checkup

토익에 출제되는 단어의 뜻을 오른쪽 보기에서 찾아 연결하세요.

01 emission

02 consistent

03 clear

04 dispose

05 mark

ⓐ 처분하다, 처리하다

ⓑ 기념하다, 축하하다

ⓒ 자원

ⓓ 맑게 갠, 명백한

ⓔ 배기가스, 방출

ⓕ 일치하는, 지속적인

토익에 출제되는 문장의 문맥에 맞는 단어를 고르세요.

06 Weather on the island ___ daily in the spring.

07 The lake's reeds are too ___ to walk through.

08 Factory waste ___ the river so no fish can survive.

09 Using recycled materials can save a(n) ___ amount of money.

ⓐ contaminates   ⓑ significant   ⓒ dense   ⓓ environmental   ⓔ varies

10 Congo Wildlife Park ___ the natural habitats of wild animals.

11 The company was fined for ___ pollution far above standards.

12 The researcher ___ studied the environmental impact of the project.

13 The fundraiser's proceeds will be used as ___ for victims of the hurricane.

토익 이렇게 나온다
명사 habitat은 preserve, damage와 같은 동사와 함께 자주 쓰여요.

ⓐ aid   ⓑ forecasts   ⓒ preserves   ⓓ intensively   ⓔ excessive

Answer 1.ⓔ 2.ⓕ 3.ⓓ 4.ⓐ 5.ⓑ 6.ⓔ 7.ⓒ 8.ⓐ 9.ⓑ 10.ⓒ 11.ⓔ 12.ⓓ 13.ⓐ

▶ Daily Checkup 해닉괴 푸기 및 Daily Quiz, 보카 테스트가 www.Hackers.co.kr에서 제공됩니다.

토익 기초 단어

LC		
☐ cave	**n**	동굴
☐ Celsius	**n**	섭씨
☐ chilly	**adj**	쌀쌀한
☐ clean up	**phr**	치우다, 청소하다
☐ cleaning supply	**phr**	청소 용품
☐ desert	**n**	사막
☐ dirt	**n**	먼지
☐ empty a trash can	**phr**	휴지통을 비우다
☐ factory	**n**	공장
☐ harvest	**v** 수확하다; **n**	수확
☐ humid	**adj**	습한
☐ landscape	**n**	풍경
☐ point	**n** 의견; **v**	가리키다
☐ seed	**n** 씨; **v**	~에 씨를 뿌리다
☐ shade	**n**	그늘
☐ sunny	**adj**	화창한
☐ sunset	**n**	일몰
☐ wet	**adj**	젖은
☐ windy	**adj**	바람 부는
☐ wood	**n**	나무, 목재

RC		
☐ dust	**n** 먼지; **v**	먼지를 털다
☐ flood	**n**	홍수
☐ general	**adj**	일반적인
☐ pollution	**n**	오염, 공해
☐ shower	**n**	소나기
☐ source	**n**	원천
☐ southern	**adj**	남쪽의
☐ temperature	**n**	온도

800점 완성 단어

LC			
	☐ along the shore	**phr**	해변을 따라
	☐ bay	**n**	(바다 · 호수의) 만
	☐ body of water	**phr**	물줄기
	☐ bush	**n**	관목
	☐ cliff	**n**	절벽
	☐ countryside	**n**	시골, 지방
	☐ eco-friendly(=environment-friendly)	**adj**	환경친화적인
	☐ footpath	**n**	보도, 오솔길
	☐ fountain	**n**	분수
	☐ freezing	**adj**	몹시 추운
	☐ gardening tool	**phr**	원예 도구
	☐ grasp	**v**	꽉 잡다, 움켜잡다
	☐ hail	**n**	우박
	☐ lakefront	**n**	호숫가
	☐ landscaping	**n**	조경
	☐ lighthouse	**n**	등대
	☐ nightfall	**n**	해 질 녘
	☐ off the shore	**phr**	해안에
	☐ overlook the water	**phr**	호수를 굽어보다
	☐ pull weeds	**phr**	잡초를 뽑다
	☐ rain forest	**phr**	열대 우림
	☐ rain or shine	**phr**	날씨에 상관없이, 어떤 일이 있어도
	☐ rain shower	**phr**	소나기
	☐ rainstorm	**n**	폭풍우
	☐ ranger	**n**	공원 관리인
	☐ riverbank	**n**	강둑
	☐ riverside	**n**	강변
	☐ scenery	**n**	풍경
	☐ scenic	**adj**	경치의
	☐ slope	**n**	비탈; **v** 경사지다
	☐ stream	**n**	시냇물; **v** 흐르다
	☐ suburb	**n**	교외
	☐ sweep the leaves	**phr**	낙엽을 쓸다

	☐ thunderstorm	n	뇌우
	☐ trail	n	길, 자취
	☐ trap	v	가두다, 함정에 빠뜨리다
	☐ tree trunk	phr	나무줄기
	☐ twilight	n	해 질 녘
	☐ weather forecast	phr	일기 예보
	☐ weather report	phr	일기 예보
	☐ windstorm	n	폭풍
Part 5, 6	☐ affirmative	adj	긍정하는, 동의하는
	☐ dislike	v	싫어하다
	☐ fertile	adj	비옥한, 기름진
	☐ in particular	phr	특히
	☐ quietly	adv	조용히
	☐ revolve	v	회전하다, 초점을 맞추다
	☐ setting	n	환경, 장소
	☐ sheer	adj	순전한, 얇은
	☐ solid	adj	단단한
	☐ tangible	adj	만져서 알 수 있는, 명백한
	☐ thoughtfully	adv	생각이 깊게
Part 7	☐ atmospheric	adj	대기의, 분위기 있는
	☐ conservation	n	보존
	☐ environmental regulations	phr	환경 규제
	☐ ground	n	지면, 근거
	☐ inclement	adj	(날씨가) 궂은, 혹독한
	☐ mining	n	채굴, 채광
	☐ natural habitat	phr	자연 서식지
	☐ noise and air pollution	phr	소음 공해와 대기 오염
	☐ nourishment	n	영양분
	☐ nurture	v	양육하다, 기르다
	☐ overflow	v	범람하다, 넘치다
	☐ react to	phr	~에 반응하다
	☐ recyclable	adj	재활용이 가능한
	☐ under construction	phr	공사 중인
	☐ vague	adj	모호한, 애매한
	☐ water level	phr	수위(水位)

900점 완성 단어

LC			
	☐ botanical	adj	식물의
	☐ irrigation system	phr	관개 시설
	☐ mow the lawn	phr	잔디를 깎다
	☐ overpass	n	육교
	☐ potted	adj	화분에 심은
	☐ pull up	phr	뽑다, (차가) 서다
	☐ shrub	n	관목
	☐ vacant site	phr	공터
Part 5, 6	☐ outwardly	adv	겉으로는, 표면상으로
	☐ precipitation	n	강수량, 강우량
	☐ promptness	n	재빠름, 신속
	☐ revert	v	(본래대로) 되돌아가다
	☐ sustainable (↔ unsustainable)	adj	지속 가능한
	☐ tranquility	n	평온
	☐ trimming	n	정돈, 장식
Part 7	☐ depletion	n	(자원 등의) 고갈
	☐ disposal	n	처분, 폐기
	☐ downpour	n	호우
	☐ drench	v	흠뻑 물에 적시다
	☐ fade	v	바래다, 희미해지다
	☐ fuel emission	phr	연료 배기
	☐ fumes	n	가스, 연기
	☐ grazing	n	방목, 목초지
	☐ logging	n	벌목
	☐ outskirts	n	교외, 변두리
	☐ residue	n	잔여물
	☐ rugged	adj	울퉁불퉁한
	☐ sewage	n	하수, 오수
	☐ splendor	n	장엄함
	☐ terrestrial	adj	지구상의
	☐ timber	n	목재
	☐ toxication	n	중독

➔ 토익완성단어의 Daily Quiz를 www.Hackers.co.kr에서 다운로드 받아 풀어보세요.

<해커스 토익 기출 보카> 어플로 DAY 29 단어를 재미있게 외워보세요.

토익 보카 30일 완성

심각한 병
건강

주제를 알면 토익이 보인다!

건강 주제에서는 주로 정기 검진 안내, 건강 프로그램 운영 공지, 새로운 헬스장 오픈 광고 등이 출제되고 있어요. 건강 주제에서 자주 출제되는 단어를 함께 알아볼까요?

▲무료 MP3 바로 듣기

건강과 일, 선택의 기로에 서다

며칠 동안 철야 야근하다 보니 fatigue가 쌓였는지 몸이 좋지 않아 조퇴하고 checkup 받으러 왔어요.

symptom이 어떻죠?

머리가 어지럽고, 소화도 잘 안 돼요.

많이 심각한가? physician도 diagnosis를 못 내리고 어떤 약을 prescribe해야 할지 잘 모르는 표정이네. 빨리 recover해야 하는데...

딱 보니 일하기 싫어서 왔구먼...

아야야   시름 시름 일하기 시름

¹ fatigue*
[fətíːg]

n 피로

Too much stress can lead to **fatigue**.
과도한 스트레스는 피로로 이어질 수 있다.

² checkup*
[tʃékʌp]

n 건강 진단

Yearly medical **checkups** are required for public school students. 공립 학교 학생들에게는 매년 건강 진단이 요구된다.

³ symptom*
[símptəm]

n 증상

The lawyer exhibited **symptoms** of a stress disorder.
그 변호사는 스트레스 장애 증상을 보였다.

⁴ physician*
[fizíʃən]

동 doctor 의사

n 내과 의사

Mr. Bentley consulted a **physician** about his high blood pressure. Mr. Bentley는 고혈압으로 의사에게 진찰을 받았다.

 토익 이렇게 나온다

혼동
어휘 ┌ **physician** 내과 의사
└ **physics** 물리학

사람 명사 physician과 추상 명사 physics를 구별하는 문제가 출제된다. physician은 일반적으로 의사를 지칭하기도 한다.

⁵ diagnosis*
[미 dàiəgnóusis]
[영 dàiəgnóusis]

파 diagnose v. 진단하다

n 진단

The doctor's **diagnosis** turned out to be wrong.
그 의사의 진단은 잘못된 것으로 판명되었다.

⁶ prescribe**
[priskráib]

파 prescription n. 처방전

v (약을) 처방하다

The doctor **prescribed** a remedy for Elaine's cold.
의사가 Elaine의 감기를 위한 치료약을 처방했다.

 토익 이렇게 나온다

빈출
어구 **prescribe medicine** 약을 처방하다
fill a prescription 처방전을 조제하다

prescribe는 medicine 등 약을 의미하는 명사가 주로 목적어로 온다. 명사 prescription은 동사 fill과 어울려 사용된다는 것을 함께 알아 두자.

★★★ = 출제율 최상 ★★ = 출제율 상 ★ = 출제율 중
● = Part 5·6 정답 단어 ○ = Part 7 빈출 단어

7 recovery*
[rikʌ́vəri]

파 recover v. 건강을 회복하다, 되찾다 (= get back)

n 회복, 쾌유

Time is needed to make a complete **recovery**.
완전히 회복하려면 시간이 필요하다.

8 recognize***
[rékəgnàiz]

파 recognizable adj. 인식할 수 있는, 알아볼 수 있는
동 honor 명예를 주다
realize 인식하다, 확실히 이해하다

v 인정하다, 알아보다

Many alternative medicines are not **recognized** as valid treatments. 많은 대체 의약품들은 유효한 치료법으로 인정되지 않는다.

 토익 이렇게 나온다

동의어 recognize는 사람의 수고, 노력 등을 알아주어 표창하는 문맥일 때에는 honor로, 사물이나 상황의 본질을 알아보고 이해한다는 문맥일 때에는 realize로 바꾸어 쓸 수 있다.

9 join***
[dʒɔin]

파 joint adj. 공동의, 합동의
jointly adv. 공동으로, 연대적으로

v ~에 가입하다

Employees are encouraged to **join** the health club.
직원들은 헬스클럽에 가입하도록 권장된다.

 토익 이렇게 나온다

빈출어 join a club 클럽에 가입하다
join a company 회사에 입사하다

join은 타동사이므로 전치사 없이 바로 목적어가 온다는 것에 주의해야 한다.

10 comprehensive ***
[미 kàmprihénsiv]
[영 kɔ̀mprihénsiv]

파 comprehend v. 포함하다
comprehension n. 이해력
comprehensible adj. 이해할 수 있는
comprehensively adv. 완전히, 철저히

adj 종합적인, 포괄적인

Executives are required to undergo a **comprehensive** physical examination once a year.
경영진은 1년에 한 번 종합 신체검사를 받도록 요구된다.

11 participate***
[미 pɑːrtísəpèit]
[영 pɑːtísipeit]

v 참여하다, 참가하다

Over 100 people **participated** in the medical study.
100명이 넘는 사람들이 의학 연구에 참여했다.

12 recommend***

[rèkəménd]

파 recommendation n. 추천

v 권고하다, 추천하다

The doctor **recommended** that Phillip get enough rest. 의사는 Phillip에게 충분한 휴식을 취하라고 권고했다.

 토익 이렇게 나온다

1. **be strongly recommended** 강력히 추천되다
   recommend는 부사 strongly와 어울려 자주 사용된다.

2. **on the recommendation of** ~의 추천에 따라
   recommendation의 관용 표현에서 전치사 on을 선택하는 문제가 출제된다.

13 necessary***

[nésəsèri]

adj 필요한

Surgery may be **necessary** to remove the patient's tumor.
환자의 종양을 제거하기 위해 수술이 필요할 수도 있다.

14 ability***

[미 əbíləti]
[영 əbíliti]

n 능력

Some diseases weaken the body's **ability** to defend itself.
몇몇 질병은 스스로를 방어하는 신체 능력을 약화시킨다.

15 operation***

[미 ὰpəréiʃən]
[영 ɔ̀pəréiʃən]

n 수술

Mr. Stanley underwent a four-hour **operation** on his heart.
Mr. Stanley는 4시간에 걸친 심장 수술을 받았다.

16 cleanliness***

[미 klénlinis]
[영 klénlinəs]

n 청결

Maintaining **cleanliness** can help prevent the spread of bacteria.
청결을 유지하는 것은 세균의 확산을 막는 데 도움이 될 수 있다.

17 duration***

[미 djuréiʃən]
[영 djuəréiʃən]

n 지속 기간, 지속

The **duration** of the illness may vary from one person to the next.
병의 지속 기간은 개인에 따라 다를 수 있다.

18 examination*** ○　n 진찰, 검사

[미 igzǽmənéiʃən]
[영 igzæminéiʃən]

Dr. Knowles began the patient's **examination** by asking a series of questions.

Dr. Knowles는 일련의 질문을 함으로써 환자의 진찰을 시작했다.

19 eliminate** ○　v 제거하다

[미 ilímənèit]
[영 ilímineit]

派 elimination n. 제거
동 remove, get rid of 제거하다

The kidneys **eliminate** wastes from the body.

신장은 신체 노폐물을 제거한다.

 토익 이렇게 나온다

동의어 불필요하거나 원하지 않는 것을 없애다라는 의미로 사용될 때 eliminate는 remove 또는 get rid of로 바꾸어 쓸 수 있다.

20 easily** ○　adv 쉽게

[íːzili]

Doctors **easily** removed the patient's appendix using advanced equipment.

의사들은 첨단 장비를 사용해 환자의 맹장을 쉽게 제거했다.

21 dental** ○　adj 치과의

[déntl]

It is important to receive **dental** checkups regularly.

정기적으로 치과 검진을 받는 것은 중요하다.

22 dietary** ○　adj 식이 요법의, 규정식의

[미 dáiətèri]
[영 dáiətəri]
n. 규정식, (식사의) 규정량

The Bureau of Health has issued a set of **dietary** guidelines for optimal nutrition.

보건국은 최적의 영양을 위한 식단 지침을 발표했다.

23 related** ○　adj 관련된

[riléitid]

Illnesses with **related** symptoms can be a challenge to diagnose properly.

관련 증상을 수반하는 질환들은 제대로 진단하는 것이 어려울 수 있다.

24 transmit** ○　v 전염시키다

[trænzmít]

派 transmission n. 전송, 전달

The flu virus is **transmitted** through the air.

독감 바이러스는 공기를 통해 전염된다.

25 periodically★★

[미 pìəriádikəli]
[영 pìəríɔdikəli]

[파] periodic adj. 주기적인,
정기의

adv 주기적으로

Free health checkups for all staff members are offered **periodically**.

모든 직원들을 위한 무료 건강 진단이 주기적으로 제공된다.

26 reaction★★

[riǽkʃən]

[파] react v. 반응하다

n 반응

Some foods can cause allergic **reactions** in children.

일부 음식은 아이들에게 알레르기 반응을 유발할 수 있다.

 토익 이렇게 나온다

[뜻법] **allergic reactions** 알레르기 반응
reaction to + 명사 ~에 대한 반응

reaction과 어울리는 형용사 allergic, 전치사 to를 함께 기억해 두자.

27 simple★★

[símpl]

adj 단순한

A number of **simple** remedies are available for insomnia.

불면증에는 많은 단순한 치료법들이 이용 가능하다.

28 coverage★

[kʌ́vəridʒ]

[파] cover v. 포함하다, 보도하다

n (보험의) 보상 범위; (신문 등의) 보도, 취재 범위

Employees may extend their insurance **coverage** to spouses.

직원들은 보험 보상 범위를 배우자로까지 넓힐 수 있다.

News **coverage** of the epidemic has been extensive.

전염병에 대한 언론 보도는 광범위했다.

29 exposure★

[미 ikspóuʒər]
[영 ikspóuʒə]

[파] expose v. 노출시키다

n 노출

Prolonged **exposure** to sunlight can cause skin cancer. 햇빛에 대한 장기적인 노출은 피부암을 유발할 수 있다.

 토익 이렇게 나온다

[뜻법] **exposure to** ~에 대한 노출
be exposed to ~에 노출되다

exposure와 동사 expose 모두 전치사 to를 사용한다.

★★★ = 출제율 최상 ★★ = 출제율 상 ★ = 출제율 중
● = Part 5·6 정답 단어 ○ = Part 7 빈출 단어

건강 | **491**

학산빈출단어

21
22
23
24
25
26
27
28
29
DAY 30

Hackers TOEIC Vocabulary

30 pharmaceutical [*]

[미 fɑ̀:rməsú:tikəl]
[영 fɑ̀:məsú:tikəl]

adj 제약의, 약학의

The **pharmaceutical** company markets children's dietary supplements.
그 제약 회사는 아동용 보조 식품을 판매한다.

31 premium [*]

[prí:miəm]

adj. 상급의, 고급의

n 보험료

Monthly medical insurance **premiums** will rise next year. 내년에 월 의료 보험료가 상승할 것이다.

32 relieve [*]

[rilíːv]

파 relief n. 완화, 경감
동 ease 완화시키다
반 aggravate 악화시키다

v 완화시키다

AlphaCough effectively **relieves** the symptoms of winter colds.
AlphaCough는 겨울철 감기 증상을 효과적으로 완화시켜 준다.

 토익 이렇게 나온다

동의어 통증이나 문제를 없애다라는 문맥에서 relieve는 ease로 바꾸어 쓸 수 있다.

33 combination [*]

[미 kɑ̀mbənéiʃən]
[영 kɔ̀mbinéiʃən]

파 combine v. 결합하다

n 결합, 연합

Vitamin supplements are used in **combination** with other preventative measures.
비타민 보충제는 다른 예방책들과 결합하여 사용된다.

 토익 이렇게 나온다

뉘앙스 in combination with ~과 더불어, ~과 결합하여

combination은 in combination with 형태로 출제되므로 꼭 기억해 둬야 한다.

34 conscious [*]

[미 kánʃəs]
[영 kɔ́nʃəs]

파 consciousness n. 의식, 자각
consciously adv. 의식적으로
동 aware 알고 있는

adj 알고 있는, 자각하고 있는

People taking medication need to be **conscious** of the risks.
약을 복용하는 사람들은 위험성에 대해 알고 있을 필요가 있다.

 토익 이렇게 나온다

동의어 어떠한 사실을 알고 있거나 감정을 인지하고 있는 상태를 설명하는 문맥에서 conscious는 aware로 바꾸어 쓸 수 있다.

35 deprivation*

[dèprivéiʃən]

[파] deprive v. 빼앗다

n 박탈, 상실

Sleep **deprivation** weakens the immune system.

수면 박탈은 면역 체계를 약화시킨다.

토익 이렇게 나온다

[빈출어] deprive A of B A에게서 B를 빼앗다

동사 deprive와 함께 쓰이는 전치사 of를 묶어서 기억해 두자.

36 health*

[helθ]

[파] healthy adj. 건강한
healthful adj. 건강에 좋은

n 건강; (사회·기관의) 번영, 안녕

To maintain good **health**, physicians recommend an active lifestyle.

건강을 유지하기 위해, 의사들은 활동적인 생활 방식을 추천한다.

It is difficult to forecast the future **health** of the medical industry.

의료 산업의 향후 번영을 예측하기는 어렵다.

토익 이렇게 나온다

[빈출어] health insurance 건강 보험
health benefits of exercise 운동이 주는 건강상의 이점들
financial health 재정적 안정

health는 '건강'이라는 뜻 외에 사회나 기관의 경제적 '번영'이라는 의미로도 시험에 출제된다.

37 induce*

[indjúːs]

[파] inducement n. 유발
[동] cause 유발하다

v 유발하다

Users were warned that the medication may **induce** drowsiness.

소비자들은 약품이 졸림을 유발할 수 있다는 것에 대해 주의를 받았다.

토익 이렇게 나온다

[동의어] 어떤 행동을 하게 하거나 증상이 나타나도록 원인을 제공하다라는 문맥에서 **induce**는 cause로 바꾸어 쓸 수 있다.

38 insurance*

[미 inʃúərəns]
[영 inʃɔ́ːrəns]

n 보험

Employees are eligible for dental **insurance** coverage.

직원들은 치과 보험 적용을 받을 수 있다.

★★★ = 출제율 최상 ★★ = 출제율 상 ★ = 출제율 중
● = Part 5·6 정답 단어 ○ = Part 7 빈출 단어

건강 | 493

핵심빈출단어

21 22 23 24 25 26 27 28 29

DAY 30

Hackers TOEIC Vocabulary

토익 이렇게 나온다

insurance company 보험 회사
insurance policy 보험 증서

insurance는 복합 명사 형태로 주로 출제되므로 묶어서 외워 두자.

39 nutrition*
[nju:tríʃən]

파 nutritious adj. 영양분이 많은
nutritionist n. 영양사

n 영양

Balanced **nutrition** is essential for growing children.

균형 잡힌 영양은 성장기의 아이들에게 필수적이다.

40 prevention*
[privénʃən]

파 prevent v. 예방하다
preventive adj. 예방적인
preventable adj. 예방할
수 있는

n 예방

Proper diet is necessary for the **prevention** of illness.

질병 예방을 위해 제대로 된 식습관이 필요하다.

41 susceptible*
[미 səséptəbl]
[영 səséptibl]

파 susceptibility n. 감염되기
쉬움

adj ~에 감염되기 쉬운, 영향 받기 쉬운

A weakened immune system makes one **susceptible** to colds.

약화된 면역 체계는 감기에 걸리기 쉽게 만든다.

 토익 이렇게 나온다

susceptible to ~에 걸리기 쉬운

susceptible과 어울리는 전치사 to를 함께 기억해 두자.

42 uncomfortably*
[미 ʌnkʌ́mfərtəbli]
[영 ʌnkʌ́mftəbli]

파 uncomfortable adj. 불쾌
한, 불편한
반 comfortably 편안하게

adv 불쾌하게, 불편하게

After Tom turned on the heater, the room became **uncomfortably** hot.

Tom이 난로를 켠 후, 방은 불쾌하게 더워졌다.

DAY 30 Daily Checkup

토익에 출제되는 단어의 뜻을 오른쪽 보기에서 찾아 연결하세요.

01 ability

02 participate

03 duration

04 prescribe

05 transmit

ⓐ 처방하다

ⓑ 참여하다, 참가하다

ⓒ 능력

ⓓ 지속 기간, 지속

ⓔ 완화시키다

ⓕ 전염시키다

토익에 출제되는 문장의 문맥에 맞는 단어를 고르세요.

> **토익 이렇게 나온다**
> reaction, solution과 같은 명사는
> 전치사 to와 함께 자주 쓰여요.

06 Janine often has an allergic ___ to dairy products.

07 The physician ___ a vitamin supplement to Ms. Post.

08 A(n) ___ of the patient's lungs revealed nothing unusual.

09 Television ___ of the drug's benefits has attracted investors.

ⓐ coverage	ⓑ recommended	ⓒ examination	ⓓ joined	ⓔ reaction

10 Steve was forced to undergo a knee ___ to relieve pain.

11 Susan's stomach tumor was ___ completely by the surgery.

12 The doctor ___ Ms. Han's symptoms and said she had the flu.

13 Doctors blamed the patient's heart ailment on his poor ___ habits.

ⓐ recognized	ⓑ operation	ⓒ insurance	ⓓ dietary	ⓔ eliminated

Answer 1.ⓒ 2.ⓑ 3.ⓓ 4.ⓐ 5.ⓕ 6.ⓔ 7.ⓑ 8.ⓒ 9.ⓐ 10.ⓑ 11.ⓔ 12.ⓐ 13.ⓓ

➡ Daily Checkup 해석과 추가 Daily Quiz, 보카 테스트가 www.Hackers.co.kr에서 제공됩니다.

토익 기초 단어

LC	☐ allergic	**adj**	알레르기가 있는, 알레르기의
	☐ blind	**adj**	눈이 먼
	☐ cavity	**n**	충치
	☐ cold	**n**	감기, 추위; **adj** 추운
	☐ cosmetic	**adj**	미용의, 화장의
	☐ feel sick	**phr**	몸이 찌뿌드드하다, 메스껍다
	☐ fitness	**n**	건강 상태
	☐ gym	**n**	체육관
	☐ have an injection	**phr**	주사를 맞다
	☐ medical facility	**phr**	의료시설
	☐ raincoat	**n**	비옷
	☐ surgery	**n**	수술
	☐ toothache	**n**	치통
	☐ treat	**v**	치료하다
	☐ vision	**n**	시력
	☐ workout	**n**	운동
RC	☐ beat	**v**	(심장·맥박이) 뛰다
	☐ blink	**v**	눈을 깜빡이다
	☐ cure	**n**	치료; **v** 치료하다
	☐ disease	**n**	질병
	☐ healing	**adj**	치료의
	☐ internal	**adj**	내부의
	☐ lung	**n**	폐, 허파
	☐ organ	**n**	(신체) 기관
	☐ remedy	**n**	치료법, 의약
	☐ stomachache	**n**	복통
	☐ well-being	**n**	(건강과) 행복

800점 완성 단어

LC			
	□ aging	**adj**	나이 들어가는
	□ ankle sprain	**phr**	발목 접질림
	□ back injury	**phr**	허리 부상
	□ be on a special diet	**phr**	특수 식이 요법 중이다
	□ blood pressure	**phr**	혈압
	□ blood supply	**phr**	혈액 공급
	□ buzzing	**adj**	윙윙 소리를 내는, 와글거리는
	□ doctor's appointment	**phr**	진료 예약
	□ emergency room	**phr**	응급실
	□ get some exercise	**phr**	운동하다
	□ heart ailment	**phr**	심장병
	□ heart attack	**phr**	심장 마비
	□ heart disease	**phr**	심장 질환
	□ injection	**n**	주사
	□ insomnia	**n**	불면증
	□ lean back	**phr**	뒤로 기대다
	□ lose weight	**phr**	살이 빠지다
	□ maternity ward	**phr**	산부인과 병동
	□ patient's record	**phr**	환자의 의료 기록
	□ physical examination	**phr**	신체검사
	□ physical therapy	**phr**	물리 치료
	□ resist	**v**	참다, 견디다, 저항하다
	□ sneeze	**v**	재채기하다
	□ surgical instrument	**phr**	수술 도구
	□ tablet	**n**	알약
	□ take effect	**phr**	효과가 나타나다
	□ take medication	**phr**	약을 복용하다
	□ take some medicine	**phr**	약을 먹다
	□ terminal	**adj**	말기의, 불치의
	□ vaccination	**n**	백신, 예방 접종
	□ watch over	**phr**	보호하다, 지키다
Part 5, 6	□ consequently	**adv**	그 결과, 따라서
	□ harmful	**adj**	해로운, 유해한

☐ maximize	**v**	극대화하다
☐ medicinal	**adj**	약용의, 치유력이 있는
☐ patiently	**adv**	끈기 있게, 참을성 있게
☐ recover	**v**	(건강이) 회복되다
☐ resemble	**v**	~을 닮다, ~과 공통점이 있다
☐ ultimately	**adv**	마침내, 결국
☐ urgently	**adv**	급히
☐ visualize	**v**	시각화하다

Part 7

☐ antibiotic	**n**	항생제
☐ asthma	**n**	천식
☐ athletic skill	**phr**	운동 능력
☐ chronic	**adj**	만성의
☐ contagious	**adj**	전염성의
☐ diabetes	**n**	당뇨병
☐ donor	**n**	기증자
☐ dosage	**n**	1회분 복용량
☐ dose	**n**	(약의) 1회 복용량
☐ eradicate	**v**	근절하다, 뿌리 뽑다
☐ exhale	**v**	숨을 내쉬다
☐ first aid	**phr**	응급 처치
☐ food poisoning	**phr**	식중독
☐ forbid	**v**	금지하다
☐ genetic research	**phr**	유전학 연구
☐ germ	**n**	세균
☐ hiccup	**n**	딸꾹질
☐ hygiene	**n**	위생
☐ immune	**adj**	면역의
☐ infection	**n**	감염
☐ infectious disease	**phr**	전염병
☐ inhale	**v**	숨을 들이마시다
☐ overdose	**n**	과다 복용
☐ painkiller	**n**	진통제
☐ paralysis	**n**	마비
☐ pulse	**n**	맥박
☐ robust	**adj**	튼튼한, 강건한

900점 완성 단어

LC	□ be on medication	**phr** 약물치료 중이다	
	□ blurry	**adj** 흐릿한	
	□ compressed	**adj** 압축된, 압착된, 간결한	
	□ get a prescription filled	**phr** 처방전을 조제 받다	
	□ have one's vision tested	**phr** 시력을 측정하다	
	□ milestone	**n** 획기적인 사건, 중요한 단계	
	□ on an empty stomach	**phr** 공복에	
	□ outpatient clinic	**phr** 외래 환자 진료소	
	□ practitioner	**n** 전문의	
	□ recurring	**adj** 되풀이하여 반복하는	
	□ refill	**v** (약을) 재조제하다; **n** (약의) 재조제	
	□ wing	**n** 별관, 부속 건물	
Part 5, 6	□ elderly	**adj** 나이 든	
	□ insistent	**adj** 끈질긴, 강요하는	
	□ intuitively	**adv** 직관적으로	
	□ plausible	**adj** 그럴듯한	
	□ prolonged	**adj** 장기의, 오래 끄는	
	□ vocation	**n** 직업, 천직, 사명감	
Part 7	□ acute	**adj** (통증이) 심한	
	□ dehydration	**n** 탈수(증)	
	□ deter	**v** 단념시키다, 막다	
	□ epidemic	**adj** 전염성의; **n** (전염병의) 유행	
	□ life expectancy	**phr** 평균 수명	
	□ life span	**phr** 수명	
	□ over-the-counter medicine	**phr** 처방전 없이 살 수 있는 약	
	□ palpitations	**n** 비정상적으로 빠른 심장 박동	
	□ perspire	**v** 땀을 흘리다	
	□ quarantine	**n** 격리; **v** 격리시키다	
	□ recuperate	**v** 회복하다, 건강을 되찾다	
	□ respiratory system	**phr** 호흡 기관	
	□ respire	**v** 호흡하다	
	□ sterilize	**v** 살균하다	

➔ 토익완성단어의 Daily Quiz를 www.Hackers.co.kr에서 다운로드 받아 풀어보세요.

해커스 토익 기출VOCA <해커스 토익 기출 보카> 어플로 DAY 30 단어를 재미있게 외워보세요.

토익 실전 문제 3

01 By following their doctors' recommendations, patients can ------- the need to undergo additional treatments.

(A) require
(B) prescribe
(C) organize
(D) eliminate

02 Although subway fares are increasing, most people believe the speediness of train travel is worth the -------.

(A) waste
(B) expense
(C) migration
(D) entry

03 Staff must ------- display parking passes on their vehicles so security guards can easily see them.

(A) intensively
(B) successfully
(C) prominently
(D) alternatively

04 The research has ------- that workers today are more interested in enjoying their work than in making a lot of money.

(A) merged
(B) approved
(C) revealed
(D) expected

05 Ms. Palumbo was recognized during her retirement party for her years of ------- to the company.

(A) dedication
(B) appreciation
(C) relation
(D) duration

06 After reading an article on the health benefits of fruits and vegetables, Katherine made a ------- effort to change her diet.

(A) compulsory
(B) detailed
(C) conscious
(D) dense

07 Detour signs have been placed at several spots along the road to ------- traffic away from the construction site.

(A) divert
(B) induce
(C) interfere
(D) designate

08 The widespread availability of financial information has made stock investment more ------- even among amateur investors.

(A) tentative
(B) prevalent
(C) reserved
(D) spacious

Questions 09-12 refer to the following notice.

Dear Residents,

We would like to inform you that we will be ------- roadwork in your area. **09**
This project is expected to start on June 1 and end on July 15. The work will
include repairs to Longham, Greystone, and Wallford Streets, as well as to the
Longham Street Bridge. Those streets will be ------- during the period. A notice **10**
listing alternative routes for motorists will be posted within the week.

We apologize for any inconvenience and assure you that it will be -------. **11**
We expect traffic to and from the city to move slowly for the duration of the
project. Once the work has been completed, road conditions will improve
considerably. -------. We appreciate your patience and cooperation while the **12**
repairs are being made.

Rachel Bingley, District Representative

09 (A) supporting   (B) delaying
   (C) dismissing   (D) commencing

10 (A) uncertain   (B) inaccessible
   (C) damaged   (D) prominent

11 (A) significant   (B) temporary
   (C) exceptional   (D) improbable

12 (A) A subsequent notice will inform
   you what streets are involved.
   (B) This should speed up traffic and
   make driving much easier.
   (C) The roadworks department
   regrets the postponement of
   street repairs.
   (D) Please keep these regulations
   in mind when driving through
   the area.

Question 13 refers to the following article.

MX Industries secured sufficient capital from investors to proceed with its
project. The project will utilize new technology to greatly improve the existing
products. A press release on the company's specific plans will follow.

13 The word "secured" in paragraph 1, line 1, is closest in meaning to

   (A) assured   (B) obtained   (C) tightened   (D) positioned

Hackers TOEIC Vocabulary

정답 및 해석 · 해설

정답 및 해석·해설

토익 실전 문제 1

p.184

01 (C) **02** (B) **03** (D) **04** (D) **05** (B) **06** (C) **07** (B) **08** (A) **09** (C) **10** (D)
11 (D) **12** (C) **13** (D)

01
해석 지역 문화 센터에서는 주민들에게 다양한 미술 공예 강좌를 제공한다.

어휘 community center 지역 문화 센터 provide[prəváid] 제공하다, 지급하다
resident[rézədənt] 주민, 거주자 arts and crafts 미술 공예 showing[ʃóuiŋ] (영화·연극의) 상연
prospect[práspekt] 전망 variety[vəráiəti] 다양성, 변화 consequence[kánsəkwèns] 결과

02
해석 Zwisher사 주방용품 라인 사용자들은 그것이 제공하는 많은 편리함으로부터 혜택을 볼 것이다.

어휘 kitchen appliance 주방용품 convenience[kənví:njəns] 편리, 편의
improvise[ímprəvàiz] 즉흥 연주를 하다, 즉석에서 만들다 benefit[bénəfìt] 혜택을 보다, 이익을 얻다
follow[fálou] ~을 따라가다 transform[trænsfɔ́:rm] 바꾸다, 변모시키다

03
해석 아이들은 혼자서 축제에 참여하는 것이 허락되지 않으며 반드시 어른을 동반해야 한다.

어휘 allow[əláu] 허락하다, 허가하다 attend[əténd] 참여하다, 참석하다 appear[əpíər] 나타나다, 출현하다
require[rikwáiər] 요구하다 succeed[səksí:d] 성공하다; 뒤를 잇다
accompany[əkʌ́mpəni] 동반하다, 동행하다

04
해석 참여하는 고객들은 그 회사 제품에 대해 어떻게 생각하는지를 설문지에 나타내도록 요청받을 것이다.

어휘 participate[pɑ:rtísəpèit] 참여하다, 관여하다 survey[sə́:rvei] 설문 조사
manage[mǽnidʒ] 관리하다; 어떻게든 ~하다 demand[dimǽnd] 요구하다; 수요
adopt[ədápt] 채택하다; 입양하다 indicate[índikèit] 나타내다, 보여주다

05
해석 박물관의 현재 전시회는 지난해 터키에 있는 한 유적지에서 발견된 고대 유물들의 전시를 특징으로 한다.

어휘 current[kə́:rənt] 현재의 feature[fí:tʃər] 특징으로 삼다; 특징 ancient[éinʃənt] 고대의
artifact[á:rtəfækt] 유물, 공예품 historical site 유적지 audience[ɔ́:diəns] 청중
exhibition[èksəbíʃən] 전시회 subscription[səbskrípʃən] (정기 발행물의) 구독
announcement[ənáunsmənt] 공고, 발표

06
해석 온라인 회사들은 보수 관리에 더 적게 지출하므로 전통적인 소매상점보다 유리하다.

어휘 traditional[trədíʃnəl] 전통적인 retail[rí:teil] 소매의 maintenance[méintənəns] 보수 관리, 유지
admission[ədmíʃən] 입장 influence[ínfluəns] 영향, 작용 advantage[ædvǽntidʒ] 이점, 강점
experience[ikspíəriəns] 경험, 체험

07

해석 새로운 정책이 그들에게 어떤 영향을 미칠지를 명확하게 하고자 하는 직원들은 상사에게 물어봐야 한다.

어휘 policy[pάləsi] 정책 affect[əfékt] ~에게 영향을 미치다
consult[kənsΛlt] ~에게 의견을 묻다, 상의하다 enable[inéibl] 가능하게 하다
clarify[klǽrəfài] 명확하게 하다 contain[kəntéin] 포함하다 inform[infɔ́:rm] 알리다

08

해석 특별 제공의 일환으로, Stomps 체육관은 신규 이용자들에게 가입비를 할인해 주고 있다.

어휘 discount[dískaunt] 할인하다; 할인 membership fee 가입비 offer[ɔ́:fər] 제공; 제공하다
notice[nóutis] 통지; 주목하다 charge[tʃά:rdʒ] 요금 warranty[wɔ́:rənti] 보증; 보증서

09-12번은 다음 이메일에 관한 문제입니다.

Mr. Elias께,

09 관리부 차장으로서, 다음 달 로스앤젤레스에서 있을 경영 회담에 참석할 수 있도록 승인을 요청하고자 합니다. **10** 제가 일주일 동안 부재중이어야 할 것이지만, 제가 그 행사에서 얻고자 하는 정보는 회사에 유익할 것입니다. **11** 그 회담은 최대 효율성을 내기 위한 조직 재편성에 관한 것이며, 그 내용은 더 나은 업무 시스템을 개발하기 위한 우리의 노력에 적용될 수 있습니다.

저는 우리 사무실을 보다 혁신하기 위해 최첨단 기술을 이용하는 데 특히 관심이 있습니다. 이것은 우리가 이제 여러 회사가 갖고 있는 기준을 충족하는 데 도움이 될 것입니다. 제가 생각할 수 있는 다른 사안도 있으나, 이 시점에 언급하지는 않겠습니다. 물론, 귀하의 조언과 제안을 기꺼이 받아들이겠습니다. **12** 귀하께서는 아마 제가 미처 생각하지 못한 식견을 갖고 있으실 것입니다. 제가 이 회담에 참석하는 데 필요한 지원을 회사에서 제공해 주시기를 바랍니다.

Gail

request[rikwést] 요청하다 attend[əténd] 참석하다 be away 부재중이다
obtain[əbtéin] 얻다, 획득하다 reorganize[ri:ɔ́:rgənaiz] 재편성하다 efficiency[ifíʃənsi] 효율성
cutting-edge[kΛtiŋèdʒ] 최첨단의 progressive[prəgrésiv] 혁신적인, 진보적인
standard[stǽndərd] 기준, 척도 support[səpɔ́:rt] 지원; 지원하다

09

해설 빈칸이 포함된 문장에서, '회담에 참석하기 위해 회사에 요청해야 하는 것'으로 적절한 어휘를 찾아야 한다. 따라서 정답은 (C) permission(승인, 허가)이다.

어휘 experience[ikspíəriəns] 경험 incentive[inséntiv] 장려금
permission[pərmíʃən] 승인, 허가 feedback[fí:dbæ̀k] 의견, 반응

10

해설 빈칸이 포함된 문장만을 보면 (A) creative와 (C) advanced, (D) beneficial이 모두 정답이 될 수 있다. 그러나 2번째 문단에서 '최첨단 기술을 이용하여 사무실을 보다 혁신하는 데 관심이 있다'고 했고, '다른 회사들이 갖고 있는 기준을 충족하는 데 도움이 된다'고 했으므로, 회담에서 얻을 지식은 회사에 도움이 되는 것임을 알 수 있다. 따라서 정답은 (D) beneficial(유익한)이다.

정답 및 해석·해설

어휘   **creative**[kriéitiv] 창의적인   **involved**[inválvd] 관련된, 연루된
      advanced[ədvǽnst] 진보한, 선진의   **beneficial**[bènəfíʃəl] 유익한, 이로운

11

해설   빈칸이 포함된 문장에서, '회담의 내용과 더 나은 업무 시스템을 개발하는 것의 상관관계'를 나타내기에
     적절한 어휘를 찾아야 한다. 따라서 정답은 (D) applied to(~에 적용되다)이다.

어휘   **check for** ~을 조사하다   **qualify for** ~에 대한 자격을 얻다   **comply with** ~에 따르다
      apply to ~에 적용되다

12

해설   앞 문장에서 '조언과 제안을 기꺼이 받아들이겠다'고 했으므로 빈칸에는 상대방의 조언을 받아들이는 이
     유 또는 그 조언에 대한 추가 내용이 와야 함을 알 수 있다. 따라서 정답은 (C) You probably have
     insights that I haven't thought of yet이다.

     보기 해석

     (A) 회사에서 이미 해결한 다른 문제들이 있었습니다.
     (B) 회담이 우리 회사에 왜 필수적인지 설명하고 싶습니다.
     (C) 귀하께서는 아마 제가 미처 생각하지 못한 식견을 갖고 있으실 것입니다.
     (D) 우리는 보다 체계적이기 위해 최선을 다해 왔습니다.

어휘   **resolve**[rizálv] 해결하다   **vital**[váitl] 필수적인, 치명적인   **organized**[ɔ́ːrgənáizd] 체계적인, 계획된

13번은 다음 기사에 관한 문제입니다.

> Almaca 대학 운영 위원회는 최근의 문제들을 논의하기 위해 이달 말에 모일 것이다. 제기될 것으로 예상
> 되는 안건 중에는 오래된 건물을 개조하는 계획과 올해 수업료 인상 여부가 있다.
>
> **board of governors** 운영 위원회   **concern**[kənsə́ːrn] 문제, 사안; 관심   **issue**[íʃuː] 안건
> **raise**[reiz] 제기하다; 들어 올리다   **renovate**[rénəvèit] 개조하다   **tuition fee** 수업료

13

문제   1문단 두 번째 줄의 단어 "concerns"는 의미상 ~와 가장 가깝다.
     (A) 관심   (B) 방법   (C) 강조   (D) 문제

해설   concerns가 논의되어야 하는 '문제, 사안'이라는 의미로 사용되었다. 따라서 정답은 (D) matters(문제,
     일)이다.

어휘   **interest**[íntərəst] 관심; 이익   **method**[méθəd] 방법   **stress**[stres] 강조
      matter[mǽtər] 문제, 일; 물질

토익 실전 문제 2 p.344

01 (B)　**02** (A)　**03** (D)　**04** (D)　**05** (C)　**06** (D)　**07** (B)　**08** (A)　**09** (D)　**10** (A)
11 (C)　**12** (D)　**13** (D)

01
해석 그 회사는 산업 재해를 예방하기 위해 정기적인 안전 교육을 제공한다.

어휘 regular[régjulər] 정기적인　safety training 안전 교육　decline[dikláin] 감소하다
prevent[privént] 예방하다　refuse[rifjú:z] 거절하다　oblige[əbláidʒ] 강요하다

02
해석 몇몇 건물 세입자들이 관리소를 방문하여 방문자용 주차 공간 부족에 대한 불만을 제기했다.

어휘 tenant[ténənt] 세입자　administration office 관리소　file[fail] 제기하다
visitor[vízitər] 방문자　parking[pá:rkiŋ] 주차 공간　complaint[kəmpléint] 불만
inventory[ínvəntɔ̀:ri] 재고 목록　dispute[dispjú:t] 논쟁　commitment[kəmítmənt] 헌신

03
해석 Sunshine Electronics사의 엔지니어들은 그 케이블을 현재 시장에서 통용되고 있는 대부분의 컴퓨터 유형과 호환되도록 설계했다.

어휘 design[dizáin] 설계하다　available[əvéiləbl] 통용되는　manual[mǽnjuəl] 수동의
broad[brɔ:d] 광범위한　successful[səksésfəl] 성공적인　compatible[kəmpǽtəbl] 호환되는

04
해석 식당은 고객들에게 지불하기 전에 맞는 테이크아웃 주문 요리를 받았는지 확인하라고 권한다.

어휘 correct[kərékt] 올바른　takeout[téikàut] 테이크아웃 음식　order[ɔ́:rdər] 주문 (요리)
payment[péimənt] 지불　calculate[kǽlkjulèit] 계산하다　combine[kəmbáin] 결합시키다
contact[kántækt] 연락하다　confirm[kənfə́:rm] 확인하다

05
해석 Ms. Anderson의 인상적인 발표는 대성공이어서, 매우 수익성이 좋은 두 고객을 얻었다.

어휘 presentation[prì:zentéiʃən] 발표　success[səksés] 성공　lucrative[lú:krətiv] 수익성 있는
unlimited[ʌ̀nlímitid] 제한 없는　absolute[ǽbsəlù:t] 완전한
impressive[imprésiv] 인상적인　argumentative[à:rgjuméntətiv] 논쟁적인

06
해석 직원들은 경비를 상환받기 위해 출장으로부터 발생한 영수증을 반드시 제출해야 한다.

어휘 submit[səbmít] 제출하다　receipt[risí:t] 영수증　business trip 출장
in order to do ~하기 위해　expense[ikspéns] 경비　amend[əménd] 수정하다
deduct[didʌ́kt] 공제하다　prompt[prɑmpt] 촉발하다　reimburse[rì:imbə́:rs] 상환하다, 변제하다

정답 및 해석·해설

07

해석   주택 인테리어의 최신 유행은 공간을 절약하기 위해 접을 수 있는 혁신적인 가구들이다.

어휘   **latest**[léitist] 최신의   **trend**[trend] 유행   **furniture**[fə́ːrnitʃər] 가구   **save**[seiv] 절약하다
defective[diféktiv] 결함 있는   **innovative**[ínəvèitiv] 혁신적인
perishable[périʃəbl] 소멸하기 쉬운   **unavailable**[ʌ̀nəvéiləbl] 이용할 수 없는

08

해석   비록 그 회사는 지난 분기에 적자를 보였지만, 이번 가을에는 휴대폰 판매에서 수익을 얻을 것으로 예상
된다.

어휘   **although**[ɔːlðóu] 비록 ~이지만   **quarter**[kwɔ́ːrtər] 분기   **expect**[ikspékt] 예상하다
make money 수익을 얻다   **deficit**[défəsit] 적자   **market**[máːrkit] 시장   **budget**[bʌ́dʒit] 예산
commodity[kəmádəti] 상품

09-12번은 다음 기사에 관한 문제입니다.

> Bolton사가 흑자 최고치를 기록하다
>
> **09** 인기 있는 의류 소매업체인 Bolton사에서 최근에 발표한 액수는 작년의 이익률이 이전 그 어떤 해
> 의 이익률도 넘어섰음을 보여 준다. Bolton사의 대변인 Rochelle DeVries는 작년에 남성 의류 컬렉션
> 에서 급격한 매출 성장이 있었다고 말했다. **10** 전형적으로, 체인점 매출의 단 20퍼센트만 남성 의류에서
> 발생한다. 작년에는, 그 수치가 12퍼센트 올랐고, 총매출액은 거의 28퍼센트 올랐다. **11** DeVries에 따
> 르면, 이 회사는 이제 영업 사원들에게 판매 실적에 따라 현금 보너스로 보상한다. DeVries는 수익성 증
> 가의 주요 원인은 이 커미션 제도라고 주장한다. **12** 경영진은 이 제도를 무기한으로 지속할 작정이다. 의
> 심의 여지 없이, 그것은 회사 전체에 이익이 되었다.
>
> **set a record** 최고치를 기록하다   **figure**[fígjər] 액수, 합계   **release**[rilíːs] 발표하다, 공개하다
> **profit margin** 이익률   **previous**[príːviəs] 이전의   **spokesperson**[spóukspə̀rsn] 대변인
> **dramatic**[drəmǽtik] 급격한   **gross sales** 총매출액   **claim**[kleim] 주장하다
> **commission**[kəmíʃən] 커미션, 수수료   **profitability**[prὰfitəbíləti] 수익성
> **without a doubt** 의심의 여지 없이

09

해설   지문 전체에서 단서를 찾아야 하는 문제로, 빈칸 뒷부분에서 '작년에 남성 의류 컬렉션에서 급격한 매출
성장이 있었다'고 했고, '총매출액이 거의 28퍼센트 올랐다'고 했으므로, 작년의 이윤은 그 이전보다 증가
했음을 알 수 있다. 따라서 정답은 (D) exceeds(넘어서다)이다.

어휘   **total**[tóutl] 총계가 ~이 되다   **curtail**[kərtéil] 삭감하다   **represent**[rèprizént] 나타내다, 대표하다
exceed[iksíːd] 넘어서다, 초과하다

10

해설   빈칸이 포함된 문장만을 보면 모든 보기가 정답이 될 수 있다. 그러나 앞 문장에서 '작년에 남성 의류 컬렉
션에서 급격한 매출 성장이 있었다'고 했고, 뒤 문장에서 '작년에 남성 의류가 매출에서 차지하는 비중이
12퍼센트 올랐다'고 했으므로, 체인점 매출의 20퍼센트가 남성 의류에서 발생하는 경우는 작년을 제외한
일반적인 경우임을 알 수 있다. 따라서, 정답은 (A) Typically(전형적으로)이다.

어휘 **typically**[típikəli] 전형적으로, 일반적으로 **markedly**[máːrkidli] 현저하게
accurately[ǽkjurətli] 정확히 **fortunately**[fɔ́ːrtʃənətli] 다행히

11

해설 빈칸이 있는 문장에서 '회사가 영업 사원들에게 현금 보너스를 준다'라는 문맥을 나타내기에 가장 적절한 어휘를 찾아야 한다. 보기 중 정답으로 가장 적절한 것은 (C) compensates(보상하다)이다.

어휘 **improve**[imprúːv] 향상시키다 **replace**[ripléis] 교체하다, 대신하다
compensate[kámpənsèit] 보상하다 **produce**[prədʲúːs] 생산하다

12

해설 앞 문장에서 '수익성 증가의 주요 원인이 커미션 제도이다'라고 했고, 뒤 문장에서 '이것이 회사 전체에 이익이 되었다'라고 했으므로 빈칸에는 긍정적인 효과를 가져온 커미션 제도에 대한 향후 계획이 와야 함을 알 수 있다. 따라서 정답은 (D) Management intends to continue this arrangement indefinitely 이다.

보기 해석

(A) 이것은 Bolton사 매장에서 남성복을 판매하는 최초이다.
(B) 또 다른 의류 할인 행사는 가까운 미래에 발표될 것이다.
(C) 그 회사는 체인망에 더 많은 매장을 추가할 계획이다.
(D) 경영진은 이 제도를 무기한으로 지속할 작정이다.

어휘 **management**[mǽnidʒmənt] 경영진 **intend to do** ~할 작정이다
indefinitely[indéfənitli] 무기한으로, 막연히

13번은 다음 안내문에 관한 문제입니다.

> 고객들이 자신의 주문에 한 모든 변경 사항은 온라인 계산서에 즉시 반영될 것입니다. 덧붙여, 어떤 물품의 수량이 바뀔 경우, 고객들에게 주문이 변경되었음을 알리는 이메일이 발송될 것입니다.
>
> **modification**[màdəfikéiʃən] 변경 사항 **immediately**[imíːdiətli] 즉시 **reflect**[riflékt] 반영하다
> **account**[əkáunt] 계산서 **additionally**[ədíʃənli] 덧붙여 **quantity**[kwántəti] 수량, 분량
> **item**[áitəm] 물품 **inform**[infɔ́ːrm] 알리다 **alter**[ɔ́ːltər] 변경하다

13

문제 1문단 첫 번째 줄의 단어 "reflected"는 의미상 -와 가장 가깝다.
　(A) 암시되다　　　(B) 가리켜지다　　　(C) 신호가 보내지다　　(D) 표시되다

해설 reflected가 '반영되다'라는 의미로 사용되었으므로 정답은 (D) indicated(표시되다)이다.

어휘 **imply**[implái] 암시하다 **direct**[dirékt] 가리키다; 지도하다 **signal**[sígnəl] 신호를 보내다
indicate[índikèit] 표시하다, 나타내다

정답 및 해석·해설

토익 실전 문제 3

01 (D) **02** (B) **03** (C) **04** (C) **05** (A) **06** (C) **07** (A) **08** (B) **09** (D) **10** (B)
11 (B) **12** (B) **13** (B)

01

해석 의사의 충고에 따름으로써, 환자들은 추가 치료를 받아야 할 필요를 없앨 수 있다.

어휘 recommendation[rèkəmendéiʃən] 충고, 권고 patient[péiʃənt] 환자 need[niːd] 필요, 의무
undergo[ʌ̀ndərgóu] (검열·수술을) 받다, (변화 등을) 겪다, (고난을) 견디다 treatment[tríːtmənt] 치료
require[rikwáiər] 필요로 하다 prescribe[priskráib] 처방하다 organize[ɔ́ːrgənàiz] 조직하다
eliminate[ilímənèit] 없애다, 제거하다, 삭제하다

02

해석 지하철 요금이 증가하고 있지만, 대부분의 사람들은 열차 이동의 신속함이 비용의 가치가 있다고 생각한다.

어휘 fare[fɛər] 요금, 통행료 increase[inkríːs] 증가하다 believe[bilíːv] ~라고 생각하다, 믿다
speediness[spíːdinis] 신속함, 빠름 travel[trǽvəl] 이동, 여행 worth[wəːrθ] ~의 가치가 있는
waste[weist] 낭비 expense[ikspéns] 비용 migration[maigréiʃən] 이동
entry[éntri] 입장, 가입

03

해석 직원들은 경비원이 쉽게 볼 수 있도록 주차증을 그들의 자동차에 눈에 띄게 명시해야 한다.

어휘 display[displéi] 명시하다, 보여주다 vehicle[víːikl] 자동차 easily[íːzili] 쉽게, 용이하게
intensively[inténsivli] 강렬하게 successfully[səksésfəli] 성공적으로
prominently[prámənəntli] 눈에 띄게 alternatively[ɔːltɔ́ːrnətivli] 그 대신에, 양자택일로

04

해석 그 연구는 오늘날의 근로자들이 많은 돈을 버는 것보다 자신의 일을 즐기는 데 더 관심 있음을 드러냈다.

어휘 research[risɔ́ːrtʃ] 연구, 조사 interested[íntərəstid] 관심 있는 enjoy[indʒɔ́i] 즐기다
merge[məːrdʒ] 합병하다 approve[əprúːv] 찬성하다, 승인하다 reveal[rivíːl] 드러내다, 보여주다
expect[ikspékt] 기대하다

05

해석 Ms. Palumbo는 그녀의 퇴직 파티 중에 수년간 회사에 헌신한 것에 대해 인정받았다.

어휘 recognize[rékəgnàiz] 인정하다 retirement[ritáiərmənt] 퇴직, 은퇴 dedication[dèdikéiʃən] 헌신
appreciation[əprìːʃiéiʃən] 감사 relation[riléiʃən] 관계 duration[djuréiʃən] 지속, 계속

06

해석 과일과 채소의 건강상 이점에 대한 기사를 읽은 후, Katherine은 그녀의 식단을 바꾸기 위해 의식적인 노력을 했다.

어휘 article[áːrtikl] 기사 health[helθ] 건강, 의료 benefit[bénəfit] 이점, 이득 effort[éfərt] 노력
diet[dáiət] 식단 compulsory[kəmpʌ́lsəri] 강제적인 detailed[díːteild] 상세한
conscious[kánʃəs] 의식적인 dense[dens] 밀집한, 빽빽한

510 | 무료 토익자료·취업정보 제공 Hackers.co.kr

07

해석 자동차를 공사 현장으로부터 멀리 우회시키기 위해 우회로 표지가 도로를 따라 몇몇 지점에 설치되었다.

어휘 detour[díːtuər] 우회로 place[pleis] 설치하다 several[sévərəl] 몇몇의, 여러 개의
spot[spɑt] 지점, 장소 traffic[trǽfik] 자동차, 교통 construction[kənstrʌ́kʃən] 공사
site[sait] 현장, 부지 divert[divə́ːrt] 우회하다 induce[indʲúːs] 권유하다
interfere[ìntərfíər] 방해하다 designate[dézignèit] 명시하다, 지명하다

08

해석 널리 보급되어 이용 가능한 금융 정보는 아마추어 투자자들에게까지 주식 투자가 더욱 유행하게 했다.

어휘 widespread[wàidspréd] 널리 보급된, 광범위한 availability[əvèiləbíləti] 용이성, 입수 가능성
financial[finǽnʃəl] 금융의, 재정의 tentative[téntətiv] 시험적인, 임시의
prevalent[prévələnt] 유행하는 reserved[rizə́ːrvd] 지정된, 예약한 spacious[spéiʃəs] 넓은

09-12번은 다음 공고에 관한 문제입니다.

> 주민 여러분께,
>
> **09** 여러분의 지역에서 도로 공사를 시작할 것임을 알려드립니다. 이 프로젝트는 6월 1일에 시작해서 7월 15일에 끝날 것으로 예상됩니다. 공사는 Longham가 다리뿐 아니라 Longham가, Greystone가, 그리고 Wallford가에 대한 수리를 포함할 것입니다. **10** 이 도로들은 그 기간에 접근이 불가능할 것입니다. 운전자들을 위한 우회로를 열거한 공고문이 이번 주 중으로 게재될 것입니다.
>
> **11** 불편에 대해 사과드리며 이것은 일시적일 것임을 보장합니다. 공사 기간 동안은 도시로 오고 가는 교통이 느리게 움직일 것으로 예상됩니다. 일단 공사가 완료되면, 도로 상황은 상당히 개선될 것입니다. **12** 이것은 통행을 빠르게 하여 운전이 보다 수월하게 할 것입니다. 수리가 진행되는 동안 여러분의 인내와 협조에 감사드립니다.
>
> Rachel Bingley, 구의원
>
> roadwork[róudwə̀ːrk] 도로 공사 expect[ikspékt] 예상하다 repair[ripέər] 수리, 수선
> list[list] 열거하다 alternative route 우회로 inconvenience[ìnkənvíːnjəns] 불편
> assure[əʃúər] 보장하다 duration[djuréiʃən] 지속 기간 complete[kəmplíːt] 완료하다
> considerably[kənsídərəbli] 상당히

09

해설 빈칸이 포함된 문장만을 보면 (A) supporting과 (B) delaying, (D) commencing 모두 정답이 될 수 있다. 그러나 뒤 문장에서 '이 프로젝트는 6월 1일에 시작한다'고 했으므로, 도로 공사가 시작할 것임을 알리기 위한 공고임을 알 수 있다. 따라서 정답은 (D) commencing(시작하다)이다.

어휘 support[səpɔ́ːrt] 받치다, 지지하다 delay[diléi] 연기하다 dismiss[dismís] 해산시키다, 해고하다
commence[kəméns] 시작하다, 착수하다

10

해설 빈칸이 포함된 문장만을 보면 (B) inaccessible과 (C) damaged 모두 정답이 될 수 있다. 그러나 뒤 문 장에서 '운전자들을 위한 우회로를 나열한 공고가 게재될 것'이라고 했으므로, 우회로를 제공하는 것은 운

정답 및 해석·해설

전자들이 이 도로들을 이용할 수 없기 때문임을 알 수 있다. 따라서 정답은 (B) inaccessible(접근이 불가능한)이다.

어휘 uncertain[ʌnsə́ːrtn] 불확실한 inaccessible[ìnəksésəbl] 접근이 불가능한
damaged[dǽmidʒd] 피해를 입은 prominent[prάmənənt] 현저한

11

해설 지문 전체에서 단서를 찾아야 하는 문제로, 첫 번째 문단에서 '도로 공사가 6월 1일에 시작해서 7월 15일에 끝날 것'이라고 했으므로 공사에 따른 불편이 일시적일 것임을 알 수 있다. 따라서 정답은 (B) temporary (일시적인)이다.

어휘 significant[signífikənt] 중요한 temporary[témpərèri] 일시적인
exceptional[iksépʃənl] 예외적인 improbable[imprάbəbl] 있음 직하지 않은

12

해설 앞 문장에서 '공사가 완료되면 도로 상황이 개선될 것이다'라고 했으므로 도로 상황 개선에 따른 결과에 대한 내용이 와야 함을 알 수 있다. 따라서 정답은 (B) This should speed up traffic and make driving much easier이다.

보기 해석

(A) 다음 공지에서 어떤 거리가 포함될 것인지 알려드릴 것입니다.
(B) 이것은 통행을 빠르게 하여 운전이 보다 수월하게 할 것입니다.
(C) 도로공사부는 도로 공사 연기에 대해 유감스럽게 생각합니다.
(D) 운전해서 그 지역을 통과하실 때에는 이 규정들을 명심하시기 바랍니다.

어휘 subsequent[sʌ́bsikwənt] 다음의, 그 후의 involve[invάlv] 포함하다, 관련시키다
regret[rigrét] 유감스럽게 여기다, 후회하다 postponement[poustpóunmənt] 연기
keep in mind 명심하다 regulation[règjuléiʃən] 규정

13번은 다음 기사에 관한 문제입니다.

MX Industries사는 프로젝트를 진행하기에 충분한 자금을 투자자들로부터 확보했다. 그 프로젝트는 기존의 제품들을 크게 개선하기 위해 새로운 기술을 이용할 것이다. 그 회사의 구체적인 계획에 대한 보도자료가 뒤에 이어질 것이다.

secure[sikjúər] 확보하다 sufficient[səfíʃənt] 충분한 capital[kǽpətl] 자금, 자본
proceed[prəsíːd] 진행하다 utilize[júːtəlàiz] 이용하다 greatly[gréitli] 크게
improve[imprúːv] 개선하다, 향상시키다 existing[igzístiŋ] 기존의 specific[spisífik] 구체적인
follow[fάlou] 뒤를 잇다

13

문제 1문단 첫 번째 줄의 단어 "secured"는 의미상 ~와 가장 가깝다.
(A) 보장했다　　(B) 획득했다　　(C) 단단하게 했다　　(D) 두었다

해설 secured가 '확보했다'라는 의미로 사용되었으므로 정답은 (B) obtained(획득했다)이다.

어휘 assure[əʃúər] 보장하다, 확실하게 하다 obtain[əbtéin] 획득하다, 얻다
tighten[táitn] 단단하게 하다, 죄다 position[pəzíʃən] (특정 장소에) 두다, 위치를 정하다

www.Hackers.co.kr

Hackers TOEIC Vocabulary

토익 필수
이디엄 표현 120

토익 필수 이디엄 표현 120

토익 리스닝 Part 3·4의 지문과 리딩 Part 7 메시지 대화문에는 의미를 제대로 알지 못하면 자칫 다른 의미로 오해하기 쉬운 관용 표현이 출제됩니다. 아래 관용 표현을 학습하고 퀴즈를 풀어보며 토익에 완벽하게 대비합니다.

☑ 표현과 의미가 잘 연결되지 않는 표현은 박스에 체크하여 복습하세요.

1	☐ across the board	전반에 걸쳐
2	☐ around the corner	코앞으로 다가온, 가까이에 있는
3	☐ as we speak	바로 지금
4	☐ at any rate	어쨌든
5	☐ back out	(하기로 했던 일에서) 빠지다
6	☐ be better off	~하는 편이 낫다
7	☐ be good to go	준비가 되다
8	☐ be jammed with	~으로 붐비다, 꽉 차다
9	☐ be on one's way	~로 가는 길이다
10	☐ be on track	(원하는 결과를 위해) 착착 나아가다, 진행 중이다
11	☐ be open to	~할 용의가 있다, ~의 여지가 있다
12	☐ be set to do	~하기로 예정되다
13	☐ be up for	기꺼이 ~을 하려고 하다
14	☐ be up to	~에 달려 있다
15	☐ better (to be) safe than sorry	안 좋은 결과를 무릅쓰기보다는 조심하는 것이 낫다
16	☐ big-name	일류의, 유명한
17	☐ blow A away	~에게 깊은 인상을 주다
18	☐ bottom line	핵심, 최종 결과
19	☐ break ground	시작하다, 착공하다
20	☐ build up	(교통이) 정체되다

QUIZ 각 표현의 뜻으로 알맞은 것을 찾아 연결해보세요.

1. across the board	ⓐ 기꺼이 ~을 하려고 하다
2. bottom line	ⓑ 어쨌든
3. be good to go	ⓒ 준비가 되다
4. be up for	ⓓ 핵심, 최종 결과
	ⓔ 전반에 걸쳐

정답: 1. ⓔ 2. ⓓ 3. ⓒ 4. ⓐ

21 ☐	by all means	아무렴 (좋고말고)
22 ☐	call a meeting	회의를 소집하다
23 ☐	catch up	(밀린 것을) 처리하다, 따라잡다
24 ☐	come along	(원하는 대로) 되어 가다, 진행되다
25 ☐	come around	(다른 의견 · 입장으로) 바꾸다, 동조하다
26 ☐	count A in	(어떤 활동에) ~를 포함시키다, ~을 계산에 넣다
27 ☐	cover for	~의 일을 대신하다
28 ☐	curve ball	예상치 못한 일, 속임수
29 ☐	cut into	~을 줄이다, (시장에) 침투하다
30 ☐	cut it close	무언가를 할 시간이 매우 조금 주어졌음
31 ☐	cut to the chase	바로 본론으로 들어가다
32 ☐	do not make sense	말도 안 돼
33 ☐	fall behind	(기한 · 목표 등에) 맞추지 못하다, 뒤처지다
34 ☐	fall within (= fall under)	~의 범위에 해당되다
35 ☐	for some time	당분간, 아까부터
36 ☐	get back to	~에게 나중에 다시 연락하다
37 ☐	get in the way of	~을 방해하다
38 ☐	get in touch with	~에게 연락하다
39 ☐	get into	~에 흥미를 갖다, ~에 들어가다
40 ☐	get underway	시작하다, 진행하다

QUIZ 각 표현의 뜻으로 알맞은 것을 찾아 연결해보세요.

1. cover for
2. fall within
3. get back to
4. cut to the chase

ⓐ ~의 일을 대신하다
ⓑ ~의 범위에 해당되다
ⓒ ~을 방해하다
ⓓ 바로 본론으로 들어가다
ⓔ ~에게 나중에 다시 연락하다

정답 1. ⓐ 2. ⓑ 3. ⓔ 4. ⓓ

토익 필수 이디엄 표현 120

41 ☐	get word	통지를 받다, 기별을 듣다
42 ☐	give A a go	~을 한번 해 보다
43 ☐	give A a hand	~를 도와주다
44 ☐	give A a round of applause	~에게 박수를 보내다
45 ☐	go ahead	시작하다, 진행하다
46 ☐	go out of one's way	특별히 애를 쓰다, 노력하다
47 ☐	go over	~을 검토하다, 점검하다
48 ☐	hang in	버티다, 견디다
49 ☐	have a lot on one's plate	해야 할 일이 많다
50 ☐	have a point	일리 있다
51 ☐	have a taste of	~을 맛보다, ~을 시험해 보다
52 ☐	heads up	미리 알려주는 것, 미리 경고하는 것
53 ☐	here we go	시작이군요
54 ☐	hit the road	(여행 등을) 시작하다
55 ☐	hit the store	출시되다
56 ☐	hold off on	~을 연기하다, 미루다
57 ☐	in a rush	바쁘게
58 ☐	in due time	머지않아, 때가 되면
59 ☐	in no time	곧, 당장에
60 ☐	in shape	건강한

QUIZ 각 표현의 뜻으로 알맞은 것을 찾아 연결해보세요.

1. give A a go   ⓐ ~을 한번 해 보다
2. have a lot on one's plate   ⓑ 해야 할 일이 많다
3. hit the store   ⓒ 머지않아, 때가 되면
4. here we go   ⓓ 시작이군요
     ⓔ 출시되다

정답: 1. ⓐ 2. ⓑ 3. ⓔ 4. ⓓ

61 ☐ in talks with	협의 중인
62 ☐ in the long run	결국에는, 장기적으로는
63 ☐ in the works	진행되고 있는, 논의되고 있는
64 ☐ iron out	(문제를) 없애다, 바로잡다
65 ☐ it can't be helped	어쩔 수 없다
66 ☐ it's your call	당신이 원하는 대로요
67 ☐ jot down	(글을) 적다, 쓰다
68 ☐ keep A in the loop	~에게 계속 알려 주다, ~를 의사 결정에 개입시키다
69 ☐ keep A posted	~에게 계속 알려 주다
70 ☐ keep up with	(처지지 않고) 따라가다, ~에 뒤지지 않다
71 ☐ live with	받아들이다, 참다
72 ☐ lose one's spot	자신의 순서를 놓치다
73 ☐ make good money	돈을 많이 벌다
74 ☐ make it	시간 맞춰 가다, 성공하다, 이겨 내다
75 ☐ mark A down	~을 기록하다, ~의 가격을 인하하다
76 ☐ miss out on	~을 놓치다
77 ☐ new face	신인, 신참자
78 ☐ no doubt	틀림없는
79 ☐ not for the world	절대로 ~ 아니다, 결코 ~하지 않다
80 ☐ of late	최근에, 근래

QUIZ 각 표현의 뜻으로 알맞은 것을 찾아 연결해보세요.

1. iron out   ⓐ 받아들이다, 참다
2. mark A down   ⓑ ~을 기록하다, ~의 가격을 인하하다
3. no doubt   ⓒ 틀림없는
4. live with   ⓓ (문제를) 없애다, 바로잡다
                     ⓔ 돈을 많이 벌다

정답 1.ⓓ 2.ⓑ 3.ⓒ 4.ⓐ

토익 필수 이디엄 표현 120

☑ 표현과 의미가 잘 연결되지 않는 표현은 박스에 체크하여 복습하세요.

81 ☐	off the top of one's head	별 생각 없이, 즉석에서
82 ☐	on the alert	경계하여
83 ☐	one's hands are tied	도울 수 없다, 무언가를 할 자유가 없다
84 ☐	out of the question	불가능한, 의논해 봐야 소용없는
85 ☐	pose a problem	문제를 일으키다
86 ☐	put A out	~의 기분을 언짢게 하다
87 ☐	put on hold	~을 보류하다
88 ☐	put together	~을 준비하다
89 ☐	receive word from	~로부터 소식을 듣다
90 ☐	rain or shine	날씨에 관계없이, 어떤 상황에도
91 ☐	ring up	(금전 등록기에) 상품 가격을 입력하다, 계산하다
92 ☐	run into	~를 마주치다, 우연히 만나다
93 ☐	run long	오래 이어지다
94 ☐	say the word	명령을 내리다, 요청하다
95 ☐	send A off	~을 보내다, ~를 배웅하다
96 ☐	sort out	~을 정리하다, 처리하다
97 ☐	stand out	두드러지다, (쉽게) 눈에 띄다
98 ☐	stay on the line	전화를 끊지 않고 잠시 기다리다
99 ☐	sure thing	물론이죠; 당연한 것
100 ☐	take note of	~에 주목하다

QUIZ 각 표현의 뜻으로 알맞은 것을 찾아 연결해보세요.

1. put A out   ⓐ 경계하여
2. rain or shine   ⓑ ~의 기분을 언짢게 하다
3. ring up   ⓒ 날씨에 관계없이, 어떤 상황에도
4. out of the question ⓓ 불가능한, 의논해 봐야 소용없는
                      ⓔ (금전 등록기에) 상품 가격을 입력하다

정답: 1. ⓑ 2. ⓒ 3. ⓔ 4. ⓓ

☑ 표현과 의미가 잘 연결되지 않는 표현은 박스에 체크하여 복습하세요.

101 ☐	take on	~을 떠맡다
102 ☐	take one's chances	위험을 감수하다
103 ☐	take one's time	천천히 하다, 서두르지 않다
104 ☐	take one's word	~의 말을 믿다
105 ☐	take up	(시간 · 장소 등을) 차지하다, 쓰다
106 ☐	team up with	~와 협력하다
107 ☐	tell me about it	(나도 같은 경험을 해 봐서) 무슨 말인지 잘 안다
108 ☐	that settles it	정해지다, 결말이 나다
109 ☐	throw a party	파티를 열다
110 ☐	toss-up	반반
111 ☐	tune in	~에 주파수를 맞추다, 청취하다
112 ☐	turn out	(일이 특정 방식으로) 되어 가다
113 ☐	up in the air	결정되지 않은, 불확실한
114 ☐	wave down	(운전자에게) 손짓을 하여 ~을 세우다
115 ☐	without further ado	더 이상의 지체 없이
116 ☐	word of mouth	입소문, 구전
117 ☐	work against the clock	시간에 맞추어 마치려고 열심히 일하다
118 ☐	work around	~을 피하며 일하다
119 ☐	work out	(일이) 풀리다
120 ☐	worth a try	시도해 볼 만한 가치가 있는

QUIZ 각 표현의 뜻으로 알맞은 것을 찾아 연결해보세요.

1. up in the air	ⓐ ~을 떠맡다
2. word of mouth	ⓑ 입소문, 구전
3. take one's word	ⓒ ~의 말을 믿다
4. take on	ⓓ 결정되지 않은, 불확실한
	ⓔ 반반

정답 1.ⓓ 2.ⓑ 3.ⓒ 4.ⓐ

Hackers TOEIC Vocabulary

인덱스

암기한 단어, 더 오래~ 기억하는!
해커스 토익 기출 보카 인덱스 200% 활용법

☝ **혼자서 복습할 때**
3초 Check!

수록된 모든 단어를
훑어보며 3초 안에 뜻을
기억할 수 있는지 체크!

✌ **스터디원과 함께**
Cross Check!

각자 3초 Check!를
진행하고, 잘 안 외워지는
단어는 스터디원과 체크!

🤟 **시험 10분 전에**
Final Check!

시험 10분 전, 초록색으로
표시된 핵심빈출단어를
다시 한 번 체크!

A

B

C

D

E

F

G

H

I

J

K

L

M

N

O

P

Q

R

S

T

U

V

W

X

Y

Z

A
B
C
D
E
F
G
H
I
J
K
L
M
N
O
P
Q
R
S
T
U
V
W
X
Y
Z

A
B
C
D
E
F
G
H
I
J
K
L
M
N
O
P
Q
R
S
T
U
V
W
X
Y
Z

A
B
C
D
E
F
G
H
I
J
K
L
M
N
O
P
Q
R
S
T
U
V
W
X
Y
Z

A
B
C
D
E
F
G
H
I
J
K
L
M
N
O
P
Q
R
S
T
U
V
W
X
Y
Z

A
B
C
D
E
F
G
H
I
J
K
L
M
N
O
P
Q
R
S
T
U
V
W
X
Y
Z

A
B
C
D
E
F
G
H
I
J
K
L
M
N
O
P
Q
R
S
T
U
V
W
X
Y
Z

A
B
C
D
E
F
G
H
I
J
K
L
M
N
O
P
Q
R
S
T
U
V
W
X
Y
Z

A
B
C
D
E
F
G
H
I
J
K
L
M
N
O
P
Q
R
S
T
U
V
W
X
Y
Z

A
B
C
D
E
F
G
H
I
J
K
L
M
N
O
P
Q
R
S
T
U
V
W
X
Y
Z

A
B
C
D
E
F
G
H
I
J
K
L
M
N
O
P
Q
R
S
T
U
V
W
X
Y
Z

스피킹+취업스펙 단기 완성!

외국어인강 1위
해커스 토익스피킹/오픽

실제 수강생들의 **고득점 달성 비법**

토스 세이임 선생님
강의 수강 후
만점 달성!
박*인 수강생

토스 세이임 선생님과 함께 만점 달성!
다양한 주제에 대해 자기만의 주장과 근거를 미리 생각해 놓으라는 선생님의 팁이
실전에서 도움이 되었습니다. 선생님께서 제공해 주신 템플릿도 너무 명확해서 빠르게
흡수하고 체화하여 시험을 응시할 수 있었습니다.

오픽 클라라 선생님
강의 수강 후
AL 달성
한*비 수강생

첫 시험, 2주 준비해서 AL받았어요!
공부를 어떻게 해야 할지부터 시험장에서 어떤 전략을 써야 하는지까지 세세하게
준비해갈 수 있었습니다. 특히 롤플레이 부분이 어려웠는데, 롤플레이에서 써먹을 수
있는 팁들이 도움이 됐어요.

해커스 토익스피킹 / 오픽 교재

베스트셀러 1위 · 베스트셀러 · 베스트셀러 1위 · 베스트셀러

11년 연속 토익스피킹
베스트셀러 1위

베스트셀러 1위 · 베스트셀러 · 베스트셀러 1위

11년 연속 오픽
베스트셀러 1위

토스·오픽
고득점 비법 확인
+수강신청 하러 가기!

해커스영어 **Hackers.co.kr**
해커스인강 **HackersIngang.com**